KECHENG
JICHU LILUN JI QI YINGYONG

课程基础理论及其应用

高有华·著

江苏大学出版社
JIANGSU UNIVERSITY PRESS

图书在版编目(CIP)数据

课程基础理论及其应用/高有华著.—镇江:江
苏大学出版社,2011.8
ISBN 978-7-81130-253-0

Ⅰ.① 课… Ⅱ.① 高… Ⅲ.① 课程改革-研究-中小
学 Ⅳ.①G632.3

中国版本图书馆 CIP 数据核字(2011)第 164568 号

课程基础理论及其应用

著　者/高有华
责任编辑/米小鸽　张　静
出版发行/江苏大学出版社
地　址/江苏省镇江市梦溪园巷 30 号(邮编:212003)
电　话/0511-84440890
传　真/0511-84446464
排　版/镇江文苑制版印刷有限责任公司
印　刷/丹阳市教育印刷厂
经　销/江苏省新华书店
开　本/787 mm×1 092 mm　1/16
印　张/22.5
字　数/586 千字
版　次/2011 年 8 月第 1 版　2011 年 8 月第 1 次印刷
书　号/ISBN 978-7-81130-253-0
定　价/56.00 元

如有印装质量问题请与本社发行部联系(电话:0511-84440882)

前　言

　　课程理论是有关学校课程现象的系统观点。它由一组经过概括的、逻辑上相关的定义、概念和原理组成。从广义上讲,课程理论可分为两大类:观念层面的课程理论和操作层面的实践性课程理论。观念层面的课程理论形态是思想性研究、分析与综合,经过慎重思考的解释或其他一些有关课程的理性解读,是理解、解放逻辑,它面向理论本身,即摆脱形而下的课程实际的羁绊,不再局限于表现熟悉的学校日常的课程实践,而把目光放在形而上、主观主义、课程理念、精神的本质等方面,不追求解决具体的、个别的实际问题,可能表面上有闭门造车、脱离实际之嫌,但本质上它通过理解和反思解决对课程的基本认识、基本观点和方法论问题,紧紧围绕的是课程活动的深层与本质,关注的是终极存在,是普遍理想的课程活动,从长远来说旨在超前反映与把握课程实践的规律和意义。

　　所以,观念层面的课程理论的理论价值在于:它既指向代表时代潮流的实际(这些实际也许还不能构成现实的主流,但它们代表未来、指向未来、预示未来),也体现出对终极价值的追求精神,这也许是最大、最根本的理论联系实际。

　　操作层面的实践性课程理论形态是实践问题、实践规则、操作模式等的研究,是对特定课程设计和应用特质的描述,是对课程知识和存在问题的调研、检验等,它需要聚焦于实践或问题,遵循的是技术、实践逻辑。

　　操作层面的实践性课程理论的价值在于:揭示课程情境中的复杂性,阐述、论证实践活动的原则,解决实践活动的问题,指导实践活动的进行。总之,操作层面的实践性课程理论有利于求得理性的行动。

　　理论的作用是广泛的、多方面的:课程理论具有指导的作用,具有描述与解释的作用,具有预见和推测的作用,还具有批判的作用。课程理论的深层价值在于唤醒觉悟、启迪智慧,在于提供理智资源、精神引领,在于促进理论思维的形成和看问题视角的转换,在于拓宽、加深对课程的认识和理解。

　　以往课程改革所取得的成功经验显示,理论研究在改革中的指导作用是至关重要的。缺乏理论指导的课程改革往往容易陷入经验性、盲目性和随意性之中,造成课程决策和实际操作上的混乱；现今的课程改革之所以成为雨过地皮湿的毛毛雨，"只是打外围战，戴着镣铐跳舞"，难道不是不愿澄清其背后的原理造成的吗？而有了明确的理论，则改革的科学性、计划性、规范性、实效性将大大增强。由此看来，课程理论没有理由在课程改革的热潮中袖手旁观，而必须置身其中，充分发挥理论在推动改革实践中的应有作用。这也是课程理论的生命之本、活力之源。

在新课程改革的推动下，课程理论研究呈现方兴未艾之势。本书研究的基本观点包括以下内容：

以课程的概念作为研究的起点。合理的逻辑起点很重要，逻辑的起点即思想和思考起点，是研究的起始范畴。课程论领域最基本的现象是课程，所以，课程应为研究的起点。课程领域的各个部分，在一定程度上都以课程的概念为基点而展开，关于课程的各种争论，大多是基于对课程概念的不同理解，要整合关于课程的各种观点、主张，也要以课程的概念为基点。

课程是学校按照高等教育的教育目的所建构的各学科和教育教学活动的系统，是一种有计划地安排学生学习的过程，使得学生获得知识、参与活动、丰富体验。它包括各种学科以及教育教学活动的整个系统，不仅包括显性教育活动，也包括隐性教育活动。

课程论是教育科学的一门分支学科，它以教育课程问题为研究对象。现代课程理论要探讨和回答的根本问题是，课程构建和实施应如何引导与促进受教育者能动地、自主地、创造性地进行学习，从而成长为有价值的现代人的问题。

关于课程本质的探讨，不仅欢迎"本质论"与"反本质论"的争鸣，更应从"实践论"的角度去探索。"本质论"采用"主客二分"的认知模式，追求课程认识的确定性和绝对性，它必然会用某种绝对理性标准来说明、要求、规范和衡量现实课程实践，从而极容易走向某种课程的教条主义。"实践论"所把握的是具体形态的课程，是从具体的课程现实及其对人的意义出发来阐释课程，充分展现了课程认识的人文性和相对性，因而它是对课程的形而下的关怀。课程论不仅仅是研究课程本质的解释之学，更是规范课程的价值之学。课程论研究不能把理论旨趣仅仅放在课程"是什么"这样的所谓"事实"问题上，而应尽可能地关注课程"应如何"这样的价值问题。

课程改革需要有一定的学术基础、理论基础，包括哲学基础、文化基础、社会学基础、心理学基础。课程改革的哲学基础的研究将为课程设计者和实施者提供总体把握课程性质的指针。国内外优秀文化是课程的温床与内容，课程是文化的元素与动力。因而文化是课程改革的重要基础，价值导向则是课程改革的另一项文化基础，是决定课程的内容与方向的重要因素。因此课程文化更能体现课程的地位和使命。家庭、经济、社会等因素是课程改革的社会基础。我国经济建设与发展是课程改革的社会基础，课程的设计必须主动地、有效地适应经济的形态与发展，合理安排基础化与专业化的阶段，适时适地、经济有效地培养健全的人力（智力）资源。课程的实施、同社会的经济发展状态密切相关的政治上的主张或主义，更是决定办学宗旨、制定课程标准的重要依据。研究学习者与学习过程是课程改革的心理学基础。因为课程内容的选择与安排、所需学习经验的选取以及最优化学习过程的计划等，都需要充分了解学习者与学习过程。

本书在梳理中外课程实践发展历史的基础上，尝试解决课程实践提出的课程问题，如课程价值观、课程文化观、课程知识观等。在课程价值取向方面，个人的价值取向是目的性的，社会的价值取向是前提性的，知识的价值取向是条件性的。课程文化是指将课程自身视为一种文化,使课程不再是单纯的、无自为性文化品质的社会文化的承传工具。知识是课程的来源,而知识观构成课程问题,不同知识观制约不同的课程类型。科学主义知识观制约着传统课程观,后现代主义知识观制约着当代课程观。

课程与教学、课程论与教学论似乎有着天然的联系,但课程论与教学论的分离好像更利于各自的深入研究和不断发展。如果课程论包含在教学论之中,无疑限制和束缚了课程论的发展,而且还会使人们对课程论作出狭隘化、片面化的理解,这也使教学论的研究和发展背上了沉重的包袱,致使教学理论的深刻性、统摄性差,这也是教学论不能很好地指导教学实践的重要原因。然而,20世纪末课程与教学在充分汲取了一个世纪以来人类认识发展和价值探究的精华——现象学、存在主义、法兰克福学派、哲学解释学、后现代哲学的基础上重新整合起来。"课程教学"的出现,作为课程与教学整合的新的理念和实践形态,为课程论和教学论的发展方向打开了一片新天地。

由于学校教育的时间和人们接受知识的能力都是有限的,最终能够成为课程的只能是人类精神财富中的一部分。因此,人们就必须根据一定的需要来进行选择,并分类实施,课程类型的划分应如实地覆盖现代课程的范围。

不同的课程类型因其内容、性质、功能的差异,需要合理地编排,构成课程体系,其实质是学生发展的适应指向。课程体系既反映着社会需求,又体现着学生的知识结构和素养。它是社会需求、科学知识和个性发展的集中体现。课程价值观是课程体系设计的理论基础。而课程模式是一个对课程内容和方法进行理想化的理性结构,它是来自某种课程范型并以其课程观为指导思想,为课程方案设计者开发或改造某个专业并编制课程文件提供具体思路和操作方法的标准样式。它能为课程的观念和内容转化为课程实践提供样板。

课程论作为独立学科,是以课程专业技术层面的系统研究为标志的。课程的专业技术层面包括课程研制与设计、课程资源开发、课程实施、课程评价等,是一个纯粹专业人员进行研究的范畴。作为专业技术层面的课程研究,是课程论研究的重要领域,在国际上是迄今为止发展得最为成熟的领域之一,国内这方面的研究则刚刚起步。

中小学综合理科课程、中小学综合文科课程、中小学综合实践活动课程、中小学隐形课程等内容,密切联系基础教育课程改革的实际,具有很强的针对性和应用性,对于基础教育课程改革和实施具有指导意义。

本书内容中体现的基础理论、基本范畴、基本原理和主要结论,反映了课程的基础理论体系,回答和解决了课程实践提出的问题,如课程的价值观、课程的文化观、课程的知识观、课程与教学的关系、课程体系的实质和专业技术层面的问题等,也反映了基础教育课程实践活动,如课程研制与设计、课程分类、课程模式、课程实施、课程评价、中小学综合课程改革等。因此,本书可以为广大教师、教育研究人员、教育管理者和教师教育专业的学生增强课程意识、提高课程自觉理性、开拓宏观把握课程动态的视野、增强基础教育课程实践能力提供有价值的借鉴。

目 录

第 一 篇

第 二 篇

第 三 篇

第 四 篇

第一篇

第一章　课程论

对课程论的研究对象的探讨,是十分重要的问题。它直接关系到课程论的发展方向、研究范围和内容,影响课程理论的研究和发展,制约课程实践的改革和效果。课程论是教育学科的一个分支学科。

第一节　课程论的诞生和地位

课程论的学科地位一直是中国教育学体系构建的焦点问题。中国长期受前苏联教育学模式的影响,把课程论当做教学内容而作为教学论的组成部分。这种状况严重地限制了课程论的研究与发展。积极推进课程改革,促进其向纵深发展,已成为教育学体系构建之要求和时代所需。为了从根本上转变狭隘的课程观,应在理论与实践相结合的基础上确立课程论在教育学体系中的重要地位。

一、课程论的诞生

最早把"课程"作为专门研究领域的代表作首推美国人博比特 1918 年出版的《课程》一书。在书中,他第一次明确地表述了研究课程编制的重要性,用社会分析法对课程予以研究,提出了怎样才能有效地编制新课程的见解。1949 年,泰勒在其被誉为"现代课程研究范式"的名著《课程与教学的基本原理》中确定了编制课程的 4 个程序:确定目标、选择经验、组织经验和评价结果。[①] 至此,课程论有了自己的研究领域。[②] 自从学科的概念由美国人乔治·比彻姆在《课程理论》中专章对课程论涉及的 23 个概念进行界定后[③],大量课程论工作者对相关的概

[①] [美]麦克内尔:《课程编制的历史透视》,李小融,等译,《教育学文集·课程与教材》(上),人民教育出版社,1988年,第 133 – 154 页。

[②] 郝志军,高兰绪:《论课程论的学科地位及其与教学论的关系》,《高等师范教育》,1996 年第 5 期。

[③] [美]乔治·比彻姆:《课程理论》,黄明皖译,人民教育出版社,1989 年,第 184 页。

念、术语有了共性的阐释;20 世纪后半期出现的现代三大课程论流派和隐形课程论又有相互吸收、融合之势,使课程论研究的视野和方法更加开阔与多样,内容也日趋丰富。

课程论作为独立学科的诞生,是以课程专业技术层面的系统研究为标志的。① 课程的技术专业层面,包括了课程设计、课程编制、课程资源开发、课程评价等。之所以如此称谓,是因为课程论的"外行"同样可以对课程要素的实质性内涵提出自己的看法,但是他们不太可能探讨课程设计、课程评价等问题。同时,当课程决策、课程实施涉及诸多人事问题,需要社会各界参与时,专业技术层面的问题与人事问题不太搭界,是一个纯粹专业人员进行研究的范畴。

作为专业技术层面之一的课程设计,是课程论研究的重要领域,也是迄今为止发展得最为成熟的领域之一。课程设计试图回答:① 程序性问题。人们应该遵从什么步骤和环节去设计课程? ② 描述性问题。人们实际上是如何设计课程的? ③ 要素性问题。课程设计涉及哪些要素? 它们之间的关系如何?

对这些问题的最早回答,可见于博比特的《课程》一书。它阐述了如何以成人的活动为起点,科学地设计课程,由此,标志着作为独立学科的课程论诞生了。无论是在整个教育学领域还是在特定的课程论领域中,博比特的声望和贡献均不能与杜威等名家相提并论,但是杜威只论及课程产物,博比特才是第一个科学地论述了课程设计的过程的人,因而被尊崇为课程论的开山鼻祖。自博比特之后,课程设计领域成果喜人。泰勒于 1949 年发表《课程与教学的基本原理》,提出著名的泰勒原理,标志着课程设计日益成熟。其后,塔巴修正泰勒原理,施瓦布提出实践性探究模式,施滕豪斯倡导过程模式,课程设计领域呈现出一派繁荣景象。

二、课程论的地位

应在课程理论学科群中分析课程论的地位。课程理论学科群不是某个人的主观意见,而是课程理论发展的必然逻辑,它在课程领域中具有普遍意义。

(一)课程理论学科群的形成

课程存在一个学科群有多方面的原因。② 其一,课程现象十分复杂。从相对静止的状态看,课程现象包含课程设置、课程标准和各类教材,这三者的性状都是极为复杂的。从动态的角度观察,课程现象的变化就更加复杂了。其二,课程问题十分复杂。简言之,课程问题包括课程的产生和发展问题、课程的构成问题、课程系统的运行问题、课程的历史和现状问题以及课程的校别问题、地区问题、国别问题等。其三,课程系统工程十分复杂。它包括课程决策、课程设计、课程编制、课程实验、课程评价和课程管理等组成部分,这些组成部分在从幼儿园到小学、中学、中专和大学等各个教育阶段的任务、内容和方法方面都具有不同的特点。其四,课程理论十分复杂。中国现代课程理论要探讨和回答的根本问题是,课程构建和实施应如何引导与促进受教育者能动地、自主地、创造性地学习,从而成长为有价值的现代人。对这一根本问题的研究涉及与课程论密切相关的几个学术领域和一系列深层次的理论问题。所以,要按照从抽象上升到具体的研究方法透彻地阐明这一根本问题,必然要求课程理论达到应有的广度、深度和学术高度。这使它必然具有复杂的理论体系,形成一个学科群。

---

① 冯生尧:《再论课程论研究对象与学科体系》,《课程·教材·教法》,2006 年第 3 期。
② 廖哲勋,田慧生:《课程新论》,教育科学出版社,2003 年,第 13 - 17 页。

（二）课程理论学科群的结构

课程理论学科群只有具备合理的结构,才能发挥强有力的整体功能。探讨课程理论学科群的整体结构正是为了提高它的整体水平,增强它的整体功能。课程理论学科群的整体结构是其门类结构、学科结构和知识结构有机组成的整体。这里主要阐述它的门类结构和各门类中的学科结构。

按照科学结构学的观点,科学的门类结构主要由基础科学、技术科学和应用科学构成。[①]课程理论的门类结构也分为三个层次。由于课程的形成过程不是一个纯技术过程,而是课程系统工程运行的过程,因此,必须以"课程工程科学"取代自然科学中的技术科学。从现有资料看,最先使用"课程工程"概念的是美国学者比彻姆。他认为:"课程工程包含各类学校使课程系统发挥作用的一切必要的过程。课程系统的主要工程师是教育厅(局)长、校长和课程指导员,还可以由学校系统之外的顾问人员加以协助。这些工程师们负责组织、指导制订各项任务和规划课程,通过教学方案在课堂上实施课程、评价课程,按照从评价中所积累的资料来修订课程,等等。因而,课程工程包括了使学校的课程保持动态所必需的一系列活动。"[②]

"课程工程"这一术语准确地表达了课程形成的实际过程,是在课程系统工程的实践基础上产生了课程工程的理论和方法。据此,中国课程理论的门类结构由关于课程的基础科学、工程科学和应用科学共同构成。课程的基础科学是课程理论大厦的基石,没有宽广深厚的基础科学,绝不可能建立真正的课程工程科学和课程应用科学;课程工程科学是课程系统工程的专业理论与专业技术的有机统一体,它具有很强的专业性;课程应用科学是依据课程工程科学进行课程实践的实际学问,它具有很强的实用性和可操作性。

课程理论学科群的学科结构是各门类课程理论中一系列基本学科有机组成的整体。各学科的划分依据各自不同的研究对象,没有特定的研究对象是不能确定某一学科的。据此,每一课程理论门类(即每一层次)必然包含若干学科,从而形成三个亚学科群。[③]

（1）课程基础科学的学科群。它由三个层次的学科群组成。第一层次有课程心理学、课程社会学和课程哲学。课程心理学以课程领域的心理问题为研究对象,着重探讨课程的构成、教材的编制和课程实施的心理学依据。课程社会学以课程领域的社会问题为研究对象,着重研究社会变迁与课程的关系、课程的阶级性与阶层差别性以及课程的地区差别与城乡差别等问题。课程哲学以课程领域的哲学问题为研究对象,着重研究课程认识论、知识分类论、课程价值论和课程研制的方法论问题。显然,这一层次的三门基础学科都具有交叉学科的属性。它们对课程理论大厦的奠基作用胜过一般的心理学、教育社会学和教育哲学的作用,因而这三门基础学科是课程基础科学的基础,是重中之重的学科。第二层次是课程概论,包括幼儿园课程概论、中小学课程概论、中专课程概论和大学课程概论。课程概论以课程问题为研究对象,着重研究课程产生发展的基础、课程的整体构成和课程系统的运行问题,为初学者步入课程理论大厦打好基础。所以,课程概论是课程理论的入门学科。第三个层次主要有课程原理、课程发展史和比较课程论。课程原理着重探讨课程规律,从而概括出旨在说明各主要课程规律的原理。课程发展史和比较课程论分别对课程现象与课程问题进行纵向和横向研究,从而作出

① 赵红洲,等:《试论科学结构》,《科学·技术·管理》,中国社会科学出版社,1980 年。
② ［美］乔治·比彻姆:《课程理论》,黄明皖译,人民教育出版社,1989 年,第 129 页。
③ 廖哲勋,田慧生:《课程新论》,教育科学出版社,2003 年,第 16 页。

有价值的理论概括。显然,第三个层次的基础学科属于课程基础科学中的提高性学科。

(2)课程工程科学的学科群。它的主干学科是课程设计论、课程实施论、课程评价论和课程管理论。这4个主干学科分别研究课程设计、课程实施、课程评价和课程管理的专业理论与专业技术。由于幼儿园、中小学、中专和大学课程的设计、实施、评价与管理各有不同的特点,因而这4个主干学科都有4个层次的分支学科。

(3)课程应用科学的学科群,主要包括课程开发、课程督导、课程管理制度等学科。这些学科同各级课程主管部门、各级课程设计部门和各级教研部门的一般工作人员以及各级学校教师从事的工作有着十分密切的关系,因而这些应用学科的建立对于课程理论的普及有重要意义。

第二节 课程论的研究对象

每一学科领域都有自己的特殊矛盾,如数学中的正数与负数,化学中的化合与分解,物理学中的正电与负电,哲学中的唯物主义与唯心主义等,对这些特殊矛盾的研究就构成了一门学科的研究对象。课程论也不例外,它也有自己的研究对象。

一、课程论以课程问题为研究对象

规律是研究目的或任务,现象也只有转化为问题,才能作为研究对象,课程论的研究对象也只能是课程问题。自此,问题说得到了一些课程论学者的响应。他们认为,课程论实质上是以课程问题为研究对象,来实现和完成认识课程现象、揭示课程规律和引领课程实践的目的及任务的。[①]

课程问题,是指反映到研究者大脑中的、需要探明和解决的课程实际矛盾与理论疑难。课程问题可以产生于课程实践,也可以产生于课程实践与课程理论的对立,还可以产生于一种课程理论的内部对立和两种课程理论之间的对立。课程问题,一方面包括了认识问题、价值问题和操作问题,另一方面包括了理论问题和实践问题。

此外,从有无科学研究价值的角度看,课程问题又分为常识问题和科学问题。人们在课程实践中遇到的各种各样的实际矛盾和理论疑难,其中有一些是前人或他人已经探明和解决了的,而另外一些则是前人或他人没有探明和解决,或没有完全探明和解决的。前者不需要进行研究,只要查阅有关文献资料就能明了,不具有科学研究价值,这样的问题是常识问题;后者则不仅需要查阅有关文献资料,而且需要进行专门的科学研究才能探明和解决,或完全探明和解决,具有科学研究价值,这样的问题就是科学问题。

科学问题,一般表现为以下两种类型:

一是老问题新含义,即前人、他人已经提出并解决过的问题,但是在不同的社会条件下总是有崭新的含义,需要研究解决,这是课程的永恒问题,如课程是什么、怎样组织、怎样评价等等。

二是新问题新含义,即在特殊时代条件下人们遇到的特殊课程问题,具有时代性,这则是

---

① 黄甫全:《简析课程论的主要任务、研究对象和基本内容》,《课程·教材·教法》,1997年第12期。

课程的时代问题,如课程有没有阶级性、课程怎样多媒体化等等。一些时代问题会转化为永恒问题,如"怎样组织课程内容"的问题是 17 世纪的时代问题,"怎样评价课程"的问题是 20 世纪上半叶的时代问题,现在均成了课程的永恒问题;而另外一些时代问题,会随着时代的变迁而消失,如"是否应该把自然科学知识纳入课程"的问题是近代西方的时代问题,现在已不存在,但引申出了人文与科学怎样有机结合的问题。

二、课程论研究对象的主流观点

(一)课程说或课程现象说

一些专著明确指出,课程论的研究对象就是课程本身。[1]

(二)课程规律说

由于教育学被认为是研究教育的规律、原理和方法的学科,课程论也被认为是研究课程规律的学问。

(三)课程问题说

1984 年,日本学者大河内一男等著的《教育学的理论问题》被译介至中国,该书认为,现象并不能直接构成研究对象,因为"只有把这一事实作为一个问题提出来的时候,才有科学研究的发端"。[2]

(四)"课程三层面"说

在这方面,国际上最有代表性的观点当推古德莱德的观点。按照他的观点,课程论研究对象包括:第一,是实质性的(substantive)研究,是对目标、学科内容、教材等任何课程的共同要素(common-place)的本质和价值的探究。第二,是政治、社会层面的(political-social)研究。探究范围包括了所有这些人类过程,正是通过这些过程,一些利益团体逐渐超越了其他利益团体,于是出现了这样一些手段和结果,而不是别的。第三,是技术、专业层面的(technical-professional)研究。课程探究的对象在于,团体或者个人如何通过设计策划、后勤保障以及评价反馈,从而改进、落实或者替换课程。[3]

(五)产物和过程说

课程论的研究对象可以表述为课程的产物和过程,课程产物是指课程目标、内容选择、内容组织、学业评价等要素的实质性内涵;课程过程是指课程管理、课程设计、课程实施、课程评价等环节。[4]

第三节　课程论的性质

一、课程论学科性质的主要观点

(1)课程论是应用性的实践学科,反对课程研究的理论化倾向。施瓦布是坚持这种观点

---

[1]　陈侠:《课程论》,人民教育出版社,1989 年,第 12 页。
[2]　[日]大河内一男,[日]海后宗臣:《教育学的理论问题》,曲程、迟凤年译,教育科学出版社,1984 年,第 32 页。
[3]　丛立新:《课程论问题》,教育科学出版社,2000 年,第 9－12 页。
[4]　冯生尧:《再论课程论研究对象与学科体系》,《课程·教材·教法》,2006 年第 3 期。

的主要代表,他认为理论的追求不适合课程领域。他指出:"课程领域已经变得奄奄一息。依靠现行的方法和原理不可能使这项工作得以继续并对教育的进展作出重要贡献……课程领域由于对理论的根深蒂固、不加检验的和想当然的依赖而达到了令人失望的境地。"①显然,他对借助于抽象的方法来建立模式或理论,基本上持否定态度。他认为,理论研究的对象是一般的、普遍的,而实践的内容总是具体的、特定的,并且受具体环境条件的影响。所以,他建议课程论应当建立一套从理论到实际的实用原理,摆脱空洞的抽象议论,更加注重课程实践和学科知识的建构,不要事先将某种"普遍的原理"硬套在课程实践上。

(2)课程论应该坚持理论学科的性质,课程研究应该走上理论化的科学研究之路,使之真正跻身于科学的学术殿堂。因此,不应该仅仅局限于描述性、经验性的范围。有学者指出,课程实践的失败,往往是因为理论研究跟不上,凭经验办事。持这种观点的课程论学者,通常被称为"软课程专家"(soft curricularist)。

(3)课程论既是理论学科,又是应用学科,课程研究既要关注课程实践,又要重视理论的探讨。因为好的理论在于它能够指导实践,而好的实践在于它有好的理论作为指导。借助于理论,可以概括出课程诸现象之间的关系模式,以便有效地应用于不同的实际情境之中;借助于实践,可以找到应用于课程实践活动中的程序、技术和方法。的确,在现代课程论的研究中,很难找到在理论与实践问题上的极端主义者。不少课程论学者力图走所谓的"中间道路",把理论和实践结合起来,既强调"原理",又关注"过程"。

二、关于课程论学科性质观点的讨论

第一种观点强调的是课程的应用研究,要求课程研究解决某些特定的实际问题或提供直接有用的知识,它回答的是"是什么"的问题。

第二种观点注重课程的基础研究,旨在从理论上对复杂的课程问题的性质及相互关系加以分析和综合、抽象和概括,以发现其内在规律,从而建立课程论的一般原理,它回答的是"为什么"的问题。

第三种观点试图把课程的基础研究和应用研究结合起来,使课程研究既能提供解决课程问题的理论,又能提供事实材料去支持和完善理论,解决当前的实际问题。第三种观点似乎是较为全面的。

事实上,从现有的课程论专著来看,确有一些想要兼顾理论原理和实际应用两个方面,但客观上都偏于务实而疏于规律的理论探索,因而理论性不强。课程论只有坚持理论科学的性质,才能真正深入地揭示课程现象的一般规律,也只有坚持理论科学的性质,才能不断地完善和充实课程理论,以建立起自己的学科体系。② 课程论如果停留在解决表面问题的阶段,仅仅探索课程实践技术层面和较浅近的具体规律,那么,它的生命力就是有限的,不可能为丰富多彩的课程改革实践提供强有力的理论指导。尤其是在中国的课程论发展还相当落后的情况下,坚持课程论的理论科学性质是非常重要的。

---

① Pratt D. Curriculum:design and development. Houghton Mifflin Harcourt Press,1980:37.
② 靳玉乐,师雪琴:《课程论学科发展的方向》,《课程·教材·教法》,1998 年第 1 期。

第四节　课程论的任务、内容和方法

一、课程论的任务

这里的课程论有三个指称：一是开设的一门科目的课程论，二是作为教育科学的一门分支学科领域的课程论，三是从层次上分出的课程论。它们既有区别又相互统一。作为一门科目，在课程教材建设中必须明确它的基本内容及结构框架。课程论作为教育学的一门分支学科，它的目的和主要任务可以表述为：认识课程现象、揭示课程规律和引领课程实践。

（1）课程现象是专指课程在发展、变化中所表现的外部形态和联系，是课程外在的、活动易变的方面。在现代学校教育中，课程现象表现为三个方面或层面。一是物质性的，如计划、标准、教材、教学指南、补充资料、课程包等；二是活动性的，如课程规划、课程实施和课程评价等课程研制活动；三是关系性的，如内容选择与教育目的的关系、内容组织与文化结构以及学生发展的关系、课程过程与结果之间的关系等。

（2）课程规律是课程及其组成成分发展变化过程中的本质联系和必然趋势，它是内在的东西，是人的感官不能把握，而只有思维才能把握的。人们对课程的认识以及已经和正在努力把握与应用的课程规律范围包括：课程载体形式与内容的相互联系，形式和内容的演变与社会文化（含科技）发展的本质联系，以及形式与内容相统一的平衡点的位移趋势；课程研制过程中，主体与客体、文化与学生、教师与学生、社会与学校、规划与实施、实施与评价、评价与规划之间的本质联系，以及这些联系在不同历史条件下的渐进性和飞跃式变化趋势；不同视角下的各种课程类型之间的本质联系和演变趋势；等等。

（3）课程实践。课程作为一个事实，它的内在本质联系和必然趋势有着纯粹的科学认识的实然性的一面，这就是课程的科学性规律；不过，课程是人类的再造物，总是打着主体的主观选择烙印，它的内在本质联系和必然趋势又有着人类价值选择的规范性的一面，这则是课程的价值性规律。在实践中，课程的科学性规律与价值性规律是既对立又统一地存在和运行着的，但在人们的认识中，则往往是分离开的。

课程作为一种客观存在，其本质联系和必然趋势是内在的、不以人的认识和作用而转移的，是一种纯粹的客观存在，对人们的认识来说是终极性的，这是课程的存在性规律。课程研究实际上就是在努力对这样的规律进行正确的反映。人们常说的课程规律一般指的是这种反映的结果，实质上仅仅是对存在性规律的一种带有人的认识能力局限的摹写、解释和反映，并不能等同于存在性规律，只是一种反映性规律。明确从存在到反映的区别和过渡，将使课程研究行为蕴含对自身的任务和局限的自觉意识与情怀。

在课程研究中，无论是思辨的还是实验的，总是"解剖式"的，即控制或"忽略"了一些变量或因素，因而得出的对课程的内在本质联系和必然趋势的认识结果，总是有条件的、理想的，具有一般性，这仅仅是课程的理论性规律；而在课程实践中，条件是自然性的，所有的变量或因素均在产生作用，支配课程实践的本质联系和必然趋势，是有条件的和现实的，具有特殊性，这是课程的实践规律。它们两者是理论与实践、一般与特殊的对立统一关系。

对课程的科学研究产生的是科学理论，内含科学存在与价值规范的统一；而课程政策法规，主要体现的是一种价值规范，主要依据有科学理论、经验体会和文化传统。课程理论主要是通过渗透到政策法规中,进而指导课程实践的。①

二、课程论的内容

关于课程论的内容体系范围如何选择,国内外的研究人员都有许多论述。国外,泰勒于20世纪40年代提出了课程和教学的4个基本问题,进而阐述了"目标选择、经验选择、经验组织与课程评价"的基本原理。比彻姆在《课程理论》中,专门探讨了课程论领域的"共同问题",并据以阐述了"作为学科领域的课程(论)的某些基本的和共同的方面",包括"课程设计"、"课程工程(由规划、实施和评价组成)"、"课程研究的经验""选编过的知识领域(包括对教育学基本原理的研究、文化内容的根源学科和涉及课程(论)领域的有关学科)"。② 奥恩斯坦和亨金斯在他们合著的《课程论:基础、原理和问题》一书中,将内容限定为"课程的概论外加基础、原理和问题等三个主要部分"。由坦纳撰著的《课程研制的理论与实践》,被著名课程论权威福谢赞为"与史密斯、斯坦利和肖尔斯的'课程研制基础',与塔巴的课程论著一样,是该领域中为广大教育界公众通俗易懂的一本代表作"。该书由"原理探索"、"课程论历史发展追踪"、"课程改革和重构的新动向"以及"实践中的课程改进"等4个部分构成。奥利瓦在他的《研制课程》一书中,主要阐述了"课程的理论方面"、"学校人员在课程研制中的作用"、"课程研制过程"和"课程研制的课题和产品"等四大问题。

国内,史国雅在分别分析了美国博比特的《课程编制》一书和古德莱德等人的 *Curriculum Inquiry—The Study of Curriculum Practice* 一书的内容结构后,提出:"课程论的研究范围应当包括课程设计和课程实践这两个方面"。陈侠在他撰著的中国第一本《课程论》专著中,构建了一个课程论内容体系,这个体系除了与"泰勒原理"相似的"教育目标制定、课程内容选择、课程内容组织和课程评价"外,还增加了中外课程发展史、课程论各种流派等内容。廖哲勋则把课程论内容归纳为三部分:"绪论"、"课程的性质及其变化发展规律"和"课程系统工程"。钟启泉把课程论知识概括为两大部分,即"课程理论与课程研究"和"课程实施的国际比较"。③

中国台湾的王文科教授的《课程论》一书由"课程的概念与发展"、"教育的概念、意识形态与课程"、"课程设计"、"个别化课程"、"资优者的课程发展模式与方案"、"课程评鉴"、"课程研究"和"课程理论"等8章构成。④ 中国香港的李子建和黄显华先生在所著的《课程:范式、取向和设计》一书中,分章阐述了"课程定义"、"课程设计的早期发展"、"课程设计的理论取向"、"课程设计的范式"、"课程设计的模式"、"课程目标"、"学习机会的选取"、"课程组织"、"课程实施"、"课程评鉴"和"课程研究"等11个主题。⑤

由以色列的列维教授主编和国际众多著名课程论学者编著的、具有权威性的《国际课程百科全书》,可以说涉猎了课程理论知识的各个方面。它把这些知识分为两大类:"作为学问领域的课程论"和"特殊研究领域"。前者又分为"基本概念"、"课程途径和方法"、"课程过程"和"课程评价"等4部分;后者则分别涉及"语言艺术"、"外语研究"、"人文学科课程"、"艺术课程"、"社会研究"、"数学教育"、"科学教育计划"、"体育"等。这是国际上通行的"总

---

① 黄甫全:《简析课程论的主要任务、研究对象和基本内容》,《课程·教材·教法》,1997年第12期。
② [美]乔治·比彻姆:《课程理论》,黄明皖译,人民教育出版社,1989年,第174—180页。
③ 同①。
④ 王文科:《课程论》,台湾五南图书出版公司,1990年,目录第2页。
⑤ 李子建,等:《课程:范式、取向和设计》,香港中文大学出版社,1994年,目录。

论"+"各论"的知识叙述结构模式。[1]

通过上述分析可以对课程内容进行分类并整理为 5 个系列:① 课程论基本原理系列,包括现代课程论原理、课程社会学、课程价值论、课程认识论、课程研究方法论等;② 课程本体生成和实现过程系列,包括课程结构论、课程研制论、课程规划论、课程实施论、课程评价论等;③ 不同类型课程系列,包括文科课程论、理科课程论、活动课程论、隐性课程论、整合(综合)课程论等;④ 课程历史发展系列,包括中国学校课程史论、外国学校课程史论、比较课程论、未来课程论等;⑤ 不同层次和类型系列,包括普通学校课程论、职业教育课程论、成人教育课程论等。

三、课程论的研究方法

现代学科发展趋势表明,以不同视角、按不同研究规范对研究对象进行综合探索,已成必然之势。因此,探索独特而又多样综合的新的研究方法,就成为课程论学科发展的一个基本态势。

(一) 传统的学科性探究方法

(1)哲学性的有分析性的、扩充性的、推测性的方法;

(2)科学性的有科学化、族志式的方法;

(3)艺术性的、叙述性的、美学的、现象学的方法;

(4)历史性的有历史性的方法。

传统的学科性探究方法与实践问题较少有密切关系。

(二) 实证分析的方法

18 世纪末到 19 世纪初,在自然科学蓬勃兴起、开始按照自然科学的规范建构人文科学的背景下,博比特率先运用实证分析的方法建构课程理论。他主张用"经验—分析"的方法来描述客观的生活经验,从而回避了课程的意识形态分析,用纯技术的观点,采用"原子论"的分析方法来研究课程目标,选择学习经验,强调事实与价值的分离。后来查特斯、卡斯威尔、泰勒、塔巴等人均采用这种自然科学实证分析的方法来建构课程理论,形成所谓科学的课程理论。这种研究取向在 20 世纪 60 年代以前一直占据主流,到今天仍有很强的生命力。

(三) 社会批判的方法

社会批判的研究方法通常是从社会学的角度来建构课程理论。其特点是把批判地分析课程的社会背景因素(政治的、经济的和文化传统的等)作为课程研究的重心,既不同于实证分析方法把重点放在课程的技术层面的研究,也不同于人文理解研究方法把重点放在学校生活世界的意义诠释或理解的研究。在社会批判论者看来,知识是由社会建构的,而知识的客观性又是有限的,因而课程研究根本不可能排除社会价值和规范的要求。知识与社会权力、意识形态之间存在着密切的辩证关系。因此,要把握课程及其设计、实施的本质,必须透过意识形态进行分析。运用这种方法建构的课程理论,通常被看做是批判的课程理论。

(四) 人文理解的方法

人文理解的方法是相对于实证分析的方法而产生和确立的。在人本主义课程论者看来,对课程活动的"解释性的理解"是课程研究的根本方法。解释学的方法的特点是:对人文世界的意义必须进行"理解",而理解又是一个历史的流程和"世界融合"的过程,即理解者的主观世界与"文本"(社会历史)所提出的世界融合的过程。总而言之,人文理解的研究方法强调的

---

① 黄甫全:《简析课程论的主要任务、研究对象和基本内容》,《课程·教材·教法》,1997 年第 12 期。

是整体综合的定性方法,反对自然科学机械分析的方法,主张对课程问题作直觉的和艺术的把握,根据主体的期望和假设进行意义诠释。与人文理解研究方法紧密相连的是现象学、诠释学、存在主义哲学和精神分析理论等。例如,格林妮和平纳主张从个体意识的觉醒和反省出发来建构与解释学校生活世界的意义。课程设计的目的就在于促进学生的解放、自由和个性的完美。显然,他们注重教育经验的诠释性分析,把课程看做是学习过程,强调师生互动的价值,把课程评价看做是审美的和定性的。艾斯纳则从美学的角度,把课程视为艺术的领域,主张用文艺评价的方式来设计和评价课程。运用人文理解的方法建构的课程理论,通常被看做是解释学的或审美的课程理论。

（五）多学科或超学科探究方法

（1）道德性的有规范性、批判性、评价性、整合性的方法;

（2）宗教性的方法;

（3）诠释性的有解释学的方法;

（4）功能性的有理论的方法;

（5）慎思式的有慎思式的方法;

（6）行动研究有行动研究的方法。①

多学科或超学科探究方法与全观性实践问题相联系。

肖特在对这些不同方法研究分类时,强调指出,由于人们的研究取向不同,所关注的课程问题各异,因此,就会采用不同的研究方法。只有使课程问题与课程研究方法保持一致,才能有效地解决课程理论与实践问题。当然,这并不是绝对的。但有一点是可以肯定的,即科学主义与人本主义两种课程研究取向经常使用不同的研究方法。②

面向未来的课程研究应当把各种方法综合起来,表现出精确的微观分析与整体的理解相结合、定性描述与定量分析相结合、结果研究与过程研究相结合、逻辑与直觉相结合、科学与艺术相结合等特征。

---

① 李子建,黄显华:《课程:范式、取向和设计》,香港中文大学出版社,1994 年,第 426 页。

② 靳玉乐,师雪琴:《课程论学科发展的方向》,《课程·教材·教法》,1998 年第 1 期。

第二章 课程的含义和本质

课程论作为一门独立的教育科学分支学科,从 1918 年诞生至今,只有短暂的历史。在课程论的发展过程中,对课程论中有关理论的探讨仍然众说纷纭,而对课程的含义和本质的探讨则是这一学科的逻辑起点。

第一节 课程的含义

课程是课程论学科领域中的最基本概念,任何课程论研究者都不可避免地使用它。课程本身的复杂性决定着人们对课程的认识也是多样的、不确定的。但是,相对于某个特定时代和一定的历史条件下人们对课程的认识而言,用以规范和评判人们的课程认识是否科学、合理的标准不仅是一元的,而且应当是确定的。惟其如此,才能保证一定条件下人们的课程认识沿着既定的规范化方向发展,才能保证现实课程改革和实践活动的顺利展开。对"课程是什么"的探索正是课程论研究得以不断深化的重要动力,也是赋予课程实践理性的基本前提和根本保证。

一、课程含义

(一)课程词源辨析

对"课程"词源进行辨析,绝不是为了咬文嚼字,因为对词源的理解影响到了对课程思想和课程实践的理解,所以很重要。

"课程"一词源于唐代孔颖达在《五经正义》中把"奕奕寝庙,君子作之"(《诗·小雅·小弁》)注为"教护课程,必君子监之"。到了宋代,朱熹在《朱子全书·论学》中多次提到课程,如"宽着期限,紧着课程","小立课程,大作工夫"等。虽没有明确界定,但也是指功课及其学习的范围、程度、时限、进程的意思。

在西方,"课程"一词,如英语 curriculum,是由古拉丁语"currere"派生来的,意为"跑道"(race-course),引申为"学习者学习的路线"(course of study),又称"学程"。19 世纪 60 年代初,斯宾塞率先使用这个词语,把它限定为"教学内容的系统组织"。而后,在"西学东渐"过程中,日本学者在将斯宾塞《教育论》译成日文时,用中文"课程"一词,把英文译名翻译成"教育课程"。

到了当代,课程研究界对这种界说提出了质疑,还有人对"课程"一词的拉丁语词源提出了不同的看法,因为,"currere"的名词形式意为"跑道",重点在"道"上,这样一来,为不同的学生设计不同的轨道,成了顺理成章的事情,从而引出了一种传统的学校课程体系;而"currere"的动词形式是指"奔跑",重点在"跑"上,这样一来,着眼点会放在个体对自己经验的认识上。因为每个人都会从眼前大量的事物中寻找其意义,并根据以往的经验发现其起因,想象并创造自己未来各种各样可能的方向,即课程是一个人对自己生活的重新认识。由于只有在了解他人和这个世界的基础上才能更好地了解自己,所以人际互动是课程的一项重要内容,这样,就得出了一种完全不同的课程理论和实践。

(二)课程的定义

随着课程理论与实践的发展,人们对课程的理解已不再仅仅满足于字义上的追根溯源,而是以更为广阔的教育实践为背景,从多视角进行探讨,提出了多种多样的课程定义。

(1)国际上的定义

据美国学者鲁尔在其博士论文《课程含义的哲学探讨》中统计,课程定义至少已有119种。[1] 施滕豪斯列述了三个有代表性的定义:① 学校能帮助学生达到最佳的学习效果而准备的有计划的一切经验;② 学校有计划地引导学生获得预期的学习结果而付出的综合性的一切努力;③ 在所期待的学习结果的一连串结构化系列中,所处置的(或者至少是期待的)教学结果。[2]

另一美国学者蔡斯则将课程定义归纳为6种:① 课程是学习方案;② 课程是学程内容;③ 课程是有计划的学习经验;④ 课程是在学校领导下"已获得的"经验;⑤ 课程是预期的学习结果的构造系列;⑥ 课程是(书面)活动计划。[3]

《国际课程百科全书》中曾列举了9种有代表性的课程定义:[4]

① 为达成训练儿童和青年在集体中思维与行动的目标而建立的一系列可能经验(Smith)。② 学生在学校指导下获得的全部经验(Foshay)。③ 为使学生取得毕业,获得证书或进入专门职业领域的资格,而由学校提供给他们的教学内容或者具体教材的总计划(Good)。④ 课程是探索学科中的教师、学生、科目和环境等因素的方法论研究(Westbury and Steimer)。⑤ 课程是学校的生活与计划……一种有指导的生活事业;课程构成人类生活的生气勃勃的活动长流(Rugg)。⑥ 课程是一种学习计划(Taba)。⑦ 为了在学校的指导下使学生个人的和社会的能力获得不断的、有意识的发展,通过知识和经验的系统重建而形成的,有计划和有指导的学习经验以及预期的学习结果(Tanner)。⑧ 课程必须基本上由5个领域的学科学习组成:掌握母语并系统学习语法、文学和写作;数学;科学;历史;外语(Bestor)。⑨ 课程被看做是有关人类经验的日益广泛的可能的思维方式——不是结论,而是结论产生的方式以及建立这些结论即所谓真理并使之发挥效用的背景(Belth)。

美国学者奥利弗把对课程的不同理解按照从广义到狭义的顺序,列出了下面7种解释。

---

① Lawton D. Class,culture and the curriculum. Routledge and Kegan Paul,1975:6 – 7.
② 钟启泉:《课程设计基础》,山东教育出版社,1998 年,第 10 页。
③ 霍葆奎:《教育学文集·课程与教材》(上册),人民教育出版社,1988 年,第 250 – 254 页。
④ Lewy A. The international encyclopedia of curriculum. Pergamon Press,1991:15.

① 儿童所具有的所有经验(不管这些经验在何时何地发生);② 在学校当局指导下,学习者所经历的全部经验;③ 由学校所提供的全部学程;④ 对某种特定学程的系统安排;⑤ 在特定的学科领域内所提供的学程;⑥ 某个专业学校中的教学计划;⑦ 个体所修习的科目。①

由于对课程概念的理解不同,对课程进行研究时所包含的对象也就不同。在美国,尽管存在着对课程定义的不同意见,大多数教育工作者都比较倾向于按照这样的两极来看待教育过程:一极是学生,另一极是社会,教育则是使学生走向社会的过程。教育包括学校教育和非学校教育。而学校教育是唯一一种有组织、有计划、有系统的教育形式,它在整个教育过程中居于首要地位。因此,课程的解释,即"在学校当局指导下,学习者所经历的全部经验"就被美国大多数人所用。

(2) 国内课程界的定义

1979 年,上海师范大学《教育学》编写组认为"学生学习的全部学科称为课程"。②

1981 年,戴伯韬指出,学校课程不仅把各科教学内容和进程变成整个便于教学的体系,而且是"培养什么人"的一个蓝图,课程论是学校教育学中一门重要的分支学科。③

王策三教授提出,课程是"人类长期创造和积累起来的经验的精华"。④

东北师范大学吴杰认为:"课程是指一定的学科有目的有计划的教学进程。这个进程有量、质方面的要求。它也泛指各级各类学校某级学生所应学习的学科总和及其进程和安排。"⑤

陈侠 1989 年出版的中国新时期第一本《课程论》认为:"课程可以理解为为了实现各级学校的教育目标而规定的教学科目及其目的、内容、范围、分量和进程的总和。"⑥

廖哲勋教授著的《课程学》,从大学教育系专业课的角度对课程问题作了系统的科学研究。廖哲勋认为:"课程是由一定育人目标、基本文化成果及学习活动方式组成的用以指导学校育人规划和引导学生认识世界、了解自己、提高自己的媒体。"⑦

由上面的引述可以看出,课程的定义繁多,每个人都可以根据自己的学术背景,根据自己对社会、知识、教育、学校,乃至对学生的不同观点,给课程以不同的解释。对课程内涵的多元限定,一方面对于揭示课程的某些本质起到了积极的促进作用,另一方面也使课程本质的内涵呈现出模糊性和不确定性。课程定义的分歧是一种客观存在,没有一个统一的、公认的定义,也并非是消极的事情。美国课程学者施瓦布就曾经告诫说,过分注重于完善诸如"课程"术语的精确定义等理论问题,将会使课程研究毫无生机。⑧ 但是,从课程定义产生的思路和背景看,不同的定义却有着相似性,认识这一层次的内容,有利于深化对课程的理解。

① Oliver A I. Curriculum improvement:a guide to problems,principles,and process. Harper & Row,1977:7.
② 上海师范大学《教育学》编写组:《教育学》,人民教育出版社,1979 年,第 97 页。
③ 戴伯韬:《论研究学校课程的重要性》,《课程·教材·教法》,1981 年第 1 期。
④ 王策三:《教学论稿》,人民教育出版社,1985 年,第 168 页。
⑤ 吴杰:《教学论——教学理论的历史发展》,吉林教育出版社,1986 年,第 5 页。
⑥ 陈侠:《课程论》,人民教育出版社,1989 年,第 13 页。
⑦ 廖哲勋:《课程学》,华中师范大学出版社,1991 第,第 28 页。
⑧ Schwab J J. The practiced:a language for curriculum. School Review,1969,78(1).

二、课程定义背景的相似性

（1）社会背景与课程内涵

每一种课程定义，就像每一个课程问题一样，都是在特定的历史时期、特定的政治经济背景下出现的。例如，澳大利亚课程论者史密斯与洛瓦特在考察百年来一些有影响的课程改革和课程定义后发现：每当经济强劲、求职机会充沛时，便很少有人关注学校课程；而当经济衰退时，就会有许多人指责学校课程。企业主和公众往往把年轻人找不到工作归咎于他们没有掌握有关的知识技能。因此，当20世纪70年代初西方经济繁荣时，课程专家把重点放在个人的经验上，制订了各式各样可供选择的课程计划。史密斯与洛瓦特得出这样的结论：每一种课程定义都可能反映了其历史的、社会的、经济的、政治的背景。[①]

（2）知识观与课程内涵

任何课程定义都涉及知识的性质问题，注意每种课程定义所隐含的某些假设是很重要的。有的课程定义似乎表明："知识在任何地方都是同样的东西"。而有的课程定义则隐含着"知识是个人主动构建的东西"。在一定程度上，一定的知识观决定了人们将采用什么样的课程定义。

如果认为知识是固定不变的东西，人们不可能以任何方式去改变它，那么就会趋向于把课程视为必须按照规定的方式向学生传递的知识体系。教师扮演权威的角色，以确保真正的知识体系一代一代忠实地传递下去。课程的控制权应该在学科专家手里，因为他们比别人更了解学科的知识体系。课程的定义会注重具体目标、内容体系以及标准测验等。相反，如果认为知识是能动的、不断变化的东西，重要的在于个体的主动构建，那么就会趋向于把课程视为促进和帮助学生探究、体验他们周围世界的手段。教师要尽可能地少教，让学生掌握独立学习的技能，以保证新一代为不断变化的世界做好准备。由此推断，课程不是少数专家的事情，而是要让教师、学生、家长和有关人士最大限度地参与进来。课程的目标应该是灵活的，要顾及不同学生的需要。课程重点应放在能导致独立学习的程序上，而不是学科内容上。

（3）目的、手段与课程内涵

从目的角度定义的课程，通常被表述为"预期的学习结果"。当课程以这种方式定义时，其内容可以是指向具体行为的，即"能够做某事"，可以是指向某种表现的，即"具体某种能力或潜力"，也可以是实质性的，即"知道这或那"。

从手段角度定义的课程，通常被表述为"为学习者提供的有计划的经验"，或"获得预期学习结果所必需的知识"。这些经验和知识包括文化的、认知的、情感的、信念的、习惯的等方面。

围绕"目的和手段"所产生的概念之争，集中在学习结果是手段的表现，还是手段预先决定学习结果这两个方面。前者把课程及其内容的讨论从目的问题、意图问题变成了关于结果和成绩的问题，即学习评价的问题；后者则侧重于先期的计划与安排，关注的是计划本身的制订问题。可见，计划问题是以预期学习结果定义的课程概念为中心，而评价问题则是以手段定义的课程概念为中心。[②]

（4）课程层次与课程内涵

课程包括从决策、设计到实施、评价等多个层次的转换，因而可能会出现在不同层次上起

---

① 施良方：《课程定义辨析》，《教育评论》，1994年第3期。
② 靳玉乐：《课程定义的批判分析》，《焦作教育学院学报（综合版）》，2001年第1期。

作用的课程定义。

　　美国学者古德莱德曾提出5种处于不同层次、具有不同意义的课程,它们分别是:第一,理想的课程(ideological curriculum),指由一些研究机构、学术团体和课程专家提出应开设的课程。这种课程常常以设想、建议、规划或计划的形式表现出来,其影响取决于是否被官方采纳。第二,正式的课程(formal curriculum),指由教育行政部门规定的课程计划、课程标准和教材,即许多人理解的学校课程表中的课程。第三,领悟的课程(perceived curriculum),指各任课教师领会的课程。由于教师对正式课程会有多种理解和解释的方式,因此,每个教师对正式课程的领会会有一定的差异,从而也会对正式课程作用的发挥产生削弱或增强的影响。第四,实行的课程(operational curriculum),指在课堂上实际实施的课程。由于课堂上学生对课程的反应情况错综复杂,需不断作出调整,故教师领悟的课程与实际实施的课程可能会有一定的差距。第五,经验的课程(experiential curriculum),指学生实际体验到的东西。每个学生从同一课程中所获得的体验和学习经验往往是不同的,因而对课程的实际理解亦可能有所区别。[1] 古德莱德的这种层次划分建立在对课程实践进行深入研究的基础之上,且在一定程度上揭示了不同的课程定义在各个层面上的不同适应性,有助于人对课程概念的作用性意义的理解。

第二节　课程本质及其探讨方法

　　课程本质规定着课程研究的方法论取向,是课程论研究的逻辑起点,因而常常被认为是"课程论的中心和基调"。课程本质说到底乃是"课程是什么"的问题,因为人们一般是通过定义来揭示或表征本质的。由于受到古代典籍中"课程"词义的影响和改革开放以来国外多元课程本质观的一定影响,迄今为止,没有一个课程定义可以使所有的课程研究者都感到满意,也没有任何一个定义是永远不能改变的,更没有一个精确的定义涵盖课程的本质观,于是,出现了多元课程本质观的局面。

一、关于课程本质的代表性观点

　　(1)从对课程限定中冲突的主要问题和构成对课程本质内涵限定的客观指标的探讨出发,来界定课程的本质。课程的本质内涵应反映出对以下几个问题的回答:第一,课程从本质上讲是静态的,还是动态的。第二,课程是系统的知识、经验体系的计划,还是一种目标体系计划。第三,课程是预设的,还是结论性的。第四,课程是有意的、客观的,还是无意的、主观理解的。[2]

　　课程作为一种具有多方面来源的客观现象,作为一种学校借以实现其目标、完成其任务的主要手段和媒介,其本质内涵是指在学校教育环境中,旨在使学生获得促进其身心全面发展的教育性经验体系。[3] 这一本质概括反映出学校课程具有如下特点:

　　① 客体性。相对于学习者来说,课程是一种外在于学习主体的客观存在,是学习主体认

---

①　Goodlad J I. Curriculum inquiry:the study of curriculum practice. McGraw-Hill Inc., 1979:60-64.

②　郝德永:《关于课程本质内涵的探讨》,《课程·教材·教法》,1997年第8期。

③　靳玉乐:《现代课程论》,西南师范大学出版社,1995年,第65页。

识和经验的对象,而不是主观性的自我意识或观念。

② 目的性。从人类教育活动所特有的育人目的性角度看,课程也无非是实现育人目标的手段,具有预期的目标指向性,如促进学生身心的全面发展。

③ 经验性。作为一种重要的教育影响因素、一种教师和学生共同作用的对象,课程应该是可以通过认识和实践而转化为个体经验的,不管这种经验是知识性的还是活动性的。

④ 教育性。从内容性质上看,学校课程应在学校环境中对学生具有教育意义和作用,缺乏教育性的经验不属于课程范围之列。

⑤ 系统性。具有预期目标的课程不论其存在形式如何,总脱离不了一定的结构系统,包括横向的组织与纵向的序列。

还有人更进一步指出:课程本质上讲是一种静态的客体,而不是动态的活动;是一种预设的、有意的安排,而不是教育活动的结果,更不是学习者的主观性自我意识或见解、观念;从其内容的外延上讲,它是一种系统的知识、经验,而不是一种目标体系。①

(2) 教学科目说。教学科目说的基本观点是,课程本质上是教学科目或教学科目的总和。中国许多教育学教材都认为,课程即学科,或者指学生学习的全部学科,即广义的课程,或者指某一门学科,即狭义的课程。一些权威的教育辞书也沿用这样的观点。

(3) 课程从本质上讲是"对某种社会文化进行选择"。② 这一观点被中国的一些研究者发展为课程是对社会文化的选择与重构。从文化分析入手,将课程视为一种教育化了的文化,"课程是一种预期教育结果的重新结构化序列"③,并提出了再生性、简洁性、全息性等课程特征。

(4) 教学活动说。教学活动说可以分为两种:一种是温和的教学活动说,一种是激进的教学活动说。④

① 温和的教学活动说。针对教学科目说将课程本质狭隘化的弊端,有学者认为,课程不仅包括学科,还有其他内容,如劳动和其他各种活动,也不只是内容本身,还有对内容的安排,以及内容安排实现的进程和期限等含义。这种观点试图把教学的范围、序列和进程,甚至教学方法和教学设计,即把所有有计划的教学活动都组合在一起,打破了教学科目说的藩篱,拓展了课程的范围。

② 激进的教学活动说。激进的教学活动说持有者认为,课程是学习者各种自主性活动的总和,学习者只有通过与活动对象的相互作用才能实现自身各方面的发展。在这种思想观念指导下的课程具有以下特点:强调学习者是课程的主体,以及作为主体的能动性;强调以学习者的兴趣、需要、能力、经验为中介实施课程;从活动的完整性出发,突出课程的综合性和整体性,反对过于详细的分科;从活动是人心理发生发展的基础观点出发,重视学习活动的水平、结构、方式,特别是学习者与课程之间的关系。

(5) 学习经验说。把课程的本质界定为学习经验,是试图把握学生实际学到些什么。这种观点的基本思想是,只有个体亲身的经历才能称得上是学习,外在的知识才能转化为学习者自身所有,即经验。课程就是让受教育者体验各种各样的经历,在这样的过程中,将学习对象包括知识但不仅限于知识,转化为自身的经验,并且实现自身的变化发展。在这种观点支配下

---

① 郝德永:《关于课程本质内涵的探讨》,《课程·教材·教法》,1997 年第 8 期。

② Lawton D. Class,culture and the curriculum. Routledge and Kegan Paul,1980:6.

③ 黄甫全:《课程本质新探》,《教育理论与实践》,1996 年第 1 期。

④ 徐继存:《课程本质研究及其方法论思考》,《当代教育科学》,2003 年第 14 期。

的课程通常表现出以下特点:强调和突出学习者作为主体的角色以及在课程中的体验;注重从学习者的角度出发和设计课程;课程是以学习者实践活动的形式实施的;课程不是外在于学习者,也不是凌驾于学习者之上,学习者本人是课程的组织者和参与者。

二、课程本质探索的方法论

随着课程研究的深入,对课程本质问题的探讨的课程研究上升到方法论研究的高度,产生了各种课程编制模式,同时也渐渐拉开了关于课程本质问题争论的序幕,在持续至今的争论中,出现了不同的研究课程本质的思维方式。

(一)本质主义思维方式

本质主义是"以本体信仰和本体论思维为基础,以语言学上的符号论为工具,以知识霸权的解构与重构为目的,以本质范畴、本质信仰和本质追求为基本内涵的"知识观和认识论路线。它源于古希腊的巴门尼德和柏拉图,形成和盛行于近代西方哲学界,虽然经历了来自反本质主义一个多世纪的挑战,但至今仍影响很大。作为近现代哲学的重要特征,"是现代人们认识客观世界所达到的水平与限度在哲学上的反映,也是人的思维方式与外界关系的一种线性反映",它"往往以局部的、静止的、僵化的观点来代替事物存在的多样性、动态性和生成性"。[①]体现在思维方式上,认定任何事物都具有与复杂多变的现象相对的唯一的、实体性的本质,这种本质是自在的、静态预成的、完全合规律的、必然的、封闭的、事实的。人的认识能够透过现象完全把握事物的本质并运用语言表达出来,这是科学研究的任务和目标;人们在认识中形成的对本质的认识就是真理,可以指导人们正确地从事实践、改造世界。

本质主义思维方式在课程本质研究中主要体现在三个方面:一是以局部代替整体,从单一视角来探讨课程多方面的复杂本质。从知识和功能的视角研究课程本质,把课程的本质当做一种实体。二是以静态预成性代替动态生成性,从静态僵化的前提出发探讨动态生成的课程本质。将课程的本质看做既成事实,视为自在的、永恒不变的、封闭的,而否认了"存在先于本质"的合理性,摒弃了人的价值目的等主观追求,否认课程本质的自为性、历史性、可变性、动态生成性和开放性。三是从规律、必然的角度去探究课程的本质,忽视课程本质的合目的性、应然性。受近现代哲学过度发展的决定论思维和科学追求客观规律、客观必然的研究旨趣的影响,现有的课程本质研究大都以达到对课程中蕴含的客观规律的揭示掌握和对课程必然性的符合为目的。[②]

这种采用自然科学研究的基本方式研究课程论的方法,使人们认为对课程本质的探讨是唯一科学的方式,不管最终会得到什么,都被认为是对"真理"的不断逼近。人们相信,只要充分发挥自己的智力,付出真诚的努力,就可以层层剥离课程这个实体,揭示其内在的所谓的"本质";而只要发现了课程的"本质",就可以一劳永逸地给任何课程实践活动和问题一个满意的解释与解答。

但事实并非如此,用本质主义思维方式探讨课程本质问题时,人们已经把课程放到了自己的对立面,即客体的位置上了,因而只是从客体的或者直观的形式去理解,而不是把它当做人

[①] 熊和平,赵鹤龄:《后现代批判视角——中国近20年的教学过程本质研究》,《比较教育研究》,2003年第2期。

[②] 郭祥超,蒋冬双:《课程本质研究中本质主义思维方式的反思与超越》,《西安电子科技大学学报(社会科学版)》,2005年第2期。

的感性活动,当做实践去理解,不是从主观方面去理解。当人们沉醉于自己的"发现"时,实质上已经遮蔽了现实课程的生动本真,消解了"课程是什么"的问题,失去了探究课程本质是什么的意义。

即使把课程看成是一个实体,它也不是僵死的,而是变化发展的,这正如古希腊哲学家赫拉克利特指出的,世界上再没有比变化更实在的了。变化是普遍的不可抗拒的力量,在这个力量面前,任何事物不管多么自信、多么稳定坚固,都不能停滞不前。如果承认课程是发展变化的这一事实,那么抛开变化而寻求课程的永恒不变的"本质"本身,就会把课程论研究推入一种无法自拔的泥潭。因为,对课程的本质主义思维方式的探讨,乃是一种追本溯源的思维,它所关注的是课程既成问题,至多是为课程历史生成提供一种理解框架,把课程的现实发展看成必然如此,因而它不是前瞻的,不能为现实的课程实践提供指导。

（二）反本质主义的思维方式

在 20 世纪西方非理性主义、分析哲学、现象学、存在主义、哲学解释学及后现代主义等思潮的影响下,拒斥形而上学,否认本质存在,批判理性,主张差异性、多元化、不确定性的反本质主义已深深地影响了课程本质研究的思维方式。

反本质主义持以下观点:

（1）事物的本质不是唯一的,而是多元的。因而对事物本质的认识也不是唯一的,而是多元的。福柯从知识考古学的角度出发认为,"任何单一的理论和方法都不能把握话语的多元性,应该从多个视角去分析研究对象"。① 莫兰主张人们在思维时"要粉碎封闭的疆界","努力掌握多方面性",强调不要把"多"化解为"一"。②

（2）本质不是实体的、僵化的、封闭的,而是依赖于关系而存在,有其动态生成性、开放性。本质的动态生成性根源于人的本质的动态生成性。人的本质不是固定不变的,"人的本质就是去存在,去创造更多可能性","人的本质是不断生成的,是向未来敞开的,它随人的实践变化而变化"。③ 它是人在实践中建构自身的主体性和价值的结果,与人有关的任何事物的本质也都是这样。本质的动态生成性以本体为基础。

（3）本质既是合规律的、事实的、必然的,又是合目的的、价值的、应然的,还是可理解的、可接受的、合规范的,是规律、目的和规范的统一,即合理性的。突破旧的本质观,更应强调人的价值、目的、理想在本质形成中的作用。著名教育哲学家谢弗勒认为定义包括规定性定义、描述性定义和纲领性定义,其中的纲领性定义就是指本质的自为、合目的、价值性和应然问题。欧阳康指出:"合理性就是对人的思想和行为所应当具有的客观性、价值性、严密性、正常性、正当性、应当性、可理解性、可接受性、可信性、自觉性等的概括与要求,是合规律性、合目的性和合规范性的统一,也是真理性和价值性的统一。"④

在反本质主义框架下,探讨课程本质需要转换思维方式。⑤ 第一,提倡从多视角来探讨课程的本质。在课程研究中,学科内容,学习者经验、目标计划、过程等可以作为研究视角,同样

---

① 熊和平,赵鹤龄:《后现代批判视角——中国近 20 年的教学过程本质研究》,《比较教育研究》,2003 年第 2 期。

② ［法］埃德加·莫兰:《复杂思想:自觉的科学》,陈一壮译,北京大学出版社,2001 年,第 141 页。

③ 冯建军:《现代教育原理》,南京师范大学出版社,2001 年,第 30 页。

④ 欧阳康:《合理性与当代人文社会科学》,《中国社会科学》,2001 年第 4 期。

⑤ 郭祥超,蒋冬双:《课程本质研究中本质主义思维方式的反思与超越》,《西安电子科技大学学报(社会科学版)》,2005 年第 2 期。

作为课程因素的教师、学生、教材、环境等也可以成为研究的视角,甚至显性课程、隐性课程、学校课程、校外课程、分科课程、综合课程、必修课程、选修课程等具体的课程类型都可以成为分析课程本质的视角,而问题的关键在于如何根据实际的需要,选择一个或少数几个主要的视角,在各种因素结成的立体结构中去合理地建构课程的本质。第二,以动态生成的思维探讨课程本质。课程本质不是永恒的、固定不变的,也不是预成的,而是具有历史性的、变化不居的、动态生成的。它随课程实践的变化而变化,是在持续不断地生成的。从生成意义上来说,课程本质是向未来敞开的,课程是一个永远未完成的存在物。当然课程本质的生成要在事实和价值的有机统一中,在应然和必然的协调一致中,在合规律与合目的相统一中,在课程认识和课程实践的统一中进行。另外,课程本质和任何人为事物本质一样,都是不断变化的,不同时代、不同社会条件下课程的本质可能会有所不同,只要是能体现时代精神、解决时代和社会对课程提出的问题的课程本质都是合理的,不存在适用于任何时代、任何社会的具有极大普适性的永远合理的课程本质。第三,从合理性的视角,在目的、规范与规律的统一以及应然、必然和实然的统一中研究课程本质。在课程本质中,既有不依赖于人的主观意志而转移的客观必然性,又有不完全依赖于课程的客观必然性的人的主观需要和追求。课程的客观必然性与反映在课程中的人的主观需要和追求都有很大的发展空间、弹性和余地,人不能违背最基本的客观规律去空想课程本质,但在客观必然与主观追求之间的空间内,课程究竟是什么在很大程度上是由人的主观意志和价值追求决定的。课程的本质不仅是由于它客观上是什么而是什么,也由于人主观上需要它应该是什么而是什么。虽然把课程看做是只合目的的纯主观的课程是违背客观规律的,但是把课程看做是只合规律的纯客观的课程也是违背人的主观追求规律的。课程本质研究既要回答"课程是什么",即课程的实然和必然问题,又要进一步回答"课程应该是什么",即课程的应然问题,前者的研究是前提和基础,后者的研究是重点和目的。本质的问题,实质上是一个规定性的价值概念,对教育本质的判断不在于它正确与否,而在于它对实践问题解决的适合与否。[1] 课程本质也是这样。当然,单纯强调课程本质研究中的目的、价值、应然,又使人难以理解和接受,这需要以规范性来消除其他人的困惑和误解,才容易被人理解和接受。

(三)实践论思维方式

探寻课程本质的根本目的在于指导课程实践、解决课程实践中的问题,而不是为探索而探索。所谓指导课程实践,就是给课程实践以规范,告诉人们应如何进行课程实践。因此,对于探讨人为活动的教育所必需的课程的课程论来说,实践论思维方式更具有特殊意义。

实践论思维方式实质上是一种否定论思维方式、一种现实批判的思维方式。课程现实不是某种单一本性的存在,它既是自然的又是属人的,既是客体性的又是观念性的,既是因果性的又是目的性的,既是必然的又是自由的,所以它是一个极其复杂的否定性统一体。否定性统一本身就意味着这种统一不是一劳永逸的,要求不能仅仅从本体论的角度去理解,还应从否定论的角度去把握。[2] 也就是说,在对课程的肯定的理解中,同时应包含着对课程的否定的理解。只有这样,才能以"课程是什么"的认识反思和批判现实课程的局限性与不合理性,实际地反对和改变课程的现状,使现实课程"革命化",充分发挥课程论对课程实践的指导作用。

① 冯建军:《现代教育原理》,南京师范大学出版社,2001 年,第 32 页。
② 徐继存:《课程本质研究及其方法论思考》,《当代教育科学》,2003 年第 14 期。

所以,对"课程是什么"问题的解决,必须与"课程不是什么"的研究有机结合起来,反对课程认识上的绝对主义和相对主义两种偏向,采取绝对和相对辩证统一的研究思路。

对"课程是什么"的研究,是把课程视为一个实体,抛开了特定的时代和一定的历史条件,是抽象的;而对"课程不是什么"的研究,则是要落实到既定时代和历史条件下课程实践中的,是具体的。只有在具体的课程实践中,"课程是什么"的研究才是有意义的,并且它才有可能得到回答。规范和指导课程实践,无非就是要避免不正当课程实践的产生。所以,"课程不是什么"的研究,其最重要的意义就在于把"课程是什么"这样一个抽象问题转化为具体的现实命题。可见,课程是什么与不是什么的研究不是截然分开的,而是相互依存、彼此交织在一起的。也正因如此,就不能只是单纯地研究"课程是什么",还必须研究"课程不是什么",回到现实的课程实践中去。如果说对"课程是什么"的研究表征了课程论研究的一种思维方式,那么这种思维方式的局限性恰恰可以通过对"课程不是什么"的研究的这种思维方式加以克服和弥补。

对"课程是什么"的研究,由于把课程视为一种外在于人的实体,遵循的是一种从寻找"本质"到解释课程的思考途径,因而采用的是自然科学的"主客二分"的认知模式,追求课程认识的确定性和绝对性,这就容易导致对现实课程实践的遮蔽和遗忘,从而使课程论研究陷入纯粹形而上的思辨。与课程的"本质"相比,现实课程实践显然是不完善的,因此一旦将这种研究所得到的课程认识落实到具体的课程实践中,它必然会用某种绝对理性标准来说明、要求、规范和衡量现实课程实践,从而极容易走向某种课程的教条主义。对"课程不是什么"的研究,则在总体上遵循了一种不同于传统的逆向思考模式,它所把握的是具体形态的课程,是从具体的课程现实及其对人的意义出发来阐释课程,充分展现了课程认识的人文性和相对性,因而它是对课程的形而下的关怀。在课程论研究中,形而上的思考只有与形而下的关怀有机结合起来,才能使课程论研究从抽象走向具体,走向现实的课程存在,也只有在现实的课程实践活动过程中,并且通过它才能得到反映或表现。马克思指出,全部社会生活在本质上是实践的,人应该在实践中证明自己思维的真理性,即自己思维的现实性和力量、自己思维的此岸性。人不知道自己是什么,人却现实地生活着,只是因为人不是抽象的,人是在现实的生活中把握自己、规定自己的。作为人类特有的教育活动所需要的课程,它关怀的是人的生存和发展,离开了现实课程的展开和表现,将无法探寻课程的意义、确定课程是什么,只能把它看成是孤立的、抽象的感性实体。

课程论不仅仅是研究课程本质的解释之学,更是规范课程的价值之学。课程论研究不能把理论旨趣仅仅放在课程"是如何"、"是什么"这样的所谓"事实"问题上,而应尽可能地关注课程"应如何"这样的价值问题,如人类的课程对人有何意义、什么样的课程才是合理的、课程如何才能更有利于人类自身的生存和发展等等。而要回答这些问题,就不能仅仅研究课程是什么,更要研究课程不是什么。敢于打破闭门研究课程是什么的封闭状态,自觉地投入到课程实践和改革中,去发现和解决课程现实存在的问题,才是合理的思维方向。

第三章 课程的分类

课程是学校教育有目的、有计划地向学生传播知识、经验的总体。课程分类,即通过收集、分析一个学科系列课程的课时、学科重要性、内容、地位、难度、复杂性、授课对象、方式等要素,按一定的方式方法和要素将其区分开来,以达到区别对待、科学管理的要求。

第一节 课程分类

课程类型的划分应如实地覆盖现代课程的范围,既不能任意缩小,也不可随意扩大。在此前提下,按照课程结构与课程功能对课程本质的决定性作用划分课程类型,课程目标、课程内容和学习活动方式的差别对课程类型的划分具有极重要的作用。课程表层构成的差别如课程结构的宏观层次等因素也是划分课程类型的重要根据。

一、常规的课程分类

(一)学校通常的课程分类

(1)按照教育目标可分为德育课程、智育课程、体育课程、美育课程等;

(2)按照学科种类可分为自然学科课程、社会学科课程、思维学科课程、艺术学科课程等;

(3)按照学科功能可分为基础课程、分科课程等;

(4)按照学习要求可分为必修课程、选修课程等。

(二)学校通常的课程分类下的亚分类

(1)基础课程、分科课程与综合课程。① 基础课程是指大学中某一专业教学计划中所规定的基础理论、基本知识与基本技能的课程,其作用是为培养学生掌握专业知识、学习科学技术、掌握发展规律的能力打下宽厚的理论基础。它又包括公共基础课程和专业基础课程,基础课程一般为必修课程。② 分科课程与基础课程相对,指围绕定向培养目标所修习的专门知识与专门技能的课程。全部专门课程构成分科理论与技术的体系,是分科教育计划的中心组成部分,是根据国家对某种专门人才的业务要求而设置的,旨在使学生掌握必要的专门知识和技能,了解本专门范围内最新的发展成就和趋势。③ 综合课程则是建立在其他课程学习基础之上,以促进学生在高度专门化基础上的高度综合化,不至于使学生学习专门课程以后株守一隅,而能拓宽专业、横跨学科,融会贯通。

（2）理论课程与实践课程。① 理论课程侧重于对基本理论、原理、规律等理论知识的传授,多通过课堂教学来实现。理论课程具有抽象性特质,易于培养学生的抽象思维能力。② 实践课程,就是通过实验、实习等一系列实践环节的教学巩固学生所学的理论知识,利用理论知识来解决生产实际问题的相关课程。从实践课程的范围看,主要包括实验、实习、社会实践、课程设计、毕业设计（论文）、科学研究等。实践课程侧重于对理论知识的验证、强化和拓展,具有较强的直观性和操作性,旨在培养、训练学生的动手能力和创新能力,也是当前教学改革需要着力加强的方面。

（3）必修课程与选修课程。科学技术的日新月异,不断向教学内容提出更新的要求,然而课程内容总要有一个相对稳定性,将课程分为必修与选修就可以解决这一矛盾。① 必修课程是指教学计划中学生必须学习的课程,必修课程保证了所要培养人才的基本规格和质量。② 选修课程主要指学生可以有选择地学习的课程,其目的是因材施教,发挥学生的专长和兴趣,有利于扩大学生的知识面,拓展学生的专业面向。选修课程又可分为限制选修课程和任意选修课程,当前教学改革的主要趋势是适当增加选修课程比例。

（4）显形课程与隐形课程。① 显形课程就是在课程和教材中明确陈述的,并要在考试、测验中考核的教学内容和教育教学目标。教学计划中的各类学科课程、活动课程的性质、作用及其在人才培养中的地位,各自所占的比例等,均属显形课程的研究范畴。② 隐形课程是指学校教育环境（包括物质的、文化的和社会关系结构的）有意或无意地传递给学生的非公开性教育经验（包括学术的和非学术的）。隐形课程的突出特点在于其隐蔽性,它不在教学计划中反映,不是通过正式的课程和教学来实施,而是通过诸如校貌、校舍建筑、设备、校园文化、教室布置、校风、校纪、校训及师生关系、同学关系等对学生的身心发展产生潜移默化的影响,从而促进或干扰教育目标的实现。

二、课程分类的讨论

（一）课程内容与课程分类

任何一种类型的课程,都有自己的特性。粗线条的划分很难与教学目的及教学的具体操作发生直接关系。例如,说"某门课是一门基础课"时,仅能由此推知这门课与其他课程的关系,它的基本特点及基本教学目的却无从确定;但当确认"某门课是一门理论课"时,就为它规定了一个教学重心,其基本的教学目的似乎也呼之欲出,并且,它的教学原则、教学方法和教学评估标准也有了大致的范围。这说明,划分结果是否到位,不仅关系着对教学活动的深入认识,也关系着教学上的操作是否便利。

课程类型细分的结果,实际上已在某种程度上为这些课程确定了相应的位置。"定位"越具体,教学目标、教学原则、教学方法、教学评估标准也就越有针对性。课程内容与其教学目的在有的课程中并不是统一的,那么课程"定位"的依据,究竟是课程的内容呢,还是课程的教学目的? 这里探讨的"课程"指的是狭义的课程,即教学的科目或学科;所探讨的"目的"是指某一课程的教学任务（主要是内容传授）完成后所应达到的预定结果。那么,课程的内容是否可以作为课程"定位"的直接依据呢? 回答应该是肯定的。其理由是:① 课程内容是教学过程得以展开的现实基础,即教学过程中所必须传授和掌握的知识、技能、技巧,以此作为"定位"的依据,可以更加明确地提出教学任务;② 课程内容是教学主导者(教师)和教学主体(学生)实现"授受"沟通的媒介,是师生共同指向的客体。它在很大程度上决定着一门课究竟对谁教、怎样教和如何学,以此作为"定位"的依据,便于寻找到更具针对性的教学方法。

（二）课程内容特点与课程分类标准

根据课程内容为课程"定位"还必须提出具体的标准,这些标准应该从这一类课程的共性中去确定;这种共性也只能从课程的内容特点中去寻找。① 理论课内容特点的共性是:它是由概念、范畴、命题、推理构成的相对完整、固定的体系,内容抽象,思辨性强;理性材料占绝大部分比例;内容的习得主要靠理性思维。② 知识课内容特点的共性是:经验材料和事实材料占主要部分;内容具体,内容之间的联系并不十分依赖于逻辑推导;内容的组合有一定的随意性,但类别清晰;内容的习得主要靠记忆。③ 技能课内容特点的共性是:内容以操作方法、操作技巧为主,程序性较强,内容的习得虽然离不开一定的知识或理论作背景,但主要依赖于反复的训练和练习,并且有些技能的训练很大程度上依赖于设备或工具。上述课程内容特点的共性还可以概括为:知识课在于告诉人"是什么",理论课在于告诉人"为什么",技能课在于告诉人"怎样做"。把握了这些共性,便不难确定一门课程究竟属于理论课、知识课还是技能课。这样,相应的教学目的,或掌握理论、或习得知识、或训练技能,也就确定下来。在此基础上,便可以确定相应的基本教学方法和基本评估标准。①

第二节 课程分类的多元化

随着对课程实施重要地位和作用的认识日益加深,以课程论和学习理论的基本原理为依据进行课程设计,形成了各种各样的课程类型。

一、从课程形态上分类

在课程形态的维度上,课程"依次形成了原始课程、艺术课程、学科课程和经验课程 4 种形态"。②

（1）原始课程是人类社会初期,当人们认识世界所积累的知识还处在混沌状态时的一种课程表现形式,课程的实施主要是通过长辈向晚辈传授生产、生活的经验来进行。

（2）艺术课程是人类逐渐进入文明时代以后追求精神生活的一种教育价值的体现,它对知识的组织已经倾向于系统化和组织化。

（3）学科课程是历史进步到一定阶段的产物,人类探究世界的视野逐渐切入到自然界、社会以及自我意识的深层结构,试图运用分析的、演绎的方法,把自然界、社会和主观世界分解成不同的部分,然后通过探析知识的不同组成部分达到认识世界的目的。

（4）经验课程又称活动课程。它是建立在实用主义哲学下的一种课程形态,强调活动与

---

① 林燕,孟建伟:《大学课程类型的细分及课程定位》,《太原师范学院学报》,1997 年第 2 期。
② 黄甫全:《新中国课程研究的回顾与展望》,《教育研究》,1999 年第 12 期。

经验在学生的知识形成中的关键作用,对学科课程是一种历史的超越。

二、从知识组织形式上分类

在知识的组织形式上,有综合课程与分科课程两类说法,这也是一种比较典型的用二分法思维进行的分类。综合课程是指运用两种或两种以上学科的知识观和方法论来考察与探究世界知识的课程。

(1)综合课程意味着包含两种或两种以上学科的课程要素,并将这些课程要素以某种方式与一个主题、问题或源于真实世界的情境联系起来。

(2)分科课程则是一种单学科的知识组织模式,它强调不同学科门类之间的相对独立性,强调一门学科逻辑体系的完整性。

分科课程与学科课程两者分属不同的分类层面,存在着彼此不同的范畴,综合课程与分科课程的知识组织形式之间既存在差别又有内在的必然联系。综合课程是当今世界知识急剧更新、学科门类与交叉学科不断增多和学科知识不断分化后的一个必然结果,同时又是人们解决世界出现的诸多新问题、认识新现象的自然产物。综合课程与分科课程是相互依赖、相互作用、功能互补的两种课程。

三、从课程开发理念上分类

课程开发的理念大致经历了以社会为本位的、以学生(或个人)为本位的和以学校为本位的课程开发理念三种方式。因此,从这个维度上看,课程又可分为社会本位课程、个人本位课程和学校本位课程三种形式。

(1)社会本位课程是以解决社会生活问题为课程价值取向的开发理念,学校在选择与制定课程目标和标准时强调社会利益的至高性,个人的发展应服从于社会秩序与社会发展。

(2)个人本位课程是以学生或个人的发展为基本课程价值取向的开发理念,学校在开发课程时突出个体的经验性与个体发展的合法性,强调只有在个人的发展基础上,社会利益才可以得以维系。

(3)学校本位课程实质上是社会本位课程与个人本位课程开发理念相互妥协的产物,指的是学校在代表社会和个人整合利益的基础上开发的课程。

四、从课程思潮上分类

不同的课程思潮体现了不同历史与文化背景下的课程价值观,它深刻影响着课程改革与发展的基本取向。当代课程思潮大致存在以下几种基本类型:政治课程、种族课程、性别课程、现象学课程、后现代课程、传记性课程、美学课程、神学课程、生态学课程以及全球化课程等。[①]课程思潮在某种程度上框束着课程改革的基本理念与发展方向。当今的课程研究已经淡化了概念化对课程开发的影响,使课程开发不再局限于程式上的论争,而是将课程置于更广阔的社会政治、经济、文化、种族以及环境等背景下来理解。从课程思潮的维度对课程进行分类,主要反映了不同课程的哲学理论基础以及课程开发的指导思想,其作用主要体现在对课程改革与发展的宏观指导意义上,与各种中观层面或微观层面的课程概念存在本质上的区别。

---

① 熊和平:《课程的分类》,《辽宁教育研究》,2002 年第 12 期。

五、从学习理论的角度分类

（一）以刺激—反应学习理论为依据的课程类型：行为主义课程和教育技术课程

刺激—反应学习理论包括所有的强化和条件作用理论，其基本单位是"条件反射"。该理论认为学习过程就是形成习惯的过程，也就是刺激与反应间牢固联结的过程。刺激—反应学习理论给予无意识学习高度重视，注意运用各种手段为这种学习的形成创造条件，并对其进行控制和掌握，使其向着预定的目标发展。行为主义课程和教育技术课程就是以这种学习理论的原理为依据的课程类型。

（1）行为主义课程。行为主义课程的中心原则是对学生进行条件反射的训练。为了对学生的不当行为加以纠正，改变不良的行为习惯，就对所希望发生的行为不断进行强化，而对所反对的行为进行批评，给以否定意义的强化。在知识传授时，学生通过练习及运用，强化所学的知识，通过反复的练习和实践来学习。

（2）教育技术课程。教育技术课程根据行为科学的原理设计教学的顺序，认为系统和产品是可以复制的，在重复的情况下，可以获得同样的结果，而系统本身也是可输出的，适用于许多情境。教育技术课程认为教师是学习环境的设计者和规划者。教师在特定的环境下，对学生承担着重要的塑造职能。而且，在很大程度上，学习是由各种机器或工具来掌握和控制的，学习者行为的塑造还要依靠其本人对现代化的科学技术设备的掌握和运用。

（二）以自我知觉学习理论为依据的课程类型：人本主义课程和社会改造主义课程

（1）人本主义课程。自我知觉学习理论的中心是自我观念。自我观念和个人意图是自我知觉学习理论的基本单位。它强调学习者个人的观点及学习的独特方式，重视过程，而不重视结果。以这种学习理论为依据的课程是人本主义课程。

人本主义课程观运用自我知觉的学习理论，注重学习者情感、体魄的健康，以及理智能力的发展，认为课程的功能在于为每一个学习者提供有助于个人自由和发展的、有内在的个人自我激励功能的经验。"自我实现的人"这一理想是人本主义课程的核心。在这一目的的指导下，人本主义课程允许自由表达、自行其是、做实验，也允许犯错误并从中获得反馈，以发现自己是什么样的人。

（2）社会改造主义课程。社会改造主义课程把学校作为改造社会的武器，主张教育要寻求去除社会弊病的方法。社会改造主义者反对用课程去帮助学生适应现存社会。他们把课程看做是培养批判性的不满精神，用影响社会变革所需要的技能武装学生的工具。课程编制者则把国家和世界的目的同学生的目的联系起来，找到解决大家普遍关心的社会问题的办法。社会改造主义课程要求在各门学科领域中反映对社会进行政治、经济改革的目标。

（三）以再认学习理论为基础的课程类型：解放课程和超越个人课程

再认学习理论超越了逻辑、模式和体系的范畴，而指向直接学习。再认学习理论认为物质是不可否认地存在着的，认识或洞察力只能来自于相对来讲的非自我世界。这种理论认为学习并不局限于获得知识，还要通过音乐、美术、沉思和自然界来获得启发。①

（1）解放课程。解放课程主旨是使学生的各方面潜能获得最大限度的发展，以认识学习为主要学习方式，强调通过教师与学生的对话使学生的能力获得解放。教师与学生在他们直觉的洞察力指导下，对所提出的意图和德性提出质疑，通过对自己以及对世界解释的批判性的

---

① 张迎：《以学习理论为基础的西方课程分类》，《外国教育研究》，1995 年第 3 期。

质疑过程来发展课程,确信一个更好的社会将会通过主持社会公道和解放而获得。

（2）超越个人主义的课程。超越个人主义的课程强调希望、创造性意识、建设性的疑问以及信仰的支配作用,并重视向往、尊敬和崇拜的态度等几种倾向性。承认这种倾向性,意味着学习者接受一种对其他文化和其他社会集体以及自然的可接受的态度,课程所需要的是一种自由的环境,它应建立在开放和整体的基础之上。教学与学习是一种超越不同的对话,这种超越不同是通过体会别人的思想与情感来认识自己而得以实现的。

（四）以社会学习理论为基础的课程类型:社会适应课程和学术性学科课程

社会学习理论是阐明人如何在社会环境中学习,从而形成和发展其人格特征的一种学习理论。社会环境特指由人提供的功能性刺激,社会学习就是对这种刺激作出反应的过程。这种学习理论认为学习的过程在本质上是社会性的。

（1）社会适应课程。社会适应课程倾向于以社会生存为准则确定学习者的学习方向。这种课程认为教育的目的就是帮助儿童为成年的生活做准备。因而,它重视职业技术教育,强调工作能力的获得和为初等教育后的职业技术教育做准备,但却不重视普通教育。这种课程论认为教育的中心在于发展人的力量,培养存在的价值和加强对政治、经济以及社会问题的理解与应付能力。课程设计必须承认学校之所以存在就是为了满足社会的需要,与这种社会需要相适应。这种课程强调数学、自然科学、语言及社会科学的学习。

（2）学术性学科课程。学术性学科课程认为教育就是向年轻人传递人类文化遗产,使其适应现代社会传统,并通过向年轻人传递普遍的文化遗产来为社会服务。学术性学科主义者认为课程必须通过合适的方法,向年轻人解释并传递人类文化遗产。因为并不是所有的文化遗产、历史经验和过去的每一种发明都能传递给每一个社会成员,所以进行选择是必要的。学术性学科课程对于学生所应掌握的最有价值的知识是通过学科来组织的,如设置自然科学、人类学和社会科学等学科。

第三节　课程分类的理论

由于教育的时间和人们接受知识的能力都是有限的,最终能够成为课程的只能是人类精神财富中的一部分。因此,人们必须根据一定的需要来进行选择,并分类实施。由于教育价值趋向不同,对课程的分类也不同,因而形成了不同的课程分类理论。

一、学问中心课程分类理论

学问中心课程可理解为用一定方法组织起来的适于教授的有益于学习的知识。布鲁纳认为科学知识的学问化、结构化和专门化是学问中心课程结构的主要特征。布鲁纳根据结构主义心理学的理论,在《教育过程》、《教学理论探讨》、《教育的适合性》等论著中,阐述了以知识结构论、学科结构论、教材结构论为核心思想的课程结构理论。他认为,只要抓住了学科结构,就可以使学生很好地理解学科。

由于对学问结构的理解、对基本内容的理解等都含糊不清,不利于学校课程体系的编制,因此,对学问中心课程结构论的指责声也越来越多。学问中心课程论甚至被说成是复活学科中心课程结构论,是新的"科学主义"课程论。

二、以人为中心的课程分类理论

世界各国的教育家们普遍认识到,要培养高素质的人才,就必须把知识、智力与个性结合起来,使其达到和谐统一。以人为中心的课程分类理论目标指向个体的全面发展和自我实现,它不仅强调发展智力,而且重视伦理、审美和道德人格的发展;其教学内容除具有逻辑性的传授系统知识的学术课程外,还将社会课题和个人课题纳入其中;其组织结构强调学科的综合性和整体结构;其教学方法强调师生之间的人际关系和谐与相互依赖,主张把学习者的意志、兴趣、经验和情感等放在重要位置,摒弃教师的强制教学。

福赛在《70年代的课程》中,把人的全部能力领域分为理智、情绪、社会、身体、审美和灵性等6个方面。围绕这6个方面的能力,福赛把课程分为"课程1、课程2、课程3"三类并行课程。[1]

"课程1"为正规的学术课程和有计划的课外活动。福赛认为,人的培养离不开科学知识,学生要掌握学科的基本概念,人们通过学术性课程和有计划的课外活动,可获得认识世界的科学思维方法。"课程2"为社会实践课程。这些课程以战争与和平、种族歧视、人际关系、经济贫困、人口增长和环境污染等现实问题为题材。与学术课程相反,这些课程是为了激起学生关心现实问题的兴趣,不强调记忆现实的知识,而强调探究、比较、阐释和综合的思维过程。"课程3"为"自我觉醒和自我发展的课程"。不同于"课程1"和"课程2","课程3"主要涉及个人方面的问题,帮助学生人格成长及其自律性的确立。从人本主义课程体系的目标看,"课程3"处于并列课程的核心地位,并要保证充分的时间。

三、社会中心课程分类理论

社会中心课程论强调以社会问题为取向。这种课程理论主张,设计课程的依据是通过对社会问题的分析而确定的教育目标。它赞同打破传统的学科课程的界限,以社会现实问题作为课程设计的核心。

社会中心课程结构论是由美国现代教育哲学家布拉梅尔德等人提出的。社会中心课程结构论认为,人类社会的基本活动是决定课程体系的内容范围和教材的逻辑顺序的主线。这些社会基本活动包括:保卫人类生存,保护物质资源,生产、分配和消费,运输和交通,社会组织和管理,科学创造和发展,家庭建立和子女教育,审美和娱乐活动,创新工具和技术等。按人类基本活动来组织课程体系,既可避免学科本身距离实际生活过于遥远,又可对学生的兴趣和动机给予必要的引导。

由于社会中心课程体系必须按照正在发生变化的社会的实质来设计,因而对学生身心的全面发展和知识的固有体系往往注意不够。这种所谓的"社会中心论",实质上只是狭隘的、只顾眼前不顾未来的急功近利的实用主义。

四、学科中心课程分类理论

学科中心课程分类理论是历史悠久的课程理论。它主张各门学科并列编排,学科体系的逻辑性较强,便于传授文化遗产和科学技术成果。学科中心课程分类以学生获取一定数量的

---

[1] 胡弼成:《高等学校课程体系现代化研究》,厦门大学硕士学位论文,2004年。

知识和技能为课程体系目标。在课程体系内容的传递上宜选用学生背诵和教师灌输的方式。如中国古代的"六艺"和古希腊罗马的"七艺"的分类。德国教育家赫尔巴特把发展人的"多方面兴趣"看做是一种基本教学任务,围绕培养6种兴趣而设置相应的课程类型:① 经验的兴趣,设自然、物理、化学、地理等学科;② 思辨的兴趣,设数学、逻辑学、文法等学科;③ 审美的兴趣,设图画、音乐、文学等学科;④ 同情的兴趣,设本国语、外国语等学科;⑤ 社会的兴趣,设公民、历史、政治、法律等学科;⑥ 宗教的兴趣,设神学等学科。

这种分类是为了教学的需要而把某一门科学浩繁的内容加以适当地精选、合理地组织安排,使之适合学生身心发展的水平和某一级学校教育的培养目标及教学的规律。它关心的是传递系统的知识。从认识论上看,它与近代知识结构特别是知识增长方式有着密切的关系,是受学科分化和专业训练观念的影响的。这种"知识为本"的课程分类的合理性已基本丧失。

五、学生中心课程分类理论

学生中心课程就是围绕着学生个人的需要和兴趣组织课程体系,而不是按学科内容进行施教。它认为,传统的学科中心课程体系内容狭隘、枯燥,排斥学生的兴趣和动机,而且分类过细,偏重系统知识,脱离现实生活。

杜威是学生中心课程论的主要代表。杜威认为,教育不是为未来的生活做准备,"教育就是生活","教育就是生产","教育就是经验的不断改造","学校就是社会","教育是一个社会过程"。他提出活动课程体系,并根据以下4类动机对课程进行分类:① 社会动机,即同其他儿童进行群体活动的欲望;② 建设动机,即建造东西和加工原料的欲望;③ 探索动机,即好奇的倾向和实验的欲望;④ 表演动机,即爱好创作和欣赏各种艺术的愿望等。由于这种课程重视学习者的兴趣、动机和主体作用,课程编制具有较大的灵活性,曾盛行一时。然而,由于以这种理论构建的课程体系,往往容易脱离具体的社会条件和发展水平,谈不上也实现不了个人全面、充分的发展,因而,逐渐走向低落。

第四章 课程体系

教育的"心脏"是课程,课程的核心是课程体系。课程体系是根据学科的科学体系和人才的认识规律来建立的,是实现培养目标的具体化。课程体系既反映着社会需求,又体现着学生的知识结构和素养。不同的课程体系有着不同的价值和功能,它是社会需求、科学知识和个性发展的集中体现。所以,21世纪人才的素质,在很大程度上取决于课程体系的改革与设计水平。

第一节 课程体系的实质

课程体系是学校培养人才的载体,包容了课程各层面的性质,把课程的知识、目标、计划、学习、评价诸多要素整合为一体。它把教育传授文化遗产的功能、服务社会和发展社会的功能、发展智力和培养个性的功能整合起来,为培养高素质的人才服务。

一、课程体系的含义和构成要素

（一）体系的含义

体系,是指"若干有关事物互相联系、互相制约而构成的一个整体"。这里,体系的含义至少包括三个方面的意思:① 由若干事物构成,单个事物不能构成一个体系。② 这些事物是相互联系和相互制约的,联系和制约存在一定的方式。③ 所有这些事物构成了一个整体,整体性是体系的基本特性。课程体系的英文是"system",有"体制"和"系统"的含义。实质上,一个课程体系就是作为一个系统而存在,它具有系统的整体性特征。

（二）课程体系的含义

课程体系有广义、狭义之分。狭义的课程体系特指课程结构,是各类课程之间的组织和配合。① 广义的课程体系是在一定的教育价值理念指导下,将课程的各个构成要素加以排列组

---

① 赫冀成,张喜梅:《课程体系与人才培养比较》,东北大学出版社,1994年,第19页。

合,使各个课程要素在动态过程中统一指向课程体系目标(或专业目标)实现的系统。[①]

(三)课程体系的构成要素

课程体系是一个具有特定功能、特定结构、开放性的知识、能力和经验的组合系统。它不仅要将内部的要素诸如各类课程连接成一个统一整体,还必须充分体现培养目标和培养规格,适应社会经济发展的需要,反映科学技术发展的现状与趋势,符合学制及学时限制。与系统相对应的概念是要素,而要素是构成系统的组分或组元。由于一个系统通常具有目标、内容和过程,因此,课程体系可由目标要素、内容要素和过程要素三大部分构成。[②]

(1)课程体系的目标要素指贯穿大学课程体系的总目标、课程体系结构目标、课程目标等。课程体系的目标要素是一个系统,以课程体系总目标或人才培养目标为总纲。

课程体系的目标要素是由课程结构目标和各门课程的分目标(又称课程目标)等所构成的内在和谐的有机整体。课程结构目标是指课程体系中课程组织状态的目标。不同的结构状态可以达到不同的结构目标。课程结构目标是一种过渡性目标,是由课程体系总目标导向课程目标的过渡。课程目标是指导整个课程编制的准则,也是指导教学的重要准则。

(2)内容要素,又称课程要素、结构要素,主要是指课程体系的组成成分、课程的联系方式和组织形式,这是从静态来看的课程体系。这些结构要素主要包括公共课程、学科课程、跨学科课程,理论课程与实践课程,必修课程与选修课程,大、中、小、微型课程,显性课程与隐性课程等。它们之间的比例及关系从不同侧面反映了课程体系的轮廓,也是研究课程体系的主要线索。结构要素应该是具有长远影响的内容,而不是具体的事实、习惯或非常具体化的内容。现代化的课程体系必须是科学知识内容齐全、课程配比合理、时序恰当的综合结构。它不仅仅是形式的,而且是实质的,既有特定内容,也是历史形成的。

(3)过程要素是指从动态来看的课程体系构成要素。它具体指课程体系实施。课程体系实施包括课程要素呈现、课程体系实施场以及作为实施反馈的课程体系评价。课程要素呈现是指课程体系所需要的技术、方法、手段、途径等。课程体系实施场是指课程体系的组成元素发生相互作用而不属于系统的事物。实施场涉及课程体系与其外部环境之间的关系等。实施场对课程体系功能的发挥有着非常重要的影响。"评价"作为课程体系的反馈在运行中起多方面的作用。评价通过提供个体性的最佳指导,对课程体系活动样式及其结构产生重要影响。

二、课程体系的实质

学习课程的过程就是一个人成长的过程,就是增长经历的过程,就是不断地增加经验的过程。课程完全是学生参与文化活动的过程。课程本质的"经验"性突出了学生的课程参与,使学习者不再只是课程的追随者,也成了课程的主人和占有者。教育是引导个体去领悟生活的艺术。因此,学生的求知欲和判断力以及控制复杂情况的能力等,都必须靠有机的课程体系来唤起。

课程体系不是一种只有形式而无内容的外壳,它是一个既有思想内容、又具形式结构的育人的"文化场域"。因此,课程体系的实质是大学生发展的适应指向。[③]

---

① 胡弼成:《高等学校课程体系现代化研究》,厦门大学硕士学位论文,2004 年。
② 同①。
③ 同①。

（一）学校以课程作为一个整体来培养人才

一所学校的系统再好，如果没有作为实体或课程组织形式的整体优化的课程体系加以配合，学校的培养目标就无法实现。课程体系主要解决两个相关的问题：一是实现培养目标应选择哪些课程及其内容的深度与广度；二是各课程间在内容和呈现方式上如何互相配合与衔接。

对于课程体系整体结构，应当进行多角度全方位的考察和探究。从课程内容上看，要解决好德、智、体等各育的课程门类、课时比例及其相互关系的问题；从课程范畴上看，要解决好课堂教学与课外活动的关系问题、社会实践活动的比例和相互关系问题，正式课程与非正式课程的关系问题；从课程形态上看，要解决好分科课程与综合课程、活动课程的相互关系问题；从课程类型上看，要解决好必修课程与选修课程的比例和相互关系问题，在选修课程中又要处理好任选课程与必选课程的关系问题等。这些问题的解决，都需要处理好课程体系内部的一些结构要素的关系，为学习者成为不同层次、不同类型、不同规格的人才打好基础，使他们成为全面发展的人才。

（二）课程体系是培养未来人才的发展性系统

教育的力量是从整体发出的，课程体系并不是由互不关联的独立部分拼凑而成的，它是具有特定功能的、指向未来人才发展的系统。教育不是为过去培养人才，更不是培养被动适应社会发展的人才，因此，课程体系作为通过影响学生终身的知识结构和职业适应力，从而影响社会创造力的重要途径，是为人才设计的超越过去、改造社会的发展蓝图，是学生根据社会发展需要、学校的实际情况以及自己的兴趣爱好等，在目前条件许可的范围内对自己未来前途的理想谋划。针对学习者身心发展的要求，课程体系从强调学习内容到强调学习者的体验和经验，从强调计划到强调人才培养的本质，虽然经历了很多变化，但其根本规定之一就是，人是创造的主体。把"人的培养"观念整合到课程体系中，促进人的创造性发挥，才能形成对人的全面发展的终极目标的追求。可见，课程体系是走向未来的，是发展的，是对学生未来前途和生活的定向。

（三）从系统的角度来研究课程体系有利于把各课外教育因素纳入教育过程

课外教育因素是指在正规的课堂教学之外，学校有目的、有计划和有组织地安排的各种活动，它们属于学校课程范畴之内，应当是课程体系的有机组成部分。课堂教学课程与课外活动课程是教育不可或缺的两翼，且课外教育因素在一个人的培养和成长过程中起着非常重要的作用。"课内打基础，课外出人才"，"课堂教学是学生成才的土壤，课外活动是学生成才的雨露阳光"，这些观点都反映了把课外教育因素纳入课程体系研究的重要性。在学校，有些教育工作者并没有把课外教育因素看做是学校课程体系必不可少的组成部分，没有把它与学校课程的完整性联系起来。

（四）从系统的角度来研究课程体系有利于完整地研究课程体系与外界的信息交流

系统论认为，动态平衡是系统合理结构存在的条件。课程体系作为一个开放系统，是教育系统的子系统，必须随时与外界进行信息、能量、物质等的交换，才能正常运行和发展。现代社会发展变化的速度明显加快，如果课程体系面对如此变化的环境无法作出良好反应，课程体系就会变得刻板、僵化，无法培养适应现代化社会需要的高层次人才。因此，必须建立开放、富有弹性的课程体系。这种体系具有跟随科技和社会发展变化及时进行自我调整、自我更新、自我发展的吐故纳新的自我调节机制，既打破消极保守的内部平衡，又使合理的结构在系统中保持相对稳定，形成一个动态有序的平衡机制。

（五）避免课程概念中许多不必要的重复与混淆

课程的"进程说"认为,课程是一定学科有目的、有计划的教学进程,不仅包括教学内容、教学时数和顺序安排,还包括规定学生必须具有的知识、能力、品德等的阶段性发展要求。这里,就可以把教育内容、教学时数和顺序安排归于课程体系的课程要素,而把"阶段性发展要求"归于课程体系的目标要素。

课程体系实质是给一个人提供让他去占领人类创造和积累的知识世界以及选择文明方式的发展蓝图。学校通过以课程体系为主体的培养方案的实施,向每一个求学者提供一套帮助他们掌握适应生存与发展的知识、技能和素质的体系。[①] 课程体系犹如学校针对社会的不同需要向不同学生提供的具有不同营养的"菜谱",每一位学生可以据此选择喜欢的菜单并品尝"美味佳肴",以"吸取"自己需要的适合现实和未来社会经济发展的知识、能力和素质。在人人都可以接受教育的社会中,享受到自己所需要的教育就是每个人追求的理想。因此,课程体系是人才培养的总体蓝图,是学生个体发展的适应指向。

第二节 课程结构

课程结构是课程体系的核心。课程结构是否合理、能否贯彻课程目标的意图,将影响课程目标的实现。依据现代系统论思想,课程结构是课程功能的基础,课程功能是课程结构的表现,课程体系的性质由课程的结构所决定。课程结构合理的程度直接影响着课程功能的大小,课程结构决定了课程功能的方向和水平。课程结构控制着课程功能的广度和深度,节制着课程的时间效应和情绪效应。[②] 如果课程结构很合理,课程的整体功能必然大于课程内部各部分功能的总和,反之亦然。

一、课程结构的含义

课程结构是指"课程各部分的组织和配合,即探讨课程各组成部分如何有机地联系在一起的问题"。[③] 课程结构概念有广义与狭义之分。广义的课程结构是指"学校课程中各组成部分的组织、排列、配合的形式"。它要解决的是根据培养目标应开设哪些门类的课程及课程的编排问题,重点要考虑各种内容、各种类型、各种形态的课程的整体优化,它具体体现为教学计划。狭义的课程结构是指一门课程中各组成部分的组织、排列、配合的形式,它要解决的是每门课程的教学目标、教学内容、教学组织及教学评价等方面的问题,它具体体现为教材(主要是指教学大纲和教科书)。[④] 还有学者指出:课程结构是指由课程的表层结构和深层结构组成的有机整体。其中课程的表层结构是指一定学段课程的总体规划的结构,是由一系列学科与若干活动项目组成的整体;课程的深层结构是指一定学段的教材结构,包括每种教材内部各要

---

① 胡弼成:《高等学校课程体系现代化研究》,厦门大学硕士学位论文,2004 年。
② 陈伏琴:《大学课程结构的调整》,《中国电力教育》,2001 年第 2 期。
③ 施良方:《课程理论——课程的基础、原理与问题》,教育科学出版社,1996 年,第 123 页。
④ 顾明远:《教育大辞典》,上海教育出版社,1991 年。

素、各成分的组合以及各类教材之间的整体组合。①

　　课程体系,又称课程结构,它是课程设置及其进程的总和。在课程结构的研究中,研究者都站在自己的角度讨论课程结构或课程组织,课程结构有时与课程体系混用。基于上述分析,课程结构可界定为:在一定课程价值观的指导下,课程体系中的各个构成要素、要素间的组织、排列形式及各要素间的配比关系。课程结构属于一种人为结构,是人们思想中占主导地位的价值观念在课程实践中的具体体现,是课程体系的主体部分。②

二、课程结构的分类

课程结构可以从内容、形式、层次等方面进行分类。

（一）从知识性质角度划分的课程结构类型

从知识性质角度划分的课程结构类型包括:

（1）人文科学类课程,其功能是使学生对人的价值、精神以及与社会和自然的关系有一个相对准确、全面性的基本认识。

（2）社会科学类课程,其功能是使学生对社会现象、问题及其复杂性有一个相对准确、全面性的基本认识。

（3）自然科学类课程,其功能是使学生对自然现象、问题及其复杂性、多样性有一个相对准确、全面性的基本认识。

（4）工具技能类课程,其功能是使学生掌握认识人、社会、自然的各种方法和具体工具,为培养学生的终身学习能力奠定基础。

（5）分科课程,其功能是使学生对某一具体学科的基本理论、知识和技能有比较精深的了解和掌握。③

（二）从教学管理角度划分的课程结构类型

从教学管理角度划分的课程结构类型包括:

（1）必修类课程,其功能是使学生掌握一定的专业基础知识和技能,培养和发展学生的共性。

（2）选修类课程,其功能是满足学生的爱好、特长和兴趣,培养和发展学生的个性。

（三）从时空形态角度划分的课程结构类型

从时空形态角度划分的课程结构类型包括:宏观结构和微观结构,横向结构和纵向结构。宏观结构所涉及的是不同学科门类课程之间的组织形态和同一门类不同课程之间的组织形态;微观结构所涉及的是某一学科内部知识的组合问题,是概念、范畴、理论间的关联性及知识点间的组织形态。横向结构是指课程之间在空间上的相互关联性,纵向结构是指课程之间在时间维度上的相互关联性。如果课程的横向结构是合理的,纵向结构也是合理的,那么,这个课程结构就是合理的,反之,就是不合理的。

① 廖哲勋:《课程学》,华中师范大学出版社,1991 年,第 68 页。
② 胡弼成:《高等学校课程体系现代化研究》,厦门大学硕士学位论文,2004 年。
③ 杨志坚:《中国本科教育培养目标研究》,北京大学出版社,2005 年,第 192 页。

第三节　课程体系改革的对策

学校教育是为未来社会培养人才的,人才培养质量在很大程度上取决于课程质量,尤其是取决于课程体系的改革与发展水平。因此,课程改革首先应从课程体系改革入手。

一、明确课程体系改革目标

21世纪是一个综合化的社会,科学与技术的综合,科学、技术与生产的综合,教育与科技的综合,教育、科技与生产的综合,知识的综合,能力的综合,素质的综合,直到社会各方面的综合,都将在21世纪得到体现。要培养具有综合素质和参与国际竞争能力的人才,课程体系改革就要面向世界,确定正确的目标和价值理念。

(一)新课程体系构建的基本目标

新课程体系构建的基本目标是构建符合素质教育要求的课程体系。其核心目标是课程功能的转变:改变课程过于注重知识传授的倾向,强调形成积极主动的学习态度,使获得基础知识与基本技能的过程同时成为学会学习和形成正确价值观的过程,关注学生"全人"的发展。

(二)课程体系改革的具体目标

(1)改革课程内容,使课程内容与学生生活相联系,与学生经验相结合,关注学生的兴趣和经验,同时也要努力反映现代科技发展的新成果。

(2)调整课程结构,使其体现综合性、均衡性、选择性的特点。

(3)改善学习方式,改变死记硬背、机械训练、接受学习的方式,倡导学生积极主动参与、乐于探究的学习方式,培养学生的交流和合作能力、分析解决问题的能力、获取新知识的能力、收集和处理信息的能力。

(4)建立发展性课程评价体系:一是要建立促进学生全面发展的评价体系,发挥评价的教育功能;二是建立促进教师不断提高的评价体系,即以教师自评为主,校长、教师、学生、家长共同参与的评价制度;三是要将评价看做是一个系统,形成评价目标多元、评价工具多样、评价方法多样、评价主体多元、评价内容多元的系统性评价。

(5)实行三级课程管理制度,即实行国家、地方、学校三级课程管理,增强课程对地方、学校及学生的适应性,为课程适应地方经济、文化发展的特殊性,以及满足学生个性发展的需要、体现学校办学的独特性,创造良好的条件。

二、改革课程结构

旧有的课程结构不仅过于强调学科本位,科目繁多,缺乏整合,而且具有封闭办学、脱离社会的倾向。改革课程结构,就是对各门具体课程之间的比重进行调整,淡化学科界限,强调学科间的联系与综合。应加强科学、综合实践活动课程等课程的比重,其内容包括信息技术教育、研究性学习、社区服务、社会实践以及劳动与技术教育等,旨在加强学生的创新精神和实践能力的培养,加强学校教育与社会发展的联系,培养学生的社会责任感。

(一)课程结构改革的主要内容

(1)整体设计义务教育课程,小学阶段以综合课程为主,初中阶段设置分科与综合相结合的课程,高中以分科课程为主,同时设置丰富多彩的选修课程。

（2）从小学到高中设置综合实践活动,并将其作为必修课程,内容有社区服务、社会实践、劳动与技术教育、信息技术教育、研究性学习等。

（3）农村中学课程要为当地社会经济发展服务,设置符合当地需要的课程,开展"农科教结合"、"绿色证书"教育、技术证书培训等教育活动。城市普通中学也要逐步开设职业技术课程。

（二）课程结构的特征

课程结构体现出均衡性、综合性、选择性的特征。均衡性、综合性、选择性也是课程结构改革的三个基本原则。[①]

（1）课程结构的均衡性是指学校课程体系中的各种课程类型、具体科目和课程内容能够保持一种恰当、合理的比重。每门课程都有其特殊性和独特价值,它们在实现新课程目标上都能作出自己的贡献。每一门课程都不能包打天下、实现所有的培养目标,课程之间的协调和合作是整体发挥课程功能、实现课程目标的必然要求。但也要看到课程在教学任务上有轻重之分,在课程开设顺序上有先有后,在课程内容上有多有少,在课时比例设计上有高有低,各门课程所处的位置和所承担的任务有所不同,因此又需要区别对待,其目的正是使课程之间保持一种均衡,从而实现课程的整体优化。从学生角度看,均衡性也不是平均发展,而是指学生个性的和谐发展。

（2）课程结构的综合性是指加强学科之间的相互渗透,课程间进行整合,开设综合课程以及增设综合实践活动课程。学科之间的相互渗透要求学科彼此关联,相互补充,并重视学科知识、社会生活和学生经验的整合。设置综合课程是课程体系中的重要组成部分,只是随着小学、初中和高中学校教育层次的变化,其比重也随之变化。综合实践活动课程在课程计划中也占有一席之地。实施综合课程一定要以综合的观念为指导,发挥综合课程的价值和作用。

（3）课程结构的选择性是要求学校课程要以充分的灵活性适应地方社会发展的现实需要,以显著的特殊性适应学校的办学宗旨和方向,以选择性适应学生的个性发展。选择性涉及有关学校、学生、教育主管部门等如何选择,有多少课程可供学生选择的问题。课程的选择性还体现在国家课程比重的下降,地方课程和校本课程比重的增加;国家课程还在变通性上提供套餐式方案,供地方和学校选定;在课程内容上,国家制定课程标准,在保证基本要求的前提下,反映地方经济、社会文化特点。课程的选择性这一原则要求地方和学校必须加强选修课程建设,适当减少必修课程的比重,增加选修课程的比重。

---

① 朱穆菊:《走进新课程》,北京师范大学出版社,2002 年,第 19 页。

第五章　课程模式

如果把课程分为由上到下的三个层级,即课程范型、课程模式、课程方案,那么,课程模式就是来自于某种课程范型并以其课程观为指导思想,为课程方案设计者开发或改造某个专业并编制课程文件提供具体思路和操作方法的标准样式。有人把课程分为三个层面,即宏观层面课程、中观层面课程和微观层面课程,课程模式就是宏观层面的课程。

第一节　课程模式的含义

一、教育课程模式的出现

20 世纪 60 年代中期,美国政府提出了向贫困宣战的社会改革的口号,帮助处境不利的学生摆脱困境,从那时起,许多主要源于学生发展理论或学习理论的教育课程模式和教育方案蓬勃发展,有些课程模式受到"开端计划"(Head Start)和"随后计划"(Follow Through)的资助。美国联邦政府资助课程模式研究的出发点是试图寻找对学生最为有益的课程模式,以达成通过科学改造社会的目标。于是,"课程模式"这一术语开始被学前教育界广泛运用在 70 年代后期和 80 年代前期的美国,人们对教育课程模式的兴趣曾降低到很低程度。这与对不同课程模式的对比研究有关,研究表明,各种课程模式对学生学业成绩长进的影响作用没有明显的差别。80 年代后期,长期的追踪研究推翻了以前的结论,证明了有些课程模式对学生的发展有明显的作用,这一结论又唤起了人们对课程模式的兴趣。对课程模式的关注,其出发点已经不再是寻找哪种课程模式最为优质,而是从已有的各种课程模式中得到启发和提示,根据学生的需要和能力,为特定的教育对象设计高质量的课程,从而挖掘学生的最大潜能。同时,高质量的课程模式也被推荐运用于公共投资的教育机构。

二、教育课程模式

伊文思曾对课程模式作过释义,他认为,当某种理论或者几种理论综合成为一种指导思想,被作为制订某一具体的教育计划或者教育方案的基础,并被用于处理该计划或者方案中的各种成分之间的各种关系,使之成为一个协调的总体而发挥整体的教育功能时,这个具体的教育计划或者教育方案就不同于一般的计划或方案,而可以被看做是一种课程模式了。

中小学教育因其相对独立于社会竞争,在各级各类教育中属于最为自由的,教育课程相对也就比学校课程更具灵活性。但是,这并不意味着教育课程可以随意编制,特别是作为课程模式的教育方案,都应依据一定的理论,并在管理方面以及课程的内容、形式和方法等方面表现出与理论的一致性。

根据伊文思的意见,每一种教育课程模式都应由三个成分组成:其一是课程模式的理论基础,"它能最为概括地反映有关教育目的的哲学和心理学的观点,这些观点包括了与学生的学习和发展相一致的教育基本目标的价值陈述";其二是课程模式的管理政策和管理过程,涉及人员、设施、课程评价等方面;其三是课程模式的内容和方法等。

总之,与一般教育方案有所不同,作为称得上教育课程模式的教育方案,它是一个对教育目的、管理政策以及课程内容和方法进行理想化的理性结构,它能为教育思想和观念转化为教育实践提供样板。

第二节 课程模式的理论流派

一、斑克街教育方案

(一)斑克街教育方案的理论基础

斑克街方案的理念主要来源于三个方面:其一是弗洛伊德及其追随者的心理动力学理论,特别是诸如安娜·弗洛伊德、埃里克森等一些将儿童发展放置于社会背景中的学者的理论;其二是皮亚杰、温纳等一些研究兴趣在于儿童认知发展的发展心理学家的理论,这些心理学家对教育并不特别关注;其三是杜威、约翰森、埃萨克斯和米切尔等一些教育理论和实践工作者。

斑克街方案将儿童发展归为6条原理:① 发展是由简单到复杂、由单一到多元或综合的变化过程;② 早期获得的经验不会消失,而会被整合到以后的系统中去;③ 教育者的任务是要在帮助儿童巩固新知识和提供有益于发展的挑战之间取得平衡;④ 在成长的过程中,儿童逐渐以越来越多的方式主动地探索世界;⑤ 儿童的自我感觉是建立在与他人和与物体交互作用所获取的经验的基础之上的,而知识是在交互作用过程中反复地感知和自我监察而形成的;⑥ 冲突对于发展来说是不可缺少的,冲突解决的方式取决于儿童生活和社会文化要求诸多有意义的因素的相互作用的性质。

(二)斑克街教育方案的目标、内容、方法和评价

运用斑克街发展—互动模式的教师必须遵从与完成教育主管部门颁布的教育测试和评估。此外,评价需要严格地、系统地依据对儿童活动行为的观察和记录(包括教师对儿童表现的观察、儿童活动的文件袋以及教师为年龄较大的儿童设计的技能检测表所反映的儿童学习质量)。分析和总结这些资料,能使教师理解每个儿童的特点和需要,能为教师与家长沟通以及确定下一步计划打下基础。

(三)教师的作用

教师的作用主要包括以下两方面:

（1）在儿童社会情感发展方面教师扮演的角色；

（2）在儿童认知发展方面教师扮演的角色。

（四）教师与家庭的共同工作

与家庭的共同工作，包括教师深入家庭和家长参与教育机构工作等，可以有许多种不同的形式。斑克街家庭中心就是其中之一。

（五）对斑克街教育方案的评价

斑克街方案强调让儿童进行有意义的学习，使他们感受到自己的能力；强调帮助儿童理解而不是与学习成绩有关的东西，对他们成长而言是最为重要的事物。这一方案以儿童为中心，关注儿童兴趣和需要的满足，鼓励儿童主动地活动。

虽然斑克街方案可追溯到进步主义教育运动，但是，该方案主要依据的是儿童发展理论，从儿童发展的一般规律去思考和发展课程，而较少顾及儿童生活所处的文化背景。这种教育方案所指向的教育改革为的是让儿童在早期实现社会化，以克服来自家庭和社会经验的不良因素。这样做，儿童不得不放弃自己的语言和文化，去获得所谓主流文化的东西。有人批评这种思维方式是试图建立一种白人中产阶级的能力标准，以此衡量和评价来自不同文化、不同经济水平的儿童。

二、蒙台梭利课程模式

（一）蒙台梭利课程模式的理论基础

蒙台梭利的教育思想是与她的儿童发展观紧密地联系在一起的。蒙台梭利认为："存在一种神秘的力量，它给新生儿孤弱的躯体一种活力，使他能够生长，叫他说话，进而使他完善，那我们可以把儿童心理和生理的发展说成是一种'实体化'。"一方面，蒙台梭利十分重视遗传素质和内在的生命力；另一方面，蒙台梭利也相信环境对儿童的发展能起到举足轻重的作用。

蒙台梭利认为，生命力不仅通过自发活动呈现和发展，还表现出不同感官的敏感期。蒙台梭利进一步认为，每个个体儿童有不同的发展节律，教育必须与敏感期相符合，应以不同的教育去适应不同的节奏，即要实施个别化教学，让儿童根据自己的需要进行活动，因此，儿童的自由成了教育的关键。总之，"自发冲动、活动和个体自由"是蒙台梭利教育体系的基本因素。

（二）蒙台梭利课程模式的教育目标、内容和方法

在蒙台梭利课程模式中，教育内容由4个方面组成，它们是日常生活练习、感官训练、肌肉训练和初步知识的学习。教师通过创设环境、提供蒙台梭利教具、对儿童进行观察和引导等，对儿童实施教育。

日常生活练习旨在培养儿童的独立自主能力和精神及实际生活的技能，并促进儿童注意力、理解力、协调力、意志力的发展以及良好的生活习惯的养成。

感官训练是蒙台梭利教学法的主要特点，旨在通过视、听、触、味、嗅等感官的训练，增进儿童的经验，让儿童在考察、辨别、比较和判断的过程中提高自己的能力。

蒙台梭利将肌肉训练看做是有助于儿童的发育和健康、有助于儿童动作的灵活和协调、有助于儿童意志的锻炼和合作精神的培养的活动。蒙台梭利设计了专门的器具，如攀登架、绳梯、跳板、摇椅等，用来对儿童进行肌肉训练。

初步知识的学习包括蒙台梭利认为的儿童可以学会的阅读、书写和算术。

（三）蒙台梭利课程中教师的作用

在蒙台梭利学校中，教师扮演的角色是观察者，并为儿童提供榜样。蒙台梭利把教师称为"指导员"，她说，应用她的方法，教师教得少而观察得多，教师的作用在于引导儿童的心理活动和他们的身体发展。蒙台梭利相信，教师要成为真正的教育工作者，就应该学习和研究一本书，这本书就是对儿童的从最初不协调的活动到自发、协调的活动的观察。在蒙台梭利学校中，教师的作用还体现在为儿童提供榜样。

（四）对蒙台梭利课程模式的评价

在世界教育史上，蒙台梭利是真正以优秀教师而闻名的教育家之一。蒙台梭利的长处可以粗略地归纳为对儿童的爱、信任和尊重，细致而耐心的观察，机智及时的指导。

三、直接教学模式

（一）直接教学模式的理论基础

与其他课程模式相比较，直接教学模式不是建立在儿童发展理论的基础之上，儿童行为的变化和个体之间的差异不是根据儿童发展，而是根据儿童学习加以解释的。怀特指出学习理论的 5 个主要特征：

（1）环境以刺激为其特征；

（2）行为以反应为其特征；

（3）刺激是强化物，当被用于反应之后，可能增加或减少可测量的行为反应；

（4）学习可被理解为刺激、反应和强化物之间的联系；

（5）除非有证据提出反例，所有行为都是习得的、可由环境调控的、可被消除的和可被训练的。

（二）BE 直接教学模式

BE 直接教学模式是贝瑞特和恩格尔曼为帮助 4～6 岁低收入家庭的儿童在学业上能够追上中产阶级家庭出身的儿童而设计的教育方案。

20 世纪 60 年代中期，贝瑞特和恩格尔曼在美国伊丽诺斯大学成立了一个附属学生园，即贝瑞特-恩格尔曼学校。在决定课程内容时，贝瑞特和恩格尔曼运用了两个策略：其一是他们关注儿童在小学一年级课程中会碰到哪些课程材料，从而决定儿童应该知道一些什么；其二是他们回顾斯坦福-比奈智力测验量表的测试内容，从而决定课程中的"普遍性概念内容"。据此，他们认为课程内容应该包括颜色、大小、形状、位置、数字、分类、排序等等。

（三）DI 直接教学模式

DI 直接教学模式是为 5～8 岁儿童设计的课程方案，该课程模式与 BE 直接教学模式有不少相似之处。DI 直接教学模式建立在两个基本点上：其一，儿童在教室内学习的品质取决于环境事件；其二，教师可以通过仔细地推动儿童与环境之间的交互作用而增加儿童在教室中的学习数量。

DI 直接教学模式的核心内容是读、写、算，每一个方面都包括三个层次的目标，从而形成 9 套方案。每次上课，都包含教师和儿童之间通过游戏和比赛进行的口语交互作用的活动，因此，儿童始终积极地参与活动，活动的速率可达每分钟 10 个反应，并要求 80%～90% 的正确率。此外，每天为儿童安排 30 分钟与学业有关的儿童个别化活动，这种类似游戏式的活动能为儿童提供与关键概念有关的练习。

小组教学是 DI 直接教学模式的最主要特征。一个班级通常被分成 4 个小组，每个小组有

4～7人。在第一和第二水平的学科教学中,小组活动持续30分钟,而第三水平的学科教学包括5分钟的教学和30分钟儿童自己的练习。

（四）直接教学课程模式中教师的作用

在直接教学课程模式中,教师是儿童行为的训练者和强化者。在此课程模式中,教师是主动的教育影响的施与者,而儿童则是被动的接受者。教师根据预先设计的计划,运用增强、塑造、惩罚和消退等方法,促进刺激与反应间的联结,或者消除刺激与反应间的联结,以达成教师预期的目标,使儿童产生计划中的学习行为。

（五）对直接教学模式的评价

在"开端计划"之前,大部分西方课程都是以儿童为中心的、非学业化的。BE 直接教学模式以及随后产生的DI 直接教学模式成了与学前儿童教育课程原状唱反调的代表性课程模式。戈芬认为,直接教学模式在当时的年代产生和发展,不仅只是能够生存的问题,而且是成功的,它至少在6个方面改变了学前教育的视野:

（1）对智力不变的理论提出了挑战;

（2）"发现"了广为存在的贫困;

（3）对苏联发射卫星使美国发生震撼的反应;

（4）降低了由于重新发现皮亚杰理论而导致的对认知发展理论过分强调的热度;

（5）缓解了对教育现状的不满;

（6）展示了在教育中运用斯金纳操作性条件反射理论的潜能。

四、海伊斯科普课程模式

（一）海伊斯科普课程模式的理论基础

海伊斯科普课程的设计者们声称,该课程的理论基础是皮亚杰的儿童发展理论。海伊斯科普课程的发展经历了三个阶段。

在第一个阶段,课程设计者们将其关注点放在对儿童进小学做好准备的知识和技能方面,教师有明确的教学目标,这些目标都出自对课程内容的相当传统的看法。课程设计者在前数学、前科学和前阅读等方面制订了有序的计划,鼓励儿童按程序进行学习。

在第二个阶段,海伊斯科普课程设计者接受了儿童处于不同发展阶段的观点,尝试把那些代表该发展阶段水平的技能教给儿童。

在第三个发展阶段,皮亚杰的"儿童作为知识建构者"的思想在课程中得到了体现,那就是说,强调教师通过直接和表征的经验,以适合儿童发展水平的方式帮助儿童增强认知能力,而不是通过教皮亚杰式的技能去加速儿童的发展。

（二）海伊斯科普课程模式的目标、内容和方法

第三个发展阶段以后的海伊斯科普课程,其总目标依然是认知性的,但是,与上一个阶段相比较,课程目标发生了三个方面的变化:① 那些被称为是"认知发展的关键经验"的东西基本保留,但增加了"主动学习"这一部分,课程设计者强调他们的意图是将结构化的目标隐含在儿童活动的背景之中,这一改变是向建构主义方向的明显转变。② 具体的目标领域也发生了一些变化,如数概念的目标已从排序中分离出来,具体包括一一对应、点数5以上的物体以及比较数量;空间关系增加了装拆物体、重新安排和改变物体的空间位置、从不同的空间角度观察季节的变化、认识钟表和日历。语言目标也扩充了对别人讲述自己有意义的经验、用言语表达自己的情感等交往方面的机能。③ 考虑了儿童社会情感方面的目标。

海伊斯科普课程的设计者们认定,主动学习是儿童发展过程中的核心,他们根据这一信念和皮亚杰论述的有关前运算阶段儿童最为重要的认知特征,确定了 49 条关键经验,以此作为编制课程和进行评价的指标。

海伊斯科普课程的实施是由"计划—做—回忆"三个环节以及其他一些活动组成的。"计划—做—回忆"这三个环节是课程实施的最重要部分,通过这些环节,儿童有机会充分表达自己对所参与活动的打算,也能使教师积极地参与到整个活动过程之中。

(三)海伊斯科普课程中教师的作用

在海伊斯科普课程中,教师的角色主要是儿童解决问题活动的积极鼓励者。课程的设计者们根据皮亚杰理论中已被广为接受的原理,认定经验是由儿童自己在主动的活动中获得的,主动学习是儿童发展过程的核心,因此,他们将儿童主动活动作为编制课程的中心。在这一前提下,教师作为儿童主动活动的鼓励者是合乎逻辑的。

具体说来,教师可以通过以下方法鼓励儿童主动地去解决问题:

(1)提供丰富的材料和活动,使儿童能对材料和活动进行选择;

(2)明确要求儿童运用某种方式制订计划和目标,并在实现目标的过程中找到和评判解决问题的不同办法;

(3)通过提问、建议和环境设计,为儿童创造与其思维发展、语言发展和社会性发展有关的关键经验的活动情景。

(四)对海伊斯科普课程模式的评价

与其他一些课程模式不同的是,海伊斯科普课程不要求购置和使用特殊的材料,作为典型的教育方案,它唯一的花费在于为儿童设置学习环境。在发展水平较低、缺少资源的国家,材料可以来源于自然、家庭废弃物及其他一些"开发性"材料。对教师来说,虽然课程最初很难实施,但一经掌握,教师则会轻松自如。海伊斯科普课程依据儿童发展理论和教育实践,多年来,在众多的学前教育方案中,它是一种一直能高质量地服务于儿童的有系统、有组织的教育方案。

五、方案教学

(一)方案教学的历史渊源和教育理念

在杜威进步主义教育思想影响下,克伯屈于 1918 年发表了《方案教学法》一义,倡导这种教学模式。

美国著名的儿童教育家凯兹倡导方案教育。她与查德 1989 年合写了一本名为《探索儿童心灵世界》的书。在这本书中,凯兹和查德认为:"方案教学不只是教学法、学习法,也包括了教什么、学什么。就教的角度而言,方案教学特别点出教师要以符合人性的方式,鼓励孩子去与环境中的人、事、物发生有意义的互动;从学的观点来看,方案教学强调孩子要主动参与他们的研究方案。"

(二)方案教学的组织和实施过程

1. 方案活动的起始阶段

(1)方案教学主题的选择;

(2)方案教学主题网络的编制。

2. 方案活动的展开阶段

在方案教学主题网络编制完毕以后，即可开展方案活动。方案活动开始时的讨论，应给儿童留下深刻的印象，激发儿童的好奇心和兴趣，引发儿童开放式的讨论；向儿童提供相当比例的与主题有关的非结构化活动，对于帮助教师了解儿童的发展水平及其已有的经验也是十分有益的，这些非结构化活动包括戏剧扮演活动、绘画等等。

3. 方案活动的总结阶段

在方案活动行将结束的时候，回顾儿童在方案活动进行过程中运用过的技巧、策略以及儿童的探索过程，对教师和儿童而言都是有用的。教师可运用多种方式对活动进行评估，以维持和强化学生理解的活动，并使儿童更自信地将自己的能力运用于新的方案活动之中。

（三）方案教学中教师的作用

在方案教学中，教师的作用体现在创设环境和条件，激发儿童的兴趣，提升儿童行为的动机，使儿童能积极投入到活动中去；体现在关注儿童已有的经验，尊重儿童自己的选择，以此作为组织和实施教育活动的出发点，在与儿童互动的过程中不失时机地介入儿童的活动，并对儿童提出挑战；体现在与儿童一起学会共同生活，相互交流，认同和欣赏他人的工作，等等。

（四）对方案教学的评价

学前教育既要顺应儿童的自然发展，又要有效地将儿童的发展纳入合乎社会需要的轨道，这是一个两难问题，也是东西方幼教工作者共同追求的目标。方案教育较好地解决了这一两难问题，使教育应有的两种功能，即为社会服务的工具性功能和为人自身充分发展创造条件的功能得以较为完美地结合。

凯兹等人基于对当代研究儿童复杂的认知过程的了解，重申了方案教学对学生教育的隐形价值，他们认为："对学生进行正式教学，可能会有合乎常模的终结效果，但却牺牲教育上长期的、动态的目标。"由此，他们建议，儿童年龄越小，课程应越不正式，越具有统整性，而方案教学正是这样一种课程。

六、瑞吉欧课程模式

（一）瑞吉欧教育体系的理论基础和文化背景

1. 意大利特有的文化和政治

意大利特有的文化和政治对瑞吉欧教育体系的建立与发展产生了一定的影响。

2. 进步主义教育思潮的影响

瑞吉欧教育体系的创始人马拉古兹认为，该体系的建立曾受到过许多思想家、教育家的影响，其中主要有杜威、克伯屈、艾沙克斯等一些欧洲和美国的进步主义思想家的影响。

3. 建构主义理论的影响

马拉古兹认为，该体系的建立除了曾受到过杜威、克伯屈、艾沙克斯、布朗芬布伦纳、布鲁纳等人的影响外，还受到过皮亚杰和维果茨基等人的建构主义理论的影响。

近些年来，瑞吉欧教育体系也在不断地发展着自己的理念和观点。受当今社会建构主义理论的影响，瑞吉欧教育体系的研究进一步提出了个体和集体学习关系问题。对于瑞吉欧学校而言，家庭参与是与教育目的直接紧密联系起来的。在教育过程中，三个主要的参与者——儿童、教育者和家庭——被认为是平等的、紧密相连的和缺一不可的，他们中的任何一方状态良好，都会促进另外两方的参与。瑞吉欧教育体系对儿童、教育者和家庭三者之间关系的这种解释超越了传统的关于学校—家庭关系的解释。此外,参与的概念还包括要求教师和学校其他部门承担责任,以保证家长和公民主动参与教育的过程,使公民(大多是家长)主动为教育服务和效力。

（二）瑞吉欧教育体系的课程

1. 创造性表现和表达是知识建构的基本要素

马拉古兹认为,只要成人能为儿童安排促进其创造性发展的环境,儿童就有可能运用多种符号系统(马拉古兹称之为"儿童的一百种语言")表现和表达自己。在课程实施过程中,教师鼓励儿童运用各种符号系统,创造性地表现和表达自我。

2. 共同建构在方案活动中具有重要的地位

瑞吉欧教育体系强调社会交往在儿童学习和发展中的重要性,相信儿童在作用于材料的过程中产生与他人交流自己想法的需要,并在与他人相互作用的过程中共同建构知识。方案活动多以小组方式进行,儿童可作自由选择,方案活动的网络并不重要,儿童本身的发展水平和兴趣以及儿童与他人的合作、分享、交流和协商被赋予很高的价值。

3. 记录既是学习的过程,又是学习的结果

瑞吉欧学校教室的墙上贴满了记录儿童活动过程中的各种材料,特别是他们参与长期方案活动的材料。运用文字,特别是运用录像和照片等视觉记录材料,教师与儿童、家长一起重温活动过程,不仅为教师和家长懂得儿童、理解儿童创造了机会,也为儿童共同建构知识提供了机会。

（三）瑞吉欧教育体系中教师的作用

在瑞吉欧教育体系中,教师是儿童的伙伴、养育者和指导者。

（四）对瑞吉欧教育体系的评价

当今,瑞吉欧教育体系涉及后现代主义的各个主题,它抛弃了现代主义的统一的观点,抛弃了被认可的一般性、连续性、确定性,通过客观的方法论去发现可证实的真理,接受并倡导差异性、复杂性、不确定性,通过多种视角,历史地和强调情景特异性地思考与评价问题。瑞吉欧教育体系反映了工作者的这种世界观的变化,并向人们展示了他们对儿童、儿童期、机构、成人与儿童的关系、教师的职业身份等问题的崭新的理解。

七、卡蜜-迪泛思课程模式

卡蜜-迪泛思课程模式是根据皮业杰建构论、柯尔伯格道德理论建立起来的一种课程模式。

卡蜜是卡蜜-迪泛思课程模式的创造者,原先他把课程设计的重点放在皮亚杰的结构论上,1970年卡蜜与迪泛思合作,卡蜜就将原本的课程架构从皮亚杰的结构论转至在强调皮亚杰的建构论的基础上,加入柯尔伯格的道德发展理论和沙蒙的角色取替发展理论,形成了卡蜜-迪泛思课程模式。

（一）卡蜜-迪泛思课程模式的理论基础

卡蜜-迪泛思课程模式的理论基础主要是皮亚杰的建构论。同时该课程在应用皮亚杰的建构论的过程之中,强调知识论对幼教课程的启示。

1. 知识及其种类

皮亚杰认为:"知识是主体与环境或思维与客体相互交换导致的知觉建构,知识不是客体的副本,也不是由主体决定的先验意识。"根据皮亚杰的思想和当代信息加工心理学的观点,

知识的定义是:主体通过与其环境相互作用而获得的信息及其组织,储存于个体内,即为个体知识,储存于个体外,即为人类的知识。知识是个体和外界环境相互作用的结果。皮亚杰认为,物理性以及与人相关的知识主要来自于外在环境,而逻辑数学性知识则主要来自于个体的内在因素。因此皮亚杰把知识分为三种:

(1)物理性知识

物理性知识是指客观的、可观察到的外在实体性知识,如玩具的颜色、软硬度等。了解物理性知识的首要方法就是对该物体本身实施行动。比如,通过对物体实施挤压、推拉、折放、摇晃等动作观察物体变化,使学生对物体特性的认识更加清楚。

(2)逻辑数学性知识

逻辑数学性知识强调的是事物之间的"关系",来自于个体内在的建构,而不存在于物体的本身。这就是说两种事物之间的"关系"是要放在思维当中来比较才能分辨出差别。比如,两种不同色彩的积木间的"差别"就是属于逻辑数学性知识。因为不同的色彩能够通过眼睛分辨出来,则属于物理性知识,而两者之间的"差别"不能够通过肉眼观察得出,只能放到"颜色"这个"关系"中才能创造出来的,这样就衍生出逻辑数学性知识。

(3)社会性知识

社会性知识是指在人与人的共识下所产生的知识。这部分知识又可分为风俗习惯和道德推理两部分知识,而且不同的社会环境有不同的内涵。风俗习惯知识体系属于约定承袭的知识,而道德判断是对于事物的好坏、对错的判断。

2. 知识的产生

皮亚杰将知识产生的方式分为两种,即实证性抽离与反省性抽离。实证性抽离是个体透过感官对事物产生的觉察,或是经由实际对物体的行动而产生的感觉,都属于实证性抽离的历程。在实证性抽离过程中,个体的焦点是放在物体的某一特性上而忽略其他的特性,譬如:当学生将颜色从积木中抽离出来时,他就忽略了积木的重量、材料等特性。实际性抽离的历程是透过物理性的行动进行的,以此种方式所产生的知识称之为物理性知识。

反省性抽离包括了物体间"关系"的建构。这种"关系"只存在于能在脑中从两个积木间"创造"出来的。对个体而言,这种反省性的抽离过程不是源自于一次或一个行动,而是累积了多个行动的结果加以抽离创造出的一种关系。个体利用实证性抽离过程建立物理性知识,再以物理性知识为思考对象(如红色积木和蓝色积木),透过反省性抽离过程建构了数学—逻辑性知识。

(二)卡蜜-迪泛思课程模式的内涵

卡蜜-迪泛思课程模式的长期目标是"培养学生不断发展的可能性",该模式针对3~5岁学生教育提出三个基本的内涵:

1. 培养学生的自主性

自主性发展是个体在已有的知识基础上,自由选择、自主探索、自由表现的过程,它的最终目标是促进人的主动性、主体性发展。自主性是相对于他律性而言的,自主性也不是指为所欲为,而是包括了欲望的相互规范、协调,最后作出兼顾各种考验的决定。成人权力一旦介入,学生无法自愿地建构他们自己的规则,这就是在本目标当中强调成人权力介入要越少越好的原因。尽量减少大人权力的介入并不是指完全不介入,有些环境是需要成人介入的。在运用奖惩办法时,成人与学生间需要有积极的、良好的关系,否则奖惩是不会产生效果的。

2. 培养学生去"自我中心"和协调不同观点的能力

儿童以他们自己的感知动作、情绪情感、主观意愿为中心。他们没有也不能意识到需要从多个角度去审视、理解和对待外在的人、物、事或某种观念。皮亚杰认为同伴之间的互动是学生社会、道德和智力发展不可欠缺的条件。由于同伴之间关系属平等关系，因此学生较易通过与同伴间的互动去建构自己有关社会性、道德性和智力方面的知识，能与他人协调合作就必须能去"中心化"，能从他人的角度去思考问题。

3. 培养学生警觉性、好奇心、批判力以及提出问题的能力

如果知识不是灌输得来的，而是通过主动建构得来的，那么警觉性、好奇心和批判思考能力就是必要的条件。建构主义不仅鼓励要以自己的方式去了解事理，同时还强调自己要将问题大胆提出来。当可以自己总结出问题时，就表示在以自己的方式进行知识建构。同时强调知识的获得是不断地创造各种事物间的关系，而不是一个独立的事实与概念。

（三）教师的角色定位

卡蜜-迪泛思课程模式中体现出来的教师角色观如下：

1. 在游戏中教师是观察者

在卡蜜-迪泛思课程模式中强调成人的权力要较少介入。教师要做的是给学生自由的时间和空间。在游戏的时候教师要做的就是观察。当教师通过对游戏的介入使游戏主题得以深化，游戏能够顺利进行时，教师就应立即退出游戏。过多的介入会适得其反，可能会阻碍学生自主性的发挥。这时教师只需要做一个观察者，一个细心的观察者。

2. 在活动中教师是促进者

儿童阶段是个性萌芽与养成的初始阶段，该时期形成的心理素质决定着一个人在未来社会中能取得的成就。教师应关注学生在活动中的表现和反应，敏感地观察他们的需要，及时以适当的方式给以应答，引导每一个学生发展个性、舒展自我、实现自我。然而在平时的教学活动中有很多知识是无法自己思考并建构的，这就需要教师的帮助，需要教师给予适当的"点拨"，促进学生自身的积极建构。在卡蜜-迪泛思课程模式中强调知识的获得需要经过"反省性抽离"，也就是要理解"关系"的内涵。"关系"是不存在于外在实体上的，学生的认知发展能力较弱，这些复杂的"关系"是很难理解的。这就需要教师根据学生的心理特点（直观形象性思维）选择具体的实物帮助学生理解。在教师用实物比较"红色"和"蓝色"两个物体时，学生能够直观地看出两者的不同，从而思考两者的"关系"。教师在此时就是促进者，促进了学生的积极思考，以便学生建构有益的经验。

3. 在生活中教师是培养者

培养学生的合作精神，使之懂得协调好自己与他人的利益，能让整体活动得以进行。这并不是要学生们放弃自己的要求，而是要让他们知道，若想集体生活的秩序不被打乱而每个人的要求都能够在最大限度上得到满足，就要学会考虑如何做才能使集体活动得到最好的保护。在卡蜜-迪泛思课程模式中强调培养学生的合作能力，帮助学生去"自我中心化"，帮助学生学会从他人的角度想问题，帮助学生学会"移情"。教师必须在潜移默化中帮助学生树立正确的合作意识，使他们懂得，大家都是群体中的一员，是平等的，遇到矛盾或困难，只要大家齐心协力就一定能战胜它，同时教师要提醒学生从其他同伴的角度想问题。这时的教师就是生活中的培养者。

4. 在教学中教师是提供者

卡蜜-迪泛思课程模式强调,了解物理性知识的方法就是对具体的物体进行"摆弄"。这就要求教师为学生准备充足的玩具材料,这样学生才能在对玩具材料的"摆弄"中得到与该物体有关的物理性知识。这就说明了材料与活动有着密切的关系。所以教师必须为学生提供充裕的玩具和操作物,支持其自主活动的延伸。在具体的教学活动中,教师为学生提供丰富的材料玩具,也就是为学生提供了"摆弄"物体的物质环境,为学生获得"物理性知识"创造了条件。

八、施滕豪斯的课程模式

施滕豪斯提出的过程模式,关注整个课程(包括教学)展开过程的基本规范,使之与宽泛的目的的保持一致,而不是简简单单地确定好目标,将实际结果作为课程编制的唯一标准。在某种程度上,过程模式就是针对目标模式出现的,并且目标模式有弊有利:一方面,它与建立起来的心理学的教育研究传统一致,提供了教育评价成功与否的准则;另一方面,它与教学的实际经验有差别,不符合知识的性质和结构,这样无疑就高估了教学的实际效果。

施滕豪斯受到彼得斯的影响,彼得斯这样阐述他的教育核心准则:

(1)"教育"意味着把有价值的东西传递给那些参与教育的人;

(2)"教育"必须涉及知识、理解和某种认知因素,他们不是无生命力的;

(3)"教育"至少要排除某种缺乏自觉性和自愿性的传递程序。

彼得斯关于教育核心的阐述是,教育意味着一些有价值的活动,更多地要求知识的可认知和学习的程度,要求学习的知识是有很高的价值的,并且处在不断的发展中。首先是教师能够较好地掌握需要他教授的内容,产生个人独立的思考和理解,能够指导学生。

施滕豪斯对于鉴别内在价值的准则同样有很好的参考价值:

同样的东西,只要这项活动能够对学生产生积极的作用,只要这项活动能够使学生对所学的知识有反思的时间,只要这项活动涉及更多的联系现实的东西,只要这项活动能够让不同水平的学生都成功地完成等等,那么这项活动就可以说是有价值的。

在平时的教学中,同样的教学内容,同样的整体教学思路,可能仅仅因为实际教学的一点差别,在学生的学习效果方面就会产生很大的差异。施滕豪斯的准则直到现在仍然有很现实的意义,告诉我们应让学生们多一些独立的思考,让学生们多一些主动的学习,让学生做一些有挑战的事情,最重要的无疑是不让各个处于不同水平的学生掉队。

施滕豪斯的课程理论建立在对泰勒的深入批判之上,尤其是对纯理论的批判之上,然而过程模式根本不可能在实践中完全替代目标模式,即使在理论上的批判也存在脆弱之处,其存在的不可避免的两个问题如下:

第一,过程模式建立和讨论的前提是学生具有一定的思维能力、社会价值和道德批判的能力、独立思考的能力,而学生要具备这种能力往往是在青春期或之后,那么这个时期之前的课程怎样安排,这个时期之前的能力怎么培养,这些施滕豪斯并没有提到。有一点是从逻辑上可以得出的,那就是过程模式不可能解决这个问题。

从这个角度讲,过程模式具有明显的时期性,过程模式并不适合放到中小学的课程设置当中,至少过程模式不可能成为教学当中的主流模式。

第二,过程模式建立在学生对知识的自主把握与验证之上,极为反对教师权威的使用,那么施滕豪斯就明显地忽视了人类学习具有间接性的特点。从心理学的课程中我们知道了人类和动物的学习模式存在差别,人类大部分知识是在课堂上通过教师的讲授获得的,对于理科性的科目和极为抽象的文科,基本不可能让学生通过自己的实践来检验,这势必给学生进一步的学习包括自学带来很大的困难和疑惑,使这些科目陷入没法教学的尴尬当中。

其实,无论目标模式还是过程模式都犯了一个根本性的错误,即误以为经过自己或者某些人的不断思考就可能完成一个百分之百通用的课程理论,这是不可能的,原因就在于教学本身也是人类的某种社会活动,影响的变量太多,课程本身也在不断地发展,各种课程具有不同的知识结构和掌握的方法。泰勒和施滕豪斯都为人类做出了一个表率,但是他们以及后来者的课程理论无论多么精妙,都只能在一个领域契合,而不可能是全部。课程理论的价值更多地体现在理论的使用范围上——相信范围会逐渐扩大。

第三节 课程模式的发展趋势

一、未来对教育课程的挑战

(一)来自未来的挑战

(1)来自科学技术的挑战;

(2)来自社会关系变化的挑战;

(3)来自人口流动的挑战。

(二)脑研究的新进展对课程的影响

(1)对神经系统发育的新研究成果表明,人的神经通路的建立在 0~6 岁期间已经完成了将近 80%~85%。

(2)神经系统的问题或损伤并不像人体其他任何组织那样容易自动修复或再生,神经通路的修复或改变的可能性是会变化的,此变化会随人发育的成熟而逐渐减小。

(3)人脑是"搜索样式"的器官,而不是"接受样式"的器官,因此,应以让儿童在丰富和安全环境中积极探索为特征。

(4)在进入小学之前,儿童所需要的最重要的经验是与那些有价值接触的成人、同伴和年龄较长的儿童之间的交互作用。

(三)后现代主义对学前儿童教育未来的观点

自启蒙运动以来,人们的思想受到了现代主义的极大影响,结构化、系统化、中心化、一致性、标准化、连续性以及通过客观的方法论发现可证实的真理,这已成为人们思考问题的基本点,这些观点都受到了后现代主义的质疑。后现代主义倡导的是复杂性、矛盾性、差异性、多视角以及历史和情景的特异性,抓住的是多元、另类和不可预期性带来的巨大机会。

对学前教育而言,后现代主义对整个世界的看法,极大地影响着人们的知识观、儿童观和教育观。

(四)对面向未来的发展的思考

面向未来,人类发展的挑战和机遇并存,人类驾驭自己命运的希望在于当今的教育。学前儿童教育是基础教育的基础,面向未来,学前儿童教育应通过不断改革和更新,使之能为人的教育打下扎实的基础。

二、西方国家教育课程的发展趋向

面对未来的挑战,西方国家教育课程的发展主要呈现以下几个方面的趋向:

(1)课程多元文化;

(2)保育和教育相整合;

(3)课程全纳化;

(4)课程综合化;

(5)课程个性化;

(6)课程科技化和信息化。

三、中国新课程标准下课堂教学模式探索分析

教学模式既是对教学理论的运用,又是对教学实践的概括,其研究对于教学理论和教学实践的推动都是不言而喻的。在科学的研究方法指导下建立教学模式,是教育研究从经验型走向科学型的必由之路。教师作为教学模式构建的实践者,能否整合相关学科的研究成果,发挥研究课堂教学的主观能动性,是新的教学模式产生的必要条件。

同时还要做到以下几点:

(1)重建教育教学理念。教育理念的完善是促进教育改革的根本因素,其他因素(如教育手段、教学组织手段等)只不过能引起教育的部分改变而已。最好的办法是"开始以一种新的方式来思考,一旦新的思维方式得以确立,旧的问题就会消失"。必须认定,基础教育阶段没有教不会的学生,只有不会教的老师,基础教育阶段的知识可以以适当的方式教给任何人。学习的过程是学生主动建构知识、内化知识的过程。所以,教育应该把儿童(学生)的世界还给儿童(学生)。构建新的教学模式,教师的科学意识、科学态度、科学方法不可或缺。

(2)充分利用教育资源,避免教学程式化。在教学中还存在一个"读不懂误区",即教师(教育者)总是一厢情愿地认为学生只有依靠教师才能获得或学会书本上的知识。殊不知,正是这一教育教学的"误区"无形之中阻碍了和谐融洽的师生关系的发展,限制了学生自觉主动发展的机会。儿童本身是重要的教育资源,儿童有学习的天性,良好的师生关系可以使师生双方的意识和机体活动处于激活状态。著名物理学家功厄曾说:"教育无非是将一切已学过的东西都遗忘时所剩下来的东西。"教材也只是作为知识载体的一种表现形式,只是给教师提供了组织课堂教学的素材和范本。一切学习的过程都要通过学生自身对经验的重新组织和重新解释。因此,"条条大路通罗马",在教学过程中充分依靠学生自身资源(包括学生的学习动力资源和已拥有的学习基础)和课程资源(包括图书音像资料、社区资源、社会资源等)进行教学,会有四两拨千斤的功效。

(3)形成多元的思维方式。新课堂标准要求学生改变原有单一、被动的学习方式,建立和形成发挥学生主体性的多样化的学习方式。与传统的教学大纲相比较,课程标准更多地强调学生学习的过程与方法。这一转变不但意味着教师教学方式的转变,也意味着教师将教学内容局限于教材或课堂内的传统思维方式的转变。马克思曾说过:"能给人以尊严的只有这样的职业——在从事这种职业时,我们不是作为奴隶般的工具,而是在自己的领域内独立地进行创造。"教师不但要有扎实的学科知识技能和宽泛的科学人文知识作为职业的基础,还需要掌握基本的逻辑方法和科学研究方法,才能有效地指导学生进行探究性学习。

教学模式是在长期的教学实践过程中形成的,要受到教学观念、教学目标、教学条件等

因素的制约。因此,应以一种动态的眼光来看待教学模式。研究表明,有效教学的教师在教学过程中能及时总结、反省、修正与控制课堂教学进程的方式和技能,对学生的学习过程的反馈敏感性强,能对教学活动中出现的问题进行改进和纠正,保持对教学过程的敏感性和批判性。

第四节　小班化区域活动课程模式构建

由于历史中社会因素的影响,我国的传统教育更多地强调统一,个性发展得不到充分的重视。20 世纪 80 年代末特别是 90 年代以来,个性化发展受到了广大教育工作者的重视,成了当今世界教育改革的重要趋势。

一、小班化区域活动课程模式构建的理论来源

(一)小班化教育理论

小班化教育是在小班(指班额)教育的基础上演绎而来的。小班,指教育组织的一种空间形式,其基本内涵是指较少容量的班级儿童数量。小班教育指随着班级人数的减少开展教育教学活动的组织方式。小班化教育与小班教育虽然只有一字之差,却有着本质上的差异。小班化教育是教学论范围内的一种教育模式的概念,具体指在某种教育价值判断支配下,教育活动形成一定的基本特征和基本教育过程,带有普遍意义的教育模式。小班化教育具有以下几方面的特征:

(1)主体性教育特征。小班化教育追求的是始终将学生置于主体的位置,一切以儿童的主体性发展为出发点和归宿,重视儿童的需求及发展潜能。通过创设适宜的环境,引导儿童积极参与活动,自主学习,主动发展。

(2)个别化教育特征。人的发展是一个统一的整体,是由各方面特征以不同形式相互联系而组成的完整体系。但人又是一个独立的个体,有着不同的特质和个性,这就是众所周知的个别差异。成功的教育必须正视儿童的差异,教育者以不同的教育内容、灵活高效的教育形式与方法为每个儿童的发展提供机会,使教育与儿童正在出现的心智能力相匹配。小班化教育具有个别化的特征,它是相对于模式化、统　化、静听式教育而言的,是一种注重儿童个别差异,根据儿童发展水平与需要,寻求其最近发展区、创造条件让每个学生进步的教育机制。小班化教育由于班级人数的减少,教师有充分的时间与空间去关注儿童,了解、研究教育对象,为其制定不同于他人的教育策略,让每个儿童在适合自己的环境中,在各自的起点上进步,从而真正落实因人而异的个别化教育。

(3)保教合一的特征。小班化教育既可以最大限度地利用与优化组合教育资源,又可以使儿童的活动密度、强度、效度获得大幅度的提高。同时,时间与空间的利用率和效益也同步提升。这就使儿童不但扩大了活动的范围,而且获得更多的作为活动主角的机会。又由于班级人数的减少,教师有条件做到"面向全体儿童",对每一位学生实施"等距离教育",让教师的"阳光"普照到每一个孩子的身上。避免了过去教育中教师容易"重视两头,忽略中间"的倾向,保障了每个教育对象受优质教育的权利。

（二）区域活动教育理论

所谓区域活动,是在指定范围,学生自由选择活动内容并在其中巩固以往所学知识、感知新知识的一种新型教育形式。在区域活动中,学生的主观能动性得到了最大限度的发挥,区域活动的内容和形式吸引了学生极大的兴趣。有的学生可以在自己感兴趣的区域探究一个小时,因为科学区里会变的颜色、有趣的磁铁、线筒电话、橡皮琴等深深吸引了他们,而这个区域的设置,不仅满足了他们的好奇心,同时也给他们提供了一个探索一些简单科学原理、现象的机会,使许多浅显易懂的道理都会在玩中逐渐懂得。区域活动应具备以下几个基本条件:

（1）区域内容应丰富,多为学生提供选择的内容。

（2）区域设置要符合现阶段学生的年龄特征,不宜过深或过浅。

（3）区域内容要有利于学生创造力、想象力、动手能力的发展和提高。

（4）要有较健全的学生活动观察记录,以便教师总结、发现问题,及时改进和提高。

（三）最近发展区理论

"最近发展区"是由前苏联的教育专家维果茨基提出的。他的研究表明,教育对儿童的发展能起到主导作用和促进作用,但需要确定儿童发展的两种水平,一种是已经达到的水平,另一种是儿童可能达到的发展水平,这两种水平之间的距离,就是"最近发展区"。把握最近发展区能加速儿童各方面的发展。

而加德纳的"多元智力理论"也提到:"尽管大多数人具有完整的智能光谱,但每个人也显示出独特的认知特征","大部分人只在某个特定的领域展现创意",因此,为孩子创设一个"聪明的环境"至关重要。而小班化区域活动课程模式的构建正是力求创设一个"聪明的环境",让每个孩子都有机会挖掘自身的潜能从而高效地学习。

二、小班化区域活动课程模式构建的策略

（一）师生互动、设置区域

活动区域的创设不仅仅是多增设一个区,更重要的是创设能鼓励学生自由选择、便于操作、大胆探索的环境,更好地促进学生身心全面和谐地发展。活动区域的设置要体现这一目标,并根据这一目标决定活动区域的种类。这要求教师既要对各类活动区域的功能有清楚的认识,也要准确了解本班学生的兴趣、水平和需要。教师应放手让学生大胆地参加区域活动、布置活动的场所,并且逐渐把集体活动内容融入到区域活动中,使他们与区域同伴共同学习、共同操作、共同探索,从而得到发展、得到提高。

（二）选择材料、激发探究

区域活动中材料的投放是决定学生活动的重要因素之一,它直接影响着学生的兴趣,正确的投放可以使学生在玩耍中巩固学到的知识和技能,增强学习的效果。

（1）选择形似性材料以延长学生探究的时间

所谓形似性,是指材料的形状相似、颜色相似、大小相似、特征相似。比如,动物拼图、小抓手、找影子。动物拼图4种特征都相似,是将一动物和背景划分成有规律的9块或12块,学生刚拿到材料时先观察的不是动物的外形特征、颜色,而注意的是拼图上的一个个小孔,他们往往拿起拼图先一次次试孔,发现不对再换一块,直至该图块放入小孔正合适为止。而小抓手和找影子则是形状、颜色相似,学生是根据外形轮廓与该物配对,拿到材料,对大小相差较大的材料,学生能较快找对,而对大小、形状相似的材料,学生则要将图拿过去放在影子上,仔细地观

察,发现轮廓不对再换,就这样反复地尝试后才能获得成功。

（2）选择隐秘性材料以激发学生探究的欲望

这里的"隐秘性"指的是外形是学生很感兴趣的或新奇的材料,而内在的物质则是孩子一下子看不见、看不见却听得到、看不见却摸得到的,往往与孩子的生活经验不相一致的材料。比如,请你听一听、闻一闻。当孩子看见一只只八宝粥的罐子时,他们以为是八宝粥,就想去拿,这时里面传出了响声,学生就会去摇一摇、听一听,甚至会想办法打开罐头去看一看。这些材料的操作,主要需要学生运用触觉、嗅觉和听觉辨别能力。对于学生来说,这些材料特别能激起学生想要知道里面有什么东西的欲望,但活动的规则又是不能用眼睛看,在这样的欲望下,学生就要充分调动各种感官,去尝试,去了解。

（3）选择可选择性材料以训练学生思维多变性

活动材料的可选择性是指玩法或操作方法的可变性、多样性和可替代性。比如,动物插塑、雪花片等。学生在玩动物插塑时,由于动物耳朵下插的口子和动物脚较相似,因此刚开始时学生会将兔子的耳朵装在猴子的头上,大象的耳朵方向朝上,学生们还将它们放在玩具橱上,旁边用长形积木一围,说这是动物园。当然经过一段时间的操作,学生拼搭时正确率会逐渐提高。

（4）选择障碍性材料以锻炼学生的坚持性

心理学研究告诉我们学生喜欢不断反复的活动,往往是他将要掌握而又未能熟练的一些活动。比如,舀豆豆。刚开始时教师提供了一盆豆,学生就将盆中的豆舀入碗中,这时学生对舀的动作感到有些难度,只舀到一点点,或在舀进碗中时会洒落,经过一段时间学生舀的动作渐渐掌握,而且他们会将盆中豆抖到一起再用勺舀,这时教师再提供一些口大大小小的瓶和大大小小的勺,学生舀豆有的会将小瓶放入盆中再将豆舀入小瓶,有的用小勺舀,原因是他们认为将瓶放入大盆,用小勺或将瓶移向盆可避免豆豆洒落到桌面。

（5）选择新奇性材料以培养学生创新能力

"新奇"的材料是指在活动区活动中初次出现,而且色彩、外形、声音等方面对学生富有一种吸引力的材料。比如,给娃娃穿衣。美工区刚投入了两个塑封的大娃娃（画在纸上）,立刻就吸引了许多学生询问怎么玩,听说给娃娃穿漂亮衣服时,都争着给它画、印（印章）,有时甚至两三个学生合作。这样的材料最大的特点是吸引学生,给学生一种新鲜感,但是这种新奇的材料对学生的吸引力受时间或自身玩法的限制较多,当学生感到不再新奇时就有可能遗忘它,所以在提供新奇材料时我们要考虑到材料对学生发展的价值。

（6）选择运动性材料以增强学生思维灵活性

所谓具有运动性的材料,是指学生的动作会带来物体的变化和运动的材料。比如,舀米、玩水、玩沙、吹吸管、沉浮、走迷宫等等。学生舀米时有时将米舀到碗中,有时将米堆成小山,有时将勺等物藏入米中,又有时将米舀入小碗,再倒入大碗;吹吸管时学生刚开始会将细的吸管插入粗的吸管中,有时会用吸管拼搭物体的形状,经过一段时间他们会用吸管对着另一吸管吹,吹中间吸管会朝前滚,吹吸管的一头,吸管会打转。学生喜欢听作出某一动作后发出的声音,喜欢看作出某一动作后发生的变化。

（三）注重引导、支持合作

小班化的环境中,由于人数的减少,每一个学生受到教师关注的机会大大地增加了,教师与学生的频繁接触,犹如亲子关系,即教师在学生园中替代了部分母亲的角色。因此力求利用这种有利的师生关系,在互动上尽量做到人格上平等、能力上帮助、交往上尊重。人格上平等就是尊重学生,不把成人的思想强加于他,经常听到老师与学生的对话口吻是商量式的,如:"这样行吗","你认为呢"。能力上帮助是以学生的主体性发展为前提,在互动中与学生共同合作,帮助学生发展。教师的帮助是适时、适当的点拨与指导,而不是简单的包办代替。

（四）交叉活动、促进提高

最早的班级区域活动使学生交往范围相对狭小、维度不足。为了同一年龄段而能力又各有差异的学生都有不同程度的提高,在建构小班化区域活动课程模式时需要对活动群体作重新的调整。

（1）同班群体:主要由同班学生分小组进行区域活动。它适宜运用在课程模式开展的初始阶段。

（2）同龄群体:主要打破班级界限,进行平行班的区域活动。学生在平行班中自由选择区域进行活动。

（3）混龄群体:由不同年龄的学生集结在一起活动。它的作用更多地体现在学生可根据自己的能力水平自由地选择适合的区域活动内容。

这三种形态的群体灵活组合,适当调整,有利于更好地提高处于不同水平的学生的能力。

三、小班化区域活动课程模式的思考

实施小班化区域活动课程模式,具有以下一些优势:

（1）通过小班化区域活动课程模式的实验,教师更注意对学生观察、启发、鼓励、帮助和期待,在操作材料的提供上注意梯度、适宜性、个别化。在活动过程中,提出常规、制止纠纷的时间明显减少。但是此种课程模式的实施需要教师提高自己相关的理论水平,以支持解决学生在活动中出现的问题。

（2）增加了师生、生生交流的机会,以让学生主动实践探索为主,有利于每位学生成为学习的主体。教师对学生活动的评价机制还需作进一步的探讨。

（3）较大的自由度和较强的自主性使学生的认知能力得到了极大的发展,情感体验、控制能力得到了增强,能动性、主动性、创造性得到了充分的发挥。

通过对小班化区域活动课程模式的研究,可以看到:无论哪一个年龄段班级,学生在健康、认知、社会情感、艺术、游戏五大领域的发展水平均有显著提高,因此可以认为此种课程模式的效果是十分明显的,真正体现了优质教育的效果。

第二篇

第六章 国内外课程的发展

在中国,从商周时期开始,在漫长的历史进程中,逐渐形成了一种具有东方文化特色、影响深远的课程体系。西方的古代文化发源于地中海沿岸,特别是爱琴海东部的希腊半岛。在古代希腊的繁荣时代,学校里就出现了完整的课程体系。国内外学校课程都随着学校课程实践的发展而不断发展变化。

第一节 国内课程的发展

一、国内课程的历史发展

(一)我国的古代课程

在我国,从商周时期开始,在漫长的历史进程中,逐渐形成了一种具有东方文化特色、影响深远的课程体系。

西周是奴隶制的全盛时期,当时的学校已有一套比较完整的课程。当时所开设的课程主要是"六艺",即"礼、乐、射、御、书、数"。"礼"的内容极广,凡政治、伦理、道德、礼仪等,皆包括其中。"乐"的内容,包括诗歌、音乐、舞蹈等。当时,这是一门受到高度重视的课程。"射"指射箭的技术。"御"指驾马拉马的技术。"书"指的是文字。"数"指的是算术。"六艺教育"是西周教育的标志。它既重视思想品德也重视文化知识,既重视传统文化也重视实用技能。

总之,中国奴隶社会的课程体系,是对年青一代的全面发展较为有利的、相对和谐的课程体系。

春秋战国时期是奴隶社会向封建社会过渡的时期,这一时期的课程在广度和深度两方面都有了发展。孔子晚年完成了《诗》、《书》、《礼》、《易》、《乐》、《春秋》的编撰和修订工作,这6种教材,也是6种课程,史称"六经"。后来《乐经》失传,只留下"五经",在中国家喻户晓的"五经"就是这么来的。汉武帝时期,在"独尊儒术"思想的指导下,封建统治者将"五经"定为全国通用的必读教材和必修课程。这"五经"在我国学校教育中,一直风行至20世纪初。以上的《诗》指的是《诗经》,是我国最古老的诗歌总集。《书》即《尚书》,是我国最早的历史资料汇编,是一部历史、政治文集。《礼》是《礼记》,此书也属于文集,内容庞杂,有叙有议,主要论述先秦时代的礼制与礼仪。著名的教育论文《学记》就出自《礼记》。《易》即《易经》,又称《周易》,内容涉及哲学、世界观、认识论和宇宙观,是一部占卜用书。《春秋》又名《春秋经》,是我国第一部编年体史书,是孔子的"现代史和时事"教材。

宋明以来,学校课程的最大特色是开设了"理学",并以之为学校的主导课程。理学属于儒学,但它比传统儒学更为精致,更具思辨特色和哲理色彩。宋朝的朱熹是理学的集大成者,他提出包括《论语》、《孟子》、《大学》、《中庸》的"四书"课程,亲自编写《四书集注》,并得到宋王朝的承认,由此产生了"四书五经"之说。从那时开始,"四书五经"成为封建社会的标准课程和教材,并成为元、明、清三代科举考试的主要内容与基本依据。

《论语》是记载孔子言论及其日常生活的著作,也是孔子及其门人的教学活动实录。它较充分地展现了孔子的教育思想,是儒家经典著作。《孟子》则记载了战国时期孟子的诸多言论和活动,展现了孟子的"性善论"、"仁义说"、"养气说"。《大学》高度概括了古代读书人从修己到治人的成长之道。《中庸》则提出了"中庸"道德原则,并论述了学习和修身的过程。《大学》与《中庸》均出自《礼记》。此外,在面向百姓的启蒙教育和世俗教育中,"三、百、千、千"在很长的历史阶段中,一直是我国儿童的启蒙课程与启蒙教材。这"三、百、千、千"即《三字经》、《百家姓》、《千字文》、《千家诗》。直到民国时期,"读经"科才真正从我国学校课程中消失。但时至今日,还是有人推崇这些古典经书。有以此为课程主体的私立学校,有天天诵读三字经的公立学校,还有必须背熟了《论语》才能进行论文答辩的博士生教育等。可以说,这些"经典课程"至今影响犹存。

上述这些著作之所以能成为我国古代学校教育的主导教材,是有一定条件的:首先,我国漫长的封建社会为这些课程的生存提供了相对稳定的空间;其次,政治制度与文化上的继承性、一贯性,促进了学校课程的长久稳定;再次,这些著作本身凝结了前人的思想精华,就其自身价值来说,堪称经典,值得学习;最后,科举制的取士标准起了非常重要的作用。[①]

总之,中国封建时代的主流课程体系,是一种基于科举、基于儒学的以封建性的人文修养为主要内容的课程体系。

(二)我国的近代课程

鸦片战争以后,中国社会沦为半殖民地半封建社会。这场战争开启了中国的百年屈辱近代史。鸦片战争以后,外国传教士进入我国,开办教会学堂。教会创办的学校,实行班级教学制,开设宗教、哲学、伦理学、数学、物理、化学、世界历史、世界地理、心理学、逻辑学、政治经济学等课程和实用技术课程,有力地冲击了中国各级学校的传统课程体系。另一方面,鸦片战争使中国朝野意识到学校教育改革的必然性。为了在不影响封建统治的前提下引入西学,清政府制定了"中学为体、西学为用"的文教政策。1904年,清政府颁布了《奏定学堂章程》,这是中国近代第一个以法令的形式向全国公布并得到实施的学校教育制度。此学制规定:"儿童自六岁起,受蒙学四年;十岁入寻常小学,修业三年;十三岁入高等小学,三年卒业;再入中学堂,四年卒业。"在课程方面,它既要求开设修身、经学、作文等传统课程,又要求开设数学、地理、博物、物理、化学、图画、体育等新学课程。对于小学,要求开设修身、读经讲经、中国文学、算数、历史、地理、格致、体操、图画和手工等课程。

总之,中国清末的课程体系,是"中学为体、西学为用"的课程体系,具有封建改良主义特征。

---

① 王本陆:《课程与教学论》,高等教育出版社,2004年,第41页。

辛亥革命以后,民国政府对清末的教育制度进行了革命性改造。1912 年颁布的《壬子癸丑学制》,废除了修身、读经讲经等封建课程,保留了西学课程,增加了家事、园艺、缝纫等应用性课程。

总之,民国初年的课程体系,较好地剔除了封建性,有效地推动了课程体系的实用化。

(三)我国的现代课程

从五四运动至新中国成立,我国经历了第一次国内革命战争、抗日战争和第二次国内革命战争。在这充满动乱的 30 年中,我国的学校课程历经了多次变革。

1922 年,北洋政府颁布了"新学制"。根据文件的相关规定:小学开设国语、算术、卫生、公民、历史、地理、自然、园艺、工用艺术、形象艺术、音乐、体育等课程。初中开设社会、国文、算学、自然、艺术、体育等课程。高中分普通科和职业科。普通科又分为两组:第一组注重文学和社会科学;第二组注重数学和自然科学。两组均以升学为目的。职业科包括师范、商业、工业、农业、家事等主修方向,各方向均有自己的课程体系。此次课程改革的特点是:小学加强了数学和自然科学的教学;初中设置了旨在适应不同发展需要的选修课程;高中实行文理分科,并开设了多种职业教育课程。

从 1929 年到 1948 年,国民政府教育部先后多次对中小学课程进行修订,其目的是使学校更好地适应社会需要,并强化"党化教育"。

总之,新中国成立前的 30 年,学校课程改革的基本特征是学习国外先进的课程经验,并与中国社会的实际需要相结合。

新中国成立后,我国先后经历了 8 次基础教育改革。其中,建国初期的课程改革旨在学习苏联的课程经验,组建与新中国政治体制相适应的全新的课程体系;"大跃进"年代的课程改革,旨在推进教育与生产劳动的结合;"文革"期间的课程改革,旨在突出政治,使学校课程政治化、生产化;"文革"结束后的课程改革,旨在拨乱反正;当前正在深入推进的第 8 次基础教育课程改革,旨在借鉴国外的先进经验,推进素质教育。

总之,新中国成立后,学校课程改革的基本特征是为政治需要与社会需要服务。

二、我国中小学课程改革和发展的具体历程举要

(一)新中国成立之初(1949—1952 年)的中小学课程改革

建国后第一次中小学课程改革,是对旧教育的改革,是"改造旧教育体制,创造新民主主义的新型教育改革"。1950 年 8 月,中央人民政府教育部颁发了《中学暂行教学计划(草案)》,这是新中国历史上的第一份教学计划。这个教学计划有以下几个特点:① 取消了党义、公民和军事训练等反动课程,设置了政治课,强调通过各门学科对学生进行政治思想教育和革命人生观教育;② 学科设置比较齐全,设置了政治、语言、数学、自然、生物、化学、物理等 14 门课程,这些课程与培养德智体全面发展的一代新人的中学培养目标是基本适应的;③ 照顾了民族差异;④ 所有课程均为必修课。尽管从性质上讲,这个教学计划是我国学制改革以前暂时使用的一个过渡性计划,在许多方面都不够完善,但它为以后教学计划的进一步修订和完善提供了一个雏形。1952 年,教育部制订了《中学教学计划(草案)》。这份计划对初高中的教学时数作了较大幅度的调整,取消了原教学计划中的"政治"课名称,代之在各年级分设中国革命常识、社会科学基础知识、共同纲领和时事政策 4 门课。1952 年,中央人民政府教育部颁布了《中学数学教学大纲(草案)》、《中国物理教学大纲(草案)》、《中学生物教学大纲(草

案)》等三科新大纲。建国初期课程改革的另一项重要工作是编写教科书,由于当时人民教育出版社刚成立不久,编辑力量还比较薄弱,所以只能选择当时使用得比较好的教材,经修订和重编后,成为第一套全国通用的中小学教材,于1951年秋季起陆续供应使用。

在建国初期短短的三年间,国家通过一系列改革,基本上完成了对旧课程的改造,初步确立了新中国的中小学体系。总的看来,这一时期的课程改革以辩证唯物主义和历史唯物主义为指导,重视理论与实践的结合,强调学校课程为国家建设服务,注意根据中小学培养目标来考虑学科设置。在课程内容方面,注意科学性与思想性的有机结合。这些都为新中国的中小学课程编制工作积累了宝贵经验。但是,由于这一时期的课程改革是在"以俄为师"的背景下进行的,因此一些教材模仿前苏联的痕迹明显,某些课程在一定程度上脱离了中国实际。另外,也是受前苏联的影响,这一时期颁布的教学计划中没有选修课,使课程结构趋向单一。

(二) 第一个五年计划期间(1953—1957年)的中小学课程改革

1953—1957年是我国第一个国民经济五年计划与开始大规模经济建设和文化建设的重要历史时期。在这一时期,中小学教育纳入了国民经济发展计划的轨道,中小学课程改革进一步深化,课程改革出现了许多新问题和特点。与建国后其他时期相比,这一时期的中小学课程变动最为频繁,课程改革的任务最为艰巨。这一切使得这一时期的中小学课程在新中国课程发展史上格外引人注目。

经济建设的迅速发展,对教育提出了新的要求。为此,政务院于1954年1月发布了《关于改进和发展中学教育的指示》。《指示》明确规定中学负有为高等学校培养合格新生和为国家生产建设提供新生力量的双重任务。根据这一精神,国家对中学课程先后作了一系列的调整和改革。从1953年至1957年,国家先后颁布了5个教学计划。纵观这5个教学计划,主要有以下几点重要变化:① 在初高中首次设置了劳动技术教育课程;② 为减轻学生学习负担,对教学时数作了较大幅度的削减;③ 进行了语文分科改革。1956年的教学计划将原语文分为汉语和文学两门课。但由于经验不足,在课程编排和课时安排方面存在诸多不合理之处,这次改革以失败告终。

1955年9月,教育部在经过两年试行修订的基础上颁布了《小学(四二制)教学计划(草案)》。这个教学计划在小学一至六年级首次开设了手工课,以便实施基本生产技术教育。另外,为了减轻学习负担,有效保障学生身体健康,教学计划规定四、五、六年级每周增加一节体育课,二至六年级每周的上课时数则减少两节。

根据新教学计划的改革思路,国家于1956年颁布了建国后第一套比较齐全的中学教学大纲。这套大纲共有15种,是在系统总结了建国初期课程编排经验的基础上,经过两三年的广泛征求意见和修改的过程而最后定稿的。与建国初期颁布的一些课程精简纲要和教学大纲相比,这套大纲的科学性得到进一步增强,各学科科目中特别是数学、物理、化学、生物、地理科目中,理论知识和实际的结合更为紧密,教学大纲中明确提出了实施基础生产技术教育的任务。在颁布各科教学大纲的同时,国家于1956年正式发行了建国后第二套中小学教科书。

总的看来,这一时期的课程改革,在系统总结建国初期课程编制经验的基础上,编制出了一整套中小学教学大纲和教科书。根据培养全面发展的人的需要,在中小学首次设置了基本生产技术教育科目,并注重将学校课程改革同减轻学生负担紧密结合起来。另外,这一时期还对全国中小学课程编制的规律和原则进行了理论上的探索,对一些重大的课程改革问题如语文课程的分科设置进行了大胆的实验。第一个五年计划时期的课程改革更多着眼于探索和构建比较系统的中小学课程体系。这一体系的初步形成,对中小学课程的进一步发展起到了承前启后的重要作用。当然,这一时期课程改革中存在的问题也是明显的。例如,课程变动频繁,在短短 5 年间,正式颁布了 5 个中学教学计划,还颁布了 10 个有关补充的通知,对学科设置和课程安排进行了过多的调整,这显然是不利于教师积累经验和提高教学质量的。

（三）20 世纪 50 年代末至 60 年代中期的中小学课程改革

20 世纪 50 年代末至 60 年代中期,是国家在经济上实施第二个五年计划和对国民经济实行调整整顿的时期。在教育上贯彻执行了"两条腿走路"的方针,进行了一系列旨在适应我国社会主义建设需要的教育教学改革。但是,由于这一时期的工作在指导方针上有过严重失误,使得中小学教育的发展经历了一个曲折的过程。

1957 年,全国城乡掀起的工农业"大跃进"高潮很快就波及了教育领域,并引发了教育领域中的"教育大革命",它严重地冲击了这一时期的中小学课程,并对课程编制工作产生了一定影响。这一时期的中小学课程出现了以下一些变化:① 结合学制改革实验,编写了一套十年制中小学实验教材。② 随着教育管理权限的下放,各地开始自编教材。由于"教育大革命"的冲击和影响,不少地方在当时的政治形势下一拥而上,大搞教材编写的群众运动。因此,这一时期的大多数自编教材都存在一定问题。③ 劳动时间大量增加,正常的教学秩序受到冲击。

针对"教育大革命"给教育带来的危害,从 1962 年起,国家在教育工作中执行了"调整、巩固、充实、提高"的八字方针,着手对中小学教育进行调整和改革。纵观这一时期的课程改革,可以得出以下结论:① 注意总结和吸收历史经验,是这一时期课程改革始终坚持的一条基本原则;② 重视提高教学内容的科学理论水平,强调实现教学内容的现代化,顺应了当时世界课程改革的潮流;③ 在新中国课程发展史上首次提出了设置选修课,从而打破了 50 年代以来一直沿用的单一的课程形态;④ 重视了乡土教材的编写工作;⑤ "长官意志"代替科学规律,各种"左"的思想的干扰使这一时期的课程改革起伏不定、曲折异常,给中小学课程编制工作造成了困扰。

（四）"文化大革命"时期的中小学课程设置

1966—1976 年"文化大革命"期间,教育事业和课程体系遭到极大的破坏。"文化大革命"一开始,全国通用的中小学教材就成为批评的对象。1966 年 6 月,中学历史课暂停开设,政治和语文合开,以毛主席著作为基本教材,负责编写出版全国中小学教材的专业出版社也被取消。

1967 年,中共中央号召"复课闹革命"。各地复课后,一般由学校或教师自定方案,自定课程,自选教学内容,自编教材。随后,各省市陆续成立了中小学教材编写组,着手编写教材。在"左"倾错误影响下,多数教材的编写存在问题,主要是:过分强调农业生产知识,搞所谓的"典型生产引路",严重破坏了各学科的科学体系,削弱了基础知识;不适当地突出所谓政治,各学科都紧跟当时的政治形势,大量引用语录,以政治口号和语录代替科学。历史教材成了农民战争史。多数地方取消了物理、化学和生物科,改设工业基础知识和农业基础知识,以生产为主线安排内容。物理部分讲三机一泵(拖拉机、柴油机、电动机、水泵),化学部分讲土壤、农药、化肥,生物部分讲三大作物(稻、麦、棉)等。尽管当时个别省市、自治区所编写的教材基本上坚持了"双基"的方向,但总的看来,十年动乱给中小学课程带来的破坏和造成的损失都十分严重。①

---

① 吴立保,汪明,杨虎民:《中小学新课程改革的理论与实践》,合肥工业大学出版社,2004 年,第 24 - 29 页。

（五）20 世纪 80 年代以来中小学课程的改革

进入 20 世纪 80 年代以后,中小学教育事业得到了迅速发展。邓小平同志的"三个面向"的指示,为新时期中小学教育的发展指明了方向。科学技术的迅猛发展和新技术革命的兴起,也对中小学教育内容提出了新的更高的要求。为了适应新形势,我国中小学课程改革全方位、多层次展开,主要表现在以下几个方面:

1. 课程行政主体多元化改革

从我国中小学行政主体与管理体制来看,长期以来课程的决策权集中在中央政府的教育主管部门。课程计划由教育部颁发,各省、自治区和直辖市的教育主管部门可以结合地方实际适当调整,但调整后的教学计划必须报国家教育行政主管部门备案,中央以及地方调整后的教学方案,学校必须严格执行。从 1985 年的《中共中央关于教育体制改革的决定》颁布开始,我国逐步开展了课程决策权力分配的改革,进入 20 世纪 90 年代后,步伐加快。1982 年,原国家教委发布《九年义务教育教材编写规划方案》,开始实施"一纲多本"的改革方案。它的一个重要目标就是"适应不同地区、不同经济文化发展水平"。1992 年《九年义务教育全日制学校初级中学课程计划》第一次规定了设置地方课程。1996 年原国家教委颁布的《全日制普通高级中学课程计划(试验)》规定,学校应该"合理设置本学校任选课和活动课",这一部分占周课时的 20%～30%,"三级课程"的管理体制逐渐形成。通过校本课程的建设,可以弥补国家课程和地方课程的强调统一性而导致的适用性、特殊性的缺陷和不足。在校本课程实施中,学校可以从社会实践、学生情况以及教学效果出发,克服学科知识的割裂,帮助学生综合运用各学科知识,同时还能充分发挥教师的主动性和积极性。

2. 课程教材多样化的改革

针对我国中小学长期以来课程设置、教材品质单一、死板、僵化,与现代化建设需要不相适应、与青少年身心发展不相适应的状况,20 世纪 80 年代后期,我国中小学逐步开展了以课程与教材多样化为特征的课程教材的改革。

1988 年 5 月,原国家教委在山东召开了教材改革规划会议,决定有计划地编写多套教材。其中包括三套普通水平的六三制教材、五四制教材,两套面向发达地区和条件较好地区的教材,以及一套适合老少边地区程度略低、基本达到大纲要求的教材。

与此同时,原国家教委决定委托上海市开展中小学课程教材改革试点工作。1988 年 5 月,上海市中小学课程教材改革委员会正式成立。同年 7 月,上海市陆续组建了由 400 余名教授、专家和中小学教师组成的,专、兼职相结合的教材编写队伍,这支队伍分为 19 门学科 22 个编写小组,全面启动了上海市中小学课程教材改革的第一期工程。在对世界各国中小学课程实践与理论大量研究的基础上,上海市提出了"以全面提高素质为核心,以社会的需求、学科的体系、学生的发展为基点"的课程设置的指导思想,建立了必修课程、选修课程和活动课程相结合的课程体系。在中小学培养目标上,新课程强调提高素质,突出个性,对不同学段和不同层次的学习要区别对待。这场课程教材改革自 1991 年开始在上海市 60 所中小学试验,1993 年在上海市小学一年级试行。1995 年在上海市高中一年级推开,率先在一个区域范围内走上了课程设置多元化的道路。

3. 学习历程个别化的改革

从 20 世纪 80 年代后期开始,我国不少中学开始了学生学习历程个别化的探索。"按程度分层次教学"就是其中最重要的举措之一。

"按程度分层次教学"是在班级授课制下"因材施教"的一种选择。按程度分层次的具体做法是:学校把主要学科分 A、B、C 三个等级,学生根据自己的程度、能力和兴趣选择相应的课程学习。一个学生可以在 A 班学数学,在 B 班学外语,在 C 班学物理;也就是说,他可以在 A 班保证及格,B 班保证优良,在 C 班发展物理特长。

"按程度分层次教学"是按照能力和兴趣分班,是受教育者选择的结果,它对每个学生来说,快中有慢,慢中有快,灵活可变,有利于发展学生的特长。可以说,这是我国中小学在向课程学习个别化方面进行摸索的重要一步。①

这一阶段课程改革表现出的特点为:

(1)确立了课程改革的指导思想。1985 年颁布的《关于教育体制改革的决定》提出:"改革的根本目的是提高民族素质,多出人才、出好人才。""要改革同社会主义现代化不相适应的教育思想、教育内容、教育方法。"1998 年颁发的《面向 21 世纪教育振兴行动计划》,将课程改革指导思想明确化和具体化为:"改革课程体系和评价制度,2000 年初步形成现代化基础教育课程框架和课程标准,改革教育内容和教学方法,推行新的评价制度,开展教师培训,启动新课程的实验。争取经过 10 年左右的实验,在全国推行 21 世纪基础教育课程教材体系。"

(2)编制了新的课程。1985 年启动了新时期第一轮中小学课程改革,先开展了义务教育阶段课程整体改革研究,随后又开展了高中课程整体改革研究。在研究的基础上,1992 年颁发了《九年义务教育全日制小学、初级中学课程计划(试行)》及配套的二十四个学科教学大纲(试用);1994 年,在每周工作 44 小时的新工时制条件下,又进行了调整,形成了两套最新的方案;1996 年印发了《全日制普通高级中学课程计划(试验)》。

(3)课程改革取得了突破性的成就。新的义务教育课程克服了过去的小学与初级中学相互脱离的问题,在课程纵向结构上实现了小学与初级中学的一体化。新印发的高中课程,意在与新的九年义务教育课程方案相衔接,同时使高中教育更好地适应 21 世纪经济和社会发展的需要,提高高中办学的质量和效益。

课程改革取得的成就主要表现为:

① 明确提出了小学、初级中学和高级中学阶段的培养目标,构建起了三个阶段目标的统一、连贯和递增的关系,突出了基础性、时代性和针对性的特征。

② 加强了德育。首先,从小学三年级开始开设社会课,着重进行历史、地理方面的教学,同时增加了初中历史、地理等课的学时,为落实和加强中国近、现代史教育和国情教育提供了学时保证。其次,对各学科都明确提出了结合本学科特点对学生进行德育的具体要求。最后,对各类活动提出了进行德育的具体要求。

③ 优化了课程结构,有利于对学生进行德智体等各方面的教育。第一,构建起了学科类辅之以活动类的课程结构模式。第二,初中增加了适量的职业技术教育的内容,形成了文化基础教育为主、职业技术教育为辅的课程内容结构。第三,调整了各类学科的比例,适当降低了语文、数学和外语等学科学时在周总学时中的比例,略微增加了社会科学类和自然科学类课程的学时,适当提高了体育、美术、劳动课的学时比例。第四,增强了课程的灵活性和多样性。

④ 增强了课程的弹性和可选择性。义务教育阶段,设计了"五四"和"六三"两种学制的课程计划;高中阶段,为"升学型"、"职业型"和"综合型"三种办学模式提供了可以选择的不同

① 叶澜:《课程改革与课程评价》,教育科学出版社,2001 年,第 61－67 页。

课程安排。

⑤ 提出了课程由中央、地方和学校三级管理的构想。新课程明确规定了国家、省以及学校对于课程管理的职责和权限,给予了地方和学校更多的自主权。

⑥ 对考试考查作了明确规定。为了控制和减轻学生过重的学业负担,规定了义务教育阶段的学期、学年和毕业的终结性考查、考试都属于学生合格水平的考核,每学期只进行一次考试,严格控制各级统一考试。

（4）课程理论研究取得了一系列标志性成就,表现为:第一,课程论从教学论中独立出来,成为教育学科体系中的一门分支学科;第二,课程理论概念和术语为教育行政界与教育实践界所接受和使用,开始流行和使用课程方案、课程计划、课程标准、课程编制、课程实施、课程评价等术语;第三,出版了一批有影响的课程论专著,发表了大量的课程研究学术论文;第四,建立了全国性的课程学术组织并开展了活动,1997 年成立了"中国教育学会教育学分会课程专业委员会",并在广州主办了"首届全国课程学术研讨会"。[1]

（六）我国当代中小学课程发展存在的问题和新课程改革

目前,随着社会主义市场经济的不断深入和发展,我国的课程也在不断发展。尽管我国在课程研究领域取得了一些成绩,但就我国目前的课程现状来讲问题依然不少,具体表现在以下几个方面:

1. 课程类型、课程结构失衡

课程类型是指课程的组织方式或指设计课程的种类。由于课程观不同,学校的具体情况不同,因而设计的课程类型也会有所不同。按哲学观来分类,所有的课程都可以被归入以下三类:学生中心课程、社会中心课程、学科中心课程。学科中心课程是以学科的形式来组织教学内容的一种课程,它以人类对知识经验的经典科学分类为基础,从不同的分支科学中选取一定内容来构成对应的科目,从而使教学内容规范化、系统化。学科课程实质上就是分科课程,它强调将学科分解到单一知识系列,以获得教学内容的清晰性和教学效率的高效性。课程结构指课程各部分的组织和配合,即探讨课程各组成部分如何有机地联系在一起的问题。在中小学课程结构中讨论得最多的是必修课、选修课、活动课、社会实践活动之间的协调问题。

长期以来,我国的教育体制中一直存在重学科中心课程、忽视儿童中心课程和社会中心课程,重必修课轻选修课、活动课和社会活动的情况,使得培养出来的学生规格单一,缺少个性特长。造成我国课程类型单一、结构失衡的原因是多方面的。从历史渊源来看,以赫尔巴特为代表的传统教育思想的影响深深地烙在中国课程的历史上,其影响有两个途径:其一是 20 世纪初,我国引进西方的学制和配套的课程体系时,主要是从日本引进的,而当时日本的课程体系则源自德国的分科课程;其二是 20 世纪 50 年代,我国又引进赫尔巴特分科课程模式的苏联版,这两种来源使分科课程中国化了。从现实来看,应试教育当负有不可推卸的责任,过分注重分数、过分关注知识、忽视学生的个性成长的应试教育与学科中心课程互相推波助澜,使得儿童中心课程、选修课、活动课、社会实践活动大受歧视。

2. 课程管理制度僵化

关于课程管理的领域问题,目前尚无统一的意见。结合国内相关的研究,课程管理大致包括课程标准、课程编制、课程实施、课程评价等部分。多年来,我国中小学的课程,从课程设置、

---

[1] 黄甫全:《新中国课程研究的回顾与前瞻》,《教育研究》,1999 年第 12 期。

课程标准、教学大纲到教学时间及教学进度,都是由国家规定、全国完全统一的,因此,可以称之为"大一统"的课程制度。这种全国"大一统"的课程管理体制是不适合我国的国情的。在我国这个人口众多、地域辽阔的国家,地区差异是存在的,表现在经济和文化发展的不平衡上,如城市和农村、沿海和内地、东部和西部等差别都很大,因而对学校的要求和可能实现的教育目标也应该不同。即使是在同一学校、同一班级,学生的家庭背景、学习兴趣、基础、特长和发展倾向也是千差万别的,如果忽视这些差别而制定统一的要求,就会使众多的学校和学生因难以达到统一的要求而陷入困境。同时还有一部分成绩优异的学校和学生因为目标要求太低而发展受到限制,这无疑又会造成另一种损失。

当然,并不是要否定"大一统"的国家管理体制,应该说,国家对于学校的课程有一定的要求和统一的标准,对保证学校的教学质量是有重要意义的。从目前的发展趋势来看,国外许多国家的课程改革的方向是制定统一的课程标准和评价制度,如英国、美国,过去学校教育完全是各自为政,现在却在着手进行制定统一课程标准的改革。这是从另外一个方面给予我们的又一启示。

因此,在进行课程改革时,如何把握度的问题就十分重要了。一方面要改革现行的制度,另一方面又要把统一性和灵活性、多样性结合起来,更好地促进我国课程的发展。

3. 课程观念陈旧

由于受传统教育观念的影响,在课程的许多问题上依旧存在许多陈旧的看法。如,在课程的本质问题上,许多人包括研究者、教育行政人员和学校实践者都把课程的本质主要理解为"计划"。而在国外,关于课程的本质的看法有三种:其一是计划说;其二是经验说,即把课程看成学生获得的全部"经验";其三是"预期结果说",即把课程的本质看成是一种"预期的学习结果"。在课程的价值观念上,仍旧是极其片面的"社会政治本位论"。在课程的构成观念上,有两种错误:一种把课程载体狭隘地理解为"教材",同时又把课程的实质狭隘地理解为"教学内容",把内容与目标、样式、评价等割裂开来;另一种是把课程过程理解为课程设计或规划过程,把课程编制看成课程方案的编制,即课程计划的制订、课程标准的编制和教材的编写,忽视了其他因素的作用。

4. 课程内容脱离实际

以往我国中小学的课程,除思想品德课以外,就只有文化科学基础课程,没有实用性课程,同时文化科学课程脱离生活、脱离实际、脱离社会,使得培养出来的学生适应能力差。关于这方面的争论在学术界早已存在了。关于"知识和能力到底谁更重要"的问题,许多人早已谈到双基问题(即基本知识与基本技能),可是二者在小学、初中、高中阶段到底应该如何协调则成了一个十分棘手的问题。

现代社会,经济和科技发展迅速,这要求迅速普及普通教育,同时要求普通教育培养出来的学生具有适应现代社会生活和现代建设的实际活动能力。让学生具有现代生活、现代劳动、现代技术、现代职业、现代经济和现代建设等方面的能力,这个任务必须通过学校去完成。正因为如此,其他国家特别是一些发达国家对这类课程更为重视。可是由于种种原因,我国的基础教育过于重视传统的基础知识,忽视现代知识,即知识的更新不够快,同时,基本技能的培养也没有放在应有的位置上,特别在一些条件相对较差的学校更是如此。

5. 课程评价缺乏科学性

多年来,我国中小学课程评价一直未受到应有的重视,这个问题已严重地阻碍了当今的课程改革。课程评价是整个课程进程中的一个不可缺少的环节,它既是一个已有过程的结束,又是新的过程的开端。不科学的课程评价的表现是:重结果性评价,忽视发展性评价;重成就性评价,忽视诊断性评价;重终结性评价,忽视过程性评价;重量化评价,忽视定性评价;重科学性评价,忽视人文性评价;重选拔性评价,忽视水平性评价。总的来说,我国的课程评价重评价的工具性,轻评价的本体性。

由于缺乏一套对整个学校教育工作进行全面考查和评价的标准与制度,我国目前的评价标准就"自发"地以升学率为准。这种强调"升学率"或者说以"高考为指挥棒"的评价制度(或者说评价手段)严重地扭曲了现行的课程改革,使现有的课程改革处于一种进退两难的境地:是适应还是超越?如果超越现行的课程评价标准,改革将会遇到前所未有的阻力;如果适应现有的评价标准,课程改革也就毫无意义。因此,建立合理的、科学的、适应我国国情的科学的课程评价制度已迫在眉睫。①

随着社会的不断发展,教育改革成为时代主题,特别是在当代社会,知识更新的速度越来越快。在全球化、知识经济和信息化的时代背景下,顺应世界中小学课程改革的潮流,针对课程中存在的一系列问题,我国中小学课程在经历了一段时间的试验后进行了全面的改革,这次新课程改革是历次课程改革的继承、发展和创新。这次课程改革的具体目标是:

(1) 在课程功能上,改变课程过于注重知识传授的倾向,强调形成积极主动的学习态度,使获得基础知识与基本技能的过程同时成为学会学习和形成正确价值观的过程。

这一目标强调的是课程功能的转变,课程功能将从单一的注重知识的传统向引导学生学会学习、学会生存和学会做事转变。要实现课程功能的转变,更为重要的是课程观念的变革。没有观念的变革,课程改革就难以实现。

(2) 在课程结构上,改变课程结构过于强调学科本位、科目过多和缺乏整合的现状,整体设置九年一贯的课程门类和课时比例,并设置综合课程,以适应不同地区和学生发展的需求,体现课程结构的均衡性、综合性和选择性。

课程结构问题是课程改革的重要问题。首先,改变课程结构强调学科本位的状况。儿童的生活经验和学习经验是构建知识的基石,过于强调学科本位,人为地割断了各种知识的联系,不利于学生综合运用知识解决生活中遇到的问题。为此,在新课程中,既要重视课程的综合性,也要重视按学科知识组织内容,通过综合与分科的形式来调整课程结构。其次,把综合活动课程设为必修课,综合实践活动由信息技术教育、研究性学习、社区服务和社会实践、劳动技术教育构成,增进儿童对社会的了解。最后,课程结构的改革突出了课程的均衡性和选择性。通过设置必修课和选修课,通过学习自主开发课程,为每个学生个性的健康发展创造条件,使课程结构适应地区、学校的特点,保证培养全面发展的人。

(3) 在课程内容上,改变课程内容"难、繁、偏、旧"和过于注重书本知识的现状,加强课程内容与学生生活以及现代社会和科技发展的联系,关注学生的学习兴趣和经验,精选终身学习必备的基础知识和技能。

课程内容在课程改革中有重要的位置,因为任何课程改革都是以课程内容为载体来进行的。课程内容的选择合适与否,对课程改革质量有很大影响。首先,要注重课程内容的现代化和生活化,以加强学生与社会生活的联系,调动学生的积极性。其次,要有效地开发和利用资

---

① 严仲连:《我国中小学课程的发展趋势》,《昌吉师专学报》,2000 年第 12 期。

源。课程并不单纯指教科书的内容,它的范围相当广泛,儿童的经验和儿童所在的生活环境都可以是课程的范围。新课程强调课程是开放性的,这就要求把目光移出校园,广泛地关注社会。

(4)在课程实施上,改变课程实施过于强调接受学习、死记硬背、机械训练的现状,倡导学生主动参与、乐于探究、勤于动手,培养学生搜集和处理信息的能力、获取新知识的能力、分析和解决问题的能力以及交流与合作的能力。

在学生掌握知识方面,接受式学习的作用是不可低估的,但是过多地依赖接受式学习,学生主动探求的精神会受到限制,在课程实施上的改革正是为了改善这样一种状况。要实现这样的目标,教师要重视转变教育观念,承认学生的主体地位,学生也要注重培养自己的信息素养。

(5)在课程评价上,改变课程评价过分强调甄别与选拔的功能,发挥评价促进学生发展、教师提高和改进教学实践的功能。

课程评价的改革,首先是要转变评价功能。以前所说的评价主要是指选拔的功能,这种功能是通过考试把所谓的尖子生选出来,而新课程的要求是创造适合儿童的教育,即从选拔走向发展。其次,要改变评价方式。要注重评价方式的多元化,倡导发展性评价。

(6)在课程管理上,改变课程管理过于集中的状况,实行国家、地方、学校三级课程管理,增强课程对地方、学校及学生的适应性。

新课程在管理上实行三级课程管理,要改变过去国家管理过于集中的做法,实行有指导的、逐步的放权,以有效增强课程对当地的适应性和服务当地经济的能力。

三、我国中小学课程发展的趋势

针对上述存在的问题,循着50年来新中国课程研究发展的基本脉络,随着经济、政治体制改革的深化和文化与科技的长足发展,在21世纪上半叶我国的课程研究必将产生突破,呈现如下发展趋势:

(一)构建新型课程范式

到21世纪上半叶,我国课程研究和课程改革的主题必然是"课程现代化",这已成为共识。但对课程现代化的实现机制问题,人们有三种不同见解:一是"渐进说",二是"突变说",三是"渐进突变统一说"。有人认为当代我国课程研究和课程改革的发展,必然也必须超越现行的"学科"课程范式,构建"整合"课程范式,实现课程范式的突变。也有人称,要构建新的"课程形态"。主张"突变说",是基于对"课程范式的周期性突变律"的认识。在有文字记载的人类数千年文明史上,产生和存在着4类常规课程,寓于其中的是4种课程范式:一是"原始"课程范式,二是"艺术"课程范式,三是"学科"课程范式,四是"经验"课程范式。这已有的4种课程范式把儿童和教育内容看成是对立的,要么片面地出发和落脚于作为客体的内容上,要么片面地出发和落脚于作为主体的儿童上,使课程中出现了"主客二分",它们均属于"主客二分"型课程范式。而当代"课程改革"的理想从一开始便立意超越"主客二分",走向"主客统一"。这首先表现为布鲁纳提出的新主张:课程改革的目标就是要实现作为客体的"学科结构"与作为主体的"认知结构"的整合;还表现为马斯洛等人本主义心理学家强调的课程既要实现儿童的"认知"与"情意"的整合,还要实现儿童的认知发展和情意发展与文化发展的整合。这是与已有的"主客二分"型课程范式截然不同的、崭新的"整合"型课程理念和范式。在这样的大背景下,当今我国课程改革的实质,显然是实现课程范式从"主客二分"向"整合"的转型。

（二）建立大课程观

我国现行的课程观,实际上是一种"小"课程观,已经严重不适应课程改革深化的要求。为了解决这一问题,一种超越性的大课程观将会在我国逐步形成并成为主流观念。

1. 关于课程本质观

人们将树立全面的观点,把课程看成既是一种"教育计划",也是一种"预期教育结果",还是一种学生获得的"教育经验",等等。进而我们还将站到人的本性是"活动"的高度,把课程看成是"一段教育进程",课程将不仅仅是存在于"观念状态"中的可以分割开的"计划"、"预期结果"或"经验"了,课程根本上是生成于"实践状态"的无法分解的、整体的"教育活动"。既然是"教育活动",就必然现实地而不是抽象地包含和涉及教育的各个要素、各种成分、教育的方方面面。从这个意义上来说,课程实质上就是实践形态的教育,课程研究就是实践形态的教育研究,课程改革就是实践形态的全面的教育改革。所以,课程研究和课程改革就是一种涉及社会方方面面的、需要全社会参与的社会性的教育行为,而不仅仅是教育领域内部的仅仅涉及教育内容的孤立的"课程"行为。

2. 关于课程价值观

21世纪,人们正在逐渐形成辩证整合的课程价值观,并通过以"学生为本"来实现。辩证整合的课程价值观至少包含:

（1）个人需要与社会需要的整合,强调个人需要。

（2）个体需要与群体需要的整合,强调个体需要。

（3）社会政治、经济、文化、科技等需要的整合,解决课程的社会价值割裂问题。有两个层次:① 政治、经济与科技、人文价值的整合,强调文化、科技需要;② 各种社会价值整合为整体性社会价值。

（4）个体身心需要的整合,解决课程的个体价值的割裂。这也有两个层次:① 身体、认知、情感、欲望之间价值的整合,强调身体、情感与欲望需要;② 各种个体价值整合为整体性个体价值。

（5）人文与科学的整合。

（6）公平与效益的整合。

（7）普及与提高的整合。

（8）阶段与终身的整合。

3. 关于课程系统观

课程系统结构有两个维度:共时态和历时态。就共时态而言,课程系统由教育者、学习者和内容三大要素构成。就历时态而言,课程系统的要素有:"关于个体和社会的理论"、"教育目的和目标"、"教育内容"、"活动样式"、"效果"和"评价"。因此,课程研究特别是课程改革,是一项系统工程。课程改革实质上不仅仅局限于内容的范围,从共时态看,必须包含教育者、学习者与内容的同时改革,从历时态看,必然包含理论、目的目标、内容、活动样式、效果和评价等的整体改革。

4. 关于课程构成观

课程构成包括物化构成和层次构成两个方面。在物化构成上,要超越课程就是教材的观念,扩大为课程材料包括课程原理、课程计划、课程标准、课本、教学指南、教师指导、补充材料、课程包(多媒体课件)等。在层次构成上,课程由学者的理想课程、政府的官方课程、学校的校方课程、教师的所教课程与学生的所学课程构成。这样,课程研究以及课程改革,一方面不能仅仅把着力点放在课程计划、课程标准和课本上,还必须重视课程原理、教学指南、教师指导、补充材料和课程包,尤其要重视多媒体课件;另一方面不能囿于理想课程和官方课程而让校方课程、所教课程和所学课程放任自流,必须系统地规划、实施和评价理想课程、官方课程、校方课程、所教课程与所学课程。规划、实施和评价的展开逻辑,也将从"理想课程→官方课程→校方课程→所教课程→所学课程",转换为"所学课程→所教课程→校方课程→官方课程→理想课程"。

5. 关于课程过程观

因为课程是一段教育进程,所以课程就不仅仅是课程研制的产物,还是一种过程。课程过程包括微观过程与宏观过程两个层次。课程微观过程就是课程研制过程,由课程规划、课程实施与课程评价三个环节构成。在课程研究和课程改革中,就不仅要重视课程规划过程中的原理分析、目标确定、内容选择和内容组织,以及制订课程计划、编制课程标准和编写教材等,更要重视教学目标、教学设计、教学策略和方法以及组织教学等课程实施过程,同时要重视教学评价和课程评价等。课程宏观过程实质是一种课程创新过程,包括课程改革和课程变迁过程。需要建立课程改革、课程变迁以及课程创新的经常机制,使课程始终处在变化发展之中,从过去的"死"课程嬗变为现代的"活"课程。

6. 关于课程与教学的关系

自夸美纽斯 1632 年出版《大教学论》后,人们长期信奉"教学包含课程"的大教学观。20世纪以来,随着"课程论"诞生而成为一门独立的教育学分支学科,许多人开始信奉"课程与教学"是两个相互独立又相互联系的领域。当代,持续的课程改革牵动了教学改革,人们开始相信,课程实质上包含着教学。在我国,至今仍然是"教学包含课程"的大教学观占支配地位。近来一些学者呼吁建立课程独立于教学、课程论独立于教学论的观念,已得到了广泛的回应。其实,当代课程既不包含于教学,也不独立于教学,课程实质上包含着教学。我们需要从大教学观走向大课程观。

(三)构建课程研究和课程改革运行的新机制

长期以来,我国课程研究和课程改革的运行机制是"中央一统的政府行为",其特点,一是"中央集权",二是以行政为唯一机制的纯粹的"政府行为"。很明显,这是一种缺乏"理论参与和指导"的运行机制,是不完善的。21 世纪,我国的课程研究与课程改革的运行机制需要在三个方面改进和创新。一是改变中央集权的状况,课程决策权将实行中央、地方与学校三者分享。二是创新"学术行为"机制,基本构想是全国建立和运作"基础教育课程改革专家工作组",有关大学建立"基础教育课程改革实验与指导中心",有关地区和中小学、幼儿园建立"基础教育课程改革实验基地",三者协调合作,实施课程研究与课程改革实验的"学术行为"。三是建立课程研究与课程改革的动态机制。课程研究与课程改革的运行实行"学术行为"与"政府行为"的有机结合,先通过"学术行为"机制开展课程研究与课程改革实验,建立起新的课程体系和课程模式,再通过"政府行为""破旧立新",组织实施新课程体系和新课程模式,进而运用动态机制,使课程研究与课程改革成为一种连续的社会性行为,从而使课程处于不断发展的过程之中。

（四）明确教育目的和建立教育目标体系

当代我国教育目的有多种提法,各有历史渊源和现实依据,但适用范围有别。其中具有一般性、适用于中国全境和全社会的当是"培育有理想、有文化、有道德、有纪律的公民"。所谓的公民,是现代公民,教育需要培养他们具有"现代公民意识"、"现代公民道德"和"现代公民智慧"。我国长期缺乏一套完整的具有科学性的教育目标体系,导致教育目的与教育实践和课程实践之间缺乏有机联系,使得教育活动与课程改革、课程实践长期处于经验的或盲目的状态。21世纪,我国必须也必然要建立起具有操作性和科学性的教育目标体系。这一教育目标体系可以考虑以"三基一个性"为内核,即基础知识、基本技能、基本能力和健康个性。

（五）更新教育内容

教育内容是教育目的和教育目标得以实现的保证,新的教育目的和教育目标体系要求新的教育内容与之配套。当代我国的教育内容不仅十分陈旧,而且具有僵化的封闭性。更新教育内容,需要采取两项革命性的举措。第一,更新教育内容的结构形式,使教育内容结构从"学科"转变为"类"与"范畴"的有机结合。从内容与儿童之间的相互关系看,一方面,教育内容可以分为"工具类"、"人文类"和"科学类"等三大类;另一方面,教育内容又可以分为"基础知识范畴"、"基本技能范畴"、"基本能力范畴"和"健康个性范畴"等4个范畴。第二,更新选择新教育内容的主体。组织杰出的自然科学家、工程师和社会科学学者,脱离开现有课程和教材,独立地按照有关原则重新选择出新的中小学、幼儿园教育内容。

（六）建立课程实施指导机制

长期以来我国的课程实施,实际上只是中小学、幼儿园教师被动"执行"课程的过程。课程改革要求中小学、幼儿园教师转变成为主动的课程研制者,这就需要建立满足教师需要的课程实施指导机制。一是在师范教育与教育培训中设置"课程研究"学程和学分,使教师掌握课程研究和课程实施的基本知识与基本技能。二是建立各级"课程研制（发展）中心",通过课程专家对教师进行课程实施指导。三是在教育督导中,建立课程督导的机制。四是中小学、幼儿园建立自己的课程研制的机构,完善课程实施指导的机制。

（七）建立课程评价体系

从严格的意义上说,长期以来我国缺乏自觉的课程评价机制,到20世纪80年代末期,才开始注意课程评价的问题。21世纪,我国课程研究和课程改革发展的必然趋势之一,是建立课程评价体系。

（1）新的课程评价体系必须是全方位的,在某种意义上,它就是我国的教育评价体系,其中最难的也是最关键的是要把高校招生考试制度纳入到课程评价体系之中,超越现行的高考制,建立起新的注册制。

（2）课程评价体系必须是过程评价与终结评价的有机结合,其中课程过程评价的机制是尤为重要的。

（3）课程评价体系必须是外部评价与内部评价的有机结合。

（4）课程评价体系必须是课程过程的"产品"评价与"效果"评价的有机结合。

根据境外和国外的经验,建立新的课程评价体系需要三方面的条件:一是普及的和高质量的中小学、幼儿园教育,为普及高等教育提供充足而合格的生源;二是普及高等教育,一般应达到能接纳已经普及了的高中教育60%以上的毕业生进入大学的水平;三是需要有一个相当长的时间过程。如在我国台湾,1968年取消初中升学联考,2000年取消高中联考,2002年取消大学联考,进而正式确立新型的教育评价体系,前后历经35年有余。

（八）建立新的课程体系

21世纪,我国课程研究和课程改革发展的目标必然是构建一套与社会主义现代化相匹配的新的课程体系。这一新的课程体系,将其设计、描述和概括为"多元化的课程体系",其具体内涵是:

（1）多级分权的课程体制,包括国家课程、地方课程和学校课程。

（2）多种类型的课程计划,从层级结构看,包括全国课程计划、地方课程计划和学校课程计划;从类别结构看,可以分为一类课程计划、二类课程计划和三类课程计划等。

（3）多层次的课程标准,从层级结构看,包括基准性课程标准、提高性课程标准和超越性课程标准;进而与三类课程计划相匹配,形成至少9个层次的课程标准。

（4）多风格的教学材料,包括结构上的多风格,如教程式、学程式等,装帧上的多风格,如简朴的、豪华的等,组合上的多风格,如教材式、课件式等,文化上的多风格,如少数民族的、汉族的等,媒体上的多风格,如传统媒体的、现代多媒体的等,理念上的多风格,进而形成不同的心理学流派和教育学流派的多种教材。

第二节 国外课程的发展

一、国外课程的历史发展

（一）西方的古代课程

西方的古代文化发源于地中海沿岸,特别是爱琴海东部的希腊半岛。在古代希腊的繁荣时代,学校的主导课程是"七种自由艺术",简称"七艺",它包括文法、修辞、辩证法、算术、几何、天文、音乐。"七艺"中,前三者称为"三艺",后四者称为"四艺"。这是西方教育史上最早的较为完整的课程体系,它类似我国的"六艺"。"三艺"起源于希腊人特别是雅典人的政治生活。雅典人具有民主倾向,重视采用公众辩论的手段来帮助他们的城邦事务管理。为了使未来公民与政治家能在公众集会上卓有成效地演说,学校非常重视语言能力的培养。公元前5世纪中叶,诡辩学派应运而生,他们以教育为业,收取一定的学费,设置文法、修辞、辩证法三科。所以,西方教育史上沿用长达千年之久的前"三艺"是由智者首先确立的。

除政治的原因外,希腊人还把"三艺"看做塑造儿童心灵和理智的有效工具。例如,苏格拉底认为,辩证法可以帮助人们成为有才干和见解的人。柏拉图认为,学习辩证法,不仅可以帮助学生在辩论中取胜,更重要的是能发展人的智慧。随着历史向前发展,人们越来越看重"三艺"对人的智慧的训练价值,"三艺"长久地影响着后来的学校课程。

"四艺"的提出者是伟大的哲学家柏拉图。柏拉图认为,17岁的青年应该进入青年军事训练团学习。在军事训练团里,他必须学习作为一个军人必需的"四艺":算术、几何、天文学和音乐。算术对于调兵列阵、布置军队的阵势、计算船只的数目等,都是非常必要的;几何学对于建造军营、练习队伍的密集与展开、争取据点、行军或者临阵、对军队做种种布置等,都是不可缺少的;天文学对于航海,行军作战,观测气候、天象尤为必要;音乐体现了军人与其所上的学校相衬,在平时可以使一个军人认识严肃、勇敢、慷慨、高尚等一类的形式提高士兵的斗志,在作战的时候,它更直接鼓舞士气,有助于战争的取胜。①

除了"七艺"外,希腊人还非常重视体育。希腊体育课程中的主要项目,是一些著名的竞技项目。希腊人最为擅长的竞赛项目是跑、跳、角力、拳击、掷铁饼和投标枪。希腊人还重视体育与音乐的结合,认为音乐能调节各项体育运动的均衡性和适度性,并给体育运动带来节奏感与和谐感。古希腊衰败、古罗马崛起后,希腊的教育传统为罗马所继承,对罗马及整个欧洲的教育产生了深远影响。可以说,古希腊的教育文明与课程传统,在整个西方世界有着最为广泛、最为深远的影响。

总之,在西方奴隶社会的教育中具有代表意义和久远影响的古希腊课程体系,与中国奴隶社会的课程体系一样,是对年青一代的全面发展较为有利的、相对和谐的课程体系。

欧洲的封建社会,包括中世纪与文艺复兴两个阶段。公元前5世纪,欧洲进入"黑暗的中世纪时代",在长达一千多年的时间内,基督教的教会学校垄断了教育。教会学校教育的目的是培养僧侣和神职人员,因此,神学课程是其主导课程、核心课程,《圣经》是其基本教材。教会办的学校,有时也开设文法、修辞、辩证法"三艺"课程,但其教学目的是训练教士们的口才,以打击所谓的异端。

中世纪时期,欧洲的世俗封建主还创办了骑士教育。骑士教育,也称"武士教育",主要学习"武士七技"和宗教课程,目的是培养效忠封建领主和善于作战的武士。"武士七技"是骑马、击剑、打猎、投枪、游泳、下棋、咏诗,其主要内容是军事体育。不过,骑士教育并不是欧洲中世纪教育的主流。在整个中世纪,历史上比较理想的课程体系及其传统几乎被遗忘。总之,中世纪课程的学校课程的核心要素是宗教课程。与中世纪的"黑暗"一样,中世纪学校课程的主色也是"黑暗"的。

14世纪至17世纪中叶,是欧洲的文艺复兴时期。这一阶段,也是封建时代向资本主义时代过渡的阶段。欧洲文艺复兴运动的实质,是新兴资产阶级在文化领域向黑暗而强大的封建势力发起的"挑战",是资产阶级夺取政权的"热身"。文艺复兴运动的结果,是封建主义的持续衰落和新兴资产阶级的不断扩大。文艺复兴运动,将欧洲由野蛮的封建时代推向封建势力与新兴资产阶级在斗争中并存的时代,并进而推进到资产阶级掌握政权的资本主义时代。

文艺复兴时期资产阶级提倡的新文化观,称为"人文主义"。用到教育上,人文主义教育实际上是以"人"为中心的教育。在教育目标上,人文主义教育反对"神道"之学,提倡人文之学,除了恢复传统的"七艺"课程外,新兴资产阶级还提倡新增历史、道德、哲学、自然、物理、地理等课程;在课程实施方法上,人文主义教育反对经院主义学风与教风,主张使用启发式教学方法和直观性教学手段。不过,由于新兴资产阶级尚未取得政权,文艺复兴时期人文主义教育的这些改革诉求,大多停留在理论讨论层面,并且尚未形成系统的理论体系。

总之,文艺复兴时期人文主义的课程思想,有力地冲击了中世纪封建主义、经院主义的课程体系,将欧洲各国的学校教育引入改革发展阶段,在舆论方面和理论与实践探索方面为先进而和谐的资产阶级课程体系的诞生做准备。

（二）西方的近代课程

西方近代的统治阶级是资产阶级,而资产阶级是重视生产力发展、讲求教育实际效用的。

---

① 王天一,夏之莲,朱美玉:《外国教育史》(上),北京师范大学出版社,1984年,第48页。

因此,在西方,近代是个重视知识的时代。

捷克教育家夸美纽斯是近代西方第一个伟大教育家。夸美纽斯认为,现实世界的各种知识都是有用的,都应该包括在课程内,他把他的《大教学论》称为"把一切事物教给一切人的艺术"。后来有人把他的课程观叫做"泛智主义"课程观。18 世纪中叶,法国的"百科全书"派在继承他的基础上,特别强调了语言文字、自然科学和各种实用科学的意义。这更强烈地反映了资本主义的发展要求。

在近代,随着科学技术的突飞猛进,人们不断地对传统人文学科的课程地位发出挑战,自然科学的课程受到越来越广泛的重视。自资产阶级革命至 18 世纪,西方学校大都开设物理学、化学、动物学、植物学等课程。到 19 世纪下半叶,自然科学课程在近代西方社会学校中占据了重要的位置,甚至进入了文科中学。19 世纪末,数学课程在所有学校都受到重视,成为各级学校不可或缺的核心课程。随着国际交流的增加和民主政治的发展,外国语、公民道德、体育、艺术、劳动等课程,逐渐受到广泛的重视。增设这些课程,使学校的课程体系显得更加和谐。总之,西方的近代课程具有科学化、实用化、和谐化的特征。

（三）西方的现代课程

世界现代教育史上的课程改革已有 90 年的历史。这 90 年,在人类历史上,是课程研究最为繁荣的 90 年,也是课程改革最为频繁、最为深入的 90 年。

在理论研究方面,现代教育史上曾产生过诸多有思想、有特点的理论流派。经验主义课程观、结构主义与建构主义课程观、人本主义与后现代主义课程观,是这些理论流派的杰出代表。这些理论流派都有其独特价值,都曾经卓有成效地推动过学校课程的改革与发展。争论最为激烈、影响最为广泛的,是传统的学科中心主义课程观与杜威、泰勒的经验主义课程观的争论。一方面,这一争论及其影响几乎贯穿了整个现代教育史;另一方面,这两种截然不同的课程观出现了相互融合、相互兼容的趋势。当代世界所进行的课程改革,在很大程度上兼顾了"学科中心"和"儿童经验"。另一个值得一提的现象,是相对独立、相对成熟的课程论、课程与教学论的诞生。1918 年博比特《课程》一书的出版,标志着课程研究的专门化和相对独立的课程理论的正式诞生。1949 年泰勒《课程与教学的基本原理》一书的出版,标志着经整合而成的课程与教学论的诞生。

在课程改革实践方面,由于各国国情千差万别,课程改革也是多元化的。例如,前苏联"十月革命"成功后的课程改革,出于巩固政权和改造旧教育的需要,特别强调了劳动与综合技术教育的重要性,强调了教育与无产阶级政治的结合、教育与生产劳动的结合;20 世纪 30 年代至二战前的课程改革,旨在纠正轻视"双基"的错误倾向,提升国家的科技实力。出于冷战与国际竞争的需要,美国 50 年代末的课程改革,强调了数学、自然科学、外语"新三艺"的核心地位。在世纪之交的基础教育课程改革中,俄罗斯根据社会生活需要,调整了原有课程结构,以"艺术"课程取代了原有的音乐课程与美术课程。为了调节学生的学习生活,培养学生综合性地解决问题的能力,满足社会的实际需要,日本新开设"综合学习"课程。

总之,无论在理论研究领域,还是在改革实践领域,现代世界教育史上的课程改革,具有多元化特征、相互融合特征和从社会需要出发的特征。[①]

---

① 季银泉:《课程与教学论》,南京大学出版社,2009 年,第 31 - 37 页。

二、西方课程研究中的重大事件

(一) "八年研究"与"泰勒原理"

"八年研究"起源于 20 世纪 30 年代,由当时深受杜威教育思想影响的进步主义教育协会发起。当时,作为美国教育发展的一个历史阶段,全美只有 1/6 的高中毕业生有机会进入大学,致使中学课程的设置和实施受到高校入学考试的支配。进步主义教育协会的学者认为,应在保证为学生做好升学准备的同时,也要帮助学生做好适应社会需要的准备,为此组织了 30 所中学和 300 所大学从 1934 年秋至 1942 年夏进行中学课程的改革研究与实验。从 1936 年起,参与实验的 300 所大学从参加该项实验的 30 所中学里选拔新生,被选拔的中学毕业生可以不参加高校入学考试,而凭实验中学校长的推荐及学生在中学表现情况的详细记录直接进入大学。30 所中学的实验要点是:师生合作制订教学计划,编制既反映社会要求又反映学生需要与兴趣的课程,学生积极参与教学过程,全面关心学生的体质、智力、情感与精神的发展等。当"八年研究"结束时,以泰勒为首的学院追踪研究组,对"八年研究"的结果进行了评价。评价所采用的方法是挑选 1 475 组大学生,每一组两名学生,一名是实验学校的学生,一名是其他学校的毕业生。在挑选时尽可能地考虑到这两名学生在性格、年龄、学习能力、家庭状况及社会背景等方面情况的相同性。经过对照研究,得出了如下的结论,即参加实验的 30 所中学的毕业生具有以下的特点:① 学年平均总分稍高;② 在大学学习的 4 年中,更容易获得学术上的荣誉;③ 在学术上似乎具有更强的好奇心;④ 似乎具有更正确、系统和客观的思维能力;⑤ 似乎对教育的含义有更清楚的认识;⑥ 在遇到新的环境时,往往表现出更高的智谋;⑦ 与对照组一样,具有相同的分析问题的能力,但是他们解决问题的方法更为有效;⑧ 越来越多地参与学生组织的团体;⑨ 在获得非学术成就方面有更高的比率;⑩ 在职业选择上有更好的倾向性;⑪ 积极关心国内和国际事务。

从学院追踪研究组的研究来看,"八年研究"是成功的。尽管并不是所有的实验设想都得到了体现,但实验本身所要证明的却得到了验证:按照进步主义的教育原则实施的中学教育,既能很好地完成中学的传统的职责,为大学输送合格的人才,又能促进学生多方面的发展,而这一切是原有中学教育所难以达到的。"八年研究"不仅对美国大学入学要求和中学课程产生了深远的影响,而且孕育了泰勒的课程原理。1949 年,泰勒正式出版了《课程与教学的基本原理》一书,总结了他在"八年研究"中的成果。这部著作成为 20 世纪 30 年代在美国课程研究方面最有影响的一部名著,并对世界课程史产生了重要影响。在这部著作中,泰勒提出了课程设计与课程编制中必须回答的 4 个问题,即在该书中,泰勒把课程编制的主要步骤列为 4 个问题:① 学校应该达到哪些教育目标;② 提供哪些教育经验才能实现这些目标;③ 怎样才能有效地组织这些教育经验;④ 我们怎样才能确定这些目标正在得到实现。概括地说,课程应分为教学目标、学习活动、课程内容的组织以及教学评价 4 个基本的要素。后来,教育界将泰勒提倡的进行课程编制的四大步骤称为"泰勒原理"或"泰勒评价模式"。"泰勒原理"被公认为课程开发原理最完美、最简洁、最清楚的阐述,达到了科学化课程开发理论发展的新的历史阶段。

(二) 新课程运动

新课程运动主要是指在 20 世纪 50 年代末到 70 年代初,以美国为代表的一些国家旨在加强国家统一课程、实现课程内容现代化的课程教学改革运动。

促成新课程运动的导火线是 1957 年前苏联的卫星上天。在此之前,美国教育深受杜威的实用主义和儿童中心思想的影响,忽略了系统的学术教育。前苏联卫星上天对美国朝野震动很大,并最终将批评的矛头指向了教育内容的生活化。1958 年,美国通过《国防教育法》,宣布教育必须重视学术价值,必须加强数学、科学和现代外语的系统学习。

新课程运动把布鲁纳的结构主义理论作为课程编制的基础,教学要求广泛采用发现法,强调统一的国家课程,采取了"中心—边缘"或叫"中心—扩散"的课程开发模式,即课程设计都由国家课程开发中心的专家领导担任,而且大多数是教育行政部门或者大学里的学科专家领导,目的是想形成高质量的教科书或教学材料,然后将专家设计好的课程采用自上而下的方式推广到中小学实施。这样专家成了"中心",而课程改革实施的主角教师成了课程计划的贯彻执行者,扮演了"边缘"的角色。

美国的课程改革运动尽管得到了政府和专家的大力支持,尽管当时普遍认为新课程设计比以前的课程计划更加优越,但美国约有 85% 的学校并没有采用新的课程体系,新课程改革也没有取得预期的效果。究其原因,后来者将其主要归罪于改革中采取的"中心—边缘"模式。正如专家们所指出的,"课程开发中心从事课程开发的专家脱离课程的使用者,不能将新课程细致的革新特点传达给教师,既不与教师发生人际交往,也不能激起教师将其教学习惯改变到确保新课程计划成功所必需的程度"。[1] 在权威专家看来是高质量的课程,对于广大教师和学生来说却是不合需要的。

(三)回归基础运动

回归基础运动兴起于 20 世纪 70 年代,和美国战后新课程运动提倡加强学术性课程教育一脉相承。回归教育运动的批评对象仍然是以杜威为代表的进步主义教育思想,它反对体现开发或者说进步主义教育思想的自由主义教学形式。回归基础运动的专家们认为以儿童为中心的教学是过于纵然和无效的,是鼓励无秩序和不讲道德的,轻视了文字和计算方面的教学,而过去的学校在这些方面做得要好得多。[2] 因此,为了实施更完备的教育,必须"回归教育"。

回归教育基础运动最明显的标志是基础学校的创立和对学生的最低能力测试。基础学校1973 年在美国开始出现,其设置的课程强调 3R(读、写、算),还开设美国史、地理和政治等课程。在基础学校里"教师可以毫不惭愧地凭借刻板的教学方法,而且有意在学生中强化竞争意识,校长可以体罚学生"。在基础学校里,还盛行最低能力测试,即用统一的考试来判断一定年纪的学生是否能完成须具备基本文字和计算能力的任务。

关于回归基础运动 20 世纪 70 年代在美国流行的原因,专家们普遍认为与美国当时经济衰退、犯罪增加、中小学纪律松懈有关,这些因素使人们产生了浓厚的怀旧情结,并产生"回到过去学校"的想法。

三、国外主要发达国家中小学课程改革和发展的历程举要

(一)美国中小学课程改革的演进与发展

1. 二战前美国中小学课程的发展及改革

20 世纪初期,由于大量移民的涌入、工业的迅速发展以及科技的猛进,美国社会发生了很

---

① 吴刚平:《校本课程开发》,四川教育出版社,2002 年,第 11 页。

② 中央教育科学研究所比较教育研究室:《简明国际教育百科全书·课程》,教育科学出版社,1985 年,第 25 页。

大的变化。教育学、心理学研究成果不断涌现,其中有杜威和帕克的教育思想、格式塔心理学和儿童心理学运动、行为主义心理学及迁移理论,学校和社会中的进步主义等因素综合起来使越来越多的教育工作者开始怀疑以往课程的价值,对传统课程的批判也日益激烈,迫切要求建立一种新型的中小学课程体系,从而拉开了 20 世纪美国中小学课程改革的大幕。

20 世纪前 20 年课程改革的理论主要来自于杜威的实用主义课程论。1894 年至 1896 年,杜威创办的芝加哥大学实验学校主要进行的就是小学课程实验。他认为,教育上最重要的问题就是如何使儿童的心理发展与社会需求达到统一。在教育史上,他是第一个系统地提出课程设置要同时兼顾社会需要和儿童心理发展的教育家。他主张把儿童的生活引入教材,让儿童从"做"中"学"。他主张学校课程应加强各科之间的联系,联系的中心就是社会活动,课程的目的就是围绕这些基本的社会活动来建立一座桥梁,沟通儿童与社会的联系,使二者协调起来。这一时期,美国小学课程的特点是:传统的"读、写、算"的比例下降,音乐、图画、户外活动等科目的比例显著增加,体现了小学阶段课程更注重儿童身心发展的特征。这一时期美国摆脱欧洲传统,形成具有美国特色的课程理论与实践体系,通常被称为"美国化的课程"。其特点是加强课程同当代生活的联系,并充分考虑学生背景、层次、兴趣的不同。

20 世纪初期至二战前,中学课程改革的影响主要来自于"十人委员会"和"中等教育改组委员会"。1892 年,美国"全国教育委员会"组织成立了由哈佛大学校长查尔斯·埃利奥特主持的"十人委员会",他们主张围绕以下 9 门学术性学科来组织中学课程:拉丁语、希腊语、英语、现代外语、数学、自然科学、自然发展史或生物学、社会科学、地理或气象学。同时强调,一切学术性科学在促进智力发展方面具有同等的价值。1913 年,美国全国教育协会任命成立了"中等教育改组委员会"。1918 年,该委员会发表了《中等教育基本原则的报告》。报告的内容包括中等教育的办学目标、组织形式、课程设置等 5 个方面:

(1) 中等教育的主要目的及基本原则:保持身心健康,掌握基本知识与技能,成为家庭有效成员,养成就业职能,胜任公民职责,善于运用闲暇时间,具有道德品质。

(2) 中等学校应采取综合化的形式,适应美国人口背景的复杂状况,以满足不同的经济地位、社会地位阶层的需要。

(3) 中学应提供多样化的课程,为具有不同需要——农业、工业贸易、职业及准备升读大学的学生服务。

(4) 应该把新的教育心理学、教育原则、教育测量、教育评估的理论应用于中学的课程和教学实际。

(5) 加强各级各类学校的联系。

2. 二战后至 20 世纪 90 年代美国中小学课程的发展及改革

1957 年 10 月,前苏联发射了第一颗人造地球卫星,在美国引起了极大震动。这个事件说明,美国在一些尖端科技领域的领先地位已经被前苏联超越,国与国的竞争就是科技的竞争,但归根到底是教育的竞争。前苏联人在外层空间及在地球本身取得的巨大成就对美国教育质量和中学毕业生适应世界竞争能力的准备提出了挑战,严峻的形势迫使美国重新检讨教育政策,社会各界也纷纷要求政府彻底改造美国教育制度,以培养具有扎实的文理知识、训练有素的优秀人才。在教育指导思想上,出现了对进步主义教育思想的批判与修正。

这段时期的改革以《国防教育法》的颁布和《国家在危险中:教育改革势在必行》的发布为主要标志。

1957 年颁布的《国防教育法》大大加强了教育总投入,各地的教学改革迅速发展起来。这次中小学课程改革的特点是加强中小学课程的理论性、系统性,重视掌握各学科的基本概念、基本原理,强调发现学习,加强了选修课程,允许中学生参加学院课程学习,并将最新研究成果引入教学,将他们与新的学习理论联系起来,确立了必修的、学术性课程的主体地位。20 世纪 80 年代初期的著名报告《国家在危险中:教育改革势在必行》的第一句指出:"我们的国家处于险境,我国一度在商业、工业、科学和技术上的创造发明无异议地处于领先地位,现在正在被各国的竞争者赶上。"[①]在全美国范围内再次掀起了"高质量教育"运动。实施高质量教育改革以来,各学区在课程方面所采取的措施有:设置计算机课程;使用新型教科书;为特殊群体用特殊的教科书;提高数学、科学、英语各科的要求;增加家庭作业;低年级开设外语;减少非学术性科目;等等。报告还提出一套中学课程的具体方案:主张加强中学的学术教育,制定"新基础课程",即提高州和地方中学毕业的学术标准,凡要取得高中毕业文凭,必须在中学 4 年时间内学习 4 年英语、3 年数学、3 年科学、3 年社会研究、半年计算机科学,并指出这 5 项新基础课是获得成功的基础。

3. 20 世纪 90 年代以来美国中小学课程的发展及改革

进入 20 世纪 90 年代以后,由于各届总统都把教育放在十分重要的地位,因此,课程改革的力度进一步加大,美国以各种计划的形式对中小学课程的实施实行改革。

(1)《普及科学:美国 2061 计划》

该计划是美国非官方机构美国科学促进会于 1985 年制订的,它继"高质量教育运动"之后掀起新一轮教育改革浪潮。该组织针对美国中小学的科学文化素质偏低的现状,强烈呼吁:"科学、数学和科学技术教育的改革必须列入美国的头等议事日程"。2061 年是哈雷彗星下次"光顾"地球之年,以该年命名试图突出这项教育计划的未来指向性。该计划分 3 个阶段实施。

第一阶段:在 1985—1989 年这 4 年时间里,研究美国中小学教育的理论与思想,确立 21 世纪美国学生的学习目标,设计教育改革(特别是中小学课程改革)的总体方案,并确定基础教育阶段的学生应掌握的科学、数学和技能领域中的基本知识、观念和技能。

第二阶段:在 1989—1992 年这 3 年的时间里,根据上一阶段提出的改革方案的宗旨和要求,设计课程改革的具体规划,开发多种适宜中小学科学、数学和技术教育的课程模式,明确各种课程模式实施所需的步骤、条件和手段,即将学生的学习目标转化为具有可操作性的课程模式和教育设计蓝图。

第三阶段:从 1992 年开始,用 10 年左右的时间大力宣传中小学科学、数学和技术教育改革计划,以征得国会、联邦政府、州政府和社会各界的广泛支持;同时,根据前一阶段所设定的改革方案,在一部分州和学区进行旨在理论论证和推广普及的中小学课程改革试验,据此全面启动美国面向 21 世纪的中小学科学、数学和技术教育改革计划。

(2)《美国 2000 年:教育战略》

该战略是在总统布什的参与主持下运作的,其构想是联邦政府通过加强与各州的联系和沟通,试图在教育发展和人才培养问题上与各州达成共识,保持一致。其实施分为两个部分:第一部分是制定全国课程标准和课程改革整体策略。20 世纪 90 年代初,联邦政府与各全国

---

① 教育发展与政策研究中心:《发达国家教育改革的动向和趋势》,人民教育出版社,1986 年,第 1 页。

性团体和机构密切合作,顺利地制定了科学、历史、音乐、地理、外语等一系列中小学课程标准,同时,为协调课程标准与相关学科领域关系的课程改革整体策略也应运而生。第二部分是詹姆斯·麦迪逊课程计划,这是以美国第4任总统,国家宪法起草人的名字命名的课程计划。该课程计划由幼儿园至8年级的课程计划和9~12年级的课程计划两大部分组成。这个计划试图使中小学毕业生能够掌握基本的学术性学科内容,能够进行独立思考和解决问题,能够善于发现问题并敢于提出和捍卫自己的观点。

(3)《2000年目标:美国教育法》

1993年4月21日,美国总统克林顿宣布了题为《2000年目标:美国教育法》的国家性教育改革方案,在中小学课程改革的内容上,在原有的6项"国家教育目标"上又增加了2项,目的在于强调教师素质和家长参与教育的重要性。在课程的规划上,新推出的国家教育目标新增加了公民和政府、经济、艺术3门课程,使国家界定的核心课程在数量上增至8门。另外,把编制全国性的教育标准特别是课程标准列为此次改革的重中之重。

(二)英国中小学课程改革的演进与发展

1. 二战前英国中小学课程的改革与发展

二战结束前英国的中小学存在所谓的初等教育传统,它实际上是初等教育传统的3个分类:"基础教育"传统、"预备学校"传统以及"注重发展"的传统。前两项传统实际上代表了19世纪下半叶开始形成的英国教育的双轨制性质。在其影响下,进行基本的读写算教育是这一时期公立初等教育的主要内容。中央通过按成绩拨款的方式加强了对小学课程的控制,使小学课程保持在一种狭窄的、低水平的状态,不利于儿童的发展,特别是11岁考试,由于考试仅限于算术和书面英语,因而基础学校课程在广度方面更加受到危害。"注重发展"的传统是英国"激进学校运动"的结果,也是世界范围内的进步主义思潮在英国的反映。其中哈多委员会发表的《初等学校》报告中指出,有必要对7~11岁儿童的课程进行新的探讨。在设计初等学校的课程时,一方面必须根植于幼儿学校的基础之上,另一方面要着眼于和中等教育的衔接。随着工业化的发展,社会生活的基础发生了变化,以阅读教学为主的学校拓展教育目标的视野,转而教学生学会生活。

二战前的中学课程改革最主要的是指1944年教育改革,它对英国中学课程产生了深刻的影响,一直延续到二战后。主要表现在:① 确立了学校的课程自主权;② 1944年后的中学体制改革,是由文法、技术和现代中学组成的一种分轨体制。

2. 二战后至20世纪90年代的中小学课程的改革

二战以后,英国建立的统一的公共教育制度、11岁考试的变化及教师的课程自主权等方面都在不同程度上影响着中小学课程的改革,特别是进步主义的兴起,使60年代至70年代英国中小学的课程发生了很大变化,传统的课程概念与组织方式发生了变化,非正规教学不仅改变了课程的安排,而且改变了课程与教学的关系。与传统的分科课程目标不同,非正规教学把促进学生的发展作为课程与教学的共同目的,教学和课程在活动中得以统一。以活动为中心组织课程、进行教学,发展成为课程与教学的直接目的和结果。这一时期最大的特点就是中央加强对课程的控制,以《1988年教育改革法》对英国中小学课程改革的影响最大。

《1988年教育改革法》的主要措施之一就是在学校设立全国统一课程,其中包括3门核心课程——英语、数学和科学,7门基础课程——历史、地理、工艺学、艺术、音乐、体育及现代外语。

1988年课程改革在以下几个方面使英国中小学课程发生了根本性的变化:改革法从法律

上规定了所有学校的学生在义务教育期间都应学习基础课程,即宗教和国家课程;为了便于管理和考试,按照年龄重新划分了学段,并为每个学段制定了成绩目标和学习大纲;1988 年课程改革最终实现了国家对课程的控制。

3. 20 世纪 90 年代以来英国中小学课程改革的情况

《1988 年教育改革法》通过以后,国家课程和新考试制度逐步推行,到了 20 世纪 90 年代,英国中小学课程的变革主要围绕"国家课程"实施所暴露出来的问题进行,主要表现在:国家课程和评价制度的教学目标要求过高,内容过多,给教师和学生带来了沉重的负担;国家课程与新的考试制度关系被扭曲,出现了"为考试而教"的现象;国家课程与英国学校课程存在自主性、灵活性的矛盾;国家课程与学校的实际情况存在一定的矛盾和反差。针对以上的情况,20 世纪 90 年代,英国"国家课程"的变革分为两个阶段进行,即初期的实施调整阶段和修正完善阶段。

在国家课程实施调整阶段,主要是围绕 4 个问题进行调整的,即:精简国家课程的范围和幅度应多大;原来将国家课程的各科教学目标分为 10 个水平的做法如何,今后应怎么处理;怎样简化考试;怎样改进国家课程和考试工作管理。

在国家课程的修正完善阶段,政府主要是从五大方面对国家课程和评价制度进行修正与完善,即改变英格兰和威尔士地区中小学课程和评价工作的管理分散和割裂的不利情况,建立统一的管理协调机构;适当减少对课程的统一性要求,增加多样性和灵活性的课程选择,增强教师的自主性;简化评价范围和方法,发挥学校和教师的主动性、积极性;改革普通中等教育证书考试和评价方式;进一步加强教师的培训工作。

英国的中小学课程设置逐步确立统一性和多样性,形成了灵活的评价机制,课程和教学水平大大提高。

(三)前苏联和俄罗斯中小学课程改革的演进与发展

1. 前苏联时期中小学课程的发展

十月革命的胜利,标志着苏维埃政府的诞生,新政府改造旧教育的首要任务就是全面扫盲和普及四年制初等教育。历经了 17 年的艰苦奋斗,到 1934 年底,苏联普及了四年制义务教育,基本消除了文盲。在这一时期,更为重要的是新成立的国家教育委员会颁布了《统一劳动学校基本原则》,从而建立了新的教育体制,制订了新的课程计划,制订了与新学制相适应的教学计划、教学大纲,编制了与新学制相适应的教科书,并在实施过程中进一步调整,成为从苏维埃政府建立至二战结束这一时期的课程体系。如前苏联的中小学课程,在二战以后作过几次大的改革,现分述如下:

(1) 1958 年的中小学课程改革

1957 年 12 月 24 日,苏联最高苏维埃主席团颁布了《关于加强学校同生活的联系和进一步发展苏联国民教育制度的法律》,正式对中小学课程进行改革。中小学在劳动课与系统知识的教学科目之间作了较大幅度的调整,恢复了原来被取消的劳动课,系统知识学科课程受到削弱。小学体育课的教学时数大量增加,俄语和数学这两门基础工具的教学时数相应地减少。中学开设了选修课,学生的负担加重。

(2) 1964 年的中小学课程改革

1964 年 8 月,苏共中央和苏联部长会议发布《关于改变劳动综合技术兼顾生产教学的中等普通教育学校期限的决议》,又一场新的教育改革拉开了帷幕,对中小学课程进行了富有成效的改革,小学由四年制成功过渡到三年制。在课程方面,主要表现在:① 取消了原设在小学四年级的历史课和小学三四年级每周 2 小时的义务劳动课;② 自然课的课时增加,从二年级开始讲授;③ 原来的算术课改为数学课,3 年学完过去 4 年的课程,每周为 6 个学时;④ 3 年中的主要科目是俄语和数学,占小学总学时的 2/3。中学课程方面,劳动课的学时大大减少,选修课的课时增加了。同时,课程内容的改革幅度更大,教学内容逐级下放。这次课程改革具有课程目标的现代化、课程内容的现代化、教材编排和管理的精致化、教学设备的现代化和课程改革的科学化五大特点。[①]

(3) 1977 年的中小学课程改革

1977 年 12 月 29 日,苏共中央和苏联部长会议发布《关于进一步完善普通学校学生的教学、教育和劳动训练的决议》,根据《决议》修改后的中小学新计划和新大纲,对中小学课程进行改革。小学方面,规定最高学习额为每周 24 学时,劳动教学和体育保证每周 2 学时。中学课程方面,加强劳动的教学时数和学校劳动教学的师资力量。

(4) 1984 年的中小学课程改革

1984 年 12 月,苏共中央和部长会议发布了《苏联普通学校和职业学校改革的基本方针》,正式提出小学 6 岁入学,初等学校仍改为 4 年,普通学校的学制从十年制延长为十一年制。小学课程方面,修订了新的教学计划,一至四年级每周学时总数比原来的七年制普通学校计划所规定的学时数普遍减少,教学科目也有所调整。在中学课程方面,改进教学计划和教学大纲,提高教学和教育质量。《基本方针》规定,为完善教学内容,必须做到:① 明确规定所学学科的名目和教材范围,取消教学大纲和教科书分量过重的现象,删去其中过于复杂和次要的材料。② 从根本上改变学校中劳动教育、劳动教学和职业指导工作;加强教养内容的综合技术方向性;加强实践作业和实验作业。③ 使学生掌握使用现代计算机技术的技能和技巧,在教学中广泛运用计算机,对此要建立学校或校际的专用教室。④ 按每门学科和每个年级确定每个学生必须掌握的技能和技巧的适宜范围。

(5) 1988 年的中小学课程改革

1988 年,国家教委主任亚戈金在全苏联教育工作者代表大会上作了《通过人道化和民主化达到教育高质量》的报告,提出了基础教育的重组必须遵循 6 个原则:连续性、去中心化、民主化、人文化、分化和整合。先后制定了《苏联普通教育学校暂行条例》和《苏联国家中等学校基础教学计划》等一系列决议,再次对中小学课程进行改革。新制订的中小学教学计划在名称和内容上都有改革,它把整个中学教育内容分成三个部分:全苏教学内容、加盟共和国教学内容和学校教学内容。此次教改的核心是打破教育的集中性和统一性,强调教育的人道化和学生的个性发展。中小学课程改革的主要措施是减少必修课,实施分化教育,减少教学计划中的教学科目和各年级的教学科目,合并相近科目,对劳动教育提出新的要求,遵照整合原则逐步实现了中学课程的整体化。

2. 20 世纪 90 年代俄罗斯中小学课程的发展及改革

1991 年苏联解体后,俄罗斯在继承前苏联原有教育系统的基础上,逐步进行了具有强烈时代性、民族性的课程改革。1992 年,叶利钦总统签署了《俄罗斯联邦教育法》,确立了这次教育改革的基本框架和特征,即满足个性、社会和国家的教育需要,开设国立的和非国立的教育

---

① 汪霞:《国外中小学课程演进》,山东教育出版社,2000 年,第 228 页。

教学机构,建立和实现接受教育的统一标准、教育的适应性和人道主义方向等。《教育法》对教育内容即学校课程的总要求是:

(1)教育内容是社会、经济进步的要素之一。它以保证个人的自我选择并为其自我实现创造条件、发展公民社会、巩固和完善法治国家为最终目的。

(2)教育内容应保证使受教育者形成符合世界标准的教育程度和知识水平,养成符合世界标准的社会总的文化修养和职业修养水平;达到个性在世界文化和民族文化体系中的一体化,培养出与现代社会相适应并以完善此社会为己任的具有个性的公民,复兴和发展社会的人才潜力。

(3)教育内容应促进不同肤色、种族、宗教信仰和社会团体的人们彼此理解。

(4)某一具体教育机构中的教育内容由该教育机构自行制定,通过实施的教育大纲来确定。国家教育管理机构保证在国家教育标准的基础上制定示范性教育大纲。

(5)根据章程中所规定的目的和任务,除实施确定其地位的基本教育大纲之外,教育机构亦实施补充教育大纲,进行补充教育。[1] 1993 年,俄联邦公布了《俄罗斯联邦普通学校基础教学计划》。基础教学计划包括不变部分和可变部分,都必须包含三种课程:必修课、供学生选择的必修课和选修课。教学计划规定小学课程主要培养小学生具有以下文化的基础:认识文化,交际文化,美学文化,劳动文化,体育文化。在具体的课程设置上,高度重视本族语和文学的教学,重视艺术和体育,强调学生的个性和兴趣、特长,选修课比重提高。中学课程方面,包括不变和可变部分。可变部分由用于有选择的必修课和选修课、个别课和小学课组成。初中阶段,不变部分即国家统一课程占总课时量的 78.9%,可变部分即地方课程占 21.1%;高中阶段,两者的比例是 55.3% 和 44.7%。初高中各阶段均设有选修课,其占课时总量的比例分别为 8.8% 和 15.9%。

从 20 世纪 90 年代俄罗斯课程改革的历程来看,其特点是:实行多极化的课程管理;向个性化的课程目标迈进;课程的结构趋向灵活多样;课程设置体现教育的人道性;重视课程的民族性和人文化倾向;广泛设立综合课程。[2]

四、国外课程发展的趋势

综观主要发达国家的课程改革与发展的情况,课程改革一方面是为了适应现代社会生产、科学技术发展的需要,另一方面是为了满足受教育者身心全面和谐发展的要求。当前,国外课程改革与发展的趋势可以概括为以下三点:

(一)重视课程的完整性和整体功能

无数的事实和经验表明,只有全面和谐发展的个人,才能有效地适应快速变化的现代社会。各国在课程改革和发展的过程中都不约而同地超越了那种知识本位的课程观和智力本位的课程观,而代之以完整性的课程观,以发挥课程的整体育人功能。在课程的设计和实施中,不仅关注智育目标,而且关注德育、体育、美育、劳动教育的完整性目标。从学校课程发展的走向来考察,更能体会到这一点。尤其是,从 20 世纪 60 年代由知识本位转向智力本位,到 70 年代比较突出了情感领域和人本观照,到 80 年代趋向于尊重人的个性和重视道德,从而逐步形

---

① 国家教育发展研究中心:《发达国家教育改革的动向和趋势》(第 5 集),人民教育出版社,1994 年,第 606 页。
② 吴立保,汪明,杨虎民:《中小学新课程改革的理论与实践》,合肥工业大学出版社,2004 年,第 7–19 页。

成今天的世界各国课程领域对完整性人格的全面理解和追求。

（二）强调课程的基础性和综合化

20世纪80年代以来的各国课程改革，出现了"恢复基础"的倾向，这既是对"学问中心"课程高、精、难的英才教育的回拉，也是对人本主义课程走向极端而导致的教育质量下降的批评。强调课程基础性的目的是关注未来公民基本素质的培养，提高未来公民的基本学习能力和适应能力。

与强调课程基础性并存的课程改革的另一特点就是重视综合化。课程内容的综合化不仅是科学发展的需要，也是学生认识和把握科学知识基础的需要，同时也是为了避免增设新学科造成学生的课业负担。当代科学发展的特点是分化与综合并存，而传统学科课程中固守的许多分科界限已经限制了学生的视野，束缚了学生的思维，只有设置综合性的课程，才有助于向学生提供一个合理的知识结构，才能使学生的认识不仅符合科学整体化的本来面目，而且有助于学生综合思维能力和创造力的培养。

（三）重视课程的统一性和多样性

当代课程发展的又一突出特点是不同文化传统和体制的国家及地区在课程改革的过程中出现了相互借鉴、相互学习、取长补短的趋势。这主要表现为，有着个别化教育传统的一些欧美国家适当限制了课程设置的地方自主权，重视了全国统一规定的课程，以促进学生整体的发展，提高教育质量；而有些集权特征明显的国家则在对必修课科目进行限定的同时，不断增强选修课的多样化和灵活性，从而使课程能够满足学生个性发展的需要。

除了上面谈到的几点以外，重视通过课程改革培养学生的学习能力、探索精神、创新意识，以适应未来的学习化社会，加强课程与社会生活、生产实践的紧密联系，实施职业技术教育等等，也是当代学校课程发展比较突出的特点。

第七章　国内外课程研究的发展

课程研究也可分为学术探究领域的课程研究和具体学科领域的课程研究。① 国外的研究历史较长,把课程作为独立领域展开研究,出现了许多令世界瞩目的专家和公认的研究成就。与世界课程研究相比,从 20 世纪 90 年代以来,作为学术探究领域的课程研究才在中国教育界蓬勃发展起来,也取得了巨大进展和丰硕成果。

第一节　国内课程研究的发展

一、国内课程研究的历程

自觉的课程探索的历史很短暂,而作为独立的研究领域,课程研究则更是晚近之事,这使得课程发展史尚未发生科学意义上的范式转换的"课程革命"。因此,课程学至今实际上仍然处于"前科学"或"常规科学"时期。

（一）中国课程研究的复兴

与世界课程研究相比,中国的课程研究更是晚近之事。百余年的中国课程研究,走过了20 世纪初的后起、二三十年代的同步、新中国成立后的分道及新时期的直追的历程。20 世纪初,中国课程学家开始放眼国际课程领域,以对话与借鉴的姿态,开始了课程研究。但随后一波三折的中国革命与政治事件,导致课程探索没有延续与世界交往的态势。改革开放之后的课程研究与发展历程甚为短暂,难以上升到学科史的断代研究层面。目前的分期方式有:一是以重大政治事件的发生来划分课程研究历程,如以新中国成立、教育革命、改革开放等为分界点,此为政治取向;二是以教育文件、法规、法律的颁布施行为标准划分课程研究阶段,如 1981年的《全日制六年制重点中学教学计划试行草案》、1985 年的《关于教育体制改革的决定》以及《中华人民共和国义务教育法》等,此为制度取向;三是以课程研究中具有规范意义的研究成果或学术制度的出现为标志,以自我逻辑描写课程发展轨迹,此为学理取向。对中国课程研

---

① Goodlad J I. Curriculum as a field of study. The international encyclopedia of curriculum. Pergamon Press,1991:3－6.

究历程的分期采用学理取向,兼及其他,以显明学科固有的发展脉络。依此,约经历了三个时期:[①]

1. **课程研究的依附时期(1978—1981 年)**

以中国改革开放为标志,显著的课程事件是中小学的全面复课及高校恢复招生考试。由于教育研究的全面启动和对教育理论的迫切需要,课程研究界的学者们开始呼唤课程研究和课程理论的恢复。课程研究在理论上主要关注三个方面:一是回顾和总结了新中国成立以来中国课程研究的经验和教训;二是译介先进的国际课程研究的新成果,开课程理论比较研究之先河;三是重视将理论研究指向课程实践中存在和出现的问题。[②] 这一阶段,课程研究是作为教学研究一个亚领域进行的,因此课程研究总体上受教学理论研究的方法与问题的制约,没有自觉提炼出自己的学科范畴及核心理论命题,因此,不论理论上的依附于国外,还是学科身份上的从属于教学,都表明该阶段是课程研究的依附时期。

2. **课程研究的探索时期(1981—1989 年)**

以 1981 年全国性课程研究机构"课程教材研究所"的成立和学术专业刊物《课程·教材·教法》的创刊为起点,标志着课程研究已经在依附中萌生了探索和独立的学科意识。整个这一阶段,课程研究是在课程工作者自觉地探索课程理论、积极介入课程实践中进行的。初步确立并提出了有理论支持的学科命题,拓展了研究范围,并就一些基本的课程理论范畴作了初步的界说和阐发。如:提出并探讨了课程改革理念,编制了新课程;探讨了课程结构的优化问题,提出了活动课思想;协调了文化基础与职业技术教育的关系;课程政策上构想了由中央、地方和学校三级管理的思路。但总体看来,这一阶段仍然是课程研究的摸索时期,而自觉地摸索和追求独立的研究意识及课程改革与实践对课程理论的迫切需求,最终铸就了课程研究的独立品性。

3. **课程研究的独立时期(1989 年至今)**

对于后发展型的课程研究而言,依附与摸索是走向独立的前奏。如果课程研究者有自觉并不断的对独立学科理念的追求,那么就会进入真正独立的乐章。正如博比特的《课程论》标志着课程研究作为一个独立领域的形成一样,在中国大陆,这样的标志性学术专著是钟启泉的《现代课程论》以及陈侠的《课程论》。[③] 钟启泉的《现代课程论》比较全面地介绍了国外课程理论与实践的发展现状,并在此基础上建构了一个比较完整的现代课程理论体系。陈侠的《课程论》是在本土课程实践的基础上,结合国外的课程理论写就的一部课程理论专著。该书从课程理论的学科位置,课程研究的对象、目的、方法,中西课程发展史,课程流派,制约学校课程的因素,学校课程的性质、任务、类型、编订与实施、评价等课程相关范畴和具体领域,较为全面而系统地涉猎了课程研究的基本领域,并勾勒了基本的体系轮廓。此后,一批有影响的课程论专著开始出现,如廖哲勋的《课程学》、靳玉乐的《现代课程论》、施良方的《课程理论》、丛立新的《课程论问题》、张华的《课程与教学论》等,表明课程研究已经具有了独立学科的身份、独立的研究理论空间与实践指向。同时,课程研究呈现出蓬勃的"学科群"发展态势,体系性专著与分支研究相继出现,如靳玉乐的《隐形课程论》、《课程研究方法论》,吴永军的《课程社会

---

① 靳玉乐,李殿森:《课程研究在中国大陆》,《教育学报》,2005 年第 3 期。

② 黄甫全:《新中国课程研究的回顾与展望》,《教育研究》,1999 年第 12 期。

③ 钟启泉:《现代课程论》,上海教育出版社,1989 年;陈侠:《课程论》,人民教育出版社,1989 年。

学》，崔允漷的《校本课程开发:理论与实践》等。与理论探讨相辉映,课程研究的学术组织和常规化的学术交流制度相继确立,如1997年全国课程专业委员会的成立及例行年会。这些都标志着课程作为一个独立的研究领域及课程论作为教育学的一个正式分支学科的重建已基本完成[1],也宣告了课程研究以独立姿态踏上了自己的学科发展征程。

（二）国内课程研究的发展

中国课程研究的发展表现在两个方面:一是课程的新兴研究格局的初成;二是课程的研究路向的多元化。

1. 课程研究的新兴格局

研究者以跨学科的视角,从人类学、语言学、生态学、社会学、文化学、生命哲学、知识学、认知科学等维度研究课程活动,大大拓展了哲学、心理学的传统课程研究空间,提出了新颖的课程思想,形成了新的课程理论潮流。相对系统的有以下4个领域:

（1）课程的比较研究。比较的研究方法是以共时维度,考察不同国家、民族或地域的社会现象,既寻同,又求异。比较研究不仅仅是用"第三只眼睛"看世界,也不仅仅是对异域研究的"我向评说"。它已经发展为具有自己的研究范式和操作规则及解释句法的独立的方法论。中国学者特别是华东师范大学钟启泉教授领导下的一批中青年课程学者,耕耘不辍,不仅翻译出版了多套介绍西方课程理论的丛书,而且就课程类型的国际演进、课程开发的国别比较、课程管理的国情分析等进行了深入的比较研究和探讨,使中国课程研究有了较为开阔的国际视野,并为比较课程论的建立奠定了很好的基础。

从关注问题上看,大致进行了课程本质、课程变革、课程形态、课程研制、课程实验、教师发展等方面的比较研究,这对获取国际课程界的先进思想和教训、服务于中国课程研究是大有裨益的。课程比较研究要切记必须依据这种理论在该国或他国较长一段时间内的课程实践去合理地分析、评价和借鉴。

（2）课程的知识学研究。知识是课程的核心成分。在某种意义上,所有的课程理论都是对"什么知识最有价值"这一经典问题的回答。知识观的每一次新发展,都有助于揭示课程的新本质,从而影响着课程理论的建构和实践运行模式。中国知识学视域内的课程研究主要从知识分类、知识观、知识社会学、知识习得机制等方面考察课程现象,审视、发展、创生新的课程思想。第一,课程知识观。课程知识的本质经历了制度知识、文化资本、法定文化的界说,正在走向建构主义的课程知识观——假设的、情境的、个体的、价值的。[2] 第二,课程形态的知识基础。认为学科课程是"旁观者理论"的知识观,综合课程是"生态学理论"的知识观,活动课程是"参与者理论"知识观。[3] 基本说来,目前人们普遍认同知识本质上是基于客观性之上的主观构建,是一个开放的、发展的过程;知识价值是多维的、互补的;知识获得是一个积极的、主动生成的过程,所以当代课程理念的基本精神认为,课程本质上是开放的、生成的。[4] 从知识学的角度去分析课程知识是有启发的,但过于线性的类推可能会忽略课程知识的某些特质。如何将"课程知识"作为一个独立范畴来处理,揭示其本质、内涵、生成逻辑,还有待思考。

（3）课程的社会学研究。该研究西方始于20世纪70年代,中国则开始于90年代。在学

① 张廷凯:《我国课程论研究的历史回顾:1922—1997》（上）,《课程·教材·教法》,1998年第1期。

② 黄忠敬:《我们应当确立什么样的课程知识观?》,《南京师范大学学报（社会科学版）》,2002年第6期。

③ 潘洪建:《课程改革的知识观透析》,《教育科学》,2004年第3期。

④ 潘洪建:《当代知识观及其对基础教育课程改革的启示》,《课程·教材·教法》,2003年第8期。

科建设层面,中国学者认为,课程社会学的研究对象是课程文本(教育知识的法定基本形式)、课程编制(课程文本的社会建构过程)、课程实施(课程文本的社会解读过程),即具有社会学意义或特征的课程现象与课程问题。① 内容上,要研究处于社会系统中的课程和处于学校师生互动系统中的课程。前者着眼于对课程的外部社会控制过程和外部社会控制结果的研究,后者重点考察"进入学校课堂系统中的课程知识对学生文化结构产生的影响"。② 此外,还要探讨课程变革的社会学模式,为课程变革计划提供社会学方略。在体系构建上,有专著较为系统地勾勒了课程社会学的研究内容、理论基础、研究方法等基本问题,对课程的内容、结构、授受、评价进行了社会学分析。③

在具体课程问题层面,中国关注诸如课程决策、课程价值、课程结构、教科书分析、课程知识社会本质、课程知识的生产与习得的社会机制、课堂行为等的社会学研究。应当说,目前的课程社会学研究更多借鉴了国际政策范式④、知识社会学(新教育社会学、批判社会理论等)、教育知识社会学等理论,注重课程领域的微观探讨,尤其是关注课程知识的研究,形成了颇具特色的"新课程社会学"研究。

(4) 课程的文化学研究。课程本质上是一系列的文化选择,而人类知识类型在经历了神学知识、形而上知识和实证知识后,开始转型为文化知识。这要求人们关注课程的文化学考察。中国学者以三种切入方式论及文化传播与课程、社会文化结构与课程改革、课程的文化学内涵、课程设计的文化学参照、文化传统及课程民族传统与课程价值取向、多元文化的课程理念、文化变迁与课程等主题。一是广义文化学的方式,讨论文化的各个范畴与课程研究的关系和价值。如在课程设计上,要充分考虑文化影响与制约效能,像文化种类、文化生态、文化模式、主文化与亚文化、文化变迁、文化交流都是在发展课程中必须关注的问题。⑤ 二是文化哲学的方式,审视课程现象的本质和变迁,认为课程是"具有独特性、内在性、创生性属性的特殊文化";课程改革本质上就是课程文化精神的重建和课程文化模式的转型。⑥ 三是文化批判的方式,借鉴了国际上"文化研究"这一学术思潮的理念、方法,结合中国的现实课程问题加以思考。它在某种程度上走出了传统"文化学"圈定的狭小天地,积极介入社会、政治、民众问题,是一种穿越了学科边界的"跨学科"的研究方法,政治性和批判性是其基本理论旨趣。⑦ 中国在此领域尚未形成自己的课程"文化批判"话语,但从后现代主义、社会建构主义出发"对文化的反思与批判以及对文化与课程因循久远的、古旧僵化的逻辑的反思与批判,便构成了走向文化批判与反思的课程文化观"⑧的起点。

新时期中国课程研究为内地复兴与活跃的文化背景及课程改革的实践动力所推动,深化了旧的研究路向,开辟了新的研究格局,在多样化的争鸣之中呈现出集中的研究领域。

2. 课程研究的多元化

新的理论基础、研究方法、社会环境使课程基本研究向纵深发展,趋向于学理的和社会历

---

① 吴康宁:《课程社会学的研究对象》,《上海教育科研》,2002 年第 9 期。
② 南京师大"课程的社会学研究"课题组:《课程的社会学研究简论》,《教育研究》,1997 年第 9 期。
③ 吴永军:《课程社会学》,南京师范大学出版社,1999 年。
④ 蒋建华:《走向政策范式的课程研究》,《北京大学教育评论》,2004 年第 1 期。
⑤ 和学新:《课程:教育的文化选择——课程设计的文化学思考》,《教育理论与实践》,1997 年第 3 期。
⑥ 靳玉乐、陈妙娥:《新课程改革的文化哲学探讨》,《教育研究》,2003 年第 3 期。
⑦ 赵勇:《关于文化研究的历史考察及其反思》,《中国社会科学》,2005 年第 2 期。
⑧ 郝德永:《课程文化——一个后现代的检视》,教育科学出版社,2002 年,第 223 页。

史的分析,体现了路向多元的研究旨趣。

(1)课程的元研究。元研究是一种学科的"元勘分析"。中国的"元"课程研究以课程学科本身为研究对象,探讨课程论的构建与发展问题,旨在反观自身的学科局限,增强学科独立意识,扫除学科前进的障碍,指明发展方向,因此本质上是一种学科反思研究。课程理论的元研究正在向多个课程领域辐射,这种宏观取向的研究是中国课程研究的优势领域;其以理性思辨和逻辑推演的思维方式论及课程理论的本体问题、核心概念、独立范畴、学科身份、体系建构及学科群建设。问题研究关注课程实践和理论面临的现实问题,是以学科理论为透镜,去投射课程现象,因此问题研究取向具有实践性的"学理分析"的性质。此外,问题研究取向也不断从课程实践和理论中,从国际比较中发现着越来越多的新鲜的、有价值的课程问题,丰富着课程研究的问题域。

(2)学理研究与实践研究。课程的研究可以区分为基础研究、发展研究和应用研究。前者倾向于基本理论,后者指向于课程实践,而中者则是理论研究实践化的转化中介。目前中国依然存在着这样的研究局面。课程的基本理论研究关注课程的基本原理和核心命题,厘清课程理论的主体框架,如对课程概念、本质的辨析,对课程论体系构建的思考等。课程应用研究始于课程实践的困惑,从中"拧出"带有普适价值的课程思想,以"求真、求实、求效"为旨归。这就决定了课程应用研究走的是这样一条路线:从课程存在出发,以相应的课程理论为分析工具,洞察课程问题的本质,提出问题解决方案,将经验认识理性化,使之成为新理论的有机构成。课程发展研究则主要探讨某一课程理论进入课程实践的一系列必须经历的操作化的程序。

(3)传统研究与现代研究。定位于历时的纵向层面上,以社会历史发展观,对课程实践作发生学的考察,处理课程研究中的"古今"范畴。课程本质上是一系列的文化选择。文化的时代演化与流变,要求课程既要探讨流转不息的传统特质,又要识别文化冲击和文化变异对课程的影响。课程的传统与现代研究就是在探寻这一连续而又断裂的课程建构中隐形的规则。

课程的传统研究基本上沿袭着国学的治史方法。阐发古典课程哲学,注释先人课程思想,考辨课程概念,钩沉课程价值,这正符合了中国史学研究的"义理"与"考据"的传统学风。而秉持现代视域的课程研究,则关注分析和处理实践中的课程问题,旨在提炼和建构现代课程概念、范畴与话语系统。

目前,两种研究似有相互隔离之弊。虽然有人试图将其整合起来,但没有达到理论融合的程度,还不能找到中国传统课程思想与现代课程理念有机对接的平台。

(4)本土研究与借鉴研究。这是贯穿于课程研究历程始终的一对并行研究路向,在共时的历史层面,从比较的视角,扫视域内与域外的课程发展状况,处理课程研究的"中外"问题。可以说,从中国"放眼看世界"的那一刻起,伴随着异域理论、思想、思潮的涌入,本土扬弃就已经开始了。由于不同研究语境内理论侧重的不同,本土与借鉴呈现为不均衡的发展。中国本土研究从事本国的课程理论与实践的探讨,寻求对出现于本国的课程问题的研究、解释和改进,如对于课程理论、基础、目标的研究,对农村教育的关注,等等。借鉴研究,是指对借鉴的、生成于异国的课程思想的本土改造与民族重构,属于本土化研究的层面。所以中国本土研究与借鉴研究是紧密结合在一起的。

二、国内课程研究的领域

中国课程研究总体上走的是一条基于本土的、缓慢但稳健且具有明确的社会取向的发展之路。随着与国际课程研究的全方位对话,课程研究在三个领域同步推进,构成了中国课程研究在跨世纪时段的基本格局。

(一)课程理论的元研究

课程理论的元研究包括理论体系、学科身份和学科群建设问题。

1. 课程论的理论体系

课程论与教学论走着不同的体系建构之路,前者是从范畴到体系,后者是从体系到范畴。课程论的基本构成和结构关系的探讨,近些年取得了一些进展,主要表现为对应纳入课程论研究范围的基本概念、基本问题、基本范畴的一致认可。作为一门独立学科,"它应探讨课程现象较深层次的普遍规律,进入课程理论体系的应是比较公认的基本概念、基本原理、基本事实"。[①] 体系结构上,有人主张从课程本质观、课程价值观、课程系统观、课程构成观、课程过程观及课程与教学的关系等方面考虑大课程论体系的设计。体系建构上,应以科学理论为方向,揭示课程现象的一般规律,形成由课程的基本理论、课程的基本原理、课程的应用理论构成的完整的课程论学科体系。

2. 课程论的学科身份

课程论的学科地位、研究对象、学科性质等问题是在"课程论与教学论关系之辨"中展开的。有趣的是,二者关系之辨经历了"教学一统论"、"课程与教学交叉论"、"课程与教学二元论"、"大课程论"的波折和学科重组。当前有学者在"课程与教学一体化"、"课程与教学整合论"、"课程与教学论"等术语下,通过分析二者关系,试图将其统一为一个学科,但这种学科重构尚未赢得学界普遍认同。[②] 尽管课程与教学两个领域密切相关、相互交叉,但这可能是来自不同学术传统的理论体系相互碰撞的结果,二者的分离是暂时的,二者的整合会随着这两个学科各自的成熟而发生。关于课程论的学科身份,一般主张课程论的研究对象是课程与外部的社会系统和条件之间的关系、课程内部诸要素之间的关系、课程运作过程中各具体因素的内在联系。[③] 课程论是旨在探讨影响课程诸因素的关系及一般规律的学科,它有基础理论研究,也有应用理论研究,是与教学论并存的教育学下位学科。

3. 课程论的学科群建设

课程改革的全面推进和课程理论发展的学科逻辑及演进规律要求适时建立起课程理论学科群,学科互动与滋养有利于促进自身的发展,也能为课程实践提供全方位的理论指导。课程理论学科群的层次结构是:第一层是课程基础科学的学科群。① 课程心理学、课程社会学和课程哲学;② 课程概论(课程论),包括幼儿园课程概论、中小学课程概论、大学课程概论;③ 课程原理、课程发展史和比较课程论。第二层是课程工程科学的学科群,包括课程设计论、课程实施论、课程评价论和课程管理论。第三层是课程应用科学的学科群,包括课程开发、课程督导、课程管理制度等学科。[④]

学科群建设是提高课程元研究水平的应有之举。当前,新基础课程改革催生了专门领域的研究,一批源于具体实践问题的开拓性学术成果相继出现,如人民教育出版社推出的"新课程改革研究丛书":《新课程改革的理念与创新》(靳玉乐)、《新课程设计的变革》(张廷凯)、

① 王永红,黄甫全:《课程现代化:跨世纪的思考》,《课程·教材·教法》,1998 年第 2 期。
② 王文静:《"九五"期间我国课程与教学论研究的回顾》,《全球教育展望》,2002 年第 12 期。
③ 靳玉乐,师雪琴:《课程论学科发展的方向》,《课程·教材·教法》,1998 年第 1 期。
④ 廖哲勋:《论我国课程理论学科群的建设》,《课程·教材·教法》,2000 年第 2 期。

《综合实践活动课程开发》（李臣之）、《新课程评价的理念与方法》（丁朝蓬）等。这些在基本原理、研发机制及应用策略方面的理性思考，必将为未来学科群的形成打下坚实的、有实践解释力的学理基础。

（二）课程基本原理的研究

课程基本原理是课程活动的深层的、较为稳定的一般规律。因其自身的基础性和理论起点价值，成为课程理论研究及学科建设的基石。

中国课程论的新生是从基本原理实现突破的，与课程研究的初创时期相比，课程基本原理的研究在以下两个方面取得了"范式转换"的进展：

1. 课程理论范畴的拓展

课程理论范畴是课程理论中相对稳定的、具有一定解释力和初步理论功能的框架式分类，主要有"问题范畴"（泰勒）和"领域范畴"（古德莱德）两种划分样式。高度结构化的领域才能构成一个学科，因此，依据施瓦布的学科结构思想，结合古德莱德的看法，可将中国课程理论的研究范畴划分为三类"结构范畴"：一是政治—社会范畴（相当于"组织结构"，表征课程的学科属性、规范），包括课程计划、课程方案、课程政策、课程管理、课程领导；二是概念—实质范畴（相当于"概念结构"，表征课程的内容、构成），包括课程理念、课程目标、课程结构、课程类型、课程标准；三是技术—专业范畴（相当于"句法结构"，表征课程的生成、运行规则），包括课程发展、课程设计、课程传播、课程采用、课程实施、课程评价。显然，三类范畴相互联系，共同构成了课程理论的"体系结构"。中国课程研究集中关注并拓展了新的课程范畴。

（1）政治—社会范畴。中国有政治哲学取向的课程研究传统，从"学术零度介入的政策化的课程注解"到"走向政策范式的课程研究"，无一不是倾注于这类范畴上，是学术干预较为薄弱的领域，主要是课程政治学的产儿。不过，随着中国政治民主化、以人为本的治国理念和科学发展观的确立与落实，课程研究的政治取向与学理分析之间的张力正在得到合理的平衡，这才有当前此类范畴研究的新进展。如，倡导课程计划上的多元灵活，课程政策上的专家参与，课程管理上的三级分权，课程领导上的校本责任等。尤其课程政策与课程领导范畴的改造性引入，成为目前研究的新视点。

（2）概念—实质范畴。这是微观层面的范畴体系，是政治—社会范畴的具体化。随着基础教育课程改革的全面推进，研究界对基础教育课程的理念、目标、结构、类型、标准等范畴进行了深入研讨，如全人发展的课程理念，学生发展为本的课程目标，均衡的课程结构，多样的课程类型，普及性、基础性、发展性相结合的课程标准。尤其对课程目标、课程结构、课程类型的研究极为活跃。关于课程目标，有学者认为要对现实课程目标作恰切分析，避免脱离实际；坚持目标决策的理性把握与具体的情境考察相结合，给课程实施者以角色赋值，赢得教师的广泛认同，并充分利用本土课程理论与实验研究成果，这些都有利于产生合理的课程目标。[1] 关于课程结构，有人提出课程结构的优化应以比较完善的学科课程为主，辅以新型活动课程。整体优化的课程结构有三个层次：宏观课程结构指课程计划中的课程设置；中观课程结构是由各类课程内容之间的横向组合与纵向组合而形成的有机整体；微观课程存在于各科教材内部，是教材内部各成分、各要素按一定比例关系组成的有机整体。[2] 课程类型的研究包括综合课程、活

---

① 郑国民：《制约课程目标取向选择的因素》，《课程·教材·教法》，2002年第12期。
② 廖哲勋：《论中小学课程结构的改革》，《教育研究》，1999年第7期。

动课程、隐形课程、研究性课程、校本课程等。

（3）技术—专业范畴。讨论作为课程开发、采用和推广的课程工程方面的问题，涉及课程文本的生成、转化、运行机制与规律。中国在这方面的研究进展得很快，一些新思想和运作机制被引入课程研发与推广之中，如提出了综合取向的课程设计观、缔造取向的课程实施观等。[①] 除了针对基础教育课程改革而开发的实践性课程设计、发展、实施与评价研究外，也对相应范畴的理性梳理和理论探讨付出了努力。一批来自课程实践的、实证性的成果相继成文发表。如对课程发展过程、课程设计共同体、影响课程实施的因素和取向、发展性课程评价等都有专文或专著出版。

2. 课程概念的重建

中国对课程概念的探讨是与对课程本质的追问联系在一起的。概念重建的目的在于探寻课程的时代内涵，重考课程的存在本质。中国对课程概念的认识不仅受古代典籍中"课程"词义的影响，而且也受新时期以来国外多元课程本质观的一定影响，由此课程本质说法纷纭。

观点分歧的原因主要在于课程本质是一种社会历史的建构，每一课程本质观都有其所处时代的社会历史适切性。关键在于寻求一种最能解决课程问题，有利于课程理论发展的"实用性"课程定义，揭示其当下的存在本质和时代内涵。课程"其本质内涵应是在学校教育环境中，旨在使学生获得的、促进其身心全面发展的教育性经验"。[②] 该种界定表明学校课程的特点是：客体性，是外在于学习主体的客观存在，是学习主体认识和经验的对象；目的性，具有预期的目标指向性；经验性，可以通过认识和实践转化为个体经验（知识的、活动的）；教育性，对学生具有教育意义和作用；系统性，有一定的结构系统，体现了情境性、意向性、系统性、生成性的现代课程知识观。[③] 课程概念的重建是一个无止境的历史过程。放眼国际，课程的"再概念化"涉及诸多广泛的问题，不同国家、不同民族、不同的社会发展水平会"重建"出不同的课程本质。因此，"概念化者们"也不可能持有同一个核心的课程"主义"，这是近期派纳将"reconceptualist"修正为"reconceptualization"的一个原因。

（三）**课程基本问题的研究**

中国课程研究关注的，或是课程理论的基本命题，或是课程实践的永恒话题，或是课程发展面临的时代主题。课程问题涉及课程的产生和发展问题、课程的构成问题、课程系统的运行问题、课程的历史问题和现状以及课程的校别问题、地区问题、国别问题等。

1. 课程形态问题

课程形态包括正式课程与隐形课程，学科课程与活动课程，综合课程与分科课程，国家课程、地方课程与校本课程，接受性课程与研究性课程等，目前关注较多的是综合课程、活动课程、隐形课程。综合课程的理念是，价值整合是核心，主要内涵是5个层面的整合：相邻知识系列的整合，性质相近学科的整合，人文、自然和社会学科的整合，课程内容与文化变迁的整合，儿童与文化的整合。整合的最高境界是实现儿童与文化的整合，这也是综合课程的最终价值。

关于活动课程。其本质"是以充分而有特色地发展学生的基本素质为目标，以最新信息和学生现实需要的种种直接经验为主要内容，按照特定活动项目及特定活动方式组成的一种

---

① 靳玉乐：《新课程改革的理念与创新》，人民教育出版社，2003年，第52页。

② 靳玉乐：《现代课程论》，西南师范大学出版社，1995年。

③ 靳玉乐，等：《中国新时期教学论的进展》，重庆出版社，2001年，第220－221页。

辅助性的课程形态"。① 也有人认为活动课程是"为指导学生主要获得直接经验和即时信息而设计的一系列以教育性交往为中介的学生主体性活动项目及方式"②,自主性、实践性、综合性是它的三大特点。活动课程的设计要依据活动课程的本质属性、活动课程的目标与课程体系、基本教育目标、学科课程的课程目标等。

关于隐形课程。中国对隐形课程的系统探讨涉及它的研究对象、理论基础、概念与特点、价值与功能、教育设计、实施和评价等。③ 人们对隐形课程的认识或是指课程计划以外的学习活动或教育活动,或是一种通过学校的无意识发生作用的教育影响因素。隐形课程是"学校通过教育环境(包括物质的、文化的和社会关系结构的)有意或无意传递给学生的非公开性教育经验(包括学术的和非学术的)",具有整体性、非公开性、依附性、潜隐性、差异性、愉悦性、开发性、易接受性的特点。

关于校本课程。普遍认为是在具体实施国家课程和地方课程的前提下,通过对本校学生的需求进行科学评估,充分利用当地社区和学校的课程资源开发多样性的、可供学生选择的课程,是对国家课程的重要补充。校本课程并不是严格意义上的课程类型,而更属于课程管理和课程重整的方略范畴。校本课程开发是一个将国家课程、地方课程依据本校实际而进行的改造、重构、统整而生成新型的、更具有学校特质的课程形态的过程,是实现课程统一与多样化的可行之策。

关于研究性课程。中国研究者认为,研究性课程是研究性学习的课程文本,是一种以探究经验的习得为本位的生成性课程,它以某一特定的具体问题或主题作为探究对象,以自主探究作为学生的主要学习活动方式,是以培养学生的探究意识、探究技能、探究气质为主要目标的一种课程④,是一种在教师指导下的,学生自己选择相应的研究课题,以获取正确的研究态度、坚强的研究意志、高层次的研究意识而整合成的学习内容。⑤

2. 课程改革问题

课程改革是"变异现状"的课程行动,中国课程改革实践与研究始于 20 世纪 70 年代的"教育的春天"。从对既往改革实践的梳理中可以看出,中国课程改革研究探讨了改革的动因,指出社会主义现代化建设的需要、新技术革命的挑战及关于人的研究成果的新启示是课程改革的三大动因。⑥ 此外,"新的文化观念、人文精神和课程理论也是课程改革的重要动因"。关于课程改革的条件,全社会的广泛参与以及观念的转变与更新是先决条件,而设计得当的课程文本、认同改革方案并有专业能力的教师队伍及社会需求是改革得以顺利推行和成功的基础。关于课程改革程序,在研究分析了国外改革实践后,有人认为,中国课程改革应从缺乏理论指导的经验型转为科学型,遵循"决策—设计—实施—改进—评价"程序。关于课程改革的实质成分,涉及课程目标、课程结构、课程内容、课程编制、课程体制等方面的研究。

今后中国课程改革的趋势是:学生本位的发展观;从"双基"到"四基"(基础知识、基本技能、基本方法和基本态度);加强道德与人文课程建设;课程的综合化;课程的社会化和生活

---

① 廖哲勋:《论新型活动课程的建构》,《华东师范大学学报(教育科学版)》,1995 年第 2 期。
② 李臣之:《试论活动课程的本质》,《课程·教材·教法》,1995 年第 12 期。
③ 靳玉乐:《隐形课程论》,江西教育出版社,1996 年。
④ 夏正江,梅珍兰:《对研究性课程内涵的一种解读》,《教育研究》,2001 年第 6 期。
⑤ 张伟平:《关于研究性课程问题的思考》,《教育探索》,2004 年第 2 期。
⑥ 赵昌杰:《我国课程改革研究 20 年:回顾与前瞻》,《课程·教材·教法》,2002 年第 1 期。

化;课程管理的三级分权;课程风格的个性化与多样化;课程的"IT"化。①

中国课程改革的研究还处于初级阶段,还没有形成自己的课程改革理论,对课程改革实践的深入系统的总结还有待做进一步的工作,特别是对一些重大的课程改革运动缺乏理论深度的分析和批判。

3. 课程现代化问题

中国教育现代化问题是随着社会现代化进程而提出来的,而课程现代化居于教育现代化的核心地位。关于课程现代化曾有以下几种说法:"同步说"——与现代学校教育制度的确立同步;"整体效应说"——诸领域的全面现代化;"改造说"——对近代课程的改造;"内容说"——课程内容的现代化改革。随着中国 20 世纪 70 年代末启动的大规模教育改革运动,对课程现代化实质、内涵的解读和实现过程的分析就成了引导课程改革方向的指南。一般认为,课程现代化的实质是以现代化的思想、观念、价值观统摄课程编制,更好地协调社会、知识、个体发展之间的关系,发挥课程诸范畴在课程系统中的整体效能,以实现课程研究从"主客二分"向"整合范式"的转换。② 它发生于 4 个层面:工具层面(教材等)、制度层面(文件等)、理论层面、价值与文化层面。课程现代化的精神性表现为在不同历史时期对不同的时代精神、人文品质的追求和向往,是在"文化反思和文化重构中实现现代课程文化的民族化"过程。③ 课程现代化内涵则是实现:① 课程观念现代化,包括现代化的课程价值观和课程结构观等;② 课程内容现代化,要不断更新,及时吸收科技、文化发展的最新成果;③ 课程技术现代化,包括课程编订技术和课程评价技术现代化等。④ 课程现代化的实现是一个社会历史过程,具有渐变性,同时,课程范式又具有周期性突变的规律,因此课程现代化要经历一个长时间的量的渐进积累从而实现质的飞跃,是渐进与突变的统一。

课程现代化既是一个价值概念,又是一个技术概念;价值上表现为现代性的诸多精神特性通过课程而在人们身上的内化,诸如"理性、启蒙、科学、诚信、契约、主体性、个性、自由、自我意识、创造性、社会参与意识、批判精神等"⑤;技术内涵表现为现代化科技人文成果的课程物化形态。课程现代化是一个不断扬弃和超越自身的过程,渐进还是突变模式取决于社会政治制度的演进与发展。突变模式一般只有伴随国家政体的革命才能成功。美国的课程现代化即便有范式转换现象,本质上仍具有内在连续性。⑥ 因此,即使有后现代的全面颠覆性挑战,现代性的内在要素依旧是人类社会运行的支撑力和前行的动力。无法设想,拒斥了诸如理性、启蒙、科学等现代性理念,现代人类该如何生存。课程的现代化将永远是一个"尚未完成的设计"。

4. 课程实验问题

中国课程实验曾在 20 世纪二三十年代掀起了第一个高潮,如陶行知的"活课程"实验等,影响深远。新时期近 20 余年来,课程实验走过了一条"理论借鉴和小规模试点,科学规划与多领域并进,专家参与和实验理论的自觉运用"的历程。从课程实验设计上看,有研究者提出应

---

① 吕达:《试论我国基础教育课程改革的趋势》,《课程·教材·教法》,2000 年第 2 期。

② 吴永军:《我国基础教育课程现代化的若干理论思考》,《南京师范大学学报(社会科学版)》,1997 年第 3 期。

③ 谢登斌:《跨世纪课程现代化与课程文化新思维》,《广西师范大学学报(哲学社会科学版)》,1999 年第 1 期。

④ 张敷荣,张武升:《建国以来课程理论与实践的回顾与展望》,《华东师范大学学报(教育科学版)》,1990 年第 4 期。

⑤ 衣俊卿:《现代性的维度及其当代命运》,《中国社会科学》,2004 年第 4 期。

⑥ Hlebowitsh P S. Generational ideas in curriculum:a historical triangulation. Curriculum Inquiry,2005,35(1).

遵循确定课题—理论设想—设计控制条件—选择实验方式与模式—组织管理设计—形成实验方案的脚本。从课程实验内容上看,主要有:① 单科课程实验非常活跃。如语文、数学、外语、自然 4 科实验相当活跃,实验特点表现为重视双基训练,关注能力与素质培养,尝试走向综合整体实验,教与学并重,并尝试现代教学手段的运用。② 活动课程实验蔚为大观。新课程激发了活动课程实验的兴起,有分科型与综合型。前者旨在探讨与学科课程互补的活动课程原理,后者旨在探讨与分科课程相补充的综合课程原理。③ 综合课程实验方兴未艾。综合课程实验的目的是研究课程统整的方式与途径,其理论基础主要是借鉴了问题课程、广域课程、融合课程的相关理念。这些实验深化了对课程整合及综合课的认识,也发现了在我国具体教育状况下学科整合的特有规律。④ 课程整体实验初显成效。在整体性原则指导下进行的以优化课程结构、健全课程体系为目的的宏观课程实验,它涉及整个课程系统,乃至学校教育系统的变革。通过"城市中小学课程整体实验"、"农村中小学课程整体实验",探讨了各自的课程改革方向;而"普通高中课程方案实验"则在课程结构、课程管理、学生个性发展方面取得了成效。此外,校本课程实验和地方课程实验也在各地各校相应展开。①

本时期课程实验的特点为:以素质教育为灵魂,实验类型多样;实验选题突出愉快、和谐、创新的教育关怀;以构建新的课程模式为目标,追求课程个性化。当然也存在不足,主要是课程实验开展的不平衡:城市多于农村,重点学校多于普通学校,低年级多于高年级,主干学科多于其他学科;课程实验理论的建设和实验成果的理论化程度均不高。今后,中国课程实验的走向除了继续吸收国际先进实验理论外,重要的一点是深入研究中国 20 世纪早期的课程实验,因为它们几乎涉及了今天面临的所有课程问题,诸如实验研究的本土化,知识与经验的关系,活动课程和隐形课程,课堂、社会与生活的关系,教师本位与儿童中心,传统与现代课程体系的构想等。

5. 课程研究方法论问题

从方法论的性质看,中国课程研究基本上是思辨的,强调概念层面的分析和理论体系的运演,注重课程价值与规范的澄清,而弱于课程事实和技术方面的实证分析,不太深究规范命题的合理的存在依据。又由于政策范式的导向,使得部分思辨研究带有非理性主义的政治解释学的色彩。

从研究的学科方式上,中国课程研究可分三类:一是哲学方式,关注课程的价值事实。一般以教育哲学和认识论为基础,以思辨和人文理解的方法,探讨课程的价值取向、理念、目标等政治维度的问题。二是心理学方式,关注课程的客观事实。一般以行为主义、人本主义、认知心理学为基础,以理论分析、观察、实验等方法,探讨知识组织与学生身心发展的科学规律。三是社会学方式,关注规范研究,也进行事实探讨。一般以社会学基本理论、知识社会学、符号互动论、人种方法学为基础,分析渗透于课程中的"法定文化"、"影响课程的社会因素"、"课程改进的社会条件"等。②

鉴于中国课程研究方法存在的偏颇——以哲学思辨为主,实证研究又缺乏必要的理性思考和理论概括,学者们普遍建议要加强实证研究和跨学科研究,构建课程研究方法论体系,确立科学的课程研究方法论:① 运用因素分析法,把握整体;② 运用辩证逻辑的思维方法,关注

---

① 潘洪建:《我国课程实验 20 年:回顾与展望》,《课程·教材·教法》,2002 年第 2 期。
② 南京师大"课程的社会学研究"课题组:《简论课程研究的学科方式》,《课程·教材·教法》,1997 年第 7 期。

发展;③ 运用结构—功能分析法,强调系统;④ 历史、现状、理论研究相结合,力求历史与逻辑的统一;⑤ 定性与定量研究相结合,力求观点与材料的统一;⑥ 从抽象到具体,坚持具体—抽象—具体的科学研究。

中国课程研究方法的系统探讨也取得了进展。《课程研究方法论》[①]和《课程研制方法论》[②]代表了对课程的跨学科研究与元学科研究的自觉的体系化探索,共同构成了(对跨学科与元学科)课程研究方法域的"完形分析"。后者提出了"人化—整合课程研制方法论范式",前者则基于跨学科的视角,对课程的哲学研究、社会学研究、心理学研究、未来学研究作了深入分析,揭示了课程研究的跨学科方法论和课程理论发展之间的关系,为研究课程问题提供了广阔的视野。中国课程研究方法论面临的问题是,在本土课程研究方法语焉不详的情况下,研究范式(比如"开发范式"或"理解范式")究竟要不要转型、如何转型,这些都需要慎重考虑。

第二节　国外课程研究的发展

一、美国的课程研究

回顾美国的课程革新,可以看到:20 世纪初叶是"3R"时代,即学校教育的重点在"3R"(读、写、算)上的时代。20 世纪 30 年代是人际关系的时代,重点在师生之间的情感交流上,教师对学生的理解受到了重视。20 世纪 60 年代,则是"教学内容现代化"时代,注重教学内容的学术性水准。在 30 年的发展中,学校教育也发生了变化。这种变化,自然是受政治、经济、文化的变化影响的。这些变化对学校教育产生的影响,是不能忽视的。美国教育学者的主张不仅影响一个国家的课程,而且也在相当大程度上影响到别国。

以 1945 年为界限,在此之前影响美国教育的是杜威、推孟、克伯屈、康茨的思想,在此之后,则是科南特、哈维格斯特、泰勒、布鲁姆、布鲁纳、科尔曼的研究成果,给了美国教育界相当大的影响,也对其他国家产生了影响。

美国的课程开发可以说是同教学改革同步进行的。美国的教学改革经历了以下时期:

(1) 视听教育时期(1955—1960 年)。在教学中运用试听教材教具,使儿童从具体学习上升到抽象学习这一理论占据优势。戴尔的"经验圆锥模型"表明,试听教具在具体的学习过程中起着重要的作用。

(2) 程序学习时期(1962—1965 年)。这一时期,斯金纳的"程序学习说"受到崇拜。强调学习者,强调包括各种媒体的教材教具,开发了程序学习与教学机器。早期的程序学习是单线型的,之后克劳德设计了交叉型即复线型的程序。对于程序学习,一般教师并不赞成,担心程序教学会取代教师。

(3) 系统研究时期(1965—1970 年)。"系统"这个词在 60 年代初期就已经出现了,但到了 1965 年,教学的系统的模型才开始提出。20 世纪 60 年代后半期,由于学生运动的影响,出

---

① 靳玉乐,黄清:《课程研究方法论》,西南师范大学出版社,2000 年。
② 郝德永:《课程研制方法论》,科学出版社,2000 年。

现了反教学系统论和学生自身设计自己的学习的动向。探究法和发现法得到了倡导。

（4）人本主义时期（1970—1975 年）。20 世纪 60 年代末 70 年代初，罗杰斯和马斯洛主张的人本教育理论受到推崇。这种理论强调每个人的需要优于组织和社会的需要，任何人的自我主张均不能强加于人的观点。这个时期，教育工艺学和教育系统的进展不大。这个时期出现的变化的中心是，配合先前推出的教学机器程序的开发。

（5）教学过程研究的时期（1975—1980 年）。这个时期是教育走向正常化，展开教学过程研究的时期。强调教育和教学必须有助于个人行为与社会要求的和谐。这个时期的教育工艺学研究的主要课题是，适应个人需要的灵活性，开发教育电视节目、录像设备等。

（6）重视对学习者的各种特征的研究时期（20 世纪 80 年代至今）。如存在右脑发达的人和左脑发达的人，就得展开符合这两种类型的教材教具的研究；立足于不同学科结构差异进行教学研究；为未来构成有效的教学而展开教学环境的研究。最近，对物理环境与心理环境的诸要素在学习过程中的影响的研究相当盛行。

二、英国的课程研究

泰勒和理查兹列述了英国推进课程研究与课程开发的人员和机构，以及推进课程研究与课程开发的主体和成果。这里试述几个例子。

（1）纳菲尔德财团。1943 年成立，在以社会福利为主要内容的 4 项事业中，提高教育水准是其中的一项。自 1961 年以来，从事了有关科学、教学、外语、学习资料等的 15 个项目。

纳菲尔德财团在取得了一定的研究成果之后，劝说教育科学部设立了课程研究组。这是和学校理事会的成立有关联的。纳菲尔德的研究活动方式对学校理事会产生了巨大影响。学校理事会接替了财团展开的初、中等教育课程的研究与开发工作后，财团自身转向了高等教育的研究。

（2）学校理事会。这是研究与开发课程的唯一的全国性机构，1964 年成立。其宗旨是"对学校的课程、教学、考试及影响课程的学校组织进行研究，不断进行探讨，推进教育"。这个组织截止到 1980 年，已经积累了 160 项研究成果，几乎涉及各年龄阶段的学校课程，编写出了教师用资料，学生用教材教具，或在职教育的教材。

（3）教师中心。教师中心作为地方一级的课程研究与开发机构，值得注目。它在学校理事会的支持下，形成了全国性的网络。教师中心的活动集中于三个领域：第一，支持国家级研究项目的地方性活动；第二，开展在职教育；第三，促进地方的课程开发。从 70 年代后半期开始，开展了以自学为中心的课程研究。这是旨在适应混合能力班级的需要，开发多样的教学资料，并组合成若干教学计划的研究。

（4）教育和科学部。英国教育和科学部于 1985 年向议会提出了一份题为《把学校办得更好》的白皮书。白皮书提出政府应在以下 4 个政策领域中采取行动：① 课程设置；② 考试制度和评估；③ 教师和师资管理的专业效能；④ 学校体制和家长、雇主及教育部门以外的单位为办好学校教育所能作出的贡献。

三、法国的课程研究

法国社会党政府自 1981 年以来，便着手进行教育的全面改革，要求"教育能够应付国际经济竞争和技术发展的挑战"，"成为国家现代化的先锋"。法国国民教育部组织专家进行了专题研究,发表了一系列的研究报告,其中有许多都触及了课程改革的问题。

(1) 关于小学教育。法国的小学教育存在两个问题,一是留级率高(各年级均在10%以上),二是教学质量下降,基本的读、写、算技能低下。国民教育部在1984年的4月和5月,组织了一场全国教育大辩论,在此基础上发表了一份报告书,提出了改革的措施:

① 打破幼儿教育和小学教育之间的界限,保证5~8岁儿童教育的连续性。

② 改革小学课程设置。1984年以前实行三区分教学制,课程分三大类。这次改革决定,从1985年秋季起小学开设7门独立的课程,每门课程的内容均由国民教育部通过教学大纲作出明确的规定。

③ 进一步实施小学教育个别化,减少留级现象。

④ 进一步提高师资质量,以保证小学教育质量。把师范学校现在实行的三年制延长为四年制,同时加强教师在职进修。

⑤ 在教学方法和手段上推广新技术,尤其是微电脑和视听手段。

(2) 关于初中教育。法国政府非常重视初中教育,把它作为教育改革的重点之一,当时的国民教育部长阿兰·萨瓦里在1981年11月13日发函给斯特拉斯堡路易·巴斯德大学教育学教授路易·朗格朗,请他组织专门委员会对初中教育及各阶段教育之间的过渡衔接问题进行全面研究。这个专门委员会于1982年底向政府提交了一份题为《为建立民主的初中而斗争》的研究报告。该报告提出了建立新的教学组织,重新调整教学内容,保证每个学生接受相同的教育,建立教师监护制度,统一教师工作量,完善各级教学管理机构,重新培训教师以提高教师素质等项措施。

报告建议取消传统的教学班,按年级设立一种新的教学组织——教学体,每个教学体由78~104名学生组成,分3~4个教学组。法语、数学和外语三门主课的教学实行"同质"编组(教学组),其余科目的教学实行"异质"编组。报告建议要逐步统一教师的工作量。规定每人每周在校工作的标准时数为22小时,其中16小时为教学时间,3小时为相互协商时间,3小时为开展监护工作的时间。

四、日本的课程研究

日本教育学研究者在战后的数年间,对课程研究产生了空前浓厚的兴趣。这是因为,他们感到通过教育现场有可能作出实际的贡献;他们有一种从"象牙塔"飞出来的"和平与创造"的喜悦,怀有"时代的先驱者"的使命感。日本的教育学研究以二战后的课程研究为转折点兴盛起来。这种转变可以说是划时代的。这个时期,从1946至1952年,被称为"战后新教育的时代"。

(一)社区教育计划与课程编制

以社区居民和教师集体作为课程编制的主体,同战前的国家控制或中央集权式的"教育经营",形成了鲜明的对照。在这个意义上,社区教育计划运动也是一种教学改革运动。注重收集客观资料以便确定学习课题的"实态调查",对于以实证方法为中心的作为社会科学的教育学研究,也有着巨大的影响。以此为契机,在教育学研究中引入了抽样理论与统计学。

对于课程编制,不仅否定了战前的学科主义,追求切合社区生活现实的"单元学习",而且在作为工具学科的国语和数学里,注重设计反复练习的习题,旨在提高基础学力,这种教师集体的努力,不久形成民间教育研究运动或研究团体运动的基础。社区教育计划终究是扎根于社区的生活现实的。它是在教师和居民的协作体制下，把政治和教育统一起来抓，旨在变革教学内容的运动。它打开了教师的眼界，起到了教育民主化的一翼的作用。

（二）核心课程论

课程改造运动，在美国主要是以中等教育阶段为对象。以美国为榜样的日本，则主要把小学作为舞台展开。战后新教育时期的核心课程运动，可以说就是一个典型。

核心课程是 20 世纪 30 年代美国出现的经验主义课程。第一次美国教育使节团建议，日本的课程不应该只是一定的知识，而应当包括学生身体的、理智的活动。以此为契机，这个时期支配日本教育的，就是直接从美国引进的儿童中心主义、经验主义的教育观。1948 年，核心课程联盟成立，展开了如火如荼的课程运动。

早期的核心课程论，众说纷纭，不存在统一的定义。因此，核心课程联盟在 1949 年作出了自己的界说，认为核心课程的核心就是中核、中心，核心课程由中心课程和边缘课程组成，构成同心圆结构。这种课程旨在培养自主地、协作地解决现实生活过程中的问题的实践的人。因此，应该解决的问题是个人生活、社会生活的现实问题，因而它是具体的、经验型的。而同这个问题相关的基础知识和技能的内容，是作为边缘课程来组织的。

（三）反核心课程论的形成

1950 年，以矢川德光的《对教育学的批判——反核心课程论》为代表，从各个侧面对核心课程论作了批判。他认为这种经验课程论不是把知识当做知识去学习，而是在尊重儿童的自主活动的美名下，轻视了教师的主导作用；而生活经验本身，犹如儿童的模仿游戏，缺少生活的现实感。

日本在 50 年代前半期展开了课题学习与系统学习的论争。通过这场论争，确认了传授客观知识的重要性，同时也认识到，生活和教学不可分离。在这场论争过程中，倡导了新的"系统学习"。另外，从科学家的角度批判"新教育"的，有历史学者的"社会科"批判，有数学家、自然科学家的"生活单元学习"批判。这些批判对于战后民间教育运动的形成，起着巨大的作用。他们的共同点是主张"科学和教学结合"，基于"科学的系统性"构筑教学内容。

第八章　课程论的理论基础

一种学科形态的课程,就要构建出合理的课程理论,即通过建立一定的假设,并从不同的知识领域和实践中获得根据,这样可以促进课程理论的合理化。从这个意义上说,需要探究课程论的理论基础,也就是获取课程理论赖以存在的合理依据,借用其他学科的相关研究成果可以使课程理论中的相关观点得到进一步佐证和证明,保证课程理论所提出的新见解的正确性和科学性。

第一节　课程的理论研究基础

随着学科分化的加剧,新兴学科不断涌现,导致对社会、学生、知识作研究的新学科不断出现或形成新的融合。因此,为防止可能排斥一些原本对课程有重要影响的学科,有必要区分涉及课程理论基础研究的一些相关概念,如课程的基础、课程的理论基础、课程研究的理论基础等。这些概念的基本的指向是课程与课程论发展的基础,即影响课程与课程论发展的因素。

一、课程的基础

所谓课程的基础,第一种观点是指影响课程目标、课程内容、课程实施、课程评价的一些基本领域。[1] 这里的"基本领域",就是指确定课程知识领域的外部界线,确定与课程最相关和最有效的信息来源。换言之,对课程基础的研究就是将课程目标、课程内容、课程实施和课程评价看做是课程研究的基本问题,通过对哪些知识可以作为其外部信息来源的分析,找出能够支撑课程理论的基本学科。在这里,课程的基础实际上等同于影响课程的其他学科。

第二种观点是指那些对课程的建设和发展起决定性作用的基本力量。在西方的课程文献中,也常用"来源"或"制约因素"等术语来代替"基础"一词。[2] 其着眼点就是分析影响课程发

---

① 丛立新:《课程论问题》,教育科学出版社,2000 年,第 23 页。
② 靳玉乐:《现代课程论》,西南师范大学出版社,1995 年,第 81 页。

展的因素。这是将课程的基础看做实践形态的课程的分析,即课程作为一种实践,其发展总是受到多种因素的影响,而分析这种影响,将有助于预测未来课程的发展趋势。这也是中国对课程的基础研究的最为流行的看法。

第三种观点试图融合前二者之间的分歧,提出课程基础应为"课程理论的基础",即指那些对课程的建设和发展起决定作用的基本力量,影响课程设计、实施和评价的基本领域。①

将课程的基础看做是影响因素,主要是从实践形态的课程发展角度来看。由于影响课程的因素众多,以致人们对因素本身的分类也出现了问题。将课程的基础界定为影响课程的基本领域,实际上是试图划分出课程研究与其他研究领域的界线,同时又关注其他研究领域对课程的影响与决定作用。这一问题同时涉及对课程本身的认识,将课程的基础划分为客观基础和理论基础,实际是将课程既看做是一种实践又看做是一个领域或研究学科,或者是将课程划分为两个基本形态——事实形态和理论形态,这是两个不同角度的讨论。

二、课程的理论基础

关于课程的理论基础涉及两个基本概念:一是课程论的基础理论学科,这是指能够对课程理论的构建产生影响的,以知识、学生、社会为研究对象的其他学科,由于这些学科的研究方法、研究对象、研究视角的不同,其研究结论对课程理论的构建也会产生影响;二是课程论的基础理论,这是指课程论所独有的研究对象及研究方法和研究结论。从这样的划分中,可以看出,课程研究的基础理论学科应当指那些对课程基础理论的研究有着重大影响的其他学科,而非所有以知识、社会、学生为对象的学科。②

"把心理学、社会学和哲学作为课程的基础或基础学科,是大家比较公认的。"③这种观点源于史密斯和洛瓦特。认为正是由于课程理论主要研究社会、知识、学生,因此所有研究这些问题的学科即社会学、心理学、哲学(知识问题研究是哲学认识论研究的主要问题,它所要解决的是人的认识的来源和知识的性质)就必然成为课程论的理论基础。但是,应该注意的是,如果可以将知识、社会、学生等作为课程理论的研究对象或核心范畴,那么,研究这三个方面问题的学科显然也不仅仅是哲学、社会学、心理学,其他的如政治学、管理学、文化人类学、伦理学等也应当成为课程的基础理论学科。

有人提出课程的理论基础学科还包括教学论,并对课程论与教学论间的关系进行了探讨。④ 甚至有人提出课程的理论基础学科还包括科学学。他们认为,科学学的产生及其发展,要求课程"必须反映人类改造世界的最新科学成果,帮助学生形成辩证唯物主义和历史唯物主义世界观,养成科学精神,具备科学头脑,掌握科学的本领"。⑤ 有研究者提出未来学可以成为课程的基础理论学科,他们看到了课程研究方法论中存在的问题,从课程研究方法论的角度提出课程论与未来学之间存在着密切的联系,因此可以成为课程的理论基础学科。⑥ 蔡斯认为:"课程的基础一般由四个基本领域构成:认识论、社会学或文化学、个体、学习理论。这四

---

① 胡斌武:《课程基础研究评析》,《天津市教科院学报》,2002 年第 10 期。
② 刘家访:《中国"课程研究的理论基础"的反思与构建》,《四川师范大学学报(社会科学版)》,2007 年第 3 期。
③ 施良方:《课程理论——课程的基础、原理与问题》,教育科学出版社,1996 年,第 23 页。
④ 丛立新:《课程论问题》,教育科学出版社,2000 年,第 318 页。
⑤ 廖哲勋,田慧生:《课程新论》,教育科学出版社,2003 年,第 82 页。
⑥ 靳玉乐,黄清:《课程研究方法论》,西南师范大学出版社,2000 年。

个领域的理念、态度、价值观构成了影响甚至控制课程内容与组织的基本力量。"①奥恩斯坦则将课程的理论基础划分为哲学、历史、社会学、心理学。②

三、课程研究的理论基础

课程研究的理论基础,可以从以下 4 个方面来探讨:

(1) 将课程看做是一种实践形态的课程现象时,就需要分析课程产生、形成、发展的规律,探询其发展的根本原因,从而依循课程发展的轨迹预测未来课程发展的趋势。这样,将课程的基础划分为课程的客观基础就有其现实的依据。

(2) 课程的理论基础是在这样的意义上使用的,即将课程作为一种客观现象,包括教育实践中的课程现象和教育改革中的课程现象。由于这些课程现象的客观复杂性,常常表现为多种因素的矛盾运动,其发展运行轨迹及动力,需要从理论上给予说明,因此将课程的基础看做是课程的理论基础是合理的。

(3) 将课程看做一种学科形态的课程理论时,所要做的是构建出合理的课程理论,即通过建立一定的假设,并从不同的知识领域和实践中获得根据,这样可以促进课程理论的合理化。这实际上是寻求课程和课程论的学科基础,即借用其他学科的研究理念、方法和结论,丰富与完善课程理论,从而促进课程理论的进一步发展。作为理论,课程论本身离不开实践,对课程实践的研究也成为课程理论的重要任务。

(4) 课程的知识领域。课程的知识领域是决定课程理论本身与外部界线的基本尺度。这是探讨课程研究的理论基础的前提,即只有在明了课程的知识领域之后,才能在此基础上探讨课程理论与其他学科之间的关系,因为其他学科对课程研究的影响以及课程理论从其他学科所能够借鉴的理论观点、概念范畴、研究方法等都无不与课程的知识领域相关。

对于课程论的知识领域的分析,目前还未有一个共识性的东西。如比彻姆将课程的知识领域划分为规划、实施与评价,恩格里什从意识形态(或哲学—科学)、技术(或设计)和操作(或管理)的问题方面看课程;肖特把课程知识领域归纳为政策制定、编制、评价、变更、决策、活动或学习领域,以及探究(或理论)所用的形式和语言。③

显然,这样分析课程的知识领域同样无法获得一个公认的观点。如果从课程理论所需要承担的任务看,可以将课程的知识领域划分为两类。一是关于课程理论建构的主张与看法,包括课程的理论结构、课程思想发展的历史、课程研究方法以及课程编制的相关理论观点。就这一类知识而言,其主要的任务是将课程本身所涉及的各种要素按照逻辑的方式组织起来,并形成一定的概念框架或研究框架,以帮助本领域的人分析与综合资料,形成概念和原则,提出新的想法和参考意见,乃至预测未来。值得注意的是,关于课程理论建构的主张本身就构成课程的知识领域,同时也左右着课程研究的范围。二是与课程实践相关的知识领域,这一知识领域涉及从事课程实践的程序、方法与技能,或者可以认为是与课程实践相关的知识领域,包括在课程决策与学校工作中发挥强制作用的因素以及涉及课堂行为的各种因素。

课程的知识领域实际上是课程运行过程中人们所形成的关于课程的理念以及课程的具体

---

① Zais R S. Curriculum: principles and foundations. Harper & Row, Publishers, Inc., 1976: 101.
② [美]奥恩斯坦,等:《课程:基础、原理和问题》,柯森,等译,江苏教育出版社,2002 年,第 33 页。
③ 同②,第 18 页。

运行状况。而从课程的发展过程以及人们对课程的认识看,它们都与几个基本要素相关,即社会、知识、学生。即不管是理论建设还是课程实践中的知识领域,都将三个因素看做是需要解决的矛盾。这三个因素可以说构成了课程所需要解决的基本矛盾,其关系是三因素间相互作用,忽视任何一方都会导致课程理论的简单化和课程实践的失败。分析课程的理论基础需要首先对课程的知识领域进行研究,意味着这些知识领域一方面决定着课程的基本研究对象,另一方面也决定着课程的基础理论学科。

基于上述分析,本章将探讨课程的理论基础。课程的理论基础所要解决的基本问题之一是课程理论与其他学科之间的关系。那么,关于课程的理论基础学科有哪些呢? 将社会、知识、学生作为研究对象的学科繁多,每一门学科在研究其基本的问题时,也具有自己的研究思路与方法,并形成了基本的理论观点。但是,随着学科分化的加剧,即使对同一对象的研究,当今也有多学科研究出现,如将社会作为自己的研究对象的学科就有文化学、政治学、经济学等学科,因此,有将这些学科从社会学中分离出来的趋势,并将其看做是课程的基础学科。所以,如果仅仅将课程的基础学科看做是社会学、哲学、心理学,势必排斥许多对课程研究有重要意义的学科,这对课程理论的研究是不利的。

课程理论的基础学科可分解为:与知识相关的学科,包括哲学、逻辑学等;与社会相关的学科,包括社会学、文化学、生态学、政治学、经济学、人口学、法学、人类学等;与学生相关的学科,包括心理学、生物学、生理学等。①

第二节 课程论与哲学

每一种课程都隐含着课程设计者的某种哲学思想与观念,它对课程的影响具有基础性和终极性的特点。哲学是课程的起点,是对课程进行连续决策的基础,是制订课程目标、进行课程编制、实施和评价的价值标准。课程目标是有价值取向的,以课程设计者的哲学信仰为基础;课程编制与实施代表了过程和手段,反映了课程设计者的哲学观的选择;课程评价表明了教学结果,包含着事实、概念、知识原理和习得行为,从本质上讲,也是哲学性的。

一、哲学对课程论的意义

在课程的各种理论基础中,哲学的影响最长久、最深刻,这主要是由哲学本身的特殊性决定的。托马斯·霍普金斯指出:"哲学在人们以往做出有关课程和教学的重大决策方面一直发挥作用,而且将来仍然是重大决策的依据。当一个国家的教育部门为师生做出时间安排时,不管是隐性的还是有意识的,都以哲学为依据……当教师根据不同年级学生的需要改变学科内容时,当评价专家解释他们对教师团体测验结果的评价时,他们都在实践着自己的哲学观,因为事实只有在基本的假设之中才有意义。教师在他们的工作中无时无刻不面临着在行动中需要哲学的情况,如果哲学没能在课程和教学中发挥作用,那么教育就会脱离实际情况而一团

---

① 刘家访:《中国"课程研究的理论基础"的反思与构建》,《四川师范大学学报(社会科学版)》,2007 年第 3 期。

糟。"①具体地讲可从两个方面来体现：首先，个体总是带着自己特定的哲学观思考、研究和实践课程。其次，课程的许多问题，尤其是实践中出现的问题，必须上升到哲学的层次才能得到终极和根本的回答。这是因为：① 哲学是学校课程观的最根本的基础；② 哲学中关于认识的来源和知识的性质的观点，对课程理论和实践，尤其是课程设计的模式，起着直接的指导作用；③ 认识论中有关知识的价值问题的探讨，对课程内容的选择与组织关系甚大；④ 认识论中有关知识的形式与分类的观点，在学校教育中折射为课程的类型和门类。②

二、哲学对课程论的影响作用

（一）哲学为课程提供了研究范式：课程的哲学范式

哲学作为课程的理论基础，首先具有这样的价值与意义：为课程研究提供了一种新的学科范式，即课程研究的哲学范式。课程的哲学范式，从教育研究方法的角度来讲，主要是价值性研究，侧重于研究终极性关怀的问题即价值性问题。这一范式主要包括以下几个方面的内容：

（1）基本命题：课程是达到完善目的的手段，是人类有价值的知识的精华与载体，集中体现着人类关于学校的目的和追求。

（2）基本问题：课程中的知识有何种价值？怎样让学生的知识更有价值？第一个问题可以从静态的知识论层面去回答，第二个问题可以从动态的认识论层面去回答。

（3）核心概念是"价值"，以价值为基轴审视学校课程。③

（4）基本研究方法包括思辨的方法和人文理解的方法，前者主要通过概念推演来把握课程，用以研究课程标准、内容、类型等问题，后者主要通过个体的主观理解和直觉思维来解释课程，用以研究课程目标、内容、实施等问题。

（5）基本研究途径主要从课程标准、内容、实施入手。

（二）哲学为课程提供了前提性意义：课程的本体论基础

哲学作为课程的前提，是指把哲学观点看做是研究课程问题的前提，哲学是课程的本体论基础。哲学的作用是为课程提供思辨的前提，课程中的重要原理是从哲学信念中推导演绎出来的，课程思想是哲学观点在学校领域的延伸。在本体论这个层次上，哲学对课程的影响与对整个学校的影响是一致的。它以特定的关于自然、社会、人的理论来阐明学校活动的性质、意义，并且贯彻到课程领域，表现为形成关于学校课程的各种基本理念：学校课程是什么，课程的基本价值和终极目标在哪里，等等。各种课程流派为人们所识别和接受，是以对这样的一些问题的回答而实现的。如唯心主义强调理性的、内省式的思维，以及培养这种思维能力的心智训练，于是在课程上便强调文雅教育的人文课程，排斥实用教育的职业技术性课程，忽略经验与科学的重要性。实用主义则主张心物交互作用，强调知识的经验基础，以及感性知识的学习和实践活动，反映在课程上就非常重视活动课程、实用技术课程，强调通过人与环境的交互作用获取知识经验，把学生的实际经验与课程紧密联系起来。存在主义既主张唯心又强调经验的意义，重视非理性的作用，强调人的绝对自由，体现在课程中则注重学生完善的人格、健全的个性，以达成自我实现，主张百科全书式的学校课程体系。

---

① Hopkins L T. Interaction；the democratic process. D. C. Health and Co，1941；198－200.

② 史学正：《高等学校课程的理论基础研究》，兰州大学硕士学位论文，2006年。

③ 南京师大"课程的社会学研究"课程组：《简论课程研究的学科方式》，《课程·教材·教法》，1997年第7期。

（三）哲学为学校课程提供了评判性工具：课程的价值论基础

哲学作为课程的评判性工具，是指把哲学看做课程的价值评价性工具，哲学是课程的价值论基础。课程实践在本质上是一种价值创造活动，对价值问题的思考，是学校课程内容选择、组织、实施、评价的根本出发点，课程建设必须首先考虑其价值取向问题，这便需要依靠哲学价值论的帮助。对课程的价值评判主要包括课程实施对象的价值评判和课程内容的价值评判两大方面。[①]

（1）对课程实施对象的价值评判主要涉及人的本性，追问人的本性是什么，有没有教育的可能性。对人的本性的评判不同，课程内容的选择、编制方式、教学方法也各不相同。如：经验主义、行为主义认为人性无善恶之分，强调后天的发展，在选择课程内容时则会强调知识的真理价值。基督教神学认为人性是恶的，强调对个体加以限制、惩戒，进行心智训练，使之真正领悟神学的"真理"，因此，课程中神学课程占主导，课程的实施强调训练、惩罚。而自然主义、人文主义则认为人性是善的，强调尊重学生，反对体罚，自然在选择课程内容时注重那些具有实用价值、功利价值和审美价值的知识，在课程教学中强调学生的自由主动式学习。

（2）对课程内容的价值评判主要涉及知识的价值，追问什么知识最有用。对知识的价值判断是确定大学课程范围、选择课程内容的基础。最早运用哲学价值论探讨课程问题的英国教育家斯宾塞，在《什么知识最有价值》一书中认为科学技术知识最有价值，反映在课程上便是科学技术课程。美国哲学家杜威认为最有价值的知识是与儿童生活经验相联系的经验知识，以此知识价值观为基础，反映在课程上便是活动课程、经验课程。英国当代的赫斯特认为最有价值的知识是有助于发展心智的最基本方面的知识，在这种知识价值观下，课程应该是以博雅教育为目标的核心课程。而中国传统文化一直把治人之术的"人道"知识看做是最有价值的知识，它在中国以往的大学课程设置上反映为过分强调人文政治、思想道德知识方面的课程，轻视科技知识、生产劳动知识方面的课程。

（四）哲学为课程提供了直接性根据：课程的认识论基础

认识论对课程理论和实践起直接性的指导作用，事实上，"各种不同的知识就是高校课程设计的依据与题材"。哲学为课程提供的直接性的认识论根据，主要表现在以下三个方面：

（1）哲学中关于认识的来源和知识的性质的观点，对课程设计的模式具有直接的指导作用。关于认识的来源和知识的性质的观点，传统上主要划分为经验论和唯理论两大派。起源于亚里士多德，后经英国哲学家形成的经验论，认为一切认识都来源于感觉，知识的性质是经验的、暂时的，只有通过人与外部世界的相互作用才能掌握知识。因而，课程设计模式注重知识和技能的传递，强调课程的经验化、体验性，以便使学生掌握与自然界和人类社会交往的工具。而始于柏拉图的唯理论，则认为认识来源于早就存在于人的内心世界的观念，知识的性质是观念的、永恒的。因此，课程设计模式主要关注如何把学生先天已有的观念引导、挖掘出来，强调学生的理性活动和课程的理论化、抽象性。

（2）哲学中关于认识的价值取向，对课程内容的选择与组织影响甚大。认识的价值取向反映到大学课程中，也就是关于课程的价值取向问题。比较典型的课程价值取向有三种：一是课程的社会价值取向，它强调课程是用于服务特定社会利益的工具，学科和专业、知识和技能要由一定的社会需要来决定。二是课程的个体价值取向，它主张课程内容的选择与组织要以

---

① 史学正：《高等学校课程的理论基础研究》，兰州大学硕士学位论文，2006 年。

个体的兴趣、需要为基本依据和出发点,追求个体的理智健全、人格完善,满足个体的需要、兴趣。三是课程的知识价值取向,它强调课程内容知识的内在价值,认为课程内容知识的价值在于知识本身,为知识而掌握知识是值得的,知识是"心智的食粮"。

(3)哲学中关于认识的形式和知识的分类,在学校中折射为课程的类型和门类。如亚里士多德根据对认识中的形式与质料的区分,把知识分为4类:逻辑学、理论科学、实践科学、制作。依据他的这种认识论,课程便可相应地分为这4种类型和门类。培根把知识分为自然哲学(科学)、人的哲学(心理学、人体学说)、公民哲学(人与人的关系、政治等)三大部分,共130个题目,极大地推动了知识分类体系的发展,也为课程的类型和门类向科学化、多样化迈进奠定了基础。再如穆尔认为,历来的哲学家往往把一切"真"的知识归结为两种范式:数学、逻辑学所提供的范式和构成种种科学的经验型知识的范式。这种划分是不合理的,因为还存在着具有不同的固有机制与验证步骤及若干特征的知识形式,如美学、宗教、道德等,它们也是知识领域的构成要素。

第三节　课程论与文化学

文化与课程之间有着紧密的联系。社会文化影响制约课程的内容,文化模式、文化部类、文化生态影响着课程的设计,文化交流、文化变迁导致课程的变革,文化发展水平制约课程的现代化进程,社会文化是课程的丰富资源。课程对文化的选择、协调与提升,对文化的传递和传播,也体现了课程对文化的作用。

一、文化对课程观的制约

(一)以公共文化为主的文化取向视野下的课程观

以英国学者丹尼斯·劳顿为代表的文化分析主义课程理论认为,课程本质上是社会文化的一种抉择,因为并非文化中的所有东西都是重要的,都具有同等价值,同时,学校教育在时间和来源方面又是极其有限的,因此,要保证学校传播和发扬各种文化中最精华的部分,维护大众文化的精髓,就必须对文化进行严格的选择。通过选择公共文化来编制课程,这是完全可能的,因为文化是人类社会的基本特征,可以从不同历史时期、不同社会形态以及不同地区、不同民族的文化传统中找出有关文化的共同特征。[①] 在这种文化取向下,课程观呈现出以下特征:

(1)应确立一种知识形式来概括人类文化的公共部分,以一种切实可行的公共形式或学科编制公共体系作为课程的基础。这种知识形式必须是有组织的、系统的,各种知识必须有机地联系起来。大学这种公共课程内容的选取,有两个重要标准:一是公共课程要全面囊括各学科体系,二是公共课程要力求取得各学科体系间的平衡。公共课程的基本特征就是要抽取公共文化作为课程内容,通过精心设计使每个学生都能在所有重要的知识领域内达到一个起码的理解与体验水平。按照劳顿的观点,应从6个方面来考虑公共课程的科目:① 数学;② 体育、生理学;③ 人文和社会科学;④ 表现性艺术与创造性艺术;⑤ 道德教育;⑥ 交叉综合学科

---

① Lawton D. Curriculum studies and educational planning. Hodder & Stoughton,1984:25 – 28.

研究。① 并且,这6个方面既自成体系,又相互联系。

(2)课程编制应建立在更加合理、正确的文化选择上,采用文化分析的方法。文化分析方法一般可以分为分类法和解释法,前者着重对社会文化进行纵向、横向的剖析,从而建立文化分类体系,后者则重视把文化当做一个整体看待。课程编制必须将这两种方法结合使用,把定量研究与定性研究统一起来。文化分析法用于大学课程编制,必须探讨下列问题:① 现存的社会是什么样的? ② 它以一种什么样的方式发展着? ③ 社会成员希望它如何发展? ④ 人们采用了哪种价值观、哪种原则、哪种教育手段去促进社会的发展? ⑤ 目前的学校制度及课程改革究竟在多大程度上适应了社会需要与社会变革? 文化分析的实际目的在于通过精心设计的课程,来发展一种有助于满足生活在特定社会之中的各个个体日后需要的能力。

(3)课程编制的具体步骤包括5个阶段:① 首先讨论哲学问题,即通过分析人类文化的共同特征——知识形式,确定课程教学的目的及课程价值观;② 主要讨论社会学问题,即通过分析特定社会文化的变量,判断现存社会性质及理想的社会蓝图,确定课程教学的社会职责;③ 着手对文化进行分析;④ 把心理学理论应用于课程编制过程;⑤ 具体根据时间安排和先后顺序,组织课程材料以及课程进度。② 这5个阶段的步骤适合于各种水平上的课程编制,既可用于编制国家级别的全国教学大纲,又可用于规划学校级别的课程表,甚至可以被教师用于挑选学校教材。

(二)以亚文化为主的文化取向视野下的课程观

以智利教会课程教授麦坚索为代表的学者认为,强调高度集中的公共(共同)文化的课程编制程序忽视了社会文化的异质性,课程编制过程应当考虑亚文化或次级文化,因为课程从文化中选材,其中暗含权力的运用和价值的选择,文化分析是巩固课程中权力平衡的形式,必须考虑来自不同阶层的压力,考虑亚文化的作用。他的以亚文化为主的文化分析模式认为,共同文化易成为再生产统治阶级文化的借口,课程编制中必须考虑亚文化的影响,否则将不利于孩子们的学习。因而,麦坚索强调,要鼓励包括文化分析过程以及课程编制过程中亚文化的成员参与,要运用课程变量观点来组织课程,把主要精力放在亚文化的分析上。③ 以亚文化为主的文化取向,要求课程应该具有以下特点:

(1)课程应从分析文化变量入手,再到分析文化常量,即从分析学生最初的文化背景如家庭、同辈群体、学校周围环境等入手,然后再分析整个社会的公共文化。

(2)课程应从集权制转变到分权制。分权是保证有关文化分析的基本条件,因此应努力提倡分权制在不同的文化背景或亚文化分析中的应用以及在课程设计中的运用,课程设计或编制要表现社会所有的文化成分,共同文化和亚文化分析应同步进行。

(3)课程应从注重文化同质转向注重文化异质。企图让学生在课程学习中实现文化同质、建立社会共识是不现实的,同一课程不可能给予学生完全的平等机会,"共同一致"只是一个强制文化的托词,课程设计不可能是中性的活动。因此,课程编制应从注重文化同质转向注重文化异质,高度重视亚文化对课程的影响。

(4)课程应从精英主义转变到各阶层参与。过去课程编制都是由少数精英来决定,现在

① 史学正:《高等学校课程的理论基础研究》,兰州大学硕士学位论文,2006年。
② 同①。
③ Magendzo A. The application of a cultural analysis model to the process of curriculum planning in latin America. Curriculum Studies,1988(1):23–33.

应当鼓励亚文化的组成人员来参与课程编制,如知识分子、社会科学家、教师、学生、家长、社区管理人员等都应在课程编制及文化分析中发挥作用。

(5)应重视课程编制中的冲突与矛盾。冲突和争论是课程设计中的整合因素,它并不能由共同一致的互动来解决,现实表明,在课程中追求完全的共同一致是乌托邦式的幻想。在学校中,高地位文化与低地位文化之间、学术文化与职业文化之间、开放课程与封闭课程之间的冲突是一直存在着的,冲突和矛盾是课程编制模式本身实质性的整合因素。

(三)折衷的文化取向视野下的课程观

针对劳顿和麦坚索两派文化分析课程理论的不足,斯基尔贝克提倡课程"环境模式"。这种模式也根植于文化分析,把课程编制牢牢地置于某种文化结构中,但同时也注重各阶层文化的冲突和压力。"环境模式"把课程编制看成是一种手段,借助这个手段,教师们通过使学生领悟各种文化价值、各种用来对文化进行解释的结构和各种符号系统,来修正和改造学生的经验。这种模式不是在脱离现实的真空里制订各种课程方案,而是按照不同的学校各自的情况通过对学校环境进行全面分析和评估来作出课程决策。其基本假设是,课程编制应针对单个的学校和它的教师,即以学校为单位的课程编制是促进学校获得真正发展的最有效方式。①斯基尔贝克的"环境模式"既强调了共同文化,又注意到了各阶层文化的差异所引发的意识形态的压力,注重对学校环境进行全面分析和评估,是一种灵活、适应性强的模式。这种模式是一种折衷的文化取向,在文化选择中既考虑公共文化,又考虑亚文化,首先把两者作为相对独立的部分,然后再考虑其融合的问题。这种折衷的文化取向,反映在课程观上表现为:

(1)在课程编制时,首先确立折衷的文化观念,即以共同文化为主,确立全国或地方的基准线,特别是对于核心学科,如外语、计算机、数学等,要确立共同文化的水平基准线。同时,在这些核心学科的内容体系中以刚性对应共同文化,以弹性对应亚文化,根据不同阶层,确定不同的亚文化,使其成为相对独立、可变的部分,而不是共同文化的附属。确立亚文化时,要用可选择性原则代替唯一性原则,做到多样化。

(2)在课程开发中,充分发展地方课程、校本课程以及学本课程(适应学生个别化学习的课程),以突出亚文化的作用。因为,不同阶层的学生很难有完全相同的共同文化,即使是共同课程,其意义对于不同阶层的学生也是不一样的。因此,只有地方课程、校本课程,特别是学本课程才真正有可能成为学生愿意接受的课程,这时的亚文化才可能作为主导的积极因素发挥特有的作用。学校开发地方课程、校本课程以及学本课程,主要措施是充分尊重学生的意愿,积极调动他们的学习兴趣,加大选修课设立的力度,设计多元文化课程和活动,以适应不同阶层学生的实际需要。

(3)在课程编制中,要充分考虑各阶层人士的意见,课程专家、行政官员、社区贤达、校长、教师、学生、家长等都应被视为课程编制的组成力量,各自的文化利益在课程中得到整合,课程才能获得真正的可持续发展。

(4)课程编制的步骤有5个部分:②

① 分析环境。主要考察环境并对其中各种相互作用的因素进行分析,包括外部因素(如意识形态的变化、家长和社区的各种愿望等)和内部因素(如学校组织特征、学生和教师的特

① [英]菲利浦·泰勒:《课程研究导论》,王伟廉,等译,春秋出版社,1989年,第61-62页。
② 冯文全:《论科技革命对学校课程的影响》,《四川师范学院学报(高教研究专号)》,1995年第6期。

点等）。

② 形成目标。针对师生各种活动的目标进行表述，并形成对环境的分析、体现想要在某些方面改变那个环境的各种决策的正式目标。

③ 制订方案。包括选择课程学习材料、安排课程教学活动、调配教职员工以及挑选合适的补充材料和教学手段等。

④ 阐明和补充实施。使新的课程方案在推广时可能发生的实际问题暴露出来，然后在课程实施当中有把握地加以解决。

⑤ 检查、评价、反馈和改进。要对课堂活动进展情况作经常性的评定，对所产生的各种结果（包括学生的态度及这种态度对学校组织总的影响等）进行评价，对所有学校课程参与者的表现作详细的记录。

二、文化对课程的制约表现

（一）文化对课程的制约作用

（1）文化传统是课程设置的重要依据。文化传统是一定区域内的社会生活共同体在一长期的历史演变进程中所生成、积累起来的稳定的文化因素和文化特征。一般认为，文化传统包括民族特有的价值观念、民族特有的思维特点和行为方式、民族共有的心理素质、民族具有的创造力表现形态等4个方面的要素，涵盖了一定区域内与人们有关的价值、信仰、世界观、心理、符号、知识、技术等。文化传统深刻地制约着大学课程设置，影响了课程的价值取向、内容选择以及组织方式，成为课程设置的重要依据。

① 美国人类学家米德认为世界上已有的文化传统主要有两种类型："后喻型文化"和"前喻型文化"。[①]"后喻型文化"是指以重复过去为使命的那些文化类型。在这种文化中，成年人的过去就是新生一代的未来，每一代儿童都能不走样地复制过去的文化形式，其特点是对现有生活方式所有方面的普遍正确性予以持久的无可置疑的认同，而对变化缺乏认识，缺乏对已有文化的反思、疑问、变革。"前喻型文化"正好与之相反，是指以开拓未来为使命的文化类型。在这种文化中，年长一代未必比新生一代懂得多，新生一代并不是原封不动地复制过去的已有文化，而是以一种独立自主和积极进取的精神，敢于对已有文化进行反思、质疑、变革，以适应急剧变化的社会情境。相比较而言，中国的文化传统属于"后喻型文化"，美国的文化传统属于"前喻型文化"。两个国家不同的文化传统造成了课程设置的价值取向也明显不同。"后喻型文化"决定了在中国社会中，课程设置的价值取向是追求稳定、统一和社会本位，而"前喻型文化"决定了在美国社会中，课程设置的价值取向是追求变化、多样和个体本位。

② 不同的文化传统决定了人们对课程的内容选择，使得各国的课程内容带有鲜明的民族特性。如中国的文化传统是一种比较典型的伦理型文化，十分注重人伦关系和道德修养，表现出明显的"泛道德主义"倾向。在近代中国学制建立初期，课程明显具有道德型课程的特点，一直把以传播伦理德行观念为目的的思想道德类知识作为课程的核心，极少涉及科学技术类知识。再如，法国自文艺复兴以来，理性主义便成为该国社会文化的主流。它造成了法国传统社会的课程内容主要是人文类学科，实用技术知识则遭到轻视，直到今天，法国仍然对学生人文知识的陶冶有一定的偏爱。

---

① ［美］米德：《代沟》，曾胡译，光明日报出版社，1998年。

③ 文化传统还对课程的组织方式具有一定的影响。由于中西方文化传统的差异,在中国课程内容的组织上,比较注重结果,方便教师的"教",表现出抽象、机械,多为理论概括;而在西方学校课程内容的组织上,比较注重过程,方便学生的"学",表现出形象、生动,多为案例说明。

(2)文化交流是课程整合的主要根源。文化交流是不同地区、不同民族文化之间的碰撞、冲突与融合,它推动着文化的发展、文化的创新。① 文化交流是一种横向上的文化流动,既包括一国之内不同类型的文化交流,也包括世界范围内不同国家的文化交流。它不仅是文化赖以发展和进步的基础、文化融合和创新的途径,而且也是课程发展和创新的推动力量,是进行课程整合的根源所在。所谓课程整合,是指将不同类型特别是不同文化背景下的课程知识加以协调、平衡,并最终形成一种新的有机统一的课程知识。

(3)文化变迁是课程改革的内在动因。文化变迁是文化内容的增加或减少所引起的结构性变化。② 它是一种永恒的社会现象,具有整体性、结构性的特点,实质是一个新文化不断代替旧文化的过程。只有经过不断的文化变迁,文化才能得到发展和创新,社会也才能随之不断进步。文化的每一次变迁,都给课程以冲击和影响,引发课程的深刻变化,成为课程改革的内在动因。文化变迁要求课程要进行较大的改革和变动,在课程目标、课程内容、课程实施等方面都要作很大的调整,或大量增减文化知识,或改变课程编制方式,或重新组合课程结构,甚至对课程的管理体制进行改革,使之适应文化变迁的需要,及时反映社会文化的最新成果,跟上时代发展的步伐。

(4)课程改革是社会文化迅速变迁的必然要求和突出反映。西欧国家的学校课程演变经历了从古代的以"七艺"课程为主,到中世纪的以宗教神学课程为主,再到文艺复兴时期的以人文知识课程为主,然后到近代工业革命时期的以自然知识课程为主,直到现代社会的综合知识课程。相对于以前,到了二战以后的当代社会,世界科学技术更是突飞猛进,文化变迁更为剧烈,进入了所谓的"知识爆炸"时期。这种文化变迁的态势向学校提出了前所未有的挑战,不仅使得课程内容迅速变化,而且使得课程结构也发生了很大改动,出现了核心课程、融合课程、广域课程、综合课程等新的课程模式。同时,还促进了课程管理体制的改革,使课程管理的重心逐渐下移,更加民主化、多元化、人性化,形成了国家、地方、学校三级课程管理的体制,并出现了国家课程、地方课程和校本课程三种类型课程并存的格局。

(二)课程自身体现的文化特性

(1)课程设计是文化的选择与提升的过程。课程设计是指设计者根据一定的价值取向,对可供选择的内容材料进行抽取,并采用一种特定的方式把它们组织起来,形成课程知识。文化选择是主体对某种文化或文化要素的提取或排斥,即对特定文化的扬弃过程,是文化得以净化、提升的前提条件。

从课程设计的过程看,课程从来都不是对现有文化的照搬照抄,它作为一种特殊的观念形态的文化,是课程设计者进行文化选择、整理、提升的结果。课程设计者总是根据客观的现实条件,按照自己的主观系统把他们认定是符合自身利益、最优秀的文化因子提取出来,纳入到课程的视野,与此同时,社会文化的许多内容特别是不符合课程设计者自身利益的内容在此过程中就被排斥在外了。课程设计也是一种文化整理、提升,实现系统化、条理化的过程。它反

---

① 乔晓冬:《文化与课程建设的价值取向》,《北京师范大学学报(社会科学版)》,1989 年第 2 期。
② 鲁洁:《教育社会学》,人民教育出版社,1990 年。

映在教材的编写和教学内容的组织上,都经过了课程设计者的精心整理与加工,其结构体系更趋合理与完善,更加规范化、体系化。

从课程设计的结果看,课程对文化的选择一方面受制于社会文化传统,同时,这种选择一旦完成,又会对以后的社会文化选择具有一种定向作用。如中国古代孔子"删诗书"、"定六经",为当时学校选择的儒学课程,就影响了以后中国几千年的文化走向和文化选择。

(2)课程实施是文化的传递与继承的过程。课程实施是指把课程设计付诸教育实践的过程,它是达到预期课程目标的基本途径,是整个课程编制过程中最具有实质性意义的阶段。文化的传递与继承,是指文化在时间上的世代相传,其意义在于使社会文化得以保持延续性,它是文化发展的重要机制。课程的实施是社会文化传承的重要中介,文化要想得到很好的继承,实现世代相传,就必须以学校课程为基础,在科学合理的课程设计指导下,在保障有力的课程实施过程中实现这一目的。人类历史的发展表明,社会文化越发展,文化的传承就越倚重于学校的课程实施。

学校课程实施包含着两个密切联系的阶段:第一阶段,是通过课程实施的过程把外在的客体文化转化为主体文化,即把寓于工具建筑等的物质载体、语言文字等精神载体所蕴含的文化内化到以人的脑细胞为代表的生命体上来。斯普兰格形象地称之为,把"客观文化"安置在个人心灵中,使其成为"主观文化"。第二阶段,是通过课程实施的结果把主体文化不断外化为客体文化,即通过提供具体的情景、条件等,采用循序渐进等方式,逐步地把主体所内化的文化及所形成的创造能力基础导引出来,并以客体文化的方式展现出来。①

在这种不断的"外化—内化—外化"的过程中,人类既传递、保存、活化了现有文化,又形成了创新事物的能力,创造了新文化,实现了文化的增殖。课程实施实质正是这种不断的客体文化与主体文化相互转化的过程,社会文化也正是在这两种文化的运动过程中得到世代传承。从这个意义上,可以把课程实施看成是实现社会文化传递与继承的重要机制,并且这种机制的优点是其他社会组织活动所不具有的。

(3)课程评价是文化的反思与批判的过程。课程评价是指检查课程实施的情况如何,查看课程是否符合设计者的价值要求,有无实现教育目的,并据此来改进课程的决策。文化的反思与批判,是主体按照一种价值目标和理想,对社会现实的文化状况进行科学理性的分析、思考,作出肯定或否定的评价,并加以扬弃,引导社会文化向健康方面发展。这里包括了两种情形:

① 虽然课程本身是一种符合统治阶级意识形态,经过选择和提升的主流文化,但在实施过程中,由于客观条件和主观因素等种种原因,实际的结果可能会出现偏差,即使主体掌握了这种主流文化,也可能会使主体形成一种与主流文化相距甚远的非主流文化,甚至是与之相对抗的反主流文化。在这种情形下,课程评价就要对这种非主流文化或反主流文化作出否定性的评定,并加以贬低和矫正,逐渐把这些文化向符合统治阶级意识形态的主流文化的轨道上导引,即所谓的"纠偏"过程。

② 在课程实施过程中,主体获得一种反思、批判社会文化的精神和能力,但由于课程设计是遵从统治阶级的意志和价值理想,而他们的意志和价值理想并非时时、处处符合客观自然规律和社会规律,所以,课程所体现的文化也并非都是先进文化,有时可能是一种落后文化(如处于衰退时期的统治阶级所设计的课程文化),甚至是反动文化(如法西斯政权时期课程所体

---

① 鲁洁:《教育社会学》,人民教育出版社,1990 年。

现的文化）。在这一时期的课程评价中,主体就会经常运用通过课程实施所获得的反思、批判社会文化的精神和能力,对落后、反动的课程文化作出科学反思、理性批判,最终很有可能否定并抛弃从课程中学到的落后、反动文化,重新找寻、接受先进文化,即所谓的"扬弃"过程。[①]

第四节 课程论与社会学

学校课程是培养高级专门人才、实现学校目标的重要手段,是联系教师与学生的中介,与社会系统的关系非常密切,在本质上是一种社会文化的选择,受到社会政治、经济的制约和影响。因此,将社会学作为课程的基础,探究课程与社会的关系,具有重要的意义和价值。课程的社会学基础,依据在于课程具有无可争辩的社会性,社会的政治、经济、科技、文化以及为之服务的意识形态都明显或隐蔽地、直接或间接地渗透、作用于课程的目标、内容、组织、实施、评价、管理等,制约着课程的建设与发展,课程必须在适应社会的不断变迁中充实、更新自己的体系。

一、社会学对学校课程论的意义

课程存在于社会环境中,无法脱离社会的大环境系统,作为社会系统的一个组成部分,既受社会政治、经济等方面因素的制约和影响,同时也因其具有保存、传递或重建社会文化的职能,而对社会发展产生一定的反作用,影响它所服务的社会系统。布鲁纳曾说过:"离开社会背景,课程争论的意义也就黯然失色了,因为不顾教育过程的政治、经济和社会环境来论述教育理论的心理学家和教育家,是自甘浅薄,势必在社会上和教室里受到蔑视。"[②]因此,在思考课程的开发与实施时,要研究课程与社会之间的关系,认识和把握课程的社会学基础。

同时,社会学基础对课程的意义,从来没有任何一个时候像现在这样重要,因为历史上没有任何时期像现在的人们这样体现出如此多样的习俗、文化、价值观念、生活方式等,现在和将来都要求处于课程活动领域各层面的工作者了解其社会学基础,把握课程本质、目的、组织、实施的社会学含义。美国学者奥恩斯坦就强调:"在课程工作中考虑社会基础是如此重要,其原因之一,就是以前从来没有一个时代像现在这样,社会的各个方面发生着如此迅速的变化,我们无法为不同群体设定合适的课程,因为各群体都在发生变化,信息在爆炸,行为在调整,价值观也在发生变化。如果教育者忽视他们所处社会充满变化这一事实,他们将使自己或他们的教育方案处于危险境地。当然,在过去,一般的教育者尤其是教师和课程工作者,满足于不带批判地接受时代的变化趋势,开发出反映当代社会和政治力量的课程。但是,现在对课程的要求不再是仅仅反映社会状况,而是能使个人更好地参与不断变化的社会。"[③]

二、社会学对课程的制约表现
(一)社会学为课程提供了新的研究范式:社会学范式
课程研究的社会学范式,属于事实性研究,侧重于研究课程的社会制约性问题,关注社会

---

① 史学正:《高等学校课程的理论基础研究》,兰州大学硕士学位论文,2006 年。

② [美]布鲁纳:《布鲁纳教育论著选》,邵瑞珍,等译,人民教育出版社,1989 年,第 92 页。

③ [美]奥恩斯坦,等:《课程:基础、原理和问题》,柯森,等译,江苏教育出版社,2002 年,第 152 页。

结构和师生互动对课程的影响、课程所扮演的社会角色以及社会权力在分配不同形式的课程知识中所占的地位等问题,从而从单纯的技术层面转向关注政治、经济、意识形态的层面,可以合理而明确地回答一些依靠"工艺学模式"而无法回答的课程现象与问题,给课程研究提供活力与动力。① 它具体包括以下几个方面的内容:

（1）基本命题是:课程作为一种"法定文化"是社会控制的中介,社会通过制定和实施课程这种"法定文化"来维护现行社会秩序、稳定与和谐,并且满足统治阶级利益需要。②

（2）基本问题有 4 个:一是课程所代表的是谁的知识;二是课程的这些知识是由谁来选择的;三是为什么要这样来组织课程知识,并以这种方式来教,其社会原因是什么;四是课程的知识对特定社会群体是否有益。课程的社会学范式研究的所有课题,可以说都是这 4 个基本问题的具体展开。

（3）核心概念是"社会控制",关注课程中所蕴含的社会影响、社会制约、社会控制的成分。

（4）基本研究方法包括理论研究和实证研究两种,并以实证研究为主。其中,理论研究主要用社会学理论对课程标准、内容及模式等有关范畴或因素给予合理的理论分析与解释,并对不同文化、经济发展水平、政治制度的国家或地区的课程的社会学属性加以比较,以找到其共同特征及各自的社会独特性;实证研究主要采用内容分析法、现场观察法、实验法、问卷法、访谈法等方式,运用社会学规律,探讨课程内容及实施、评价整个过程中的一系列问题。

（5）基本研究途径主要从分析课程目标、内容、结构、类型、实施、评价等整个过程入手。

（二）社会学为课程提供了终极目标:社会化

（1）社会化。社会化是个体接受社会规范以成为一定社会成员的过程,它贯穿于个体的一生,是一个持续不断的过程。个体在家庭、学校、交往团体和大众传媒以及整个社会宏观环境中完成社会化过程,学校由于具有计划性、组织性、针对性,因而是最有效的社会化机构。学校是青年社会化的一个重要机构,鉴别教育是否成功的一个主要标志是看其能否培养社会所需要的、并与之相适应的专门人才,促进学生的社会化水平。学校完成青年社会化,是通过学校的各种活动来进行的,其中课程可以有计划、有组织地按照社会具体要求对个体进行全面、系统的社会化,即社会的价值观念、知识技能通过课程这个载体,具体表现为社会对学生的期望,采用正面肯定与反面制裁、他人评价与自我对照等方式,直接影响个体的人格系统和需要结构,使个体认识到应该或者必须与社会需要相一致,进而完成社会化过程。

（2）课程完成大学生社会化的功能和任务。作为个体社会化中介的课程,除了传输共同的价值观念,使个体对社会角色产生认同以外,还必须传授给个体作为社会一员所需要的知识与技能。因而,课程在大学生社会化过程中具有双重功能。首先,为所有学生灌输共同的道德规范和文化价值取向,维护社会的稳定与保持文化的同质性,完成社会的控制功能;其次,传授分化的知识与技能,使个体掌握作为社会不同人才的能力。

课程完成学生社会化的任务主要集中于两个方面:一是价值教育,包括政治意识、人生哲学、道德规范、现代人的意识与心理状态等。二是知识与技能教育。知识启迪学生的心灵,满足他们的求知欲,职业技能则是学生以后参加社会实践及实现社会升迁流动所必备的,知识与

① 吴永军:《课程社会学》,南京师范大学出版社,1999 年,第 6 - 8 页。
② 南京师大"课程的社会学研究"课题组:《简论课程研究的学科方式》,《课程·教材·教法》,1997 年第 7 期。

技能教育相结合,可以使学生在未来的社会活动中有较好的应对能力。

(三)社会学为课程提供了制约机制

(1)政治影响课程的机制。在课程中,统治集团掌握着课程选择、组织和评价的权力,其内部的运作方式即政治制度、所代表的权力范围、所追求的政治理想和目标等,都是影响课程发展的十分重要的因素。[①] 这主要体现在以下三个方面:

① 政治权力决定课程的权力系统。任何社会的统治阶级都会运用所拥有的政治权力对课程标准、目标、教学大纲、教科书等的制定权进行控制,有什么样的政治权力运作方式,就会有与之相适应的课程权力系统的运作机制。一般地讲,在集权政治体制下,课程的权力系统的运作也是集权式的(如前苏联);在分权政治体制下,课程的权力系统的运作也大多是分权式的(如美国)。

② 政治权力决定下的制度化的政治意识(政治文化)影响课程的价值系统。制度化的政治意识是符合统治阶级价值取向的,它决定着课程中所蕴含的主导的意识形态和价值特性,从根本上影响课程的价值系统。而课程的价值系统正好可以使这种制度化的政治意识的合法性不断得到强化。政治意识作为人们认识世界和采取行动的思想、信仰系统,具有确认现行课程是否合乎义理以及凝聚人心、取得认同的功能。在课程中,政治意识的渗透在课程价值取向、目标设立、内容选择、效果评价等方面都有深刻的反映,符合政治集团的根本利益,能够培养社会稳定和发展所需的人才,成为课程实施的一个根本性导向。

③ 政治权力和政治意识通过中介影响课程的要素系统。政治权力与意识决定着学校的根本目的和培养目标,而课程的根本目的和培养目标又决定着课程的要素系统。课程的要素系统包括课程目标、内容、结构、教科书等静态要素和实施、管理、评价等动态要素。政治意识决定学校课程目标、内容、结构的价值特性;政治权力则通过课程的权力系统决定其具体的教科书、实施、管理、评价等"实体"部分。

(2)经济影响学校课程的机制。经济是政治的基础,是影响课程系统的基础性因素,其影响方式主要有以下两种:

① 通过政治意识、政治权力等中介因素影响学校课程。经济对学校课程的决定作用常常伴随着政治因素,要通过政治的折射。经济发展对课程提出的要求必须首先转化成社会统治阶级或优势集团要求变革的意识,然后通过其掌握的政治权力来最终实现。例如,改革开放以后,经济的恢复、发展、改革对课程提出了新的要求,这一要求在转化为政治领袖的明确意识,并通过政治集团自上而下的权力作用以后才逐步得以实现。特别是经济因素对学校中的基础课程、核心课程的影响更是要通过政治来实现,因为这些课程更多地受国家统一控制,深受政治意识、权力的制约,而经济调节的作用较小,并且总是要依赖政治的运作才能最终得以实现。这也是学校基础课程、核心课程往往滞后于经济发展的主要原因。

② 直接影响学校课程。随着现代社会生产力的高度发展和市场经济体制的逐步确立,经济对课程的影响,特别是对课程改革的影响越来越频繁、越来越直接,经常"绕过政治"直接影响课程。例如,现代美国的经济发展决定了在其学校目标上特别重视培养学生的经济技能,以使他们成为富有生产能力的工作者和明智的消费者。因此,在课程上就有所谓的"生计教育"、"消费者教育"、"合作教育"等知识内容。

[①] 黄清:《影响课程政策发展的社会因素分析》,《教育探索》,2004 年第 4 期。

（四）社会学为课程提供了功能作用

学校课程一方面受社会政治、经济的制约与控制，另一方面又通过对知识的选择、分类、组织、实施、评价等环节与过程，执行为社会选择、培养、鉴别、输送人才的任务，反作用于社会政治、经济，影响社会发展，发挥一定的社会功能作用。[①] 主要包括以下两个层面：

（1）对社会个体的功能作用。主要指促使个体社会化。任何社会都要对学生进行有关参与社会生活的基本知识、技能和行为规范的教育活动，保证社会认可的文化知识、意识形态得到传递，而课程则是实现社会化的重要工具。

（2）对社会整体的功能作用。它具体包括：

① 社会政治、经济合法化的功能。课程被社会学家们视为维持现存的社会结构、特权、利益和知识的基本工具，任何社会的统治阶级都把其认可的价值规范、文化知识当做正确、合理、合法的真理性知识编进课程，让学生接受并内化，而师生、家长、社会各界也很少对课程中所含的信息加以怀疑，一般情况下将其视为当然的存在。这样，现存的社会政治、经济就在这种默认中得以合法化。

② 社会意识形态的巩固和强化功能。任何社会的统治阶级都会通过各种途径巩固和强化其意识形态，而课程特别是德育课程便是其有效途径之一。学校德育课程是实施德育的主要载体，概括和浓缩了特定社会所积累的道德规范、价值观念、行为方式，而这些在性质上与社会的主流意识形态是一致的。因此，课程中这些信息的传递活动就是一个巩固和强化社会意识形态的过程。

③ 社会控制的整合功能。与军队、警察、监狱等国家机器在社会控制方面的作用不同，学校课程只是社会控制的一种"软工具"，是观念性的社会控制形式。通过课程特别是德育课程，使人们接受并内化一整套行为准则，并由它来指导自己的行为，对人们的活动产生一定的约束力，让整个社会系统表现出结构完整、有序，活动有条不紊，各方面配合默契、运转灵活，进而在社会控制方面发挥实际上的较强的整合功能。

④ 社会制度文化保存与活化功能。制度文化是与统治阶级价值取向相符合的文化，主要存在于各种公开发行的文化媒体之中。散落于各处的制度文化一旦被选进学校课程，进行条理化、系统化整理、转化，就获得了新的生命，得以长久、稳定的保存。同时，社会制度文化进入课程，进行传授、学习，得到传播、继承，便可以激活其"隐形状态"变为"显在状态"，让制度文化得以活化，发挥应有的社会功能。

第五节　课程论与心理学

学校课程发展的心理学基础主要包括认知心理学、学习心理学、发展心理学、动机心理学、人本主义心理学等。心理学作为课程研制理论依据的主要表现有：课程目标的确定、课程知识的分类、课程内容的选择、课程内容的组织、学生在课程研制中的地位和作用都是以心理学为基础的。当代心理学思潮是多元化课程价值取向的基础，学习论、发展论和互动论是课程发展

[①]　史学正：《高等学校课程的理论基础研究》，兰州大学硕士学位论文，2006 年。

的土壤和支柱,广义知识观和智力观是课程改革的理论依据。

一、心理学对课程论的意义

把心理学作为课程的基础之一,其依据在于"心理学理论,特别是人的心理结构论、心理发展特征论、学习理论,不仅有助于课程目标与内容的确立、选择与组织,而且能够为课程的实施与评价提供合理的、有效的方法与模式,促进课程理论与实践的发展"。① 心理学中有关人的思维和智力的解释,为人的学习行为所提供的理论,都与课程有着密切的关系;课程的很多基本问题,诸如本质含义、价值取向、内部结构、顺序安排、实施过程、评价方式等,都可以从心理学中得到科学解释和理论支持。从心理学的角度来说,课程是学生身心发展与客观世界各种事物的关系的产物,是主客体的统一:一方面,课程要反映人类科学文化知识、经验以及学生身心发展的各个方面;另一方面,又要调动学生身心活动的各个方面,来吸取、掌握人类科学文化知识、经验。总之,课程是给人设置的,其学习要通过人来完成,必须符合人的学习和发展规律,促进学生的身心发展,必须把课程的开发建立在科学的心理学基础之上,对学生的学习和发展心理特点给予深刻揭示。课程开发属于实践的范畴,心理学理论对这一实践活动提出了基本要求:课程内容必须具有科学性,包含情感性,课程设计必须具有新颖性,呈现简洁性,从感知、情感、能力、理解等 4 个方面激活学生心理的各个因素,作用于他们的心理结构,促进学生的身心发展。

泰勒把心理学看做一个"筛子",有助于决定课程目标是什么以及学习如何发生。奥恩斯坦强调:心理学是学习过程的统一要素,它构成了学习方法、材料和活动的基础,并随后成为课程决策的推动力,心理学基础将一直是课程理论与实践的关键性基础。这是确定无疑的,这种想法并不新,没有一位课程学者或课程实践者会否认。② 施良方则认为:"事实上,人们在设计课程或安排教学内容时,都会对学习哪些内容、如何组织使之最适合学生学习持有自己的看法,或者说,都有其心理学基础,只不过没有明确阐述出来罢了。通过对课程心理学基础的考察,有利于课程工作者清醒地意识到自己依赖的是何种心理学原理以及它们是否相互矛盾,以便少走弯路,更有效地解决课程问题。"③

有史以来,心理学思想都对当时的课程产生巨大的影响,它可以为课程提供种种更为丰富和具体的帮助。同时,随着课程研究的加强和心理学的飞速发展,心理学作为课程理论基础的作用越来越明显,课程的发展,在某种程度上正是按照特定的心理学理论来设计和决定其目标、内容、形态和结构的。

二、心理学对学校课程的作用

(一) 心理学为课程提供了新的研究范式:心理学范式

"范式"是从事同一个特殊领域研究的学者所持有的共同信念、理论、传统和方法,它是一种模式、形式或规则,支配着探究的行为、解释资料的方法以及看待问题的方式。课程研究的心理学范式,属于事实性研究,研究对象是客观事实,主要对课程中的心理学现象和规律作出

---

① 胡斌武,吴杰:《课程基础研究:回顾与展望》,《宁夏大学学报(人文社会科学版)》,2003 年第 4 期。
② [美]奥恩斯坦,等:《课程:基础、原理和问题》,柯森,等译,江苏教育出版社,2002 年,第 106 – 107 页。
③ 施良方:《课程理论——课程的基础、原理与问题》,教育科学出版社,1996 年,第 33 页。

描述、解释和判断,侧重于研究课程中的技术性问题、事实性问题。它包括以下几个方面的内容:[①]

(1)基本命题:课程是影响学生个体心理发展的基本材料,其选择、编制、实施是否符合心理学规律,在很大程度上决定着教育对学生心理发展的影响力。[②]

(2)基本问题:一是现行课程是否适应学生当前心理发展水平;二是课程怎样才能做到适应学生心理发展水平,对促进学生心理发展具有意义。课程的心理学范式研究的所有课题,可以说都是这两个基本问题的具体展开。

(3)核心概念是"心理发展",关注课程对于促进学生心理发展的意义。

(4)基本研究方法包括理论研究和实证研究两种,并以实证研究为主。其中,理论研究主要用现有的心理学理论对课程标准、内容及模式等有关范畴或因素给予合理的理论分析与解释;实证研究主要采用观察法、实验法、问卷法、访谈法等方式,运用心理学规律,探讨课程开发整个过程中的一系列问题。

(5)基本研究途径主要从课程的目标、内容、类型、实施、评价等整个过程入手。

(二)心理学为课程目标的制订提供了基础

长期以来,在课程目标的制订中,一直存在着对知识技能可以提出具体要求,而对能力素质仍然停留在笼统的原则要求层次上的现象。究其原因,主要是在制订课程目标时缺乏心理学研究的基础。尽管课程目标的实质性内容主要是由社会政治经济制度、哲学思想和办学宗旨等方面的考虑所规定的,但心理学理论有助于确定制订课程目标时采用什么样的方式来表达,或确定其目标能够达到何种程度。流派纷呈的心理科学是课程目标价值取向多元化格局发展的基础,它指引着课程目标价值观不断走向进步。"现代课程论之父"泰勒就曾把心理学和教育哲学作为两个"筛子",对已选择出来的课程目标进行筛选,认为"在选择课程目标时要运用心理学理论,学校提出来的课程目标要经过心理学这道'筛子'的筛选,这道'筛子'是心理学所提示的选择课程目标的准则,课程目标即课程宗旨,是经学习而得到的结果,除非这些课程目标与学生的内部条件相一致,否则是没有什么实际价值的"。[③]

心理学对课程目标的筛选作用表现在两个方面:在较低层次上,心理学理论把可能期望通过课程学习过程使学生产生的变化,与不可能期望产生的变化区别开来;在较高层次上,心理学理论可以把特定的年龄阶段可行的目标,与那些可能需要花费很长时间或几乎不可能达到的目标区别开来。

依据心理学规律,课程目标既要有一个基本的共同性目标,以适应大多数学生的需要,符合学生心理发展的共性要求,又要在共同性目标的基础上有一个差异性目标,以适合不同学生的需求,符合学生心理发展的个性特点;既应当具有整体性,在设计时考虑一个全面系统的目标,以促进学生在认知、技能、情意等不同系统中的全面发展,又应当具有层次性,在设计时突出重点、有所侧重,从而构成不同层次的课程目标。

(三)心理学为学校课程内容的选择提供了依据

课程量与泳度的总体水平,是由课程学习者的心理发展特点与水平决定的,必须在研究学

---

① 史学正:《高等学校课程的理论基础研究》,兰州大学硕士学位论文,2006年。

② 南京师大"课程的社会学研究"课题组:《简论课程研究的学科方式》,《课程·教材·教法》,1997年第7期。

③ [美]拉尔夫·泰勒:《课程与教学的基本原理》,施良方译,人民教育出版社,1994年,第24页。

生心理发展特点的基础上确定课程的量与深度,使其与人的心理发展水平相适应。

从心理学角度而言,在选择课程内容时,需要遵循以下几个方面的原则:

(1)课程内容与学生学习动机的关系,要重视培养学生学习的内在动机。

(2)课程内容与学生主动参与的关系,要让学生积极主动地参与到课程内容中去,既包括外显式的参与,也包括内隐式的参与。

(3)课程内容与学生学习积极性的关系,过难或过易的问题都会抑制学生学习的积极性,在选择时要考虑学生原有的认知水平,不能过深、过难、过多,也不能过浅、过易、过少,要难易适度、多少适量,设计出"摘桃子式"的知识,促进学生认知水平的不断提高。

(4)课程内容与学生思考能力高低的关系,"一位优良的课程专家不但要能解决教材难易程度,同时也要能分析思考历程的高低层次"。[①] 在选择课程内容时,不仅要根据教材的难易度,而且还应根据知识对学生思考能力所提出的挑战的程度进行选择,要使其对学生思考能力具有一定的挑战性,让学生在学习时不断面临新的并且通过认真思考能够解决的问题,鼓励他们尝试各种新的解决问题的办法。

根据心理学原理,课程内容既要注重基本知识、基本技能,有一个比较统一的范围和要求,更应体现差异性,反映课程的个性化,在难度上呈现阶梯性,在类型上体现多样性和灵活性。课程内容知识应做到丰富多彩,包含多种知识类型:陈述性知识、程序性知识、策略性知识,明确的知识、缄默的知识,内贮的知识、外存的知识,教材的知识、教师的知识、师生互动产生的知识,从而使其更有吸引力,更具生长性,促进学生的全面学习与发展。

(四)心理学为课程内容的组织提供了方法

在课程内容的组织方面,心理学通常被认为是最有用的,在认真研究知识结构与人的认知结构特点的基础上,确定课程内容组织的逻辑顺序,既要注重知识的逻辑顺序,又要考虑学生的心理顺序,做到课程的逻辑顺序与人的规律的统一。理想的课程应该是一种心理化教材,正如杜威所说的那样:"正当的解决办法是改造这种教材,使它心理化——把教材作为在全部的和生长的经验中相关的因素来考虑。"[②]根据心理学规律,课程内容的组织应该由浅入深、由简到繁,处理好每一门课程中知识分化与综合的关系,以及整个课程结构中分科课程与综合课程、文本课程与经验课程、显形课程与隐形课程、必修课程与选修课程、公共课程与专业课程等之间的比例的关系。泰勒从课程对心理所产生的意义角度而提出的课程内容组织三原则,对当今课程的组织仍具有重要的借鉴和启发意义。他认为课程组织应遵循三个原则:①连续性,即直线式地陈述课程内容;②顺序性,强调后继的内容要以前面的内容为基础,同时不断增加广度和深度;③整合性,即要注意各门课程的横向关系,使学生获得一种统一的观点,并把自己的行为与所学内容统一起来。[③]

(五)心理学为课程的实施与评价提供了参考

学生学习的起因(人本主义心理学所强调的)、学习的过程(认知主义心理学所强调的)、学习的结果(行为主义心理学所强调的)都对课程的实施与评价具有重要的影响。[④] 因而,课程的实施与评价必须充分运用心理学知识,了解和掌握学生学习的起因、过程、结果对其的制

① 黄炳煌:《课程理论之基础》,台湾文景出版社,1991年,第11页。
② [美]约翰·杜威:《学校与社会:明日之学校》,赵祥麟,等译,人民教育出版社,1994年,第128页。
③ [美]拉尔夫·泰勒:《课程与教学的基本原理》,施良方译,人民教育出版社,1994年,第24页。
④ 史学正:《高等学校课程的理论基础研究》,兰州大学硕士学位论文,2006年。

约作用,尊重学生的主体地位,促进学生的自主学习和发展。

(1)课程的实施要求教师必须改变传统的课程观念,不应只关注知识的传递,而应更关注学生的学习兴趣、学习方式和学习效果,树立以人为本的课程观。在课程学习中应落实学生的主体地位,创设平等和谐的师生关系,引导学生主动参与课程教学活动,实现课程教学中的情感互动,并充分借助现代教育技术手段,整合课程资源,拓展课程时空,增强学生学习兴趣,培养学生创新意识,促进学生主动、全面、全员的发展。

(2)学校应摒弃唯量化的、以考试或测验为唯一手段的"常模参照"型的课程评价观,树立情境性、社会性、发展性的课程评价观。从重视课程学习的结果、一次性成绩,转变为重视课程学习的过程、可持续发展,促进学生的基础性发展、终身性发展;从关注课程知识的获得、能力的培养,转变为更关注学生情感的需要、思维的创新和人格的塑造,促进学生的全面性发展、个性化发展。课程的评价应全面、真实地鉴别出每个学生各个方面的强项与弱项,揭示出他们在学校里成长的轨迹和进步的方式,让每个学生都感受到自己在课程学习中的成功。课程的评价应本着尊重差异、主体发展的基本原则,在一种师生共同参与、协商和交往的过程中完成评价任务。

第九章 课程理论流派

课程理论流派是课程研究者在不同的社会历史条件下对课程问题所作的理解和思考的基础上,形成对课程论的某些趋同认识和观点,并在课程界产生实际成效与明显思想影响的独特的课程思想和理论体系。这些课程理论流派反映出课程产生的社会根源、演变和过程,同时也体现了研究者的课程观和方法论,对研究课程理论和推动课程实践的改革具有重要的意义。

第一节 20 世纪前半期的课程理论

一、改造主义课程理论

20 世纪 20 年代,欧美诸国相继卷入一场空前的世界性经济危机,使个人的目的和社会的目的之间的矛盾重新显现。怎样才能建立一个没有经济危机的民主主义制度? 学校的社会作用究竟是什么? 这一类问题成为人们普遍关注的焦点问题。在教育界,许多人纷纷指责风行全美的进步主义教育软弱无力。于是,作为进步主义教育之一翼的改造主义开始与进步主义分道扬镳了。二战结束以后,社会改造主义在 20 世纪 50 年代以新的面貌出现并走向独立。

1932 年康茨将《进步主义教育敢于进步吗?》第三次演讲结集出版,名为《学校敢于建立新的社会秩序吗?》;拉格在《进步主义教育》杂志上发表论文《通过教育改造社会》;克伯屈出版其主编的《教育前线》;约翰·杜威教育和文化研究协会成立。这些都对社会改造主义基本理论的宣传起到了重要作用,成为改造主义形成和发展的重要标志。布拉梅尔德是为改造主义带来新貌的主要人物,他于 20 世纪 50 年代出版了一系列著作,如《教育的目的和手段:世纪中的估价》、《走向改造的教育哲学》、《来临时代的教育》等。布拉梅尔德主张,教育不仅应该帮助个人适应社会,更重要的是使他们参与社会。他致力于探索一种新的方法,既可以使公民保留基本的民主自由权利,又可以使学校发挥社会改造工具的作用。由于布拉梅尔德显示了改造主义独立的有组织的范畴,因此有人把他称作"改造主义之父"。

(一)改造主义课程理论的思想基础

从 20 世纪 30 年代开始,拉格出版《美国的文化和教育》、《美国的生活和学校课程》、《美国教育的基础》等著作,阐明了他的社会改造主义思想,使拉格从儿童中心论转向社会改造主义。克伯屈最初是明显的儿童中心论者。1933 年克伯屈在其主编的《教育前线》一书中反复谈到,文化正处在一个巨大的转折点上,旧的边疆个人主义已经过时。这标志着克伯屈由儿童中心论向社会改造论的正式转变。布拉梅尔德自己也宣称,改造主义是"进步主义(实用主义)的继承者"。① 改造主义认为知识来源于经验,与进步主义强调的个人经验不同的是,它主要指团体经验(group experience),改造主义讲知识的出发点是社会,而不是个人。从价值论上讲,改造主义认为价值是由"社会一致"决定的社会目标,将随社会的变化而变化;从人类学上讲,改造主义认为,把教育视为传递文化的思想是错误的,儿童应关注社会的变化,致力于环境的改变。它还主张,最充分的教育就是要充分解放人的创造力,使之自我实现,要达此目的,就必须对社会进行改造。人与社会密切相连、互为存在,而不是互不相干,社会在改变人,但社会的改变也具有个人的痕迹。

(二)改造主义课程理论的观点

(1)课程改造的目标。课程改造的根本目标在于重新设定课程目标。设定课程目标的目的,不是让学生适应现存社会,而是要培养学生的批判精神和改造社会现实的技能。布拉梅尔德指出,课程目标要统一于"理想、社会"的总目标,各门学科的内容统一于"社会改造",课时的安排统一于解决问题的活动。

(2)改造课程的原则。学校的改造首先是课程的改革。学校课程改革要遵循 7 条原则:① 为每一个人提供运用所有能力的机会,即课程应该由多方面的活动和各种材料构成;② 依据综合的原则组织这些活动与材料,并与需要理解的意义保持密切相关;③ 提供一切具有社会价值的技能;④ 提供关于当代生活的重要问题和课题的实践;⑤ 运用科学的思维;⑥ 组织与运用儿童的矛盾和动机,以儿童学习的矛盾而不是教师教学的矛盾为基础;⑦ 通过自治的学校团体,建立一种社会合作计划;⑧ 为创造力的表现和审美意识的形成提供充分的机会。②

(3)课程内容。改造主义课程以广泛的社会问题为中心,认为人性是作为一个整体来表现的,课程编制必须体现统一性的课程,这就是问题中心课程。③

拉格历时 16 年的课程实验强调以社会问题为中心的单元设计,布拉梅尔德四年制新型初级学院课程框架,使各门学科内容统一于社会问题。学校教育必须有勇气正视社会问题,正视生活的现实,学校与社会必须建立有机的联系。改造主义者认为,学校课程尤其要关心犯罪、家庭分裂、环境污染、交通和住房拥挤、娱乐、战争、疾病、饥饿等社会问题,学生对这些问题要有批判性见解。学校课程设置论题和科目的本身并不是目的,而是为解决上述社会问题提供一定的背景知识。

(4)课程组织方式。新课程的组织方式的原则:① 课程的安排要具有弹性;② 多种形式的活动形成学习单元;③ 充分利用校内外的环境;④ 重新组织学科;⑤ 重新认识课程;⑥ 课程计划无需事先制订。④ "车轮状"的组织结构是改造主义课程常见的组织方式。轮子的轴心代表某些关键性问题;辐是讨论、知识和技能的学习、职业训练等组成的各类课程,它们是解释

---

① 华东师范大学教育系,杭州大学教育系:《现代西方资产阶级教育思想流派论著选》,人民教育出版社,1980 年,第 2 页。

② 廖哲勋,田慧生:《课程新论》,教育科学出版社,2003 年,第 115 页。

③ 张斌贤:《社会化改造主义的兴起及其与进步主义教育的关系》,《外国教育研究》,1996 年第 1 期。

④ 同①,第 77 页。

和解决轮轴中关键问题的重要前提与支撑;最后是轮胎,它将涉及轮轴问题的所有相关课题统一起来,使整个"车轮"有机地联系起来。^① 这种组织方式介于学科中心课程和活动中心课程之间,它打破学科界限,从问题出发,把几门学科结合起来,由一个或几个教师组成的教学小队,通过一系列活动对一个班进行教学。

（三）改造主义课程理论的实际影响

实施改造主义课程的学校,在美国并不算多。美国人希望的依然是个人的自由幸福和多元民主的社会,改造主义的课程观点终究不太符合美国社会和人民的价值观念,因此它只在美国一些相对贫困的社区得到推广。

值得注意的是,一些未来学派较为推崇改造主义的主张。未来学家主张,对于社会未来的发展要谨慎行事,要研究社会的发展趋势,要把未来计划作为课程设置的基础,要"计划未来而不是为未来而计划"。所以,未来学派主张的课程内容侧重于环境污染、财富和水资源分配、人口的增长效益、自然资源的不平等利用等。

个人与社会的关系问题是教育一直致力解决的问题。历史证明,提倡社会中心或个人中心都是片面的。社会改造主义者批评进步主义课程片面强调儿童中心,主张"社会一致",关注课程的社会发展价值,无疑是具有进步意义的。不过,改造主义主张的参与社会、改造社会仅仅是手段,并非目的,其目的在于通过教育社会成员明确社会改革的需要,并在改造社会中改造和发展自己。二者的不同之处在于:进步主义者将发展当做目的和手段,而改造主义者则将目的和手段作了区分。所以,改造主义者最终还是个人中心论者。不过,改造主义的确是进步主义的继承者和发展者,做到了他们所宣称的对进步主义弱点的改正,以及对于它的补充和加强。^②

二、要素主义课程理论

要素主义教育是20世纪30年代末作为实用主义教育和"进步教育"的对立面而出现的,到五六十年代中期成了一种影响很广的教育思潮。1938年在美国成立的"要素主义者促进美国教育委员会"是要素主义教育形成的标志。发起成立这一组织的美国教育家有巴格莱、阿什克维奇、莫里森、坎德尔等人。从那时起,巴格莱一直被看做是要素主义教育的领袖。

（一）要素主义课程的思想基础

1. 以观念论或实在论为哲学依据

观念论和实在论虽为两种不同的哲学流派,但却有着极为重要的共同特点。首先,主张承认有不可侵犯的客观世界的"实在"（包括唯心的实在和唯物的实在）,它具有不容置疑的先验规律和秩序,虽然变化是真实的,但它是符合绵延不断的世界规律和秩序的。其次,主张人们必须服从于包围自己的客观世界的秩序和规律,因为人们能够改变、修正秩序和规律的范围是微小的,人们唯一应该做的是继承和保持传统。观念论和实在论这种内在的一致性使得持这两种哲学观的要素主义者有着共同的课程主张。信奉观念论的要素主义者一般主张给予心灵优先的性质,强调形式教学,注重对学生心智的训练;严格学业标准,强调教师对学生的示范作用;以"观念为中心",注重诸如历史、文学等人文学科以及观念的吸收和把握。崇尚实在论的

① 黄健:《现代美国课程观的考察》,《外国教育资料》,1987年第4期。
② 廖哲勋,田慧生:《课程新论》,教育科学出版社,2003年,第117页。

要素主义者则注重学生的感觉经验服从自然的法则,强调诸如数学、科学等学科,注重事实、知识的掌握,要求教师鼓励学生发现真理,鼓励学生提出新的见解、新的观点。

2. 恶的人性观

要素主义者认为,人性从根本上是恶的,如果不加控制地按照人的欲望和感情行事,他总是要胡作非为、捣乱、不守纪律。从性恶的人性观出发,要素主义者认为,世界上的罪恶之源不在于社会或人的无知,而在于人类本身的邪恶。埃德蒙德·伯克认为,在日常生活中,人之所以没有做出他们本来能够做的兽性的行为,主要是由于社会的约束,即人之所以得到拯救,人之所以没有导致毁灭,是因为人加入了社会,服从于社会的传统、习俗等。[①] 人由于社会而得到拯救,所以作为其本性邪恶的人就不能破坏社会的安排和社会机构,也不能改变目前"文明社会"的人际关系。

3. 保守的社会观

要素主义认为社会乃是一种契约,它不能用人的善意或恶意来加以解释。社会不仅表现了现在活着的人之间的合作,而且还有已死的一代和未来一代之间的合作。正是由于社会中人与人之间的合作,人才能守纪律。人必须忠诚于社会,尊重传统,并对那些企图改革的人表示仇恨。个人应服从社会,但也不能忽视个人对社会的责任。要素主义指出,现代教育的失败就在于没有向青年人灌输责任的意识,因而造成了学生的骚乱、青少年犯罪等。要克服这种现象,就必须让青年人学习过去和传统的东西,以此来控制青年学生的感情和狂想。青年人只有通过社会才能得到改造和拯救。

4. "符合说"知识观

要素主义者认为知识就是思想和观察到的事实相符合。知识的获得是一个过程,在这个过程中,人要用自己的智慧对一些零星的片段的事实加以反省思考,这样才能对世界的真正本质以及目的有较好的理解。这种获得知识的方法基本上是一个理性的过程,而且人类的理性可以使人把从经验中获得的一些材料整理成知识。从根本上说,认识的过程是联系从事认识的人和有待认识的外部世界的桥梁。以此为基础,要素主义反对完全依赖经验的认识方法以及在教育上与之对应的"从做中学",认为实用主义的这些主张使得许多有价值的传统课程在学校中失去立足之地。在他们看来,学校应成为传授"文化遗产"的机构,要通过教学使这些遗产在新生的一代中再生出来。

(二)要素主义课程的主要观点

1. 课程教学的核心

把人类文化的"共同要素"作为学校课程教学的核心的要素主义者认为,在人类的文化遗产中,存在着永恒不变的、共同的、超时间和空间的要素,即"一种知识的基本核心",那是一切人都应该学习的。所以,他们强调学习的系统性,提出应该严格按照逻辑系统来编写教材,并恢复各门稳定学科在学校教学中的地位。他们又认为,学校是传递人类文化的机构,必须传授给学生系统的书本知识,使学生掌握人类基本知识的要素和民族文化传统的要素。巴格莱强调说,"包括这些要素在内的一个各门特殊学科的教学计划应当是民主教育制度的核心"。[②]

---

① 李方:《课程与教学论》,南京大学出版社,2005 年,第 66 页。
② 华东师范大学教育系、杭州大学教育系:《现代西方资产阶级教育思想流派论著选》,人民教育出版社,1980 年,第159 页。

他还认为,学校必须重新审查他们的课程计划,保证让学生学到基础知识和基本技能。因此,在 20 世纪 60 年代的美国教育改革中,要素主义者特别强调"新三艺"(即数学、自然学科和外语)。

2. 课程设置的三大原则

基于要素主义者的课程标准,他们要求课程设置应遵循这样三大原则:① 课程首先要考虑国家的、民族的利益。巴格莱在《要素主义者的纲领》中,对于当时美国的"课程改革"运动提出了严厉批评。他的批评集中到一点,就是当时课程改革的理论从来没有认识到国家或民族与学校的教学内容有着一种利害关系,因而实际上否定了在全国人民的基础文化中,特别是民主社会中所需要的共同要素。② 课程要具有长远的目标。要素主义认为,种族经验之所以比个人经验重要,就在于前者具有永久的价值,它让个人一生的生活受益匪浅。③ 课程要包含价值标准。不言而喻,要素主义要求包含的当然是资产阶级所需要的"某种有关集体的价值标准,也就是社会上传统阶级的社会文化价值标准、本国政治领导人和思想界领导人(已故的和活着的)的价值标准,以及西方文明是'伟大著作家的价值标准'。为传授社会的传统,人们也必须传授社会的传统价值标准"。①

3. 教师应该是整个教学过程中的权威人物

要素主义者认为,教学过程中的主动权在于教师而不在于学生。他们强调应该把教师放在整个教育体系的核心,充分发挥教师核心地位的作用,树立教师的权威。在学生的学习过程中,没有教师的指导和控制是绝对不行的。为了使教师成为整个教学过程的权威人物,要素主义者还认为,教师必须具有一流的头脑和渊博的知识,精通所教科目的逻辑体系,对学生在学习过程中的心理有深入的理解,具有把知识、事实、理论传授给学生的能力,懂得教育的历史和哲学的基础,并能全心全意地献身于自己的工作。

4. 教学即心智的训练

在教学方法方面,要素主义者注重心智的训练。他们认为进步主义倡导的问题教学法或设计教学法固然有可取之处,但无普遍的适用性。它可能将学生的注意力引向一些具体问题,而忽视了知识的掌握。巴格莱认为教学的最高目的就是进行心智训练。贝斯特的基本观点是"学校的存在总要教些什么东西,这个东西就是思维的能力……维护这一点就是维护优良教学的重要性"。② 所以,一切教育教学的目标应该是发展人的智慧。一些要求严格和对学生心智训练具有特殊价值的科目,应该在学校课程中占有重要的地位。还要特别注重"天才"的发掘和培养,学校的社会责任是找出最有能力的学生,激发他们最大的潜力。因此,在教学上强调坚持传统的心智训练。

三、永恒主义课程理论

永恒主义又被称为"古典主义"、"新经院主义"、"古典人文主义"等。它代表了西方有着悠久历史传统的人文主义教育思潮。永恒主义形成于 20 世纪 30 年代,由宣扬宇宙精神的"永恒"存在而得名。永恒主义教育的主要代表人物是美国的赫钦斯、阿德勒,英国的利文斯通和

---

① [美]理查德·D·范科斯德,等:《美国教育基础》,北京师范大学外国教育研究所译,教育科学出版社,1984 年,第 54 页。

② 华东师范大学教育系,杭州大学教育系:《现代西方资产阶级教育思想流派论著选》,人民教育出版社,1980 年,第 179-180 页。

法国的阿兰等。

（一）永恒主义课程的思想基础

1. 以古典实在论为基础

永恒主义的哲学基础是古典实在论。基于古典实在论，永恒主义者认为世界是由先验的"实在"所组成，因而世界上存在着由"实在"构成的永恒不变的真理，即知识存在于绝对不变的普遍的真理之中。在永恒主义者看来，人是世界的一部分，因而对于人来讲，也是一种固有的"实在"，即不变的人性。人性到处都一样，它虽然是隐形的，却不会因为对不同文化的信仰而消失。他们又认为，人生下来时他的理性或潜能并没有以完善的形式被赋予，存在着不少欠缺，要改善人性，就意味着要使人的理性、道德和精神力量获得最大限度的发展，也就是人的潜能只有通过后天的教育和训练才能不断完善。在永恒主义者看来，既然真理是永恒不变的，人性的本质到处都是相同的，那么教育的基本原则也应该是永恒不变的。

2. 崇尚古代文明

在永恒主义者看来，古希腊是人类的黄金时代。在那个时代，人与自然、人与社会以及人与人的关系完美和谐；人们知道人的价值并且尊重人的价值，知道如何教育自己的孩子，知道教育是使人过真正的人的生活的重要手段。永恒主义者认为，人性是不变的，控制宇宙的永恒法则也是独立于时间和空间的，所以，适合古希腊人的教育同样也适合于 20 世纪的美国人。因而，他们立足于传统中发现的普遍的真理，并用它来改造现存的文化模式。

（二）永恒主义课程的主要观点

1. 课程与教学的目的在于促进学生理智的发展

永恒主义者把学校看做是培养人的理性的社会机构，把培养人的理智看做是教育教学的最高目的。在永恒主义者看来，"因为推理是我们的最高目的，所以发展智力应该是教育教学的最高工作重点"。[1] 赫钦斯明确指出："理智的美德是由理智能力的训练而获得的习惯，一种受过适当训练的理智，一种适当形成习惯的理智是一切领域里能够起着很好作用的理智。因此，不论学生是否注定从事于沉思的生活或实际的生活，由理智美德的培养所组成的教育是最有用的教育。"[2] "改善人即意味着最充分地发展人的理性、道德、精神诸力量。一切人都有这些力量，一切人都应充分地发展这些力量。"[3]

2. 课程要为生活做准备

生活准备论是永恒主义课程论的基础。永恒主义认为，学校绝不可能是也不应该是真实社会生活的"情境"和"雏形的社会"，学校始终是一个人工造成的、有价值的机构。在这个人为的机构中，要充分发展儿童的智力，从而为将来的生活打下牢固的基础。同时，永恒主义还继承了传统教育关于儿童的学说，认为每个人都具有成为理性的人的潜能，而要使这种潜能转化为现实，必须通过教育这种锻炼和学习过程，亦是为未来生活做准备的过程。

3. 以"永恒学科"为核心

永恒主义者从"永恒真理"中引申出"永恒的学科"是训练学生理智的最好办法，因此他们强调学校课程的确定是教育家和教师考虑的问题，不能仅凭学生的兴趣自由选择。教育家和

---

① ［美］奥恩斯坦：《美国教育学基础》，刘付忱译，人民教育出版社，1984 年，第 101 页。

② 华东师范大学教育系，杭州大学教育系：《现代西方资产阶级教育思想流派论著选》，人民教育出版社，1980 年，第 199 页。

③ 同②，第 219 页。

教师应该以"永恒学科"为核心为学生设计和确定课程。在永恒主义者看来,所谓"永恒的学科"主要是历代伟大哲学家、思想家的伟大著作,尤其是古代伟大人物的著作,因为"一种良好的教育包括对真理的探求和理解……真理能在文明的伟大作品中找到"。① 因此,永恒主义者特别强调学习古人的伟大作品的重要性。如:利文斯通提倡学生尤其要重视学习古希腊思想家的著作;阿兰则公开强调学生要回到古代伟人那里去,和古代思想直接接触;赫钦斯更是阅读古代伟人作品的鼓吹者和实施者。

永恒学科的基本特点或"长处",概括起来有这样几个方面:① 能开掘出人类的共同要素;② 通过这些学科的学习,有助于人们形成共同的观念,有助于人们之间的相互沟通和联系;③ 永恒学科集历代伟人思想之精华,是人们学习人类文明最有效的捷径;④ 永恒学科又是学生进一步学习高深学问以及进一步深入认识世界的基础。②

4. 学生要在教师指导下积极主动地学习

永恒主义者认为要促进学生理智的发展,除了让学生学习以"永恒学科"为核心的课程外,还特别注意强调学生应该在教师指导下积极主动地学习。在他们看来,教育是一种有目的、有计划的培养学生理智的活动,因此教育教学就不能一味地迁就学生的愿望和兴趣。他们强调学生应该有责任感和义务感,要服从学校教师的管教,在教师指导下积极主动地学习。

永恒主义者认为,只要教学方法得当,学生是可以通过学习这些永恒学科达到发展智力和形成良好个性的目的的。③ 散见于永恒主义者论著中的关于教学方法方面的主张主要有:反对灌输;反对填鸭式的记忆;发挥家长作用,督促鼓励孩子多做家庭作业;倡导"沉思"的学习方法;等等。而永恒主义者的具体的教学方法中,最有特色的是问答法和读书法。永恒主义者主张教师在讲解古典名著的同时,还要引导学生反复阅读古典名著的有关章节,熟记有关段落,教师在教学中不能直接把结论强加给学生,而应该激励和指导他们像古代伟人那样去思考,体会伟人的内心活动,通过自己的努力得出正确的结论,并使他们在学习古代伟人名著的过程中使自己的身心受到潜移默化的影响。

第二节　20世纪中叶后的课程理论

一、结构主义课程理论

结构主义教育是要素主义教育在美国20世纪50年代末到60年代末这段特定历史时期的复兴与升华,将要素主义所主张的学科课程发展至顶峰——创立了"学术中心课程"。

结构主义是一种以形式主义为方法的学说,它肇始于20世纪初索绪尔创立的日内瓦语言学派,后来主要通过法国人类学家莱维·斯特劳斯的努力而逐步渗透于其他文化思想领域。其核心是结构主义方法,这种方法已广泛地影响到以及被运用于许多学科,诸如语言学、心理学和教育学等。

---

① 华东师范大学教育系,杭州大学教育系:《现代西方资产阶级教育思想流派论著选》,人民教育出版社,1980年,第101页。
② 赵祥麟:《外国教育家评传》,上海教育出版社,1992年,第84-85页。
③ 李方:《课程与教学论》,南京大学出版社,2005年,第65页。

（一）结构主义课程的思想基础

1. 皮亚杰的发生学结构主义

瑞士的皮亚杰是当代最著名的心理学家之一、发生认识论哲学的创建者。他提出了智力发展的阶段论，探讨了影响智力发展的诸因素，揭示了智力的本质。皮亚杰在《结构主义》一书中认为，结构具有三个基本特征，即整体性、转换性、自调性。结构的整体性是说结构具有内部的融贯性，各成分在结构中的安排是有机的联系，而不是独立成分的混合，整体与其成分都是由一个内在规律所决定的。结构的转换性是指结构并不是静止的，有一些内在的规律控制结构的运动发展。结构的自调性是指结构由于其本身的规律而自行调整，并不借助于外在的因素，所以结构是自足的、封闭的，结构内某一成分的改变必将引起结构内其他相关成分的改变。"结构主义与建构主义的统一"表征了皮亚杰发生学结构主义的本质特征。

2. 乔姆斯基的结构主义语言学

美国麻省理工学院的乔姆斯基教授是当今世界最著名的语言学家之一，他创立了语言中的"转换生成语法"学派。乔姆斯基认为，作为符号系统的语言具有表层结构与深层结构两个层次。所谓表层结构，主要是指语言的语法结构；所谓深层结构，主要是指语言的句法结构。各民族语言有着不同的语法规则，即不同的表层结构，但所有的民族语言却都有共同的句法规则，即共同的深层结构。正因为有共同的深层结构，各民族语言才能够互相翻译或转换。语言的深层结构（句法结构）来自与生俱来的创造能力，是先验的而非经验的。正因为如此，各民族的语言才具有共同的深层结构。结构主义课程范式的重要代表施瓦布在构建其学科结构的理念时就借鉴了乔姆斯基的句法结构理论。

3. 莱维·斯特劳斯的结构主义人类学

法国人类学家莱维·斯特劳斯是第一个将索绪尔的语言学运用于社会科学的学者，他的结构主义人类学和神话学可以说是应用结构主义方法的典范。莱维·斯特劳斯认为，结构具有以下特征：第一，结构具有一个系统的特征，它由若干成分构成，其中任何一个成分的变化都会引起其他成分的变化；第二，对任一模式都应有可能排列出同类模式中产生的转换系；第三，如成分发生变化，能预测模式将如何反应；第四，模式的组成应使一切被观察到的事实都成为直接可理解的。因此，他指出，结构主义的中心课题，就是从混乱的现象背后找出秩序来。可见他的观点与皮亚杰的结构主义异曲同工。

（二）结构主义课程的主要观点

相比较而言，皮亚杰最早提出了儿童心理按结构发展的思想，但真正以结构主义心理学为基础全面探讨课程与教学问题，并且建立起比较完整的结构主义课程与教学论的人物是布鲁纳。布鲁纳的课程与教学论思想包括"教什么"、"什么时候教"、"怎样教"等几个方面。其中，最重要的就是他关于"教什么"的思想，其他两个方面则是这一思想的延伸。[①]

1. 强调课程内容应当是学科的基本结构

布鲁纳有一段著名的话："不论我们选教什么学科，务必使学生理解学科的基本结构。"[②]所谓基本结构，就是指各门学科中的基本概念、基本公式、基本原则等理论知识。从结构主义心理学出发，学习是人的主观认识结构连续不断的构造过程，通过与认识对象的相互作用，人

[①] 李方：《课程与教学论》，南京大学出版社，2005年，第70页。

[②] ［美］布鲁纳：《教育过程》，上海师范大学外国教育研究室译，上海人民出版社，1973年，第4页。

的认识结构不断得到改进和完善,认识对象的性质和特征,影响决定着认识结构的性质和特征。就这样的过程而言,基本结构的学习对于学习者主观认识结构的发展是最有价值的,而且,基本结构有普遍意义,对于学科的大量事实和现象有最强的说明解释力,有广泛的可迁移性,而且便于学生接受和记忆。

2. 强调基本结构应与学生的认知发展水平相一致

布鲁纳认为,基本结构的学习应当及早开始,而且越早越好。他提出了一个著名的假说:"任何学科的基础都可以用某种形式教给任何人。"①即只要做到知识结构与儿童各年龄的认识结构相一致,则早期教育也能收到应有的效果。

3. 倡导"发现法"教学

何谓发现?布鲁纳写道:"我将运用这一个假设,即发现,不论是在校儿童凭自己的力量所做出的发现,还是科学家努力于日趋尖端的研究领域所做出的发现,按其性质来说,都不过是把现象重新组织或转换,使人能超越现象再进行组合,从而获得新的领悟而已。"②所以发现的过程是一种高级的心理过程,一种问题解决的过程。发现学习教学就是不把学习内容直接呈现给学习者,而是由学习者自己通过一系列发现行为(如转换、组合、领悟等)而发现并获得学习内容的过程。采用发现法教学,可以减少学生对教师和教材的依赖性,从而培养学生的好奇心,发展学生的推理能力和观察能力,并使其掌握探究问题的方法。

二、人本主义课程理论

人本主义心理学崛起于20世纪50年代。它的主要思想起源是亚伯拉罕·马斯洛与卡尔·罗杰斯等人的心理学研究。人本主义心理学由于提出了与被称为心理学第一思潮的、把人描述为本能与冲突的产物的精神分析学派以及作为第二思潮的、强调人与动物的基本相似性、强调学习是解释人类行为的主要根据的行为主义学派截然不同的观点,而被称为心理学的第三思潮。其基本理论运用于课程领域而提出的人本主义课程理论,受到教育界的普遍重视,成为当前西方课程理论中的一个重要派别。

(一)人本主义课程理论的思想基础

人本主义课程的思想基础主要体现在心理学方面,即作为第三思潮的人本主义心理学。它认为行为主义心理学是机械的,只孤立地注重学生的智力,而忽视了其情感反应和个性中比较高级的一面。弗洛伊德心理学则过分怀疑个人动机,强调人类病态的、无意识情绪力。与这两派相反,马斯洛强调的是人的主观活动,他第一次把"自我实现"和"人类潜能"引入心理学。在他看来,"自我实现"也就是对天赋、能力、潜能等的充分开拓和利用,是一个形成过程。它有多种层次,可以是生活的成功,也可以是个人动机得到满足或危险解除的瞬间状态和正常的成长过程。因此,马斯洛要求课程应鼓励学习者的自我发现,允许学习者犯错误、实验、表达和表现自己,直至发现自我。

人本主义心理学的核心在于使个人发现他自己的存在,发现他与其他人以及社会团体的关系。③ 把体验作为主要目标,强调人类独有的特性,如选择性、创造性、价值观和自我实现,

---

① [美]布鲁纳:《教育过程》,上海师范大学外国教育研究室译,上海人民出版社,1973年,第8页。

② Bruner. The act of discovery. Harvard Educational Review,1961,31(1).

③ [美]夏洛特·布勒,等:《人本主义心理学导论》,陈宝铠译,华夏出版社,1990年,第1页。

强调意义性,最终关心和提高人的价值与尊严,关心每一个人天赋潜能的发展。

（二）人本主义课程的主要观点

1. 课程与教学的目的在于满足学生个人自我发展和自我实现的需要

罗杰斯曾经批评,过分地强调知识是现代教育的悲剧。教育者将主要精力放在如何设计好课程上面也是错误的。课程具有怎样的内容以及如何设计这些内容并不重要,重要的是引导学生从课程与教学中实现自我发展。可见,自我实现是课程与教学的目的和核心。人本主义课程与教学理论就是要鼓励学生的自我实现,允许学生自由表达、实验、犯错误、获得反馈、发现自我。

2. 强调人的情意发展和认知发展的统一,要求突出课程的情意基础

人本主义者强调,唯有借助于情意教育和认知教育的统一,整体人格成长才有可能。正如麦克尼尔和辛普森所指出的:"人的存在,就是认知与情意相统一的整体的人格,所以,认知学习与情意学习必须统一。"[1]

人本主义的课程与教学是要培养情意与认知、情绪与行为相统一的完整的个人。全美教育协会(NEA)的 70 年代报告是这样说的:"人本主义课程不仅仅把重点放在智力上,它是以'人的能力的全域发展'为目的的。课程除了纯粹的智力发展外,情绪、态度、理想、雄心、价值,对于教育过程来说也是应当关注的领域,还要发展自尊和尊重他人的思想意识。"基于这种认识,人本主义者要求课程突出情意基础。温斯坦和范特尼说:"仅仅凭借知识,是不会产生社会所需要的适当行为的,如果认识到学习者的感情和企求,影响行为的机会将会增多。"[2]可见,人本主义认为情意是智慧、行为的基础,要求将教学内容与方法植根于情意的"土壤"之中。

3. 设置并行课程和"整合"课程,着眼于整体人格的发展

为了实现认知教育与情意教育的统一,实现儿童人格的整体发展,人本主义者设立了并行课程(parallel curriculum)。福谢说:"学校必须设立并行课程,一方面接受系统的知识,另一方面探讨现实中直接提出来的社会的、人类的问题。"[3]于是他提出了如下的并行课程方案:课程1,正规的学术课程及有计划的课外活动;课程2,社会实验课程,这是一种突出"参与集体与人际关系"的课程,因此又称"人际关系课程";课程3,自我觉醒和自我发展的课程(亦称自我实现课程)。设立这种课程的意图是教师不仅要传授知识和技术,而且要为个体的人格解放与发展提供经验,帮助儿童的人格成长及其自律性的建立。

人本主义的学校课程还体现出整合的特点,它由三种课程整合而成:第一种是知识课程,即指理解和掌握自然科学、社会科学、人文科学知识的课程,旨在发展认知能力;第二种是情意课程,即指健康、伦理、游戏这一类旨在发展非认知领域的能力的课程;第三种是体验课程,即指借助知识课程和情意课程的统一,旨在实现整体人格发展的课程。

4. 主张意义学习和自发的经验学习

罗杰斯认为,意义学习提倡对知识的灵活理解,而不是消极地接受。在这种学习中,要求学生能在相当大的范围内自行选择学习材料,自行安排适合自己的情境,提出自己的问题,确

---

[1] 钟启泉:《现代课程论》,上海教育出版社,1989 年,第 157 页。
[2] 同[1],第 156 页。
[3] 同[1],第 164 页。

定自己的学习进程,关心自己的学习结果。此外,罗杰斯还用"自发的经验学习"来描述他所提倡的这种学习类型。其特征是:① 它使整个人沉浸于学习之中——躯体的、情绪的和心智的;② 教学的方向来自学生;③ 它产生学生不同的行为和态度;④ 根据学习者的学习活动作出评价。[①]

5. 促进学生学会学习并增强其适应性

人本主义者认为,知识是否被掌握,所学的知识是否系统,对学生来说并不是举足轻重的。教学过程的重心是"学会学习"。在教学中,至关重要的是帮助学生获得知识、信息和个人成长,这些将使他们以更加现实的态度应对现实世界。而这根本不是凭借教师对知识的传授就能实现的。

教学的目标应该是促进变化、改善学习。变化是确立教学目标的根据,而对这种变化的适应取决于学习过程,而非静态的知识。所以,应该把学生培养成"学会如何学习的人"、"学会如何适应变化的人",进而使学生成为能顺应社会要求、充分发挥作用的人。为实现该目标,罗杰斯在心理治疗实践中逐渐摸索出新教学方法——非指导性教学。它鼓励学生充满自信,从而使学生产生能超越自己的思想,开发出自己的隐形能力,最终达到学会学习、完善个性的教育目的。其中,教师的作用主要体现在形成理想的课堂气氛,提供给学生可以选择的材料、仪器等,成为学生产生意义学习动机的促进者。

6. 倡导学生的自我评价

人在一生中伴随着各种各样的外部评价,它们左右着人们的行为和成长方向。在教学过程中,人本主义者对这种外部评价模式持反对态度,倡导学生的自我评价。罗杰斯认为学生是处在学习过程中的人,只有他自己才能清楚地知道自己是否已做出了最大的努力,才能发现哪些方面失败了,哪些方面硕果累累。自我评价在学生的学习活动中具有十分重要的作用,这种作用的本质就是使学生为自己的学习承担责任,因而能使学生更加主动,使学习活动更加有效和更加持久。

具体的评价方法有:由学生提问,然后根据问题内容出试卷,学生参与评价;由全班学生讨论课程结束应达到的水平,并谈谈自己已达到的程度;师生共同评定每一个分数;学生书面进行自我评价;若与教师的评价有很大差异,师生间就进行讨论、商榷,共同确定分数。

三、建构主义课程理论

建构主义是当代心理学理论由行为主义到认知主义之后的进一步发展,即向与客观主义更为对立的另一方向发展,被喻为"当代教育心理学中的一场革命"。[②] 建构主义者认为,世界是客观存在的,但是对于世界的理解和赋予它的意义却是由每个人自己决定的。人是以自己的经验为基础来建构现实,或者至少说是解释现实的。他们强调学习的主动性、社会性和情境性,对课程提出了许多新的见解。

(一)建构主义课程的思想基础

1. 波普尔和维特根斯坦等人的哲学思想

在当代,与建构主义相关的哲学思想有两种:一是以波普尔为首的科学哲学的发展,尤其是波普尔提出"经验证伪原则",他认为,科学的自然是有意义的,但非科学的并非就没有意

---

① 李方:《课程与教学论》,南京大学出版社,2005 年,第 73 页。
② 陈琦,刘儒德:《当代教育心理学》,北京师范大学出版社,1997 年,第 97 页。

义,比如形而上学不是科学,但对科学理论的产生具有启发作用,动摇了人们对知识可靠性的迷信;二是维特根斯坦的日常语言哲学,尤其是他在后期反对逻辑原子主义,提出了"言游戏说"和"家庭相似"概念。这些对当今建构主义的创立和发展有着很大的启示。

2. 杜威的经验性学习理论

杜威认为,真正的理解是与事物怎样动作和事情怎样做有关,理解在本质上是联系动作的。由此出发,他将"行动"的学习与不确定情境中的探索联系在一起,强调教育必须建立在经验的基础上,教育就是经验的生成和经验的改造,学生从经验中产生问题,而问题又可激发他们运用探索的知识产生新概念。

3. 维果茨基的"文化历史发展理论"

俄国杰出的心理学家维果茨基的研究,对于理解建构主义也是十分重要的。维果茨基认为,个体的学习是在一定的历史、社会文化背景下进行的,社会可以对个体发展起到重要的支持和促进作用。维果茨基很重视学生原有的经验与新知识之间的相互作用。他将学习者的日常经验称为"自下而上的知识",而把他们在学校里学习的知识称为"自上而下的知识","自下而上的知识"只有与"自上而下的知识"相联系,才能成为自觉的、系统的知识,而"自上而下的知识"只有与"自下而上的"知识相联系,才能获得成长的基础。

4. 皮亚杰的认知发展理论

建构主义的先导当属皮亚杰。他确信,学习最基本的原理就是发现。他认为知识既非来自主体,也非来自客体,而是在主体与客体之间的相互作用过程中建构起来的。一方面,新经验要获得意义需要以原来的经验为基础;另一方面,新经验的进入又会使原有的经验发生一定的改变,使它得到丰富、调整或改造,这就是双向的建构过程。

（二）建构主义课程的主要观点

1. 建构主义的课程知识观

建构主义者一般强调,知识并不是对现实的准确表征,它是一种解释、一种假设,它并不是问题的最终答案。相反,它会随着人类的进步而不断地被"革命",并随之出现新的假设。而且,知识并不能精确地概括世界的法则,在具体问题中,并不是拿来随便用,一用就灵,而是需要针对具体情境进行再创造。另外,建构主义者认为,知识不能以实体的形式存在于具体个体之外,尽管人们通过语言符号赋予了知识一定的外在形式,但这并不意味着学习者会对这些命题有同样的理解,因为这些理解只能由个体学习者基于自己的经验背景而建构起来,这取决于特定情境下的学习历程。

建构主义的这种知识观向传统的课程理论提出了巨大的挑战。按照这种观点,课本知识只是一种关于各种现象的较为可靠的假设,而不是解释现实的"模板"。科学知识包含真理性,但不是绝对正确的最终答案,它只是对现实的一种可能更正确的解释。而且,更重要的是,这些知识在被个体接受之前,它对个体来说是毫无权威可言的,不能把知识作为预先决定了的东西教给学生,学生对知识的"接受"只能依靠他自己的建构来完成。学生的学习不仅是对新知识的理解,而且是对新知识的分析、检验和批判。另外,知识在各种情况下的应用并不是简单套用,具体情境总有自己的特异性。所以,学习知识不能满足于教条式的掌握,而是需要不断深化,使学生走向"思维中的具体"。[①]

---

2. 建构主义的学习观

建构主义对于学习的基本解释是：学习是学习者主动地建构内部的心理表征的过程,它不仅包括结构性的知识,而且包括大量的非结构性的经验背景,学习者以自己的方式建构。对于事物的理解,不同人看到的是事物的不同方面,不存在唯一的标准的理解,但可以通过学习者的合作而使理解更加丰富和全面。建构主义者提倡的学习方法是教师指导下的以学生为主体的学习方法。建构主义的学习环境是开放的、充满着意义解释和建构的环境。学习环境由情境、协作、会话和意义建构等四大要素构成。其中情境是意义建构的基本条件,教师与学生之间、学生与学生之间的协作和会话是意义建构的具体过程,而意义建构则是建构主义学习的目的。

3. 建构主义的学生观

建构主义者认为,学生是信息加工的主体,是意义的主动建构者,而不是外部刺激的被动接受者和被灌输的对象。即以学生为中心,强调学生对知识的主动探索、主动发现和对所学知识意义的主动建构。

4. 建构主义的教师观

建构主义教师观对传统的教师角色提出了严峻的挑战,强调教师的职责不应该是"给予",教师不应该把自己视为"掌握知识和仲裁知识正确性的唯一权威"。建构主义者主张,教师是意义建构的帮助者、促进者,而不是知识的传授者和灌输者。其角色就是学生学习的辅导者、"真实"学习环境的设计者、学生学习过程的理解者和学生学习的合作者。

5. 建构主义的教学观

建构主义者主张教学过程包含7个步骤:一是分析教学目标,对整门课程及各教学单元进行教学目标分析,以确定当前教学的"主题"。二是创设情境,即创设与主题相关的、尽可能真实的情境。三是设计信息资源,即确定本主题教学所需信息资源的种类和每种资源所起的作用。四是设计自主学习方式,即根据所选择的不同教学方法,如支架式教学、抛锚式教学、随机进入教学,充分考虑发挥学生的首创精神,促进知识外化和实现自我反馈,对学生的自主学习作不同的设计。五是设计协作学习环境,如开展小组讨论、协商。六是评价学习效果,主要围绕自主学习能力、协作学习过程中的贡献是否达到意义建构的要求进行。七是强化练习,以纠正原有的错误理解或片面认识,最终达到符合要求的意义建构。可见,建构主义教学观本质上是对人的主体价值给予充分尊重的教学观,体现了现代教学论的发展方向。

四、后现代主义课程理论

后现代主义是在后工业化社会中出现的。"后现代主义"这个概念最早出现在艺术中,随后出现在哲学中,是一个庞大的思想流派。一般认为,后现代主义具有多元性、多重性、创造性、不确定性、开放性、流动性、矛盾、不连续、随意、无节制等特征。它反对主张主体与客体二元对立的表象主义,反对主张表层文化与深层文化二元对立的基础主义,还反对主张现象与本质二元对立的本质主义。后现代主义的出现对课程思想和理论产生了重大影响。

(一) 后现代主义的含义

"现代主义"强调人通过对自然的理性把握和技术征服而确证人的主体性与本质力量,这种现代主义也称为"近代哲学思维方式"。19世纪中期以来,西方部分哲学流派不满于"现代主义"将主体与客体、现象与本质、内在与外在分离或对立的二元论思维方式,从而展开对现代理性的批判与超越,并主张完整地体现"人的尺度",重视非理性的价值,这些流派所倡导的是"现代哲学思维方式",这是广义的后现代主义。它所实现的是由"近代哲学思维方式"向"现代哲学思维方式"的转变。从 20 世纪 60 年代开始,西方出现了一种以否定和怀疑为特征的文化走向。这种文化走向否定"确定性",追求"过程性"和"流动性";否定单一化的价值追求,提倡多元价值观。这种文化走向一般可称为"后现代运动"。

20 世纪 60 年代以后,西方一些当代哲学家对"现代哲学思维方式"进行反思与批判,他们认为,现代哲学思维方式对近代哲学思维方式的否定,不过是用非理性取代了理性,是以一种片面性取代另一种片面性。因此,狭义的"后现代主义"特指西方 20 世纪 60 年代以来所出现的对"现代哲学思维方式"以及对"近代哲学思维式"的反思与超越的哲学思潮。①

（二）后现代主义的课程思想

后现代主义课程理念是对现代课程理念的反思与批判,是一种前瞻性的课程改革思潮。后现代主义课程理念十分丰富。

1. 课程的基本标准

著名后现代主义教育理论家多尔认为,后现代主义课程有 4 个基本标准:丰富性、循环性、关联性和严密性。②

（1）丰富性。多尔认为,丰富性是指"课程的深度、课程意义的层次、课程的多种可能性和解释"。编写课程大纲,应采用一种一般的、宽松的、多少带有一定的不确定性的方式。课程应具有"适量"的不确定性、异常性、无效性、模糊性、不平衡性、耗散性与生动的经验,课程需要这些干扰因素,以形成生活本身的疑问性。学校里主要的科目有其自身的历史背景、基本概念和最终词汇。因此,他要求每门学科应以自己的方式解释"丰富性"。例如:语文可通过隐喻、神话和记叙的解释来发展其丰富性;数学可通过游戏来发展其丰富性;社会学科可从对社会问题的各种解释中获得"丰富性"。

（2）循环性。多尔认为,循环性是"一个人在与环境、与他人、与文化进行反思性相互作用过程中产生自我感受的方式",这是一种"使思想返回自身的人类能力"。"循环性反思"是后现代主义课程的核心。在循环中反思起积极作用,反思由对话引起,因而对话是循环的必要条件。③

（3）关联性。多尔指出,联系的概念对后现代主义课程在两个方面具有重要意义:教育方面和文化方面。因而关联性包括教育联系和文化联系。教育联系主要指课程结构内在的联系,这种联系通过回归性发展课程的深度。这里,在实践中的反思这一过程很重要,通过这一过程,课程随时间的推移变得越来越丰富。他特别强调课程的过程性、联系的偶然性,并指出,课程应由课堂社区(或称班级"共同体")来创造(或称"自组织"),而不是由课本作者来决定。文化联系的观念产生于诠释的宇宙学——强调描述和对话是解释的主要工具。后现代主义还强调文化的两个特性:一是文化的背景性和局部性,因为话语的叙述总是处于特定的历史、语言和地点之中。二是文化的全球性,因为通过对话话语可以不断扩展到全球和生态的网络之中。所以,要把课程整合到更广的社会文化背景中去。

（4）严密性。20 世纪关于严密性的解释是,学术逻辑、科学观念和教学的精确性。这不

① 张华,石伟平,马庆发:《课程流派研究》,山东教育出版社,2001 年,第 343－346 页。
② 李方:《后现代主义课程理念浅识》,《现代教育论丛》,2003 年第 4 期。
③ ［美］多尔:《后现代课程观》,王红宇译,教育科学出版社,2001 年,第 250－261 页。

符合后现代主义要求。后现代主义认为严密性包含了解释性和不确定性两个因素,要严密地对待解释。不确定性意味着选择的多样性和系统的开放性,确定性是指每一种观点都有其特定的假设与背景。①

2. 课程是经验的创生

后现代主义把课程看做师生个体经验创生的过程,儿童的现实经验和可能生活是课程的依据,课程不是由教育行政部门或学校对儿童发展的"规定",课程是儿童依据自己的经验对课程的再创造。课程是动态的、发展性的。多尔把课程的精神内涵描述为:课程"是生成的,而非预先确定的"。多尔认为,以往更多地把课程当做一种文本,而忽视了学生的经历和体验。在后现代主义看来,课程就是师生在教学实践中个体经验的创生。课程应超越"书本世界",以"生活世界"为学习内容,学生的现实体验是学生学习的起点和基础。这样,后现代主义者对课程的概念的认识,已远远超越了传统上将课程只理解为预先设计的"文本"的狭隘认识。

3. 课程是复杂的对话

后现代主义认为最主要和最本质的交往性实践活动就是教学对话,所以后现代主义将师生的教学对话看做课程。派纳说:"课程是复杂的对话。"首先,课程是复杂的。复杂性是针对科学主义课程片面追求课程简单,追求课程的开发、编制、实施、评价的程序化而提出来的。众所周知,"自然"具有复杂性,对课程而言,也不应将其视为一线性的程序化过程而展开,而应将其视为复杂的和创生的、有生命力的相互作用的网络。其次,课程是对话,是师生之间的交往与沟通。派纳指出,以往和当代的课程具有字面上和制度上的含义。然而,课程概念并非仅限于此。"课程是一个高度象征性的概念,课程是格外复杂的对话",在对话中,参与者并没有投入到询问和争论之中,也不会发现"真理",不会证明一个主张,也没有任何结论。对话是开放的、相当个人化的交谈。对话强调的是相互理解和沟通。

在后现代主义看来,课程不再是文本,也远非某一过程,课程成为一个动词,或一项行动、一次教学实践。这就将课程的概念从静态的、不变的"文本",扩展到动态的、创生的教学活动——师生"对话"。课程的内涵由此而拓宽。②

4. 课程的主体是信息

派纳指出,课程的主体是信息而不是知识。后现代时期,知识的本质不再是以往主张的事实、信念、真理性的东西及技能,而是信息。信息反映了知识的本质。信息包括已成形的确定的事实、真理,同样也包括了未成形的动态的、变化的消息。相对于现代主义仅将知识经验看做课程的精神内涵,后现代主义把信息看做课程的主体是进步的。对话是师生个体知识经验的累积和创生,是师生之间的一种信息流动。后现代主义将信息看做课程的主体,在当今信息社会有重要的研究价值。

5. 课程要促进学生个体意义的建构

后现代主义认为,在课程实施中,儿童是中心和主体。儿童主动地、积极地开展反思性、创造性实践,构建人生意义。课程是促进学生经过反思性和创造性实践来探索人生意义的活动及其过程。学生的学习应以主动参与、体验、反思、探究和创造为基础,而不是简单地适应和被

---

① [美]多尔:《后现代课程观》,王红宇译,教育科学出版社,2001年,第250–261页。
② 李方:《课程与教学论》,南京大学出版社,2005年,第84页。

动接受,教师是儿童学习的指导者与合作者,和学生一样是课程的建构者,教师要善于发挥学生在课程实施中的自主性和能动性,培养学生的意义建构能力。后现代主义关于课程实施的观点,是针对现代学校教育过分强调知识传输、忽视自我意识教育和意义建构而提出来的。派纳认为,学校教育的失败在于学习者在学习过程中自我意识受到抑制,因而自我在"生活世界"(学校)中被扭曲。他赞同学校教育应以"个人"(学生)为教学的中心,运用学生的想象力来打破及超越日常生活中认为理所当然的知识,以寻求其真正的意义。他主张意义建构过程中教师应能促成自由而理性的沟通,促成自我意识的觉醒,进而批判和改造外在世界。派纳提出,课程不只是制造知识的学科,它也是学生个体内在经验与外界环境相互作用的经验改造与意义的建构,课程的实施更重要的是关心如何拓展学生内在世界的意义。

后现代主义主张超越工具理性的课程,主张发展学生内在自我生活世界,提高自我意识,建构意义的世界,以及主张学生自由表现和人性解放,这无疑有利于学生个性的形成,发展学生的心灵世界。但过分注重学生个体经验、自我意识和个人自由,容易忽视社会方向性指导。特别是在教学"全球化"的今天,课程不能不重视时代背景和社会发展的需要。[①]

6. 概念重构和理解课程

在后现代主义学者中,派纳是"概念重构"论和"理解课程"论的创始人。他认为,概念重构是从微观的意识提升和宏观的文化革命的展开,重新反省和界定课程理论的本质。应超越消极批判阶段,从现象学、精神分析、存在主义等思想中寻找有益的概念架构及方法,同时要对当代历史和文化的发展有敏锐的察觉,拓展对教育经验的了解与获取,此外,也要促进对课程本质的把握。理解课程与以往的课程思想之区别在于,希望人们从历史、政治、文化、科学、艺术、现象学、环境、个人自传、国际化等诸多视角重新认识课程,将课程的哲学体系建立起来。

后现代主义主张概念重构和理解课程,与其课程的宽泛性和复杂性的理念是一致的。课程的丰富性、联系性、复杂性、不确定内在性是概念重构和理解课程提出的理论基础。

（三）后现代主义的代表课程观

在众多的多元化课程理论研究中,多尔的后现代主义课程观、卡普拉等人的整体性生态课程论、斯拉特瑞的通俗化后现代主义课程理论是最为突出的。

1. 多尔的后现代主义课程观

多尔从伊·普里戈津的浑沌学原理出发,吸收了自然科学中不确定原理、非线性观点以及改造主义教育哲学和杜威经验主义思想,勾画出其后现代主义课程理论的框架。普里戈津认为,现实世界的绝大部分不是有序的、稳定的和平衡的,而是充满变化、无序和过程的开放系统。据此,多尔认为,当今的课程理论是以牛顿式传统科学的简单、稳定、永恒的认知观为基础的,它将教育、课程和人的发展假设为稳定、封闭、平衡的系统,这与教育过程是开放性的形成过程,处于不断地平衡—不平衡—平衡之间的关系的调节过程中的事实不符合,主张强调教育以及教育与人的关系系统中作为开放的、处于不平衡甚至远离平衡系统状态时的那些特性。

多尔对现代主义课程进行了详细的分析和批评,认为封闭性、简单化、累积性是现代主义课程的病理,后现代课程强调开放性、复杂性和变革性。开放性就是将课程视为一个开放的系统,流动、变化、干扰、错误很难回避,它们是系统进行自组织的契机和源泉,课程建设要随时考虑到这些因素的存在和影响;复杂性意味着非线性和简单对立,教育过程是由多种因素的交互

---

① 李方:《课程与教学论》,南京大学出版社,2005年,第86页。

作用组成的,其因素是网状的,影响是综合的;变革性则指系统从远离平衡的状态到形成新平衡的过程是突发性的,教师要适时诱发学生内部的不平衡以求新的平衡,课程应给学生自组织的机会,在最有利的时机引发学生的内部重组。多尔在1993年出版的《后现代主义课程观》一书中,运用后现代主义课程观点针对泰勒原理的弊端,进一步提出了他所设想的新课程标准。多尔认为,泰勒原理是现代主义封闭课程体系的典型,它所包含的4个主要步骤(确立目标、选择经验、组织经验、评价结果)局限于线性的和因果关系的框架之中,置于核心地位的"确立目标"便因此而与其他三个步骤脱离开来,不仅如此,由于目标是经过精心选择的,它往往还会超越教育过程本身。为了克服泰勒原理的缺陷,多尔提出了相应的4条课程标准,它们是:丰富性、循环性、关联性和严密性。丰富性与课程的深度、课程作为意义的载体以及课程的多种可能性或解释有关;循环性与螺旋式课程的概念内涵一致,其框架是开放的,旨在发展能力;关联性强调建构课程结构时的一整套关系以及课程之外有关文化的关系,包括教育上和文化上的关联;严密性即概念的重新界定,与诠释和不确定性联系在一起。概而言之,多尔认为课程目标不应预先确定,课程内容不应是绝对客观和稳定的知识体系,课程实施不应注重灌输和阐释,所有课程参与者都是课程的开发和创造者,课程是师生共同探索新知的发展过程。多尔的课程理论具有建构性特征,比较系统,他的这些主张无疑为课程研究展现了一个广阔的前景。

2. 整体性生态课程论

唯科学至上思想采取与自然对立态度导致了生态恶化和人类生存危机,以卡普拉为代表的后现代主义者提出了促进人类和谐的生态课程论。卡普拉于1982年出版《转折点:科学、社会和新文化》,指出唯科学的理论和方法会导致人性的毁灭,呼吁人们采取科学与人类精神相结合的后世界观,将人类的生活世界看成一个相互依存的整体,用生态学的世界观看待世界和设计课程。卡普拉的思想得到一部分课程论者的支持,他们以各种方式提出了注重互相依存和生态环境的整体性生态课程观,格里芬提出"神圣的联系",奥尔提出"生态脱盲",米勒提出"整体性课程",奥里佛和杰士曼提出"相关多元性的统一",等等。这些观点的共同之处在于:注重整体观和生态观。具体到课程问题的看法上,有以下几点值得注意:第一,课程的重点是学生的自我学习和自我发现,师生是合作的探究者与平等的对话者关系;第二,课程实施注重知识与知识之间的联系,注重学习经验、自然界以及生活本身,强调课堂与社会紧密相连,提倡到大自然中研究,联系社会,深入社会;第三,注重学校建筑、教室布置、自然环境、学生的心理环境的整体和谐;第四,将生态意识渗透到教育过程之中,既关注个体外在生态环境的平衡和保护,也注重个体内部(如情感、心理场、潜意识等)的生态平衡。

实质上,注重整体性生态课程建设已经成为一个世界性的共同主题,过去(乃至现在)人类在征服自然、战胜自然的同时,也经受了自然对人类的"征服"和"战胜",其教训是非常深刻的,为了人类的存在和发展,学校课程设计不可能不坚持整体性的生态观。从学校教育过程来看,学校的物质环境、制度环境、精神环境的建设也必须坚持整体性的生态观。从学生个体发展来看,其内部的生态平衡随着信息社会的急剧变化越来越显得空前的重要了。

3. 通俗化后现代主义课程理论

后现代主义课程研究的主题是实现"概念重建",在此过程中,人们引入了解释学、浑沌理论等大量理论范式。"重建"后的课程概念往往晦涩难懂,针对此种状况,斯拉特瑞极力运用通俗化术语重建后现代主义课程理论,主要涉及否定"元叙述"、否定"二元论"、博采众家之长、揭示意义层。

（1）否定"元叙述"（meta-narratives）。"元叙述"是后现代主义者所使用的关键术语。利奥塔尔将"元叙述"理解为以单一的标准去裁定所有差异,进而统一所有的话语。斯拉特瑞认为课程研究中的元叙述,就是对现代典型的课程范式进行组织,使之更加井然有序,如泰勒原理就是元叙述。现代主义课程的不足就是正在做类似泰勒原理的"元叙述",后现代主义课程就是要批判和否定"元叙述",这是后现代主义课程理论与现代主义课程理论的分水岭。

（2）否定"二元论"。丹尼尔·贝尔认为进入后工业社会,前工业社会和工业社会人与自然和人与机器二元对立的关系已经转化为人与人主体间的关系,因此,传统的二元论（bifurcation）思维方式已不再有效。斯拉特瑞同意贝尔的观点,认为二元论思维方式在后现代主义课程研究领域面临着严峻挑战,强调"通过整体理解消除二元论",以沟通各课程理论之间的联系。斯拉特瑞成功地建立起各学说之间的联系,从不同角度探讨了后现代主义课程理论的概念重建的观点。

（3）博采众家之长。从"整体理解"出发,斯拉特瑞主张要综合、吸收各家各派的思想观点构建课程理论。在《后现代时期的课程编制》一书中,斯拉特瑞的课程编制观很明显地吸收了杜威和泰勒的观点。现以对泰勒原理的吸收和批判为例作些说明。一方面,斯拉特瑞对20世纪占统治地位的现代主义课程理论的典型范式——泰勒原理进行了批判,集中表现为二者的哲学观和知识观明显的对立性。从哲学观上看,泰勒原理所包含的4个基本问题从出发点到问题的解决都是理性主义和科学的实证主义的具体体现,表现为很强的计划性、程序性、系统性。相反,斯拉特瑞倡导的是非理性的、本体的以及"浑沌和不确定性"。从知识观来看,泰勒原理的课程编制模式从目标到评价,整个过程具有很强的既定性和封闭性,而斯拉特瑞的知识观则以多尔及奥利塔尔的知识观为基础,主张课程知识没有固定的框架,拒绝稳定系统和绝对论。另一方面,斯拉特瑞又吸收了泰勒原理的一部分内容。二者均将课程编制视为一种过程,而且二者在课程编制过程的具体环节上有着一定的对应关系。斯拉特瑞的"选择课本"环节与泰勒原理的确立教育目标及选择学习经验相对应,构建学习经验与泰勒原理的组织学习经验相对应,评价学习任务与泰勒原理的评价学习结果相对应。如果进一步深入考察,还会发现二者在选择学习经验和组织经验的具体做法上也有一致性。斯拉特瑞认为学习经验是个体内部经验的相互联结,于是将重述个体经验作为课程实施的重要方式。泰勒原理把学习经验看做学习者与外在环境的相互作用,故重视学习者自身的经验与知识的联系。所以,二者均重视个体经验与课程知识的联系,在组织经验环节上,二者均重视课程类型多样化,都注重课程的实践意义,注重通过交流和交往获得经验。

（4）揭示意义层。整体理解需要个体经验与广泛背景（如人类经验）建立相互联系,但人类经验往往是混乱的和不确定的,所以,揭示人类经验的意义很有必要。斯拉特瑞主张通过个体自我反思,建构一个综合应用现代理论来产生个体理解的随意、偶发事件的模型。

除多尔、卡普拉和斯拉特瑞的课程理论外,吉鲁等学者也发表了他们对课程的见解。如吉鲁以"边缘教育学"为核心建立了批判教育学体系,主张尊重文化差异,采用批判态度研究教育问题,他将博比特、泰勒一直到比彻姆的课程论归结为传统的课程范式,指出了传统课程范式所依据的基本假设,并对这些假设进行了有力的批判,从而奠定了西方批判课程理论的基础。不过,批判课程论破多立少,还缺乏切实可行的建设性措施,离达成其社会公正和人的解放之终极目的,还有很长一段距离。如此等等,不再一一赘述。总体上看,后现代主义课程理论凸显了研究范式上的差异性,各种课程观并不希望建立统一的课程模式,这使人们呼吸到一股股新鲜的空气,为后现代社会的教育发展提供了新希望。但是,承认后现代主义课程理论强调差异性、多元化之贡献的同时,的确需要肯定一定的"共同性"。尤其是中西方文化差异的存在、国情之差异的存在,要求在吸收后现代主义课程理论时更要持谨慎态度。强调"差异性"到一定程度,必然复兴"共同性",这是一种历史的存在。

第三节　其他有影响的课程理论

一、合作课程理论

(一)合作学习的理论基础

合作学习是一种复合活动,因而它的理论基础也自然具有复合的特色。其主要理论基础有以下几个方面的内容:[1]

1. 群体动力理论

群体动力(group dynamics)主要源于格式塔学派创始人之一的考夫卡。他指出:群体是成员之间的互赖性(互相依赖)可以变化的动力整体。群体动力理论的创始人——勒温对上述观点分别进行了如下阐发:第一,群体的本质就是导致群体成为一个"动力整体"的成员之间的互赖(这种互赖通常由共同目标而创设),在这个动力整体中,任何成员状态的变化都会引起其他成员状态的变化。第二,成员之间紧张的内在状态能激励群体达成共同的预期目的。

勒温的弟子道奇在20世纪40年代末提出了合作与竞争的理论,这对合作教学的发展产生了直接的影响。根据道奇的定义,在合作性的社会情境下,群体内的个体目标表现为"促进性的相互依赖"(positive interdependence),也就是说,个体目标与他人目标紧密相关,而且一方目标的实现有助于另一方目标的实现。而在竞争性的社会情境下,群体内个体目标则体现为"排斥性相互依赖",虽然个体目标之间联系紧密,但一方目标的实现却阻碍着另一方目标的实现,是一种消极的相互关系。勒温还对此进行了实验研究,结果表明:在合作性群体中,个体具有较强工作动机,能够相互激励,相互体谅,个体间的信息交流也比较畅通,合作性群体的工作效率明显高于非合作性群体。道奇的研究生戴卫·约翰逊,同他的兄弟荣·约翰逊一道,将道奇的理论拓展为"社会互赖理论"(social interdependence theory)。社会互赖理论假定:社会互赖的结构方式决定着个体的互动方式,也决定着活动结构。积极互赖(合作)产生积极互动,个体之间相互鼓励和促进彼此的学习努力。消极互赖(竞争)通常产生反向互动,个体之间相互妨碍彼此取得成绩的努力。在没有互赖(个人努力)存在的情境下,会出现无互动现象,即个体之间没有相互影响,彼此独立作业。这就是约翰逊兄弟所提出的社会互赖理论的要义。

另外,约翰逊兄弟经过多年研究,建立了竞争与合作的理论模型。模型显示,合作的目标结构会导致人际吸引,能促进相互作用,能增强心理接纳感,形成动态的、多样化的、现实的合作观等。而竞争的或个人主义的目标结构不会出现互动现象,反而会导致人际回拒,其中的目标结构会阻抗相互作用,个人主义的目标结构都会导致心理回拒感,形成孤立的、静态的、单纯

---

[1] 王存智:《合作学习的理论与策略》,山东师范大学硕士学位论文,2005年。

的同学观，有限的觉察能力，以及对未来互动的失望等。总之，约翰逊兄弟得出的结论是："同竞争的目标结构、个人主义的目标结构相比，在合作的目标结构下，学生的学习会产生更多的人际吸引。"从群体动力的角度来看，合作教学的理论核心可以用很简单的语言来表述："当所有的人聚集在一起为了一个共同的目标而工作时，靠的是相互团结的力量。相互依靠为个人提供了动力，使他们做到：互勉、互助、互爱。"

2. 选择理论

选择理论(choice theory)是美国加利福尼亚哥拉斯学院的创建者和校长哥拉斯于1996年提出的。选择理论原称控制理论(control theory)。1996年，哥拉斯将自1979年就倡导的"控制理论"改称为"选择理论"。哥拉斯指出："我过去把选择理论称为'控制理论'，是因为它告诉我们，人的行为只有我们自己才能控制。我发现'选择理论'是一个更好、更积极和更完美的名称。"鉴于这种原因，我们在此可以将选择理论与控制理论视为一种理论。

哥拉斯指出："控制论是建立在这样的事实基础上的，即我们是被内在动力所推动的，是被我们的各种需要所驱使的。这些需要如同我们的胳膊和腿之连于我们的生动性结构一样，也建立于我们的生物性结构之上。我们一出生，就必须去奋斗。我们为生存，为获得一些爱、一些力、一些乐趣和自由，我们只有靠争取，别无选择。这些需要，我们经常能满足到什么程度，也就是我们控制自己生活的效力能达到什么程度。"哥拉斯认为："我们都被潜伏于基因中的四种心理需要所驱动，它们是：归属的需要、力量的需要、自由的需要和快乐的需要。与我们必须靠食物和住所来生存一样，我们也不能忽视这些需要。满足其中的一种或几种需要都会使人感到愉快。实际上，快乐的生物目的就是告诉我们一种需要得到了满足。痛苦则告诉我们目前我们的所作所为无法满足我们非常想满足的那种需要。我们之所以苦恼，原因就是我们无法找到怎样才能满足这些需要的方法，如果这种失败的痛苦持续不断，几乎可以肯定地说，约翰(实际上是指学生)两年内就会离开学校。"他还指出，虽然今天的学校教育过于压抑，不够愉快，但这不是问题的焦点。学生懂得在一个群体情境中不可能让他们自行其是，需要遵循规则和纪律。另一方面，如果有了归属感和影响力，愉快也是自然而然的事。所以问题就集中到了归属的需要和影响力的需要。

哥拉斯在《课堂中的控制论》一书中指出，利用归属、影响力和乐趣能够激发学生们去挖掘自身的潜力，维持学习的兴趣。美国著名教育家约翰·杜威说过："人类本质里最深远的驱策力就是希望具有重要性。"他认为，学习应该与学生的需要和兴趣相联系，教育应该包括学会和别人一起工作，学会尊重他人和理解他们，这种民主程序必不可少。

总之，选择理论是一种需要满足理论，它认为，学校是满足学生需要的重要场所。学生到学校来学习和生活，主要的需要就是自尊和归属等。按照选择理论，不爱学习的学生，绝大多数不是"脑子笨"(硬件问题)，而是他"不愿学习"(软件问题)。只有创造条件满足学生对归属感和自尊感的需要，他们才会感到学习是有意义的，才会愿意学习，才有可能取得学业成功。许多学生正是因为在课堂上得不到认可、接纳和表现出对别人的影响力，才转向课外活动、校外小团体等寻求满足自己需要的机会。可以说，"只有愿意学，才能学得好"就是选择理论最为通俗的一种表述。

3. 教学工学理论

教学工学(classroom instructional technology)理论认为，影响课堂学习质量及社会心理气氛的因素主要有三个：任务结构(task structure)、奖励结构(reward structure)和权威结构

（authority structure）。斯莱文博士认为："课堂教学工学可以描述为三个要素——任务结构、奖励结构和权威结构的统一体。任务结构是构成学校每天上课的各种活动的混合。"

具体言之，任务结构包括：① 教学方式方法，如讲解、提问、课堂讨论、作业练习、实验操作等。② 教学组织形式，如全班教学、分组教学或个人自学。在分组教学中，又有同质分组和异质分组之别。合作教学在任务结构方面利用小组合作、异质性小组团体，采用各种不同方式的学习活动来进行学习。

奖励结构一方面是指运用何种方式来强化学习行为的结果，它涉及：① 奖励类型，如分数、表扬或物质性鼓励；② 奖励频数，如奖励间隔时间的长短、奖励数量的多少等；③ 奖励的可接受性，如直接奖励或间接奖励；④ 奖励的对象，如面向全班、小组或个人。另一方面，奖励结构是指人际间奖励的互赖性。斯莱文博士认为："人际间奖励结构是指同伴的成绩之于个体的重要性。在竞争性的奖励结构中，如按正态曲线对学生评定等次，一个学生的成功注定了别人相应地失败。"密切尔斯将此称为"负性（否定）的奖励互赖关系"。因为在竞争性的奖励结构中，别人的成功就是自己的失败，是负性的奖励结构。反之，在合作性的奖励结构中，一个学生的成功同时会帮助别人成功，学生们之间存在着一种正性（肯定的）互赖关系。除了竞争与合作的奖励结构外，还有一种就是个别奖励结构。在这种奖励结构中，个人成败奖惩对别人不产生任何影响，学生之间是独立的奖励互赖关系。合作教学主要是利用了正性的奖励结构来激发和维持学习活动的。

权威结构主要是指在课堂这一社会系统中，教师或学生控制教学活动的程度。任何社会都必须有社会控制，这样才能维持社会秩序并满足社会需要，课堂这一社会系统也是如此。在课堂中，控制者可能由教师个人、学校行政人员、学生自己、同伴团体、班长等来承担。在传统的教学体系中，通常是由教师个人以奖惩和分数来控制学生的学习及各种行为表现的。学生的努力和用功只是为了避免教师的处罚并为自己赢得某种利益，这是无法满足开放社会要求的，也无法使学生真正地尽己之性，获得最佳发展。合作教学则不同，它要求学生利用自己的内在动机及同伴的激励来控制自己的行为，去努力学习，最大限度地获得学习上的成功。

从表面上看，合作教学似乎只是改变了课堂内的社会群体结构，但在实际上，课堂上的任务结构、奖励结构和权威结构也都发生了很大的变化，这是值得注意的。在以上三种课堂结构中，合作教学首先将任务结构中的教学方式方法从传统意义上师生之间的单向交流或双向交流，拓展为各教学动态因素之间的多向交流。其次，合作教学还将分组教学作为教学的基本组织形式确定下来；分组的观念一改以往能力分组中所强调的同质性，而是主张将小组成员按学业成绩、能力水平、个性特征、性别比例、家庭社会背景等因素合理搭配，形成一个微型的合作性异质学习团体。在奖励结构中，合作教学把以往表面上面向全体学生，实际上鼓励人际竞争的奖励形式改变为面向小组全体成员的合作性奖励。在权威结构中，合作教学强调的是学生自我控制活动为主，教师指导协助为辅，用约翰逊的话来讲，就是"从旁指导"。

总的看来，在合作教学的各种具体方式中，改变最为突出的主要是奖励结构。研究结果业已证明，奖励结构是合作教学赖以提高学业成绩的最为关键的因素。斯莱文博士曾经指出：奖励结构所具备的功能是合作教学的特色所在。

4. 动机理论

动机理论（motivational theory）主要研究的是学生活动的奖励或目标结构。道奇曾界定了三种目标结构：合作性结构，在这种结构中，个体指向目标的努力有利于他们的目标达成；竞争性结构,在这种结构中,个人指向目标的努力会阻碍他人的目标达成;个体性结构,在这种结构中,个体指向目标的努力对他人的目标达成没有影响。

从动机主义者的观点来看,合作性目标结构(与竞争性相反)创设了一种只有通过小组成功,小组成员才能达到个人目标的情境。因此,要达到他们个人的目标,小组成员必须帮助他们的成员做任何有助于小组成功的事,而且,或许更为重要的就是要鼓励同伴们去尽最大的努力。动机主义者在批评传统课堂组织形式时指出,课堂中的竞争性评分和非正式奖励制度导致了与学业努力相对立的同伴规范。由于一个学生的成功会削弱其他学生成功的可能性,学生们就可能形成这样一种规范(标准),即谁得高分就是为了"出风头",或者是想成为老师的"宠儿"。"竞争性的计分标准造成一种同伴常模,这种常模不利于调动学生努力学习的动机。"另外,这种阻碍和限制工作的规范在工业上也是人人皆知的。如工作中的"快手"就会受到其工作同伴的讽刺和排斥。然而,当学生们为了一个共同的目标而一起活动时,在合作性奖励结构下,他们学习的努力有助于同学的成功。学生们在学习上会因此而相互鼓励,强化彼此在学业上的努力,并且能形成有利于学业成绩的规范。例如,豪顿和迪沃里斯、马丹和斯莱文都发现,在合作学习课堂上的学生都会感到,他们的同学都希望他们学会。在合作学习小组中,学习成了使学生超越同伴小组的一种活动。他们还希望,合作学习小组中的学生由于在学习成绩方面获得了成功,还会改善他们在整个班级中的社会地位,而传统课堂情境中,这些学生是会失去地位的。这些由于学业成功而致的社会重要性的变化十分重要。约翰逊等人认为,学习动机是借助于人际交往过程产生的,其本质体现了一种人际相互作用建立起的积极的彼此依赖关系。激发动机的最有效手段就是在课堂教学中建立起一种"利益共同体"的关系。这种共同体可通过共同的学习目标、学习任务分工、学习资源共享、角色分配与扮演、团体奖励和认可来建立。小组成员之间形成"休戚相关"、"荣辱与共"、"人人为我,我为人人"的关系是动机激发的一个重要标志。

5. 社会凝聚力理论

与动机论有些联系的另一种观点认为,合作学习对学习成绩的影响在很大程度上是以社会凝聚力(内聚)为媒介的。实际上,学生们在学习上互相帮助是因为他们相互关心并希望彼此都获得成功。这种观点与动机观的相近之处就是它强调从动机而不是从认知上解释合作学习的教学效果。

动机理论家们认为,学生们帮助小组同伴是由于他们自身的利益要求这样做。相反,社会凝聚力理论家们则认为,学生们帮助小组同伴学习是由于他们关心集体。社会凝聚力观点的一个重要标志就是突出作为合作小组准备的合作学习小组的组建活动,以及小组活动过程之中和之后的小组自加工活动或小组自评活动。社会凝聚力理论家倾向于不接受动机理论家视为根本的小组奖励和个体责任。他们认为,"如果学习任务是挑战性和有趣味的,如果学生具备充分的小组过程技能,那么学生们就会于集体工作过程本身体验到高度的奖赏性——永远不要对小组成果中的个人贡献进行评分或评价"。沙伦与阿朗逊等人的研究就主要是以社会凝聚力理论为依据的,在其创设的合作学习方式中,学生都承担着一定的角色。在阿朗逊的"切块拼接法"中,将4或5个课题分配给小组成员,学生们分别学习一个课题的材料。他们在"专家组"中与其他小组学习同一课题的学生开会交流信息,然后再回到各自的小组中去轮流讲解所学的课题。在沙伦的"小组调查法"中,各小组承担全班学习的某一单元内的各个课题,然后在小组内再进一步将课题分解为各项子课题。学生们共同探讨某一课题,最后将他们的研究成果向全班介绍。

总之,凝聚力理论家们认为,小组建设、小组评议及任务的专门化,不但可以使小组的成员协调工作,而且还使全班作为一个整体发挥功能。每个人不管其能力大小,都能为小组任务乃至全班任务的完成作出独特的贡献。

6. 发展理论

发展理论(developmental theory)的基本假定是:儿童围绕适宜的任务所进行的相互作用能促进他们对重要概念的掌握;儿童认知发展和社会性发展是通过同伴相互作用和交往发展起来的。

前苏联著名心理学家维果茨基将儿童的最近发展区界定为:"由独立解决问题所决定的实际发展水平与通过成人的指导或与能力更强的伙伴合作解决问题所确定的隐形发展水平之间的距离"。维果茨基指出:"教学的最重要特征是教学创造着最近发展区这一事实,也就是教学引起与推动儿童一系列内部的发展过程,这些内部的发展过程现在对儿童来说只有在与周围人的相互关系以及与同伴们的共同活动的范围内才是可能的,但是由于经过了内部发展进程后来才成为儿童自身的内部财富。"在"最近发展区"这一概念中,维果茨基强调它是儿童独立解决问题的实际发展水平与在成人指导下或能力较强的同伴合作之下决定的隐形发展水平之间的差距。所以,教学创造着最近发展区不仅体现在教师的教学之中,同样也体现在与较强同伴的合作之中。

通过小组内部的争论、磋商、讨论、协调等方式,小组达成某个问题的共同意见与解决办法,这是心理发展的社会关系的渊源。在他看来,儿童间的合作活动之所以能够促进成长,是因为年龄相近的儿童可能在彼此的最近发展区内操作,表现出较单独活动时更高级的行为。维果茨基对合作活动的影响作了如下描述:"功能首先是在集体中以儿童间的关系为形式形成的,然后才成为个体的心理功能——研究表明,反省源自于争辩。"也就是说,人的心理是在人的活动中发展起来的,是在人与人之间的相互交往的过程中发展起来的。任何一种高级心理机能在儿童的发展中都是两次出台的。第一次是作为集体的活动、社会的活动,亦即作为心理间的机能而登台的;第二次才是作为个人活动,作为儿童思维的内部方式,作为内部心理机能而登台的。例如言语最初是作为儿童与他周围的人之间的交往手段而产生的,只有到了后来,它才转化为内部言语,而变成儿童自身的思维基本方式,变成他的内在心理机能。

维果茨基对最近发展区的定义使后来的学者们从两个方面探讨同伴交往的认知功能:一是同伴互教,即由更有能力的同学充当导生的角色;二是同伴协作,即同学之间平等地进行交流,开展协作。维果茨基的学生列文那指出,导生给同伴以口头的指导有助于其内部语言的发展,用语言表述学习内容的活动促进内化机制的实现;对被教的学生而言,导生提供了类似教师的社会性榜样和指导作用,而且更容易创设有利于认知成长的"最近发展区"。在教学过程中,导生的角色是可以轮换的。同伴协作通常也体现为与同伴互教相类似的机制,这是通过同伴在共同解决问题的过程中充当独立的同时又是相互协作的角色来实现的。通常由一名学生承担观察、指导和批评的角色,而由另一名学生承担操作任务的角色,而且在不断尝试的过程中,这两种角色是相互依存的,从而促使双方对问题解决的全过程予以观察、分析并选择最有效的策略。问题解决策略首先以社会交往的形式出现,再逐步内化为个体的认知技能的发挥,协同学习的过程往往可以成为一种发现的过程:儿童面对学习任务,尝试着采用各种策略以实现目标,在尝试中相互反馈,不断修正,直到达成对学习情境的新认识,从而最终解决问题。从发展的观点来看,合作学习对学生学业成绩的影响主要地或全部地归结于合作性任务的运用。依此,就学生的学业成绩来讲,学生们讨论、争辩、表述以及倾听他人意见的机会是合作学习极其重要的成分。

(二)合作学习的实施策略

在合作学习的研究中,专家们开发了许多合作学习的实施策略,主要有以下几种:

1. 学生小组学习(Student Team Learning)

学生小组学习是约翰斯·霍普金斯大学开发与研究成功的合作学习技术。他们认为有三个概念对所有的学生小组学习法十分重要:小组奖励、个体责任、成功的均等机会。如果小组达到了预定的标准,那么小组就可以得到认可或得到其他形式的小组奖励。个体责任是指小组的成功取决于所有组员个人的学习。成功的均等机会是指学生通过提高自己以往的成绩水平来对小组作出贡献。有两种是适合于大多数学科和年龄水平的普通合作学习法:学生小组成绩分工(STAD)和小组游戏竞赛(TGT)。

(1)学生小组成绩分工法

学生被分成 4 人小组,要求组员在成绩水平、性别和种族方面具有混合性。先由教师授课,然后学生们在他们各自的小组中进行学习,使所有的学生都掌握教师教授的内容。最后,所有学生就学习的内容参加个人测验,此时不再允许他们互相帮助。学生的测验得分用来与他们自己过去取得的平均分相比,根据他们达到或超过先前成绩的程度来记分。然后将这些分数相加得到小组分数,达到一定标准的小组可以得到认可或得到其他形式的奖励。

STAD 已在相当广泛的学科中得到应用,数学、语言艺术以至社会学科,最适合于有一个正确答案的、界定清楚的目标教学。在这一策略中,起作用的是学业的进步而不是学业的成功。这是一种把合作与学习评价联系起来考虑的教学策略。

(2)小组游戏竞赛法

小组游戏竞赛法是约翰斯·霍普金斯大学创设的合作学习方法中最早的一种,它运用与学生小组成绩分工法相同的教师讲授和小组活动方式,不同的是它以每周一次的竞赛替代了测验。在竞赛中,学生同来自其他小组的成员进行竞争,以便为他们所在的小组赢得分数。成绩优秀的小组获得认可或其他形式的奖励。学生小组学习法主要是通过成绩的评价来鼓励每个学生参与,但由于它比较适合有一个正确答案的、界定清楚的目标教学,因而有一定的缺陷,同时,只采用成绩评价也不太有利于学生的学习。

2. 切块拼接法(简称 JIG)

切块拼接法最初是由阿伦逊及其同事于 1978 年设计的。在这一方法中,首先将学生安排到 6 人组成的小组中,将一项学习任务分割成几个部分或片段,每个学生负责掌握其中的一个部分。随后,把分在不同小组而学习任务和同的学生集中起来,共同学习和研究所承担的任务以至掌握。然后再回到自己的小组中,分别将自己所掌握的部分内容教给其他同学。这是将合作与任务挂钩的一种教学策略。此方法进行了学习任务的分工,但由于学生只学了其中一部分,对所学内容缺乏整体把握,不利于学生全面掌握知识。

3. 共学式(简称 LT)

共学式是由明尼苏达大学的约翰逊兄弟于 1987 年创设的。学生们在小组中共同学习统一分配的教材,共交一份报告单或答卷。奖励也是以小组为单位进行,根据小组平均分计算个人成绩。此种方法强调学生共同学习前的小组组建活动和对小组内部活动情况的定期检查。

4. 小组调查法(简称 GI)

小组调查法是由以色列特拉维夫大学的沙伦夫妇创设的,是一个普通的课堂组织计划。先由教师根据各个小组不同的情况提供有关的学习课题,由小组将课题再分解成子课题落实到每个学生身上。小组通过合作收集资料,共同讨论,协同准备向全班汇报或呈现学习结果。最后教师或学生自己就各小组对全班的贡献作出评价。这种策略在发挥学生自主性方面尤为突出,任务的关联性也很强。但此方法需延伸到课外,在合作学习实施的初级阶段,运用此方法还有一定的难度。

二、探究式课程理论

(一)探究式教学的内涵

"科学探究"指的是科学家们用于研究杂染并基于此种研究获得的证据提出解释的多种不同途径。探究也指学生用以获取知识、领悟科学家的思想观念、领悟科学家研究自然界所用的方法而进行的种种活动。它是多层面的活动,包括:观察;提出问题;通过浏览书籍和其他信息资源发现什么是已经知道的结论,制订调查研究计划;根据实验证据对已有的结论作出评价;用工具收集、分析、解释数据;提出解答、解释和预测;交流结果。探究要求确定假设,进行批判的和逻辑的思考,并且考虑其他可以替代的解释。探究性学习指的是仿照科学研究的过程来学习科学内容,从而在掌握科学内容的同时体验、理解和应用科学研究方法,掌握科研能力的一种学习方式。

所谓探究式教学,"就是以探究为主的教学。具体说它是指教学过程是在教师的启发诱导下,以学生独立自主学习和合作讨论为前提,以现行教材为基本探究内容,以学生周围世界和生活实际为参照对象,为学生提供充分自由表达、质疑、探究、讨论问题的机会,让学生通过个人、小组、集体等多种解难释疑尝试活动,将自己所学知识应用于解决实际问题的一种教学形式"。[①]探究式课堂教学特别重视开发学生的智力,发展学生的创造性思维,培养自学能力,力图通过自我探究引导学生学会学习和掌握科学方法,为终身学习和工作奠定基础。教师作为探究式课堂教学的导师,其任务是调动学生的积极性,促使他们自己去获取知识、发展能力,做到自己能发现问题、提出问题、分析问题、解决问题;与此同时,教师还要为学生的学习设置探究的情境,建立探究的氛围,促进探究的开展,把握探究的深度,评价探究的成败。学生作为探究式课堂教学的主人,自然是根据教师提供的条件,明确探究的目标,思考探究的问题,掌握探究的方法,敞开探究的思路,交流探究的内容,总结探究的结果。由此可知,探究式课堂教学是教师和学生双方都参与的活动,他们都将以导师和主人的双重身份进入探究式课堂。它的指导思想是在教师的指导下,以学生为主体,让学生自觉地、主动地探索,掌握认识和解决问题的方法和步骤,研究客观事物的属性,发现事物发展的起因和事物内部的联系,从中找出规律,形成自己的概念。可见,在探究式教学的过程中,学生的主体地位、自主能力都得到了加强。学生需要思考怎么做甚至做什么,而不是让学生接受书本上或者教师提供的现成的结论。毋庸置疑,学生对通过这样的途径获得的知识会理解得更透彻、掌握得更牢固。该理论特别强调学习过程,其核心观点是:在教学过程中,学生是一个积极探究者。教师的作用是要形成一种学生能够独立探究的情景,而不提供现成的知识,要让学生自己去思考,参与知识获得的过程。

---

① 刘嘉伟:《新课程理念下高中物理探究式教学理论与实践研究》,东北师范大学硕士学位论文,2008 年。

最早提出在教学中使用探究方法的是杜威。他认为,科学教育不仅仅是要让学生学习大量的知识,更重要的是要让学生学习科学研究的过程或方法。从 1950 年到 1960 年,探究作为一种教学方法的合理性变得越来越明确了。教育家施瓦布指出:"如果要学生学习科学的方法,那么有什么学习比通过积极地投入到探究的过程中去更好呢?"这句话对科学教育中的探究性学习产生了深远的影响。施瓦布认为教师应该用探究的方式展现科学知识,学生应该用探究的方式学习科学内容。

美国 20 世纪著名的认知心理学家和教学改革家布鲁纳在 50 年代末创立了发现法,并在美国施行,取得了突出的成就。他认为"发现法就是学生依靠自身的力量去学习的方法,通常称作发现学习,并无高深玄妙之意"。与前人相比,布鲁纳更注意探究式教学法的理论依据,使之具有科学的基础。施瓦布、杜威等人的研究,包括布鲁纳和皮亚杰在 20 世纪 50 年代和 60 年代的研究,影响了从 50 年代直至 70 年代早期的课程教材。这些教学材料的一个共同点是使学生参与到做中去而不仅仅是被动地听讲或只是阅读有关科学的材料,对学习科学的过程给予了比掌握科学知识更多的重视。

进入 20 世纪 80 年代以后,世界各国的基础教育都将科学探究引入学生的学习过程之中,将学生置于动态、生动、开放、多元的学习环境之中,使其在自主学习、自主探索中获得一种新的学习体验。在物理新课程标准中,科学探究是指学生在物理课堂和现实生活的情境中,通过发现问题、调查研究、动手操作、表达与交流等探究性活动,获得知识、技能、方法的学习方式和学习过程。科学探究的形式是多种多样的,其要素有:提出问题、猜想与假设,制订计划与设计试验,进行试验与收集证据,分析与论证,评估,交流与合作。在学生的科学探究中,其探究过程可以涉及所有的要素,也可以只涉及部分要素。

（二）探究式教学的本质特征

探究式学习借鉴了科学家探究的思想方法,它吸收了科学家探究的一些重要特征,但不等同于科学家的探究,因为学生的探究的目标、探究的内容、认知心理特点等都与科学家的不一样。一般说来,探究式学习有如下的本质特征:

（1）探究式学习的目标不仅是培养获得知识的思维能力和增进对知识的理解（虽然这些是重要的）,还着眼于发展学生对自然现象的好奇心和求知欲,增进学生对科学探究本身的理解,如对发现和提出问题的意识,对收集信息和证据的意识,对科学理解和评价的认识等,还关注提高学生进行探究所需要的各种能力,如搜索信息、制订计划、合理交流的能力。

（2）探究式学习的主体是学生。在学习的过程中,学生是一个积极的探索者、发现者,必须发挥学生的自主性、能动性和创造性。

（3）探究的过程主要是一种"再发现"过程。学生主要借鉴科学家的探究方法对自己未曾认识的事物进行探究。这种再发现不是原原本本沿着科学家的发现过程进行的,而是要符合学生的认识规律。

（4）探究的过程是在教师指导下进行的。教师要为学生（或者与学生共同）创设一定的学习情境,激发学生的探究动机,提供必要的探究资源,引导学生解决探究中遇到的各种问题,以达成探究学习的目标。

（5）探究式学习借鉴的科学探究过程的基本特征大致如下:

① 科学探究需要发现问题并能够提出问题,运用已有的知识和能力来解决问题,探究过程中可能还会出现新的问题。恰当的问题的引出能够激发人们内在的驱动力和求知欲。

②"问题"贯穿于科学探究的始终。科学探究需要事实和证据。问题经常在现象的观察中被引出,对问题可能的答案可以作出猜测和假设(如科学的假说),而要证实自己的猜想,就需要事实和证据来证实或证伪,对科学性问题的解释进行评价也需要收集可靠的事实和证据。分析信息、处理事实证据贯穿于探究的始终。

③科学探究需要运用原理和方法进行解释。在做出猜测、假设时,需要用已有的知识和经验进行解释。在分析与整理了资料和事实证据后也需要提炼出解释,评价后常常需要修改甚至需要通过反复实验、反复观测来证实现象与解释是否一致。解释可能超越已有知识,包含新的见解。对于科学界,这意味着知识的增长;对于学生,这意味着对现有理解的更新。

④科学探究需要不断的评价。首先需要对知识进行评价,即你所提出的问题是否是科学的问题,是否是可探究的问题,是否是新的问题,是否是有价值的问题等。对猜想、假设(假说)要进行评价,即支持猜想、假设的根据是否充分,证据是否确凿,方法是否规范,得出的解释是否合理。将自己对问题的解释与其他同事的解释,特别是体现科学性的解释进行对比,评价自己的结果。评价贯穿于探究的始终。

⑤在探究的过程中,始终运用观察、实验、调查、假设、逻辑思维和非逻辑思维等各种方法,尤其是创造性的科学方法。

⑥科学探究不总是孤立的,参与探究的人在活动过程中互相交流各自的思想观点、研究方法、研究成果以及支持和不支持结论的证据,以便大家能够反复验证,分享他人的经验与成果。

虽然上面列出了科学探究比较普遍的一些特征,但科学探究是富有创造性的,模式也是多样的,在探究教学中,教师不应当把所有探究都程式化,应当根据具体教学目标、内容和学生等的实际情况提供灵活多样的探究活动。

（三）探究式教学的原则

探究教学,就是指运用探究的方法进行的教学活动。因此,探究教学设计就是在对教学环境中的探究活动所涉及的各种因素进行系统分析的基础上,对探究教学活动进行合理规划的活动过程,也是一个把一般教学设计原理应用到探究教学中去的过程。探究式教学设计应遵循以下原则:

1. 系统性原则

教学探究活动要设计教师、学生以及学习的材料、媒介等诸多因素,对于这些因素必须进行统筹安排,使它们共同为实现教学目标服务。因此在探究教学设计中,必须从整个教学系统着眼,注重每个因素在系统中发挥的作用,并对其进行合理的改造,以适应系统发展的需要。

2. 主体性原则

探究教学的理论依据之一就是它能够发展学生自主思考、自主创新的能力,因此充分发挥学生的主体性既是探究教学的主要特色,又是探究活动得以进行的前提。发挥学生主体性原则要求进行教学设计时,要充分考虑如何激发学生对问题情景或探究内容的兴趣和探究动机,要保证整个探究过程对学生的开放性,给学生提供自主探索、自主创造的机会。

3. 帮助个体学习的原则

在教学中,虽然面对的是学生团体,但学习是发生在团体的每一个成员身上的,在教学设计中是以个体的学习、探究为目标的,必须尽量做到使所有学生都有最充分运用自己潜能的机会。在探究教学设计中,教师要考查学生学习的特征、学习的准备条件和对学习环境的要求,以设计出有利于个体学习的教学方案。

4. 基于学生如何进行探究的原则

和主体性原则相适应，探究教学设计必须考查学生是如何进行探究的，根据探究发生的条件、过程来设计教学内容、教学事件、教学环境。这就要求教师在教学设计中，不能根据自己教的需求，而是根据学生探究的需求来进行系统规划。

（四）内容选择

探究内容是指进行探究活动的具体某个知识点，例如"牛顿第三定律"、"全电路欧姆定律"等。探究内容需要进行选择，因为首先并非所有的内容都适合于探究活动，如有的内容是通过抽象的语言信息概括的，很难用简单的探究活动进行归纳总结或演绎，如"电场"、"电磁场"和"电磁波"等。有的内容因材料、设备或学生学习准备情况限制，不能进行探究，如"万有引力定律"、"库仑定律"等。其次，并非所有的可探究内容都能符合探究教学的整体计划，有的可能超出了学生的逻辑能力。

1. 探究内容选择的范围

（1）教科书是教学的根本，包含着整个高中物理知识体系，结构严密，语言精练，是教师最方便和最实用的选择源泉。在选择探究内容时应把教科书放在第一位置，只有在教科书的内容缺乏可探究性时，再选择其他的探究内容。例如"测定小灯泡的伏安特性曲线"、"将灵敏电流表改装为电压表"。

（2）生活中遇到的问题或现象。例如"汽车刹车的防抱死系统与滑动摩擦和滚动摩擦"、"自来水的电阻率的测定"。

（3）学生自身的发现。

2. 探究内容选择的原则

（1）难度适度。难度过大而超出了学生的能力范围可能造成学生缺乏探究信心。内容太过简单也会导致学生很容易得出结果，从而丧失探究的兴趣。

（2）探究问题不可过多。一次探究活动只选择一个中心问题的内容，进行一次探究的循环过程即可解决问题，而不需要学生对证据进行过多的探究。

（3）探究问题易于引起学生的兴趣。只有引起了学生的内在动机，才可能使学生更好地发挥主体性。

（4）可操作性强。学生可以通过有步骤的探究活动得出答案，这要求探究结果与某些变量具有因果关系，而且这些因果关系是可以通过演绎推理而得出的，同时要求这种因果关系是可以在现有的条件下进行的。

（五）探究式教学的评价

1. 用多样化的评价标准和评价方法

由于学生是基于自己的知识经验来构建对事物的理解，不同学生对于同一事物的理解也不尽相同，探究的方法和设计的方案也有所差异，因此其学的结果必然是多种多样的，所以对学习结果的评价也应该采取多种形态。在评价形式上，可以将小组评价、个体评价和教师评价结合起来，重视学生的自我评价，将形成性评价和总结性评价结合起来，也可以将标准参照测验形式与学生的成长记录结合起来。

2. 强调基于真实任务的背景的评价

建构主义学习理论强调学习者是在一定的"情境"下，利用自己的知识经验去同化当前学到的知识。所以进行评价时,应尽可能围绕真实的情景来评估、讨论学习结果,避免简单化或脱离情景的倾向。

3. 重视对动态的、持续的、不断呈现的学习过程及学习者的进步的评价

建构主义学习理论认为学习是知识建构的过程,因此,评价学习者如何进行知识建构比评价由此而产生的结果更重要。对于探究活动的评价,应较少应用强化和行为控制工具,较多使用自我分析和原认知工具;将评估与教学过程结合起来,使之成为学生有意义学习的一部分;更注重知识获得的过程而不仅仅是结果,注重持续的、形成性评价;评价要与学生的原有基础联系起来,注重学生的学习进步。

4. 重视高层次学习目标的评价

建构主义学习理论强调知识的建构过程而不仅仅是知识的本身,而知识建构过程包含着学生对知识的发现、对学习的监控与调节及对知识的综合运用。所以在评价过程中应注重对学习者的知识发现水平、认知策略的运用和知识综合运用水平等高层次学习目标的评价,而不应局限于对知识的复制、回忆、再认的过程。

三、情境课程理论

(一)情境与教学

情境是从教学的需要出发,教师依据教材创设以想象为主体、富有感情色彩的具体的场景或氛围。情境是教师人为创设的典型场景,是在教学和教育过程中创设有情之境,是一种人为优化的典型环境。情境是有一定时空结构、有一定故事情节、有冲突、有具体化的问题的。情境可以是生活中的一个场景、片断,也可以是一个完整的故事。一方面,情境可呈现为现实生活,使学生有直接的体验;另一方面,课堂上组织的活动、课堂气氛、偶发的事件都可以成为教学的情境。

在西方,杜威早在20世纪初就提出"思维起于直接经验的情境",提出"做中学"、"教育即生长,教育即生活,教育即经验的不断改造与改组"等重视学习情境性的教育思想。20世纪80年代末学习理论从获得隐喻向参与隐喻转向而形成了具有学习科学意义的情境学习理论。参与隐喻的学习观认为,知识从根本上是处于实践之中的。雷斯尼克在美国教育研究会就职说中批评学校实践以获得隐喻为主,存在着将知识抽象并脱离生活情境的缺陷,提出重视校外学习的合作性、情境性、具体性等特性。心理学家布朗等人指出,知识与活动是不可分的,活动不是学习与认知的辅助手段,而是学习整体中的有机组成部分。这些产生于认知兴趣的心理学情境论主要关注学校情境下的学习活动中的情境化内容,即创建模拟真实活动的实习场。

与心理学情境论观点并行发展的,还有人类学的观点。人类学的情境学习论将研究重点放在完整的人的身上,将知识视为个人与社会、物理情境之间联系的属性以及互动的产物,即强调情境学习的社会性交互作用。莱夫和温格把情境学习的过程称为"合法的边缘性参与"。"合法"指随着时间推移与学习者经验的增加,学习者合法地具有活动中的真实身份,并使用共同资源的真实程度;"边缘性"是指学习者在实践共同体中对有价值活动的参与度,以及距离成为充分参与活动的成员的程度。印第安纳大学的巴拉布和达菲指出,人们在某种现实情境中通过实践活动不仅获得了知识与技能,同时还形成了某一共同体成员的身份,即发展认知和身份建构者不可分离。本质上,"合法的边缘性参与"这一术语描述了一个新手成长为一个实践共同体成熟成员的历程,强调学习是学习者文化适应与获得特定的实践共同体成员身份

的过程。

总之,情境学习理论主要来自两类观点的整合,其中,心理学视角的情境学习理论使学校学习从获得隐喻转向参与隐喻迈出了决定性步伐,人类学视角的情境学习理论则从社会参与方面丰富了情境学习的理论内涵。情境学习理论的发展,使人们认识到情境学习不仅仅是有关学习通过经验"情境化"或与"情境密切相关"的建议,同时还强调知识的社会情境性。情境的教学意义体现在如下几个方面:①

第一,情境是学生实现"意义建构"的平台。

情境教学理论认为:学习是意义建构的过程,意义不是与情境脉络相分离的,而是在实践与情境脉络的协商中合成的。学生是认知主体和意义的主动建构者,学生对知识的意义建构是学习的最终目的。

前苏联心理学家维果茨基认为:人类自出生的婴儿期开始,就生活在一个属于人的社会背景之中。社会情境中的一切,诸如风俗习惯、宗教信仰、生活中的衣食住行、历史文化、社会制度、行为规范等,构成人类生活中的文化世界。

儿童的认知发展,无疑是在社会学习的历程中进行的。个体的学习是在一定的历史、社会文化背景下进行的,社会对个体的学习、发展起到重要的支持和促进作用。人的认知是在社会文化背景下,与他人及社会的互动中主动建构的,其发展的根本动力依赖于思维的社会基础。因此,文化和社会情境在儿童认知发展中起着巨大的作用——文化给了儿童认知工具以满足他们发展的需要,这些工具的类型和性质决定了儿童发展的方式和速度;社会情境则是儿童认知与发展的重要资源。

基于此,教学设计不应从分析教学目标开始,而应从创设有利于学生意义建构的情境开始,整个教学过程设计紧紧围绕"意义建构"这个中心而展开。不论学生的独立探索、协作学习还是教师辅导,学习过程中的一切活动都要从属于这一中心,都要有利于完成和深化学生对所学知识的意义建构。每个教师和学生都被看成是一个与心理环境发生交互作用的有辨别力的人,教师的主要职责是促进学生积极健康的知觉的发展,使之形成更优秀、更和谐的个性。学生则通过对身边和周围环境的辨别、归纳和重组而学习,以获得新的或改变了的知觉、理解和意义,进而改变动机、团体归属、时间直觉和思想意识。

由此可见,基于现实世界的真实情境是学习者学习的基本条件。教育要为学生创设含有真实问题或真实事件的情境,使学生产生学习的需要,并通过学习共同体成员之间的互动、对话,实现主动学习。

第二,情境是教学的"支架"。

这里所说的"支架"原本指建筑行业中使用的脚手架,但在建构主义那里则被用来形象地描述一种教学方式:儿童被看做是一座建筑,儿童的"学"是不断地、积极地建构自身的过程;而教师提供的教学情境则是一个必要的脚手架,支持着儿童不断地建构自己,生成新的能力。建构主义认为:教学应当为学习者建构对知识的理解提供一种概念框架,这种框架中的概念是加深学习者对问题的进一步理解所需要的。

学生是主动建构自我和环境的主体,社会环境应当为学生提供必要的支持和框架以加快学生的发展,帮助他们获得更多的新能力。这种形式的交互作用能不断地促进学生的认知发

---

① 陈静:《意境化课程研究》,西南大学博士学位论文,2009年。

展,有助于他们完成多种任务。创设情境的根本目的是要为学生的"知识建构"提供"支架",为学生解决问题、建构意义起到支撑作用,从而使学生从现有的实际水平发展到未来的隐形水平。搭建支架的一种重要形式就是让学生参与到有意义的问题解决活动中来,这种活动是现实的、有目的的,并且需要与他人合作才能完成的。通过创建共同的交流平台,促成成员间相互影响。课程实施与教学设计的主要目的和任务,是为学生进行知识建构创造一种具有"情境性"和"协作性"的互动环境,推动学生在"知识建构"过程中获得发展。知识不是简单地通过传授获得的,而是学生借助已有的经验信念,以自己特有的方式,在与知识的互动中以主动、积极的方式建构的。"知识建构"的过程实际上也是学生的认知结构和认知策略、经验方式与情感态度发生积极变化的过程,是一种发展和提高的过程。教学从本质上看就是一种围绕"知识建构",以"知识建构"为核心,为"知识建构"创设良好环境和支撑的过程。

第三,学习者在情境中完成"同化"与"顺应"。

情境教学理论把学习环境看成是学习者可以在其中进行自由探索和自主学习的场所。瑞士心理学家皮亚杰认为,儿童与环境的相互作用涉及两个基本过程——"同化"与"顺应"。同化是指个体把外界刺激所提供的信息整合到自己原有认知结构内的过程;顺应则是指个体的认知结构因外部刺激的影响发生改变的过程。同化是认知结构数量的扩充,顺应则是认知结构性质的改变。

认知个体通过同化和顺应这两种形式来达到与周围环境的平衡:当儿童能以现有图式去同化新信息时,他处于一种平衡的认知状态;当现有图式不能同化信息时,平衡即被破坏,而修改或创造新图式的过程就是寻找新的平衡的过程。儿童的认知结构就是通过同化与顺应而逐步建构起来的,并在"平衡—不平衡—新的平衡"的循环中得到不断的丰富、提高和发展。个体不仅将它的生活、学习空间区分为新的区域,而且与此同时还对生活空间加以重新组织,根据自身与他人的关系改变或调整自身的认知结构。

情境教学理论认为,人类的知识和互动不能与人的生活空间分割开来。在情境化的脉络中,当学习者认识到了知识的时间效用以及利用知识去理解、分析、解决真实世界中问题的需要时,同化与顺应就自然而然地发生了。从学习者的角度来看,人与环境的相互协调是学习者的认知得以进行、展开和构建的真正基础。人在与环境作用过程中所表现出来的同化和顺应,就是学习者认知结构发生变化的两种途径或方式。情境理论的一个隐形的价值观是:个人的信念和经验为新的理解提供了独特的个人框架。背景知识和经验形成了组织与吸收新知识的概念相关项。把新知识与已有概念整合起来被认为是更有意义的学习。

第四,情境为教师、学生与文本的对话创造空间。

情境教学理论把人们开发出的在特定情境脉络中对类型和特性作出回应的共享方式称为"对话"。"对话"是人、客体、谈话方式、动作、互动、思维、评价、协作、阅读这些方式的社会历史性协作,这种协作能显示并使人认识到自身具有社会文化意义的个人身份。情境之于教学的突出特点是把个人认知放在更大的物理和社会的情境脉络中,这一情境脉络是互动性的,包含了文化性建构的工具和意义。情境教学理论认为:课程不是预先设定的内容,而是师生之间的对话。它强调课程要通过参与者的行为和相互作用而形成,允许学生与教师在教学中"动"和"对话"。美国学者布雷多说,协作、交谈和思维是对话的果。其中个人和环境相互改变,并创造出一个整合的表现。以这种方式看,一个成功的个人同环境一起行动,而不是其中的某一因素对别的因素的单方面行动。学习是一种有意义的社会协商,学习环境由情境、协作、对话和意义建构4个要素构成。情境是意义建构的基本条件,师生、生生之间的协作和对话是意义建构的核心环境,意义建构则是学习的目的。其中"情境"并不意味着某种具体的和特定的东西,或是不能加以概括的东西,也不是想象的东西。这意味着在特殊性和普遍性的许多层面上,情境是社会实践与活动系统中的多种因素之间的多种交互联系。

(二)创设有效情境的原则

1.情境要有针对性

课堂情境的创设应围绕教学内容,有针对性地选择合适的情境,为实现学习目标而服务,切忌为了追求形式而忽略设计情境的真正意图。

有这样一个案例。一位教师在上课时想创设情境以激发学生的兴趣,于是没有告诉学生他要上什么课。快上课了,他匆匆地装上课件,由于发生意外,课件用了很长时间,也试演了不少次。而当时,学生就坐在教室里等他。上课了,这位老师亲切地说:"同学们,你们知道我们今天要学习哪篇文章吗?"(一个学生小声说:"松鼠!")教师继续说道:"老师给你说一个谜语,你们一听就明白了。"于是,老师开始说这个谜语。由于他刚才试课件的时候,大家都看到了,所以他每说一句谜语,底下都有学生接:"松鼠。"说的学生多了,声音自然就大了,老师怎么能听不到呢?遗憾的是这位教师非要把自己心爱的情境创设到底不可。到他把谜语说完,学生才松了口气,终于可以大声回答一句"松鼠"了!这位老师创设情境,调动学生学习的内驱力,激发学生兴趣是对的,这个情境的创设也没有什么不妥。可惜,他忘记了自己精心创设情境的服务对象,忘记了情境教学的目的是什么,忘记了课堂教学要随时"顺学而导"。这次情境的创设就是明显地为教师的"教"服务,而不是为学生的"学"服务的。因此,这已失去了情境教学的真正意义,是一种无效的情境创设。

情境教学要为学生的"学"服务,体现为"以学定教"。这不是一句空话,它要求教师在备课时,要关注到自己的学生,要清楚地了解学生学习的盲点,对症如下:在执教人教版第四册教材《要是你在野外迷了路》一课时,一位老师在学生学习遇到困惑时,及时创设了情境,引导学生在情境中思考,使学生在主动探究中成功地解决了问题,从中感受到了成功的快乐。

学生首先带着"大自然中的天然指南针是如何给我们指引方向"这个问题进行了自学及同伴间的交流,进而分别有4位同学上前汇报自己学习后的体会,而其他同学则根据他们的汇报,进一步提出自己还不明白的问题,由其或别的同学给予讲解。一切进行得都很顺利,但在汇报到"沟渠里的积雪会给你指引方向"时却出现了问题。

一个学生提问:"那么到底是雪化得快的是南方,还是化得慢的一边是南呢?"汇报的同学虽给予了解答,但却引发了争议。孩子们望着老师,老师一脸的平静,不置可否。没有从老师那里得到答案的学生们,脸上慢慢地出现了疑惑之情,教室里也渐渐地安静下来。此时,老师不慌不忙地安慰起学生:"看来我们真的遇到困难了,没有关系,老师这里有一段视频,说的就是在生活中被我们忽略的现象,你们认真地观察一下,看看能不能帮你们解决这个问题?"于是随着一个个画面的出现,学生脸上的疑惑消失了,教室里又活跃起来了,他们争着告诉大家正确的答案。但是老师此时并没有满足于这个标准答案的出现,他接着将学生的思维引向更深入的地方:"这又是为什么呢?"学生再次回归文本,将书中的语言文字与刚刚观察过的内容联系在一起,思考片刻后,脸上流露出兴奋之色,课堂上掀起高潮。

这个教学情景的创设是建立在教为学服务的基础上的,因为它源于学生在学习过程中遇到的困难。这样的情景,点燃学生思维的火花,启发着学生主动地投入到学习之中,自己动脑去解决问题,使学生在享受成功的过程中提高了学习的兴趣。

2. 情境要有趣味性

兴趣是学习能力的源泉,是影响学生学习自觉性、积极性和持久性的直接原因,是创造性学习的重要因素。学生对学习活动的兴趣越浓,注意力就越集中,求知欲也就越强,学习效果也将会随之提高。教学不仅要关注知识和技能、过程与方法,还要关注学生的情感态度与价值观。情境创设的材料与活动应尽量新颖有趣,活动和故事都能有效地激发学生的学习兴趣。

一位中学物理教师在讲授"摩擦的利与弊"时设计了一个"拔河比赛"的问题情境。该教师课前取一根木棒,事先一端涂上油。让班里一位力气最大的男同学和一位力气较小的女同学分别用一只手握紧木棒两端后互相拉,将涂油的一端给男同学,进行拔河比赛。全班同学一起喊"开始",结果比赛成绩出乎全班同学的意料,女同学赢了。学生大惑不解。这种反常现象使他们的兴趣一下子被吸引到"摩擦"上来,对学生产生强大的吸引力,使学生的学习氛围浓厚。最后,老师总结:平时我们观察到的种种有趣的物理现象,都发生在我们周围的世界中,与物理有关的奇闻趣事还多着呢! 要真正认识它们,知道它们的原理,就要认真学好物理学。以此把学生引进物理学的大门。

生动有趣、简明扼要的故事插曲深深地吸引着学生,它令每个学生为之倾倒,因此在课堂中插入故事情景是很有必要的。如在一堂讲分数概念的三年级数学课上,课的开始,教师讲了这样一个故事:"老师给你们讲一个故事——齐天大圣,你们喜欢听吗? 齐天大圣大闹天宫,又是闹又是吃的,可是它没有忘记花果山那些小猴们,于是它带来了很多好吃的食物,给老猴的是酒和点心,给小猴的是又大、又红、又甜的仙桃,而且是两只小猴只有一个桃子,这时,那些可爱的小猴们犯了愁! 它们都是好朋友,谁也不愿意多吃! 那……该怎么办呢?"这时学生纷纷举手抢着回答:"分两份就行!""不! 应该分成一样多!""不是! 该把两份分得一样多!""啊! 不就是平均分吗!"……由此平均分的概念就这样无形地印在学生脑海里,从而使学生学习数学的兴趣浓了,学习氛围高涨。

3. 情境要有真实性

真实性指的是情境创设应该密切联系社会生活实际。杜威认为,"要懂得经验或经验的情境的意义,我们必须想到校外出现的情境,想到日常生活中使人感兴趣和从事活动的那些作业。细心检查一下正规教育中永远成功的教学方法,无论是算术、阅读、地理、物理或是外国语的教学,都将会表明这种教学方法所以有效,全靠它们返回到校外日常生活中引起学生思维的情境。它们给学生一些事情去做,不是给他们一些东西去学;而做事又是属于这样的性质,要求进行思维或者有意识地注意事物的联系,结果他们自然地学到了东西"。因此杜威对教育情境的第一个要求是与儿童日常生活的相似性。如果创设的情境与儿童的过往经验相剥离,远离儿童可以认识到的范围,就无法激起儿童的学习和探究的欲望,这样的刺激是不成功的。儿童没有从内心主动地融入情境,无法理解呈现给他的问题的意义,只能在外界的压力和强制下从事遥远而抽象的作业时,他们内在的、主动的和天生的好奇心没有被唤起,这时他们的学习是被动的,后果显而易见。杜威也列举了蒙台梭利教育法作为反例。就是教育者们往往不想太浪费时间,直接让学生掌握一些理智上的成就,比如在儿童还没有对比较熟悉的经验材料有十分熟练的运用之前,就想把他们直接引导到表现成人理智成就的材料上去。但任何一个学习者,不管是成年人还是儿童,在碰到陌生的新材料之前,都会有个尝试错误的阶段。思维开始于一个实际的经验情境,在不考虑儿童已有经验条件下,就直接用算术、地理或其他科目的现有教材作为他们学校学习的开端,就是把儿童和现有教材之间的关系割裂开来。在杜威的芝加哥实验学校里,所有的课程都是以社会性作业的形式设置的,因为"人类智慧是伴同行动的需要和机遇而得到发展的,学校活动的核心,就应该到作业中去寻求,而不是到传统的所谓学科中间去寻求"。所谓社会性作业,就是一种情境化的问题解决活动。

《数学课程标准》也明确指出:要让学生学简单的数学、有趣的数学、鲜活的数学、有价值的数学,数学就在我们身边。所以情境创设要追求真实有效。有一位教师这样创设情境:上星期学校举行越野赛,我们三年级参加的人数比四年级参加人数的 2 倍少 58 人,四年级有 168 人参加,求三年级有多少人参加? 这道题的情境是学校举行越野赛,但实际上学校并没有举行越野赛,更谈不上四年级参加的人数是三年级的 2 倍少 58 人。又如另一位教师创设了这样的应用题情境:爷爷血压高,降压片药瓶标签上写着:0.1 mg 又 100 片;医生的药方写着:每天 3 次,每次 0.2 mg。请你帮爷爷算一算,一瓶药够吃几天? 这种真的、生活化的情境才有利于激发学生的学习热情和探求欲望。

4. 情境要有探究性

一个设计良好的情境应该包含能够引发学生思考、激发学生的认知冲突、使学生产生强烈的探究欲望和创造机能的问题。因为在进入学校学习之前,学生在自己的日常生活中也一直在学习各种经验,但那时的生活情境跟学校中的教学情境显然是不同的。生活情境中的问题是偶然的,没有为一个特定的方向而设;而学校中的教育情境是经过有意识的设计的,其中包含的问题是朝着学生发展的方向,能够让学生有意识地去学习。这个问题不是教师的问题,也不是书本上原封不动的问题,而是应该可以让学生联系自己的已有经验,在激发自身内在动机状态下,通过努力来解决的问题。问题不是孤零零地存在的,应能引起学生进行思考和尝试,因此问题是来自情境、来自学生本身的。这是教育情境中所包含的问题的性质。同时,学生解决问题的过程也不是偶然性的试误。他在情境中识别问题,提出假设,然后做进一步的验证,得出结果。他对自己的整个行为和目的清楚地了解,并在适当的时候能够有意识地调整自己的活动进程和行为。因此,在一个设计良好的教育情境中,学生的学习是自发的、有意识的,他的思维是主动的,而不是被外在的力量所左右,不是看不到自己行为的后果、不了解自己行为的意义。

一位教师在讲授地理课程《海水运动》这节课的内容时,这样描述:在 2004 年 12 月 26 日上午,印尼发生强烈地震,并引发了印度洋海啸。在这次海啸中,一位只有 10 来岁的英国小女孩,在海啸发生时利用自己学到的知识,救了 100 多人性命。问:

(1)她是如何做到的?

学生众说纷纭,明显地对这个问题感兴趣,这时不失时机地抛出其他问题:

(2)何为海啸?

(3)这次印度洋海啸是如何发生的? 我们中国可能遭遇海啸吗?

(4)如果海啸发生时,你正在海边,你会有预感吗? 它有前兆吗? 你又将如何逃生?

这些问题正是学生热切想知道的,贴近他们的生活,因而,他们表现出强烈的兴趣,学习热情高涨,课堂气氛活跃。在这样的学习过程中,他们既学到了知识,又学到了基本生存本领,真正实现地理课程新课标提出的"学习对生活有用的地理、对终身发展有用的地理"。

(三)创设学习情境的方法

对教师而言,创设有效的学习情境是一项困难的任务。在传统教学模式的长期影响下,不少教师未能把知识转化为能力和智慧。实际上,他们所拥有的"知识"其实是书本上教条性的结论。在"去情境化"的学习和教学活动中,他们没有领悟到这些知识的真谛,没有真正弄明白它们的意义和价值,也不知道如何在真实的复杂情境中运用,这样就很难创设真正有效的学习情境。因此,创设学习情境首先要求教师努力提高学识修养,不是在字面意义上而是在哲学的高度上理解、把握知识内容,融会贯通,深刻认识知识的内涵、价值与应用条件,从而为创设学习情境确定正确的出发点。为了创设有效的学习情境,教师还应当做生活的有心人,经常关注、反思社会生活,特别是要从学生的角度来观察、思考周围的生活世界,并有意识地把生活中的事件与教学内容联系起来,既促进对知识的理解,又加深对生活的认识,这样才能建立知识与学习情境经常的、有机的联系。要做到这一点,教师必须具有强烈的奉献精神和敬业态度。创设学习情境可以采纳如下方法:

1. 记录生活事件

学习情境来源于生活而不是书本。教师在日常生活和工作中,会遇到大量富有教育价值的事件。把这些事件与教学内容相联系,并把它们撷取、记录下来,就是学习情境最鲜活的素材。因此,只要养成观察、思考、记录生活的习惯,学习情境就具备了不竭的源泉。如果学校能建立数字音像资料库,让不同教师收集、记录的生活事件互通有无,那么,学习情境就能极大地丰富,也能为教师选择合适的学习情境提供更大的空间与方便。记录生活事件对硬件的要求并不太高,技术也不复杂,只要拥有录音录像设备、计算机、刻录机、多媒体系统等就够了,这些对于许多学校和教师来说并不属于奢侈品。只要有兴趣,记录和积累生活中有教育意义的事件,并把它们作为学习情境的素材保存起来并非难事。

2. 努力拓展课程资源

由于教材及课程标准等很少提供学习情境,教师不能仍以传统的观点来看待课程资源,否则会受制于书本内容,在创设学习情境上必然一筹莫展。其实,课程资源是多种多样、丰富多彩的。

除亲自记录生活事件外,报纸、杂志、网络、电视、电影以至 VCD、DVD 碟片等中都存在着大量可资利用的案例素材。不少案例制作精良、画面清晰,有些案例更有着明确的教育目的,是难得的学习情境的素材库。充分利用这些课程资源,可以大大减轻教师创设学习情境时的繁重劳动。只要拥有相关的设备与技术——这对于许多学校来说并非难事,稍加变化就能将其改变成学习情境,既经济又方便。当然,这些毕竟还是学习情境的素材,要应用于课堂教学,大部分需要进行适当的处理,不能一成不变地生搬硬套。

3. 掌握创设学习情境的技巧

收集、记录下来的生活事件,仅仅是学习情境的原初形态。要使这样的事件能够吸引学生的注意力,促使他们展开积极的思维,还必须在保证真实事件基本元素的前提下,依据知识教学的内在需要,对这些事件作适当的改变。分段、排序、删减、增补、留白、重复、暂停、对比等处理,常常是必要的。如果把生活事件原样不动地当做学习情境,呈现时也平铺直叙,不一定能取得最佳效果。应当注意,所有的改变都必须是教学活动的内在需要,不能为了使事件看起来更生动而进行不必要的、甚至损害真实性的改变。另外,对原初事件的改变,还应当使之变成更能与多种教学方法相配合的学习情境,这也是一条不应忘记的原则。

第十章　课程论与教学论

　　夸美纽斯于 1632 年出版的《大教学论》一书被认为是教学论成为教育学的一个独立研究领域的标志,迄今已有近 400 年的历史。1918 年美国学者博比特出版的《课程》一书,是人类历史上第一本课程理论专著。该书的问世,标志着课程作为专门研究领域的诞生,只有 90 余年的历史。自 20 世纪 80 年代末开始,课程论研究在中国逐渐受到了重视,并日益成为一门独立的学科而被关注和建设着。在这一过程中,课程论学科与相邻学科或母学科之间的关系,越来越需要得到进一步的澄清与梳理。尤其是如何看待和处理课程论与教学论两者的关系,成为教育理论界非常关注的问题。

　　教学论是较早从教育学中分化出来的。在课程作为一个独立的研究领域之前,课程问题最初都是在教学范畴内被讨论的。课程是为教学服务的,是指实践中的科目或形态,是以教学内容或学习经验身份作为教学论的研究范畴之一的,即在教学论的视角下来研究课程的内容、形式和类型的。

　　从源头看,课程论是从教学论中衍生出来的。但是,在课程论作为一门独立的学科问世之后,课程论与教学论的关系发生了分化。英语国家一般倾向于采用"课程论"概念系统来包纳教学论,形成了以"课程论"概念系统包纳教学论的美英体系。欧洲大陆的德语、法语、俄语国家倾向于采用"教学论"概念系统来包纳课程论,都是在教学概念系统中讨论课程问题,形成了以"教学论"概念系统包纳课程论的欧洲大陆体系。[①] 中国自新中国成立之后受此影响,加之自身的历史传统,对课程论的研究长期以来也是从属于教学论范畴,课程只是作为教学内容的选择和组织被加以研究,对课程研制活动与教学活动的区别不甚关注。

　　随着改革开放政策的逐步推行,中国出现了仿效美英体系的趋向,原有的大教学论的认识被打破,新的思想得以涌现,形成了有关课程论与教学论关系的各种不同见解。这些观点还处于对峙纷争之中,尚未形成一致的结论。

---

　　① 　洪明:《课程论与教学论关系的历史嬗变》,《教育评论》,2007 年第 1 期。

第一节 教学论与课程论关系的研究

课程与教学之间、课程论与教学论之间是什么关系？关于这一点在国外有 5 种不同的主张："教学（论）包含课程（论）模式"、"二元独立模式"、"相互交叉模式"、"课程（论）包含教学（论）模式"和"二元循环联系模式"。①

在中国，曾经比较流行的观点是：教学包含课程，教学论包含课程论。20 世纪 80 年代中期以来，情形开始变化，许多人纷纷更新观念，有人明确提出和阐述了"两者相互独立和相互分离的新观点，主张课程与教学是教育实践的两个领域"，"课程论与教学论：现代教育学的两个分支"。② 随着课程论研究和实践的发展，又出现课程包含教学的大课程观、课程论包含教学论的大课程论的观点。20 世纪末叶，整合课程与教学理念的提出，也展示了新世纪时代精神的要求和课程论与教学论关系的发展走向。

一、大教学论观

大教学论观从教学论的立场出发，主张将课程视为教学内容，把课程理论当做教学理论的一部分。这是一种传统的观点。其形成原因除历史因素和受前苏联影响外，在中国还存在管理体制方面的原因。

从夸美纽斯的"大教学论"到赫尔巴特等人的教学思想，都明确地体现了这样的观念。之后，这种观念在前苏联最具有代表性。在前苏联的教育学著作中，自凯洛夫时代起，"课程"一词就极少见，"课程"为"教学内容"所取代，因此课程属于教学论研究的范畴。这种观念在中国教育理论界和实践领域里亦甚为普遍。中国对教学论的系统研究大致始于 20 世纪 80 年代初。这一时期直到 90 年代初，中国的教学论著作大多是把课程作为教学的一个部分来处理的。如王策三的《教学论稿》用了三章的篇幅来分别探讨"课程的历史发展"、"课程的本质与结构"及"课程设计的方法"，它们与"教学过程"、"教学原则"等内容是并列的。情况相似的还有李秉德教授主编的《教学论》、吴杰教授主编的《教学论——教学理论的历史发展》等。吴也显教授在《教学论新编》中更明确地指出，"课程是教学系统中的构成要素之一"，并具体阐明了其中的原委。这种观点还体现在日本人佐藤正夫的《教学论原理》一书里。该书的第二章"教学内容"占全书篇幅的近 1/3，论述的就是课程问题，与"教学过程"、"教学方法"等内容并列。

长期以来，中国推行的是高度集中统一的课程管理政策，在很大程度上受政治和行政权力的影响。教师和教育管理者不过是国家预定课程的具体实施者，关注的是如何教学的问题。只需将"法定内容"有效传授给学生就行了，无须考虑如何设置课程。因此，对教育研究者来说，教学问题的研究完全可以取代课程问题的研究。

---

① Oliva P F. Developing the curriculum. Harper Collins Publishers Inc. ,1992:11.
② 刘要悟：《试析课程论与教学论的关系》，《教育研究》，1996 年第 4 期。

二、大课程论观

大课程论观把教学看做课程的一部分,把教学理论归入课程理论的范围之内。这一观点认为,课程是一个广泛的概念,是学校教育中的一个大系统,而教学则是一个特殊的现象和子系统,远没有课程那样重要。泰勒等知名学者都是把教学作为课程的一部分来对待的。近年来,中国也有学者持此观点,认为课程作为一种客观存在与教学是不能分离的,课程作为一种教育进程包含了教学过程。课程的属性和类型是多方面的,不仅包含各类课程,而且也包含各类教学,包括课堂教学、课外教学、模仿教学、陶冶教学等。同时,随着教师也是课程研制者这一理念被人们所接受,"课程包含教学的主体机制"实际上也就被确认了。在物化构成上,大课程论超越了课程就是教材的观念,扩大为课程材料包括课程原理、课程计划、课程标准、课本、教学指南、教师指导、补充材料、课程包(多媒体课件)等。此外,教学评价是以包含在课程中的教育目的和目标为标准的,所以,教学评价实质上也归入课程评价。[①] 甚至有研究者提出,大课程论在体系上应包纳课程论、教学论、分支课程论、分支教学论和教育技术学等 5 个下位学科,每个下位学科又包含着大量的次下位学科。

三、一体化的观点

这一观点认为,课程论与教学论两者密不可分,不能孤立地存在,必须综合起来进行整体性研究。如英国的著名课程论专家施滕豪斯就特别强调课程与教学过程中的一系列相互作用;美国课程论学者坦纳夫断言,把课程与教学看成是相互孤立的要素,不仅是不可能的,而且会误入歧途,应打破课程与教学之间的分裂状态,把课程与教学综合成一个问题而不是把它们分成孤立的问题来进行研究。中国也有学者认为,课程与教学既有关联,又是各不相同的两个研究领域。课程强调的是每个学生及其学习的范围,教学强调的是教师的行为;课程与教学不是平面和单向的关系,而是相互依存的交叉关系;课程与教学不可能在相互独立的情况下各自运作。中国还有学者从社会发展形态的角度,分析了课程与教学研究相分离的原因,指出:将课程作为学校教育的实体或内容,将教学作为学校教育的过程或手段,这是工业社会"科技理性"支配下教育"科层化"和"制度化"的结果。由此形成的"制度课程"造成了课程与教学两个领域的相互分离,形成了两者间机械、单向和线性的关系。应当以"解放理性"取代"工具理性",将理解活生生的教学情境置于研究的中心。这样,才有可能打破课程与教学的界限,使课程与教学的界限再一次模糊起来,使课程与教学融合起米。

四、并列论的观点

这一观点认为,课程论与教学论应是教育科学下属的两个独立分支科学,各有特定的研究对象和不同的特点,构筑理论体系的相关概念也不相同,需要分别进行深入研究。课程论研究各种形式的课业及进程,教学论研究教与学;课程论涉及课程研制、课程标准、课程管理、课程评价等核心概念,教学论涉及的是教学目的、内容、方法、过程、组织形式及教学评价等核心概念。也就是说,课程是指学校的意图,教学是指学校的实践;课程是为有目的的学习而设计的内容,教学则是达到教育目的的手段。相应地,课程理论主要探讨教育的目标和内容,教学理论主要关注达到这些目标的手段。持这一立场的学者认为,课程论与教学论目前正处于分化

---

① 黄甫全:《大课程论初探》,《课程·教材·教法》,2000 年第 5 期。

期,应当把课程论与教学论看做两门相互独立的教育学科,这有利于课程论和教学论的许多重要问题得到进一步的研究。这类观点的持有者多半是研究教学论的学者,他们希望与课程论划清界限,不愿意看到日益火热的课程论研究对教学论的渗透,希望教学论研究和课程论研究不要相互替代,而是能携手并进。[①]

五、"制度课程"与教学分离

当教育为"科技理性"或"工具理性"所支配的时候,教育沦为社会的控制工具,这极易导致课程与教学的分离。同样为"科技理性"所支配的教育科学加剧了这种分离。[②]

现代教育的发展过程即日益按照"科技理性"的原则组织起来,日益走向"科层化"(Bureaucratization)和"制度化"(Institutionalization)的过程。而现代教育的科层化和制度化的过程也就是课程与教学日益分离的过程。课程日益成为单一化、同质化的"制度课程"(the institutional curriculum)。所谓"制度课程",是指特定社会在特定历史时期规定并实现的合法化的学校教育内容。"制度课程"具体体现为官方的课程文件(课程标准、课程指南、教科书等等)及这些课程文件的操作形态。"制度课程"具有密切联系的两种功能,即外部功能与内部功能。[③]就外部功能看,"制度课程"处于学校教育与社会的交叉点上,承担着把社会(或社区)对学校教育的期望和限定转化为具体的教育计划的任务。这具体体现为社会按照外显或内隐的价值观对课程内容(知识、技能和意向)进行选择和组织,并将这些内容转换为适合班级使用的学校学科。就内部功能看,"制度课程"实际上成为一个对教师的工作进行管理和限定的规范框架。随着现代教育规模的日益扩大,"制度课程"成为对众多教师的教学行为进行控制的有力工具。为了达到有效控制的目的,官方规定的课程指南往往对教师的教学实践规定得非常详细,以排除教师可能作出的与官方认可的社会需求相悖的课程变革。

在制度层面,课程与教学极易成为两个分离的领域,二者的关系也被视为一种线性关系。课程就成为学校教育的实体或内容,它规定着学校教育"教什么"。教学是学校教育的过程或手段,它规定着学校教育"怎样教"。课程是教学的方向或目标,是在教学过程之前和教学情境之外预先规定好的。教学的过程就是忠实而有效地传递课程的过程,而不应当对课程作出任何变革。这样,课程与教学就被割裂开来,机械地、单向地、线性地发生关系。[④]

现代教育制度把课程简单化为单纯的"制度课程",而"制度课程"则是社会意志的合法化。现代教育制度通过"制度课程"对教师的教学加以控制,进而实现社会对学校教育的控制。因此,现代教育中课程与教学分离的过程即是现代教育日益工具化、日益成为现代科层社会的一个环节的过程。这是"科技理性"(或"工具理性")在现代教育中日益占据支配地位、日益膨胀的过程。同样为"科技理性"所支配的现代教育科学的兴起加剧了课程与教学的分离进程。

教育科学在20世纪不断发展的历史即课程研究与教学研究日趋分离的历史。课程研究的基本使命是将课程开发纳入理性的轨道。从课程开发科学化运动的创始人博比特与查特斯,到将课程开发科学化运动发展至顶峰的泰勒,以及泰勒的众多继承者,形成了完备的理性化的课程开发程序。在这个漫长的研究历程中所诞生的形形色色的课程开发模式皆可归属于

---

① 洪明:《课程论与教学论关系的历史嬗变》,《教育评论》,2007年第1期。
② 张华:《课程与教学整合论》,《教育研究》,2000年第2期。
③ Doyle W. Curriculum and pedagogy. Handbook of Research on Curriculum. Macmillan Publishing Company,1992:487.
④ 同②。

"目标模式"的范畴,皆具有"程序主义"(Proceduralism)的性质。这类研究对课堂教学关注甚少。[①]

从裴斯泰洛齐于18世纪末19世纪初倡导"教学的心理化"运动以来,经福禄倍尔、第斯多惠、赫尔巴特的发展,教学论在19世纪就成为哲学心理学的一个分支。19世纪末科学心理学诞生之后,教学论则开始成为科学心理学的分支。20世纪初教育心理学从科学心理学中分离出来以后,教学研究开始建立在教育心理学的基础之上,教学论遂成为教育心理学的应用学科、分支学科,这种研究取向一直延续到20世纪70年代。从总体看,这类教学研究的出发点是对教学行为的有效控制,是效率驱动的。其研究内容主要包括两个方面:一是对教学方法或教学模式进行实证实验研究,力求发现最好的方法或模式;一是所谓"教师效率研究"(Teacher Effectiveness Research),主要研究影响教学效率的教师的个性品质和教学行为表现,力求发现确认最好的教师的标准。这类研究为怎样控制教师的教学行为积累了大量资料,对教师教学行为分析的精细程度相当惊人,然而对课程内容本身却极少关注。

第二节 教学论与课程论的关系

关于课程论与教学论的关系,从历史发展看,它们并非是并列发展的;从学科角度看,它们是两个并列的独立分支学科;从实践层面看,课程论与教学论相互渗透、密切联系。

一、教学论与课程论不是平行发展的

(一)教学论较早从教育学中分化出来

尽管课程论与教学论均是教育学的亚领域或下位分支,但教学论是较早从教育学中分化出来的。早在17世纪,以特拉克发表的《教学论》与夸美纽斯《大教学论》的诞生为标志,教学就已成为一个独立的研究领域,至今已有300多年历史。而20世纪以前,课程一直是作为科目来诠释的(至今也有如此诠释的),直到博比特、查尔斯开始关注课程研究,提出了情境模式的课程研制理论,1918年博比特出版《课程》一书,课程才成为一个独立研究领域。

(二)教学论理论体系较课程论完善

正因为教学论研究历史较长,教学论不仅对自身各种规定性进行了研究,而且对教学论的元理论也有诸多探讨,教学论本身体现了既分化又融合的发展趋势,教学论框架基本确定。在中国,关于主体教育理论等方面的研究是较为深入的,而课程论对其研究对象、内容等的规定性研究尚不十分深入,课程元理论的研究更为薄弱,其体系框架远不如教学论成熟,在中国课程论研究方面,独创性见解还不多见。教学论比课程论成熟还体现在对教学实验论的认识、发展及应用等方面。总之,教学论与课程论不是并行发展的,教学论发展得早且完善。[②]

(三)数百年间课程问题均含于教学论之中

教学论比课程论早诞生约400年,这期间,课程是为教学服务的,如赫尔巴特指出教学的

---

① 张华:《课程与教学整合论》,《教育研究》,2000年第2期。
② 王光明:《也谈课程论与教学论的关系》,《教育理论与实践》,2003年第2期。

直接目的是培养学生多方面兴趣,要开设历史类(历史、文学、语文)和科学类(数学、工艺、自然科学)课程,这里的"课程"是实现教学直接目的的手段。即使是杜威所主张的"缝纫"、"瓦工"、"木工"等活动课程也是服务于他的"教育及经验的改造"、"教育即社会化活动"、"教育即生活"、"教育即生长"等教学论主张的。在这400年间,课程是指实践中的科目或形态,课程是以教学内容或学习经验身份作为教学论的研究范畴之一的,即在教学论视角下,研究课程的内容、形式和类型的。

(四)教学论较课程论根基厚实

关于课程概念至今未有被广泛接受的定义,而对教学概念的定义有相对共同倾向性的认识;教学论较课程论根基厚实一些。课程概念是课程论所要研究问题和理论的基点,课程概念应是课程论首先必须明确界定的基本概念。然而,至今关于课程定义仍是见仁见智的。如《简明国际教育百科全书·课程》给出了课程的9种定义等。关于课程概念认识的争鸣是一种学术繁荣的正常体现,但令人遗憾的是,课程概念至今却没有形成能够得到人们公认的结果,不仅缺乏具有普遍性的科学定义,甚至没有形成便于人们使用和沟通的工具性定义。[①]

而在教学论中,尽管关于"教学"的定义也存在着不同的认识,但许多专家、学者倾向于双边活动说,不仅王策三[②]、李秉德[③]、吴文侃[④]等专家、学者持有这一观点,而且《教育辞典》也是在双边活动观下界定"教学"的。[⑤] 即人们大多倾向于认为:"教学是教师的教和学生的学的统一活动。这一活动过程中,教师有目的、有计划地传授、培养和教育,学生主动地掌握一定的知识和技能,发展智力,形成一定的思想品德,双方各尽所能,共同完成社会赋予的培养有用人才的神圣使命。"[⑥] 双边协同活动说在一定程度上反映了教学功能和教学关系。当然,"双边活动说"肯定不是"教学"概念的终结性定义。但作为一门科学,最基本概念定义的不确定性是学科不成熟的一种体现。目前对教学概念的定义有相对统一的倾向性认识,这是教学论较课程论相对完善的一种体现。

二、教学论与课程论是独立平行的两个分支

(一)课程与教学研究的对象及理论体系的相关概念不同

从科学视角来看,课程与教学研究的对象及构筑理论体系的相关概念不同。前者研究各种形式的课业及进程,而后者研究教与学;前者涉及课程研制、课程标准、课程管理、课程目标和课程评价等核心概念,而后者涉及教学目的、内容、方法、过程、组织形式及教学评价等核心概念。研究对象不同说明研究内容不尽相同,而概念是理论生命的细胞与构筑理论的平台,概念不同,理论肯定不同。因此,从科学视角看,课程论与教学论应是教育科学下属的两门独立的分支科学。

---

① 丛立新:《课程论问题》,教育科学出版社,2001年,第1-2页。
② 王策三:《教学论稿》,人民教育出版社,1985年,第91、319页。
③ 李秉德:《教学论》,人民教育出版社,1991年,第2页。
④ 吴文侃:《比较教学论》,人民教育出版社,1996年,第111页。
⑤ 朱作仁:《教育辞典》,江西教育出版社,1988年,第632页。
⑥ 同①。

（二）理论基础不同

从理论基础上讲,课程的内容与方向在相当程度上受哲学及相关学科,诸如文化学、社会学和心理学等一级学科的直接统摄;而教学论则与此类学科的关系较为间接,它与学习理论、管理心理学、社会心理学等二级学科关系紧密。一定时代的课程观是该时代哲学观和知识成果的反映。

（三）内容不属于同一范畴

从内容来源上讲,课程论内容直接从人类已有的文化成果中取舍而来,这些内容虽然都是教育内容,但不全是教学内容。教学内容主要体现在教材中,是对课程中系统化、体系化了的正确反映客观事物本质及规律的科学文化知识的浓缩和提炼。教育所传递的人类文化被概括和总结于课程中,所以它应当作为教育内容而成为教育学的组成部分,而不应成为教学内容。否则,便人为地减少了课程的分量和范围。文化的实质和核心部分浓缩于教材中,通过教学的途径内化为学生的发展因素。所以,课程与教育内容属于同一范畴,而教学内容与教材属于同一范畴。

（四）影响因素不同

从影响因素看,课程的编制和发展主要受较高一级规律的制约,教学过程的规律不是课程的决定性因素。具体地讲,课程编制和改革的制约因素主要有:政治经济及社会发展的需求,它直接反映和体现国家的教育方针、教育目的和各级各类学校的培养目标;科学文化发展水平、时代的科学文化成果为课程的选择与编制提供知识前提和可行性条件;受教育者的身心发展水平、课程的编制与设置是以适合人的发展为着眼点的,是以心理学为其理论基础的,对受教育者的发展潜能、主体性人格、个别差异和成熟规律等指标,课程论必须综合考虑;课程论自身的发展规律和研究传统、课程发展历程给现代课程改革提供什么昭示,各课程论流派的观点有何共识与创新,哪些应予以借鉴或进一步研究等问题,都影响着课程的编制和改革。[①]

（五）研究侧重点不同

现代教学论研究将从知识教育论转向主体教育论,由唯科学主义教育转向科学主义与人文主义的结合,由机械唯物论转向辩证唯物论,并关注教学论的元理论研究,交流、实践与主体发展将是现代教学论研究的关键词。[②] 因为"课程论构建的方法和方法论,从 20 世纪 70 年代以来一直未取得实质的进展"[③],所以课程论将侧重研究课程的概念模式、课程合理化的理论、课程的研制理论、课程实施与评价理论,逐步进行课程论的本体与方法论研究。也就是说,课程论与教学论研究侧重点不一。

（六）研究范围不同

从研究范围讲,课程论除研究能被感知的知识、技能和经验(显性课程)的领域外,还研究团体气氛、人际关系、价值倾向、情感态度、校内外环境等因素(隐性课程)对受教育者发展的隐形影响,这些都是教学论不多谈及或研究不够的。

从课程论的自身发展看,它与教学论的分离更利于各自的深入研究和不断发展。如果课程论包含在教学论之中,无疑限制和束缚了课程论的发展,而且还会使人们对课程论作出狭隘

---

① 郝志军,高兰绪:《论课程论的学科地位及其与教学论的关系》,《高等师范教育研究》,1996 年第 5 期。

② 裴娣娜:《论中国教学论学科建设与发展》,《中国教育学刊》,1998 年第 6 期。

③ 中央教育科学研究所比较教育研究室:《简明国际教育百科全书·课程》,教育科学出版社,1991 年,第 65、91 页。

化、片面化的理解。这使教学论的研究和发展也背上了沉重的包袱,致使教学理论的深刻性、统摄性差,成为其不能很好地指导教学实践的重要原因。

第三节 教学论与课程论整合的趋势

课程与教学整合的理念,在 20 世纪初杜威在实用主义哲学的基础之上就已确立起来,但这个理念的影响主要存在于思想层面。20 世纪末课程与教学在充分汲取了一个世纪以来人类认识发展和价值探究的精华——现象学、存在主义、法兰克福学派、哲学解释学、后现代哲学的基础上重新整合起来。

一、新的理念和实践形态:"解放兴趣"和"课程教学"

(一) "解放兴趣"是课程与教学整合的新价值取向

如果说杜威关于课程与教学的整合是以"实践兴趣"的追求为核心的话,那么当今课程与教学的整合则以"解放兴趣"为价值取向。"解放兴趣"亦称"解放理性",是人类对"解放"和"权力赋予"的基本兴趣,这种兴趣使人类通过对人类社会之社会构建的可靠的、批判性洞察而从事自主的行动。[1] "解放兴趣"是最基本的、"纯粹的"兴趣。"解放"意味着"从外在于个体的存在中获得独立",是一种自主的状态而不是放任的状态,它整合了自主和责任。只有通过自我反思的行为(即自我回归自身的行为),"解放"才是可能的,因此,"解放兴趣"所指向的是主体的诞生,其核心是对主体进行权力赋予。

当课程与教学的价值取向定位于"解放兴趣"的时候,教师和学生就不再只是既定课程计划的实施者,而是课程开发者与教学设计者。课程不再只是"制度课程",而是"体验课程"——被教师和学生实实在在体验到的课程。课程的内涵发生了质的变化:课程是"一个情境化的社会过程";课程是"一系列事件";课程是"学生有机会学习的东西";课程是由师生交互作用而产生的"一种不断生成的建构"。在这里,课程不再只是一些于教育情境之外开发出的书面文件,而是师生在教育情境中共同创生的一系列"事件",通过这些"事件"师生共同建构内容与意义。教学不再只是一个传递内容而与内容无关的"管道",而是一个产生基本的课程效应的社会情境。课程与教学不再是社会对教师和学生施加控制的手段,而是教师和学生追寻主体性、获得解放与自由的过程。

当课程与教学的价值取向由"工具理性"为"解放理性"所取代的时候,当课程与教学的研究不再局限于获得普遍性的、价值中立的课程开发或教学设计的程序、规则、模式,而把重心置于理解活生生的教学情境的时候,课程与教学的界限再一次模糊、二者再一次融合起来。[2]

对这种课程与教学整合的新的理念及相应的实践形态,美国学者韦迪用一个新的术语来概括,这就是"课程教学"(Curriculum'n'instruction)。[3]

---

① [美]约翰·杜威:《民主主义与教育》,王承绪译,人民教育出版社,1990 年,第 17 页。
② 张华:《课程与教学整合论》,《教育研究》,2000 年第 2 期。
③ Weade R. Curriculum'n'instruction:the construction of meaning. Theory into Practice,1987,26(1).

（二）"课程教学"的内涵

1. 课程与教学过程的本质是变革

课程与教学过程的进行包含着对内容的某种方式的变革。即使在"制度课程"的层面也是如此。不过在制度层面,课程与教学对内容的变革是为了更忠实地实现社会对学校教育的期望、更有效地传递社会希望学校传递的内容。比如教科书等书面课程文件之所以变革内容是为了便于教师和学生的教与学,教学过程中对内容的简化则是为了便于学习者接受。在这里,对内容的变革是有效传递内容的手段。

在"体验课程"的层面(具体教育情境的层面),对内容的不断变革与其说是手段不如说是目的。因为在这里课程与教学指向于人的主体性的提升、指向于人的自由与解放,而对内容的不断变革与创造正是人的主体性充分发挥的表现。因此,教师与学生在具体教育情境中不断变革与创造内容从而不断建构自己的意义,这正是课程与教学过程本质的反映。

用"变革"的观点看课程,"课程就不只是'内容'(content),而是'关于内容的理论'(a theory of content)。即是说,课程是关于特定内容是什么的观念、认识特定内容意味着什么、当教师教授特定内容的时候他在达到何种目的。"①也就是说课程在本质上不是对所有人都相同的普遍性的内容,在特定教育情境中每一位教师和学生都对给定的内容有其自身的理解,都对给定内容的意义有其自身的解读,都有其关于特定内容的自己的理论。正是"关于内容的理论"支配着具体教育情境中的每一位教师和学生对给定内容不断变革与创造,以使给定的内容不断转化为"自己的课程"。

用"变革"的观点看教学,教学即是教师和学生在具体教育情境中对内容作出根本变革——内容的创造与意义建构的过程。传统教学的内涵是基于教育心理学原理对内容进行有效传递的过程、忠实实施既定课程计划的过程,这里关切的重心是对内容的有效传递过程,而不是对内容的变革过程,教学研究也因而成为内容传递的工效学。基于"变革"观的教学则是课程创生与开发的过程,这里的核心是内容的不断变革与创造。

2. 教学作为课程开发过程

当课程与教学在"解放理性"的基础上重新整合起来之后,教学就不只是一种人际交流过程,而是课程开发过程。在课堂情境中,教师的主体性充分发挥的过程是教师在"创作"(author)课程事件或"创生"(enact)课程的过程。教师之所以能够在课堂上创作课程事件并引导课程事件的进行,正是因为他们具有关于课程内容的强劲的理论(也许教师本人并未清晰意识到这一点)。显然,教师的这些理论是基于其对课程内容的认识和信仰、基于其对学生的学习和动机观念的了解。但是,教师关于课程内容的理论是情境性的、与其课堂经验密切相关的。所以,教师的知识或理论是"事件构成的"。

在课堂情境中,当学生的主体性充分发挥并积极参与到课程创生过程中的时候,实际上也是在"创作"课程事件。在与课程事件的相互作用中、在完成任务的过程中,学生创生着自己的课程,以其特有的方式建构着意义。学生有自己的"课程知识","学生的课程知识深深隐藏于班级结构或文化之中"。② 因此,在课程教学中,教师与学生的主体性充分发挥的过程即共同创生课程的过程。在课程事件的"创作"这个动态过程中,课程内容被持续生成与转化、课

---

① Doyle W. Curriculum and pedagogy. Handbook of Research on Curriculum. Macmillan Publishing Company,1992:507.

② 中央教育科学研究所比较教育研究室:《民主主义与教育》,王承绪译,人民教育出版社,1990 年,第 508 页。

程意义被不断建构与提升。

3. 课程作为教学事件

"课程作为教学事件"与"教学作为课程开发过程"是一个问题的两个方面。"课程作为教学事件"是课程与教学的整合态——"课程教学"的另一视角。[①] 当"体验课程"取代"制度课程"而置于教育的核心的时候,课程不再仅仅是静态的书面文件,而是教师与学生在教育情境中不断生成的活生生的经验。在课堂教学情境中,教师与学生不断际遇着、创造着、解释着课堂事件,在这个过程中内容不断变革、意义不断生成。课程正是这一系列课堂教学事件及由此实现的内容的变革与意义的生成。从这个意义上说,课程是动态的过程,是不断变化的课堂教学事件。作为"制度课程"之基本构成的诸种课程文件在这里不过是供教师与学生选择的资料,只有当这些资料有助于教师与学生共同进行课程创生过程的时候,只有当这些资料经过变革与解释而化为教师和学生不断发展着的经验的时候,才有课程的意义。

二、课程论与教学论的整合与创新

(一)课程教学理念和课程教学目标的整合与创新

课程教学理念应是创新意识和创新精神的培育、创新能力的培育、创新人格的培育几方面的内容,应包括智力因素和非智力因素,重视非智力因素的培育应是创新教育的一个重要特征。

一般认为课程教学目标是教育目的、教育宗旨等教育价值观在课程与教学中的具体化,这种价值观分为普遍目标、行为目标、生成性目标、表现性目标4种。普遍目标是基于经验、哲学观或伦理观、意识形态或社会政治需要而引出的一般教育宗旨或原则,这些宗旨或原则直接运用于课程和教学,就成为课程与教学中一般性的指导方针。行为目标是以具体的、现实的方式陈述课程与教学目标,它指明课程与教学过程结束后学习者的行为变化,其特点是目标的精确性、具体性。生成性目标是在教育情景中随着教育过程的展开而自然生成的课程教学目标,它是问题解决的结果,是人的经验成长的必然结果,其特点是教师与每个学生应展开对话,强调教学过程的开放性。表现性目标是指每一个学习者在具体教学环境中产生的个性化表现,它所追求的不是学习者学习结果的一致性,而是多元性。教学中要使学习者迸发出创造的火花,要有恒久的创新热情,生成性目标和表现性目标应是提倡的。教学中应把学科最基础和最前沿的材料提供给学习者,借助现代教育技术,通过教师和学习者的对话交流,挖掘各自所需的进一步材料,唤起他们探究的心理,激发他们的创造性,达到学习者学习能力的"极限"。

(二)课程内容和教学方法的整合与创新

课程内容是课程的有机构成,教学方法是教学过程的基本环节,课程内容和教学方法是内在统一的。综观世界各国,课程改革的一个重要发展趋势是尊重学习者的主体意识、呼唤学习者的个性发展,这种课程观必然要求以学习者的已有知识作为课程内容的主导取向,要求以学习者的已有知识为核心整合学科知识来谋求科学、艺术和道德的统一,谋求科学与技术的统一,谋求概念原理的知识与过程方法知识的统一。

把教材内容作为课程内容,但却没有把学习者的已有知识列入其中,或者学习者的已有知识根本无法接受教材内容,却还要把教材内容作为课程内容,这是失之偏颇的,这种课程内容形成的结果必然是千人一面,照本宣科。课程内容必须要进行创新,要树立教材即参考书的观

---

① 张华:《课程与教学整合论》,《教育研究》,2000 年第 2 期。

念。教学方法是受特定课程与教学目标、课程内容制约,为师生所共同遵循的教与学的方式、手段,它是引导、调节教学过程的规范体系。教育方法的分类方法很多,其中日本教育家佐藤正夫在《教育学原理》中根据教师、学生、教材与环境三方面的交互作用把各种教育方法归结为三种基本类型,即提示型教学方法、共同解决问题型教学方法、自主型教学方法。① 提示型教学方法是教师在课堂上通过各种提示活动而教授课程内容,学生接受并内化这些内容的方法;共同解决问题型教学方法是通过师生的民主对话与讨论来共同思考、探究和解决问题,由此获得知识技能、发展能力和人格的教学方法;自主型教学方法是学生独立地解决由本人或教师提出的课题,教师在学生需要的时候提供适当帮助,学生由此获得知识技能、发展能力和人格的教学方法,这种方法真正体现了"教是为了最终不需要教"。对这三种方法的取舍与搭配,就是教学方法的选择过程。

(三)课程和教学组织的整合与创新

课程组织是在一定的教育价值观的指导下,将所选出的各种课程要素妥善地组织成课程结构,使各种课程要素在动态运行的课程结构系统中产生合力,以有效地实现课程目标。课程要素是课程的基本构成,一般包括学习者、教师、教材和教学环境四大要素,课程应注意区别理论课程与技能课程、分科课程与综合课程、必修课程与选修课程、显形课程与隐形课程。教学组织根据课程内容及课堂中教师和学生教与学过程的方式和结构,可分为个别化教学、集体教学和综合教学三类组织。

(四)课程实施和教学过程的整合与创新

课程实施是将某项课程计划付诸实践的过程,对课程计划的实施一般认为就是教师严格地按照课程专家的课程计划和教科书、课程方案或教案等教学文件的规定忠实地执行课程计划,教师是被动的执行者,它强调课程制定者和专家的作用;或者认为课程实施应是一种课程制定者与教师即课程实施者之间相互适应的过程,教师是课程主动的、积极的参与者,它不再把课程实施认为是一种单向的、线性的过程,而是一种复杂的、非线性的过程。它综合考虑了社会环境对课程的影响。传统上认为教学过程是在教师引导下学生的认识过程,应发挥教师的主导作用并调动学生的学习主动性;认为以教材为媒介的课程是教学的主要对象,应以完成课程内容进度为教学目标,在进度上达到课程与教学的机械统一。事实上,这是不完整的课程教学。如果把课程实施认为是在充分研究并了解了每个学生的感情、思维方式和价值观念,同时在学生理解了教师情感的情况下,教师和学生共同创造课程的过程,教师应是课程的开发者,那么,课程和教学就达到了和谐的统一。这是一个具体教学情境中教师与学生创造和开发自己课程的过程,是教师与学生个性成长和完善的过程,是强调教师与学生在课程教学中的主体性和创造性,强调个性自由与解放的过程。它同时也对教师的专业能力提出了更高的要求,它需要的教师将不是"教书匠",而是设计师和专家。

(五)课程教学评价的整合与创新

课程教学评价就是以一定方法、途径对课程与教学的计划、过程和结果等的判断,这其中应考虑评价的对象范围、评价的价值标准、评价方法的选择等问题。一般把评价分为相对评价和绝对评价,但是基本是从教的角度评价的,现代教学评价的发展趋势将是更多地重视学生的自我评价能力的培养,提高学生的心智技能水平。

---

① 杨仲杰:《课程论与教学论的整合与创新》,《西北成人教育学报》,2004 年第 3 期。

    总之,课程和教学作为教育的主要内容与环节,需要把二者整合,并需要在理念、目标、内容方法、实施过程、组织及评价等各方面进行全面创新,目的是使教育能够培养出继承传统、创造未来,具有良好的学习能力、发展能力和创造能力,能够适应信息时代变化和支撑面临激烈国际竞争的国家建设人才。

第三篇

第三章

第十一章 课程知识观

知识是课程的基本来源,没有知识,也就没有课程。"知识制约着课程内容层次及范围的历史流变,决定着课程内容广度与深度的时代进程;知识的类型及其结构制约着课程结构的变迁;方法论意义上知识观是课程思想及其原则的基本依据。"①知识构成课程的问题,不仅仅是知识本身的问题,更主要的是知识观问题。因为知识及其变化对课程的影响最终要经由人对知识的理解方可实现。因此可以说,每一次课程演变都在一定程度上反映出知识观的变化。虽然不能说课程变化的直接动因全部来自于知识观,但知识观应该是引起这种变化的重要原因之一。从某种意义上讲,课程知识观是进行课程设计和课程改革的一个重要理论基础。

第一节 知识的含义、性质与分类

对知识的定义很难作出准确的界定。这种状况就像罗素晚年所体悟到的那样:"知识是一个不能得到精确定义的名词。"②知识历来是哲学认识论的研究对象,在西方有人把认识论称为知识论,在很多场合,知识与认识同义。所以,传统的有关知识的定义多是从哲学的角度提出的。

一、知识的含义

在中国,占主导地位的仍是来自哲学认识论的定义,这些定义都是根据哲学认识论中的反映论给出的,强调知识是人对客观世界的主观反映。

《中国大百科全书》(教育卷)中对知识的定义是:"所谓知识,就它反映的内容而言,是客观事物的属性与联系的反映,是客观世界的主观映象。就它的反映活动形式而言,有时表现为

---

① 郝德永:《课程研制方法论》,教育科学出版社,2000 年,第 76-80 页。
② 鲍宗豪:《论知识:一个新的认识域》,上海人民出版社,1991 年,第 140 页。

主体对事物的感知或表象,属于感性知识,有时表现为关于事物的概念或规律,属于理性知识。"①《教育大辞典》中对知识的定义是:"知识属于认识范畴,是人类的认识成果。经验是知识的初级形态;系统的科学理论是比较完备的知识形态。"②知识是"对事物属性与联系的认识,表现为对事物的知觉、表象、概念、法则等心理形式,可通过书籍和其他人造物独立于个体之外"。③

上述观点属于传统知识定义,但随着认识论、心理学研究的进一步发展,随着人与知识的关系的主题由"发现知识"、"占有知识"转向"探寻和构建知识与人的意义关系",这种传统知识定义越来越受到质疑和批判。

二、知识的性质

柏拉图在《泰阿泰德》中把知识界定为一种确证了的、真实的信念。知识是由信念、真与确证三个要素组成,这是西方传统知识的三元定义。按照这种定义知识首先是真的,但仅仅是真还不足以是知识,你还需要相信它。康德把有关事物的判断分为三个层次,最高一级是知识,它不仅在主观上,而且在客观上是有关事物的真判断。④ 齐硕姆认为,真意见必须要有充分证据才会成为知识,确证主要指命题必须有恰当的理由或证据。信念可能会碰巧为真,但知识却不允许有这种偶然性。

扎泽博斯基把知识界定为一种"关系",即人们与现实相接触的一种认识关系。他认为,知识可区分为两类:一类是有关事物的直接知识,它是主体通过与实在的对象进行直接的经验接触而产生的认识。另一类是有关事物的间接知识,称之为命题知识。它是主体所认识的关于世界的真命题。麦克金认为,知识各种不同的表达方式组成了一个知识家庭,如认识谁(who)、认识如何(how)、认识某物与他物的区别等。构成知识家庭根本特征的概念是"辨认性知识",即从与他者的不同中辨别出某物的知识。知识家庭的共同特征可以对知识的异中之同进行说明,建构知识的统一理论,这种知识的统一理论应当以"辨别"概念作为核心。他认为,命题知识,即对某物是什么的认识,不过是从创见物中区别该物的一个特例。⑤ 麦克金对知识的分析,吸收了维特根斯坦的"家庭相似性"的论点。

总之,称得起知识的信念,必须满足三个条件:命题 P 为真;S 相信命题 P;S 相信 P 所形成的信念得到了确证。也就是说知识是确证了的真信念,不同观点的分歧在于确证的度、确证方法以及分类。

三、知识的分类

(一)知识论层面的分类

1. 感性知识与理性知识

这种分类是从认识论的角度出发的。感性知识直接来自于人们的感官,它包括感觉、知觉等,其特点是认识的直接性、不确定性;理性知识来自于人们的理性能力,它包括概念、判断和

① 董纯才:《中国大百科全书》(教育卷),中国大百科全书出版社,1985 年,第 525 页。
② 顾明远:《教育大辞典》(第 6 卷),上海人民出版社,1992 年,第 130 页。
③ 顾明远:《教育大辞典》(第 1 卷),上海人民出版社,1992 年,第 130 页。
④ 赵长林:《知识论发展与课程知识观的嬗变》,《教师教育研究》,2004 年第 4 期。
⑤ 同④。

推理,其特点是认识的概念化、确定性。

2. 人文知识、社会科学知识和科学知识

这种分类是从知识的学科范畴上进行的,还可以再细分为哲学、文学、历史、艺术、科学等学科。人们一般认为,人文知识的客观性、理性程度最弱,科学知识最强,社会科学知识介于二者中间。社会科学知识具有理性与客观性的特征,比如:法律、经济知识需要一定的逻辑推理,经济活动表现出周期性特征等。

3. 个人知识与社会知识

这种分类是从知识拥有主体的角度来分的。罗素在其《人类的知识》一书中,对个人的知识与社会的知识进行了区分。他认为,社会知识从总量上可以说多于个人知识,也可以说少于个人知识。因为,百科全书式的全部社会知识却不能包含个人的知识部分。他说:"整个社会的知识和单独个人的知识比起来,一方面可以说多,另一方面也可以说少;就整个社会所搜集的知识总量来说,社会的知识包括百科全书的全部内容和学术团体的全部文献,但是关于构成个人生活的特殊色调和纹理的那些温暖而亲切的事物,它却一无所知。"[①]个人知识是自身亲身经验得到的,这种知识不是可以用语言能够完全表达出来的。波兰尼认为,个体知识,特别是个体的判断力,在科学发现中起了举足轻重的作用。理智的激情、信念、良知、责任心与判断力的协同,自始至终伴随着科学的研究工作,理智的激情通过科学的美感和真理建立起了内在的关联。社会知识则是祛魅的,排除了情感、价值和激情,追求客观、普遍与价值中立。

4. 根据知识的经济功能分类

经合组织把知识分成了4种类型。一是事实知识,指的是人类对某些事物的基本认识和所掌握的基本情况。二是原理和规律知识,即产生某些事物和发生事件的原因和规律性的认识。三是技能知识,即知道实现某项计划和制造某个产品的方法、技能与诀窍。四是知道知识产生源头的知识,即知道是谁创造的知识。第一、第二类是"可编撰的知识",第三、第四类是"可意会的知识"。

(二)课程论层面的分类

1. 费尼克斯的课程知识分类

费尼克斯主要是从发展学生能力的角度来对知识进行分类的。他在《意义的范畴》这本书中指出,普遍教育关注的不应只是智力的发展,因为它是理解和形成基本意义的过程。他所说的意义有4个维度:一是有关内部经验的维度。包括感受、意识、激励以及难以明确表达的领域。二是逻辑和法则维度。任何类型的意义都要通过特定的逻辑或结构原理表达出来。三是选择性维度。从理论上说意义是无穷的,因此必须对它们进行选择,选择值得进一步发展和阐释的问题。四是表达维度。所感兴趣的意义要通过符号进行交流,符号是表达意义的中介。根据意义的4个维度,他把知识分为6种类型:符号学,包括普遍语言学、数学、非推论性符号形式;经验论,包括物理学、生物学、心理学、社会科学;美学,包括音乐、视觉艺术、运动艺术、文学;心智研究,包括哲学、心理学、文学和宗教;伦理学,包括道德规范和知识;福音学,包括福音及传道的知识。

2. 赫斯特的课程知识分类

赫斯特认为,在日常用语中,知识的对象是人、地方、物体、理论、技能、感受等。但是在哲

---

① [英]罗素:《人类的知识》,张金言译,商务印书馆,1985年,第1—3页。

学上,知识的对象并不是我们所知道的东西,它们有三种类型:一是"直接的客观知识",即我们知道的人、地方、事物;二是"知道是这样的知识",即我们知道的事情是怎样的,它们是用某种陈述或假设来表达的;三是"知道是怎样的知识",即我们知道在何时何地以何种方式做何种事情。最后一种知识不仅需要认知和理解,还要具备一定的能力。赫斯特和彼德斯将知识分为 7 种形式:形式逻辑和数学、自然科学、道德认知和判断、美学、哲学、宗教经验以及对己对他人心灵的认知。[①]

四、知识观

知识观,从词义上看,"观"在汉语中是指"对事物的认识或看法",英文将其译为 viewpoint on/about 或 idea on/about,即"对……的观点","对……的看法"。由此可见,知识观不是知识本身,它是关于知识的知识,是伴随着知识的积累、丰富与增长,人们对知识所做的一种认识和反思。也就是说,知识观是人们对知识的基本看法、见解与信念,是人们对知识本质、来源、范围、标准、价值等的种种假设,是人们关于知识问题的总体认识和基本观点。如理性主义知识观、经验主义知识观、逻辑实证主义知识观、批判理性主义知识观、实用主义知识观、科学主义知识观等。

第二节　科学主义知识观制约下的传统课程观

传统型知识观包括理性主义知识观、经验主义知识观和科学主义知识观。

一、科学主义知识观的形成

对"知识"的观点,在西方哲学史上存在着三个具有代表性的观点:理性主义知识观、经验主义知识观、实证主义知识观。

(一)理性主义知识观

理性主义知识观的代表人物是柏拉图和笛卡儿。柏拉图认为感觉是与理智完全隔离的,理智和理念世界的存在保证了知识存在的可能性与合理性。笛卡儿以"我思故我在"明确了知识是如何产生的、知识与主体的关系,即只有通过理性的思考,通过演绎推理获得的思想才是可靠的知识。在理性主义者看来,知识是认识者通过理性来把握客观世界的产物,是"通过他自己按照概念先天的设想进去并予以展现的那种东西"。理性主义者强调逻辑推理、分析,认为如果没有理性的参与,人们的感觉经验往往是混乱的、模糊的和不清晰的,不可能成为客观的知识体系。

(二)经验主义知识观

经验主义知识观的代表人物是培根和洛克。培根认为"一切自然的知识都应求之于感官",他要求人们克服那些源于人类族群、个体本性、语言的、社会和历史传统的偏见,提倡以一种新的观察和实验的方式,使人们能够不受任何"先见"的影响去接触自然、观察自然和理

---

① 赵长林:《知识论发展与课程知识观的嬗变》,《教师教育研究》,2004 年第 4 期。

解自然。洛克和培根一样都否认"内在观念"或"天赋观念"的存在及其认识论意义,他更加鲜明地提出,"心灵比如说是白纸,没有一切文字,不带任何观念,感觉是人们获得知识的唯一通道,我们的一切知识都在经验里扎着根基,知识归根到底是由经验而来的"。[①] 总之,经验主义者认为,要正确地反映事物的本来面目或事物之间的本来联系,认识主体就必须按照事物本来的样子来认识事物,知识就是对外界事物的忠实反映,观察和实验是获得这些知识的最可靠途径。

理性主义知识观与经验主义知识观是相互对立的两种知识观,但都是以人与世界的主客二分对立为理论前提的,都肯定知识的绝对性和真理性,其最大的分歧在于知识获得的途径。后者强调运用直观、观察获得知识,十分重视观察的精确性;前者则强调运用逻辑推理、演绎获得知识,十分重视思维的精确性。

(三)实证主义知识观

理性主义知识观和经验主义知识观的斗争在实证主义那里达到了极致,经验被看做获取知识的基础,按照实证自然科学的要求获取知识成为科学的范式,并且试图成为人类一切科学的范式。16世纪以来,特别是17世纪以来,自然科学强调观察和实验,要求提高知识的"确实性"或"实证性",与空洞、荒诞的中世纪经院哲学形成鲜明对照的求知风格。1830年法国哲学家孔德创立实证哲学,率先提出实证主义的基本原则。孔德主张知识只能局限在经验的范围内,经验之外是否有物质自然界存在以及物质与意识的关系究竟如何等问题,属于人的认识能力无法企及的形而上学的领域,对这些问题无法从经验的角度去加以讨论和说明,只能悬置起来;一切科学知识必须建立在来自观察和实验的经验事实基础上,经验是知识唯一的来源。

(四)科学主义知识观的形成

18世纪,由现代自然科学知识和技术发展直接导致的英国工业革命,使得人类的知识第一次在经济领域显示出巨大作用。19世纪,随着细胞学说、生物进化论、能量守恒定律、电磁学说等现代科学成就的取得,科学理论开始转化为新的生产技术和生产力。科学的应用几乎渗透到人类生活、社会运行的各个角落。这时,无论是平民百姓还是社会的统治者,都认为只有科学知识才是真正的知识,只有科学知识才能够告诉他们真理,科学的方法被看成是获得知识的唯一正确的方法。到19世纪末,社会学、心理学、政治学、历史学、经济学、人类学、教育学等一大批知识领域先后采用自然科学研究范式,建立了基本的科学研究方法论,科学知识在人类知识领域的主导地位逐渐建立起来。与此同时,随着人类社会的变迁,人们以往尊崇的知识观也越来越暴露出其缺陷和不足之处,科学主义知识观形成了。

二、科学主义知识观的内涵

(一)知识的普遍性

"普遍性"是指普遍的可证实性(推理的或实验的方式)以及所有知识都可以纳入到普遍的规律和一般原理中而不能超越与突破。知识的普遍性具体包括两个方面内容:首先,真正的知识是能够在不同的环境下被反复验证的;其次,真正的知识必须是超越社会和个体的,限制与排斥社会因素和个人因素的介入。验证知识的客观性有两个方法:直接证实和间接证实。直接证实就是用我们直接的知觉经验来进行验证;间接证实就是以直接经验为基础,或借助一个已经被经验证实的命题为前提,经过一系列逻辑推理过程去证实。

---

① [美]罗素:《西方哲学史》(下卷),马元德译,商务印书馆,1976年,第634页。

（二）知识的客观性

客观性就是知识的外在性和绝对性。"外在性"是指认识对象是独立于认识主体之外的客观存在。知识就是通过理智和经验的方式正确地反映外在对象的本质属性或对象间的本质联系，认知主体好比一面"磨光的镜子"，认识客体如同是一个等待被反映的事物，主观反映与外部客观事物相符合就是知识客观性的最基本意蕴。在知识获得过程中，一切从经验事实出发，排除一切主观因素；在知识的陈述上，使用客观的数字、符号、公式等精确的科学语言对知识进行高度抽象化的表达。通过这两个方面的努力，将知识从具体的事实背景中剥离出来，成为一种放之四海而皆准的教条。"绝对性"是指知识作为认识的结果，它是一种确定的、必然的绝对真理，与主体的情感、价值观等因素无关；知识来源于不可感觉的、独立于时间和空间之外的必然世界（或理念世界），它是永恒的和确定不变的，且仅能为人们的理智和直觉所把握。

（三）知识的中立性

中立性就是知识的价值无涉。知识是纯粹经验的和理智的产物，只与认识对象的客观属性和认识主体的主观认识能力有关，而不与认识主体的种族、身份和相关的利益有关。由于排除了主体因素，因而也排除了社会因素对知识的影响，忽视了知识的社会属性。知识的中立性获得是建立在以下假设的基础上：现代知识是对客观事物的正确反映，而客观事物是不以人的意志、趣味和利益为转移的；现代知识是得到普遍经验的证实或逻辑证实的，这些普遍证实的证据或逻辑规则都是超越个体和社会的，是与社会和个体的状况无关的。

（四）知识的实用性与功利性

科学主义强调知识的实用性，强调知识面向人的生活，具有明确的实用性倾向，这无疑是知识观的一种超越。但是，在实践中，它对这种实用性作了庸俗的解释，将人的日常生活，尤其是日常物质生活作为生活的全部内容，认为知识仅仅是人征服自然、改造自然的工具，生产、占有物质财富是知识价值得以实现的标准。

三、科学主义知识观制约下的传统课程形态

在相当长一段时间里，科学主义知识观左右着学校教育。在此基础上建立起来的课程形态，被称为传统课程。

（一）传统课程特征

课程以知识为中心。科学主义知识观教条式地坚持知识的客观性，所以知识一旦获得就会一劳永逸地为人掌握并在任何情况下都发挥作用。由此，科学主义知识观顽固地坚持科学知识是知识的唯一范本。它试图在人类知识王国中建立一种专制的一元化的知识体系，人类文化的其他领域，要么被纳入科学主义知识观中接受科学的改造，要么被逐出认识和认识论视野。由于科学主义知识观的傲慢与偏见，教育领域逐渐形成了一种"主知主义"教育思潮，捷克教育家夸美纽斯第一次明确提出用"百科全书式"的知识武装学生的头脑，使学生的智慧得到普遍发展，因此被称为"泛智论者"。后经洛克、裴斯泰洛齐等人的发展，至19世纪德国的赫尔巴特逐渐形成了完整的主知主义教育观。赫尔巴特从观念心理学的基本观点出发，把"知"放在首要地位，知识教学被当做教育的最基本途径，知识授受成为教学的中心，教育的任务旨在使学生掌握既成的事实、规则、定理。主知主义的教育观于五四前后传入中国，与中国传统的教育观念基本相通，后经苏联教育学家凯洛夫的强化，对中国教育课程形态产生了重大而深远的影响。传统课程特征可概括如下：

（1）课程的设计以"科学知识"为中心。科学主义知识观认为，只有科学知识才是真正的知识，也才是最有教育价值的知识，才能够促进社会和个体的发展。因此，人文学科知识被挤到了极其狭窄的空间里，一切知识包括原来的人文、社会学科知识都被工具化了。知识被视为固定不变的抽象的概念、公式、原理、命题等，学生掌握知识就是掌握这些东西。知识被看做高高在上的不可改变的真理，甚至就把教材看做是知识，认为学生掌握知识就是掌握教材，掌握教材就掌握了知识。课程的编制更多地关注学科的逻辑，而很少顾及学生的心理特点和需要。教育的使命被定位在探索知识的基础、追求绝对化的知识及其授受上。

（2）课程的功能更加注重知识的传授，人们只把知识作为被管理、被掌握的工具，而忘却了知识的发展价值和人文价值。如果说在农业社会，由于学校教育与生产劳动的分离，教育的核心是古典学科知识的话，那么，随着工业社会的到来，这些实用性知识便逐渐取代了古典学科知识的地位，成为教育的核心。科学知识以其最大的教育价值在现代教育中已经根深蒂固，支配着现代教育的一言一行。

（3）课程评价也以学生掌握了多少既定的知识为标准，追求评价过程中的技术化、程序化和标准化，强调评价手段的科学性，忽视了其多样性和差异性。总之，知识几乎统辖着课程的方方面面。

（二）传统课程的严重缺失

科学知识观确实为现代教育的发展和繁荣打下过坚实的理论基础，对于冲破中世纪的蒙昧主义、神权思想是功不可没的，也带来世界科学技术文明的兴起与人类的发展。然而，随着科学技术在全世界的胜利，现代知识也日益取代上帝成为人们崇拜的对象，科学知识便具有了王者的地位与权势，压抑其他知识及知识观的合法存在，导致了传统课程的严重缺失。

（1）"传授知识"的价值取向规定着学校课程体系的设置，忽视"能力为本"的理念。在科学主义知识观的主宰下，课程知识等同于"理论知识"、"学术性知识"，知识的广泛来源与外延被否定。于是，课程致力于知识的逻辑性、可计算性、可操作性及可测控性的承载与传播，知识中本有的、应充满生机和活力的部分被一次次地从课程中剥离出来，使其成为死知识。学校课程注重的是使学生掌握结论式的现成知识和书本知识，而忽视了对学生运用所学的知识去分析问题、解决问题的能力和创造新知识的能力的开发与培养。

（2）片面强调"科学主义"价值取向，忽视知识的相融性。各门学科中都存在着追求纯科学的倾向，纷纷试图以科学知识来构建其知识范围与体系，传统文化及本土文化在课程中的作用被所谓的现代文化所取代，人类文化中的精髓和富有灵性的部分难以在课程中得到充分反映，民间知识、本土知识被忽视，具体的实践知识与生活知识是低级的，进入不了课程的"大雅之堂"，而个体知识和缄默知识被无情地逐出了知识的殿堂。由于知识被看做具有绝对的客观性，与主体的情感、意志努力、价值观等因素无关，所以知识与具体的社会情境和问题情境相割裂，认识主体把知识从具体的社会情境中抽象出来，使知识与自身割裂开来。其结果是课程应有的意义和价值属性消失殆尽。

（3）"专门职业化"取向的学校课程，忽视"以人为本"的教育理念。科学主义知识观虽然立足于人的日常生活，却是仅以满足人的物质需要来确立其自身的价值，带有明显的功利主义倾向，知识不再是生活的目的，不再是人自我完善的方法，而是一种外在于人的、满足当下生活实际需要的工具。知识对于人类的价值在于对自然的认识、改造和征服，疏远了人生的意义和价值。"专门职业化"取向导致课程分类越来越细，各门学科的课程之间的融合性严重弱化，尤其是文理科课程之间相互渗透性很差。这种"职业至上"的价值取向,导致人人只关心满足自己的需要而缺乏社会责任感,学生的人文素质和文化品位滑坡。

(4)课程远离生活世界。科学主义知识观认为,真正的知识就是对隐藏在现象之后的规律的认识和把握,这样一来,就在生活世界之外预设了一个抽象的、本质的世界——科学的世界。所谓的"科学世界",是指人们用概念化和体系化的科学理论所描述的客观的世界。科学主义知识观将知识局限在这个稳定的、不变的、抽象的世界中,拒绝任何主观性的人生体验和价值判断,从而排除生活世界的意义和价值。这就造成了科学世界与生活世界的断裂和对生活世界的遗忘,进入一个自我封闭的象牙塔。课程的知识停留在"抽象"阶段,抽空了知识的形成与发展过程。学生缺少生活体验,知识缺少与生活的联系,学生回不到"具体化"的环节,既不能以感性经验为基础,又不能把知识落实到感性经验。在实际教学过程中学生被完全从其现实生活世界中拉了出来,进入一个冷冰冰的"教学世界"。

第三节 后现代主义知识观制约下的当代课程观

随着社会和知识自身的发展,当代知识观也在不断地作出相应的调整。20世纪60年代以来,兴起了新的知识观,由于新的知识观是对现代知识观的质疑、反思、批判和超越,关于知识的阐释是基于对现代知识问题的批判和反思之上的,所以又称之为批判主义知识观。它包括建构主义知识观和后现代主义知识观。

一、建构主义知识观

建构主义是20世纪60年代以来形成的一种教育理论流派,代表人物有皮亚杰、维果茨基、波兰尼等。建构主义认为,世界是客观存在的,但是对世界的理解和赋予的意义却是由每个人自己决定的。人们是以自己的经验为基础来建构现实的,因此个体的经验以及对经验的信念不同,对外部世界的理解也就各异,所以建构主义者更关注如何以原有的经验、心理结构为主来建构知识,强调学习的主动性、社会性和情境性。

建构主义理论有关知识的论述很丰富,概括而言,主要包括以下三个方面:① 知识是一种主体性的存在,即主体基于自己的经验及所处的社会文化历史背景,通过主动建构的方式,而获得的融入主体世界的知识。② 知识不是问题的最终答案,它只不过是人们对客观世界的一种解释、假设或假说;知识并不能绝对准确无误地反映事物的本来面貌,而是需要针对具体问题的情景对原有知识进行再加工和再创造。③ 知识由外部的直观反映转向自身的主动建构,对知识的理解只能是由学习者自身基于自己的经验背景而建构起来的,取决于特定情况下的学习活动过程。

二、后现代主义知识观

后现代主义是20世纪后半叶在西方社会流行的一种哲学、文化思潮。代表人物是福柯、德里达、利奥塔、费耶阿本德、罗蒂、霍伊、格里芬、杰姆逊等。后现代主义以非中心性、多元性、异质性、开放性、宽容性、无限性、不确定性等为特征的无限的思维方式,提出后现代主义知识观。

后现代主义知识观的基本观点包括三个方面:① 知识不具有绝对的客观性,而是具有相对的不确定性,依存于知识的掌握者,知者与被知者紧密联系在一起。② 知识系统是开放的,不是封闭的。③ 知识形成一种主体与客体、主观与客观相互交融的复杂的知识状态。④ 知识传播方式多样化。

后现代主义知识观具体体现在知识的本质观、价值观和获得观三个方面:

(1)知识的本质观。① 知识的情境性。知识的"情境性"是指任何的知识都是存在于一定的时间、空间、理论范式、价值体系、语言符号等文化因素之中,离开了特定的境遇,既不存在任何的知识,也不存任何的认知主体和认识行为。② 知识的理解性。知识具有理解性,是主体与主体之间的理解和合作,是主体与客体之间的沟通和对话。③ 知识的不确定性。所谓"不确定性",是指知识并不总是能够精确地预测和反映即将出现的结果,知识总是处于一种不断生成、不断修正和不断完善的状态之中。

(2)知识的价值观。知识与人的关系发生了变化,人与知识的关系不是机械决定的关系、"占有与被占有"的关系。知识对人的价值发生了转变:① 重视知识的发展价值,知识价值不仅仅局限于较低层次的功利价值和认知价值,知识的价值更重要的在于它的发展性、精神性价值。知识的发展价值处于知识价值系统中的最高层次,它关注的是情感过程、意志过程和人的个性心理特征。② 知识都应该是平等的。后现代主义者坚决反对科学主义知识观的"唯科学知识独尊"和"知识霸权",认为知识的类型是多样的,科学知识只是知识王国中的一种,知识没有等级之别,只有类型之分,每一种知识都应该是平等的。

(3)知识的获得观。知识的获得是一种个体在已有知识的基础上新的知识的主动生成与建构的过程,知识的获得是一个积极对话的过程。在信息社会和知识经济的社会中,知识首先被看做一种信息,教育的功能主要表现在要促进信息的共享和增值。网络为学生提供了一个广阔的学习空间和崭新的学习手段,未来的学生首先要学会的不是记忆和掌握知识,而是如何选择、组织、整理知识与信息。

三、后现代主义知识观制约下的当代课程观

后现代主义知识观的出现使当代课程观发生了重大的转变。

(一)课程目标

知识授受走向培养学生的主体性,从事先预设走向动态生成。课程目标不再是完全预设、不可更改的,在探究过程中可以根据实际情况不断地予以调整。不是以获得知识的数量多少为课程的目标,而是关注知识的获得方式和知识之间的关系,怎样提高学习者对知识的想象能力;不是以学生能够墨守成规地继承和积累知识为课程的目标,而是培养学生对知识的质疑和批判的习惯与方法。

(二)课程内容

后现代主义知识观的出现,把知识从客观性、确定性中解放了出来,认为知识是具有多元性的:不仅有理性知识,还有经验知识;不仅有人类知识,还有个人知识;不仅有显性知识,还有隐性知识;不仅有结果知识,还有过程知识;不仅有外在的知识,还有内在的知识;等等。洛普谢尔认为知识应分为事实的知识、方法的知识、规范的知识和价值的知识。前两类涉及认知领域,后两类涉及非认知领域,对学生的理想、价值观、世界观、信念、情感、伦理、审美等的形成与发展具有深远影响。学生的发展不只是科学知识,更有精神发展的需求。后现代主义知识观

下的课程内容编排应从强调知识的单一性和确定性转变到强调知识的多元性和不确定性上来,从分科走向综合,从体系化走向结构化,由静态、封闭的框架体系转向动态、开放的结构化的材料,由注重知识量的积累转向更多地关注知识的质,实现课程的"丰富性"。

（三）**课程实施**

后现代主义知识观认为知识是具有价值的、体现了认识者的主观意志,是认识者主动地去理解以至建构和实践的知识。因此,课程实施不是教育学专家、课程专家的专利,也不是行政部门的特权,而是由课程实施的两大主体——教师和学生一同建构、共同参与的活动。课程实施从认知活动走向交往活动,从对象性的主客体关系走向主体间性的意义关系。课程实施是一个动态的过程,而非一个静态的事件;教与学是师、生和知识之间的理解与对话,而非单一的师传生受;知识是建构的,而非给予的。因而这种课程实施是一种实践取向的范式,是开放、互动、生成、发展的,是随着教育活动双主体的互动交往过程而不断展开、调整,不断发现、探索新的活动内容和形式的课程。

（四）**课程评价**

后现代知识观认为知识具有个体境域性,是在特定的时间、地点、空间、价值体系、文化背景等具体的境遇之中,由个体所建构的,知识并非客观的、普遍的。知识是与个体的主观体验联系在一起的,每一个个体对认识对象的理解都不可避免地带有个人意识,具有独特性和个人性。每一个个体的兴趣、爱好、学习习惯、认识方式、知识经验、情感态度不尽相同,因而对知识的认识过程乃至认识结果也不尽相同。也就是说,认识的差异由于认识主体的差异而存在。后现代主义知识观增进了我们对差异的包容。如果采用一致性目标衡量每一个个体,忽视学生之间的个体差异,就不能展现个体发展的结果。

第十二章 课程文化观

课程与文化有着天然的血肉联系。就历史发展而言,课程缘起于文化承传的需要,没有文化便没有课程。因而,千百年来,课程完全是遵循着社会文化的理路嬗变,追随着社会文化的潮起潮落。于是,课程便逐渐地被赋予了社会文化工具存在的逻辑、角色与品质。课程只是传递、复制文化的一种工具存在,使其在社会文化面前没有任何实质性的"发言权"。

还原课程的文化本体地位,是指将课程自身视为一种文化,即课程文化,使课程不再是单纯的、无自为性文化品质的社会文化的承传工具。从此,课程与文化不再是工具与实体的关系,而是部分与整体的关系。但课程文化绝不是从既有的文化中"拿来"的文化,即不是从社会文化中原封不动地切割下来的一部分。将课程视为文化,是赋予课程一种文化主体地位,使其具有自律性、内在性、独特性的文化属性与品质。因而,课程作为文化的命题,是一种本质性的逻辑判断,是从本体意义上对课程进行文化设定。使课程从文化"虚无"状态还原为文化实体状态,并非将课程混同于实然的社会文化现象。就具体的文化形态而言,课程文化的品性与社会文化现象的品性具有质的区别,而且恰恰是这种质的区别才突出了课程文化存在的重要意义及其在整体文化发展中的重要价值与作用。[①]

第一节 课程文化的含义

课程文化的实质,是学校课程文化最根本、最深层、最终极的规定性。它规定并决定着学校课程文化的性质、属性与特征,关系着人们对课程文化的认识、理解、评价和借鉴。课程文化是一种独特的文化,它虽然有一切文化都具有的特征,但不能简单地、仅仅从纯文化的角度去认识课程文化,而是应该从更广阔的范围内去总结、提炼课程文化的发展成果。

[①] 赵颖,郝德永:《当代课程的文化底蕴与品质》,《教育科学》,2002 年第 5 期。

一、课程文化的含义

（一）文化的含义

"文化"一词在西方源于拉丁文"cultura"，是指人在改造自然界的实践过程中对土地的耕耘、加工、开发及对植物的种植、栽培等活动。"文化"一词在后来的使用中被人们引申，逐渐出现了转义，成为一个复合的整体，它包括知识、信仰、艺术、道德、法律、习俗和个人作为社会成员所获得的其他能力及习惯，包括各种外显与内隐的行为方式等。

"文化就是在人们生存和发展历史中形成并通过人们的各种活动而表现和传承的行为方式、价值观念、风俗习惯、语言符号、知识系统的整体。它的核心是价值观念。"[①]"广义的文化总括人类的物质生产和精神生产的能力、物质的和精神的全部产品。狭义的文化指精神生产能力和精神产品，包括一切社会意识形态，有时又专指教育、科学、文学、艺术、卫生、体育等方面的知识设施，以与世界观、政治思想、道德等意识形态相区别。"《苏联小百科辞典》第5卷也认为，文化是"人类在其历史的进程中创造和发展起来的各种物质上和精神上有价值的东西的总和"。

1871年，泰勒把社会科学意义上的"文化"定义为：知识、信仰、道德、法律、习俗以及包括作为社会成员而获得的其他任何能力、习惯的复合体。[②]

文化从纵向可以划分为三个层面，即物质层面、制度层面和精神层面。从人的发展、生产和生活三个方面看，文化包括：一是指"个性的形成或个人的培养"，二是指与自然相对的"文明化了的人类所进行的一切活动"，三是指与贸易、金钱、工业和工作相对的"日常生活中的吟诗、绘画、看戏、看电影之类的娱乐活动"。[③] 从人的类特性看，文化内涵有"文化是创造性的活动过程，是人的特殊活动方式，是变化的发展的人的社会属性，是人通过物质和精神活动的具体形式实现的自我发展和自我再生"。从文化的显现性看，分为内隐文化和外显文化两个方面。内隐文化包括观念、心理等精神要素，外显文化则由物质文化、行为文化、制度文化等组成。

（二）课程文化

课程文化显然不能是"课程 + 文化"或"文化 + 课程"，既不是"课程"与"文化"两个词及含义的黏合，也不是这两个词的简单相加。它是一种具有自身质的规定性的文化形态。它包括课程和文化这两个概念内涵的共同本质。那么课程文化到底指什么？关于课程文化的定义主要有如下几种：

（1）课程文化有两方面的含义：一是课程体现一定的社会群体的文化，二是课程本身的文化特征。前者主要是就课程是文化的载体而言的，后者主要是就课程是一种文化形式而言的。应该说，课程文化是包含着这两个方面内容在内的。[④]

（2）课程文化不是体现在学校中的某个社会群体上，即不是以学校中的某个群体为载体，而是以群体间的关系和活动为载体，教师和学生中任何一个方面的活动及所体现出的文化特征，无不在课程文化上有所体现。课程文化是他们双方面互动的产物。狭义的课程文化主要是指教材文化而言。宽泛定义的课程文化即学生在学校情境中获得的一切经验的过程。

（3）课程文化是指按照一定社会对下一代获得社会生存能力的要求，对人类文化的选择、

① 石中英：《教育学的文化性格》，山西教育出版社，1999年，第82页。
② 金志远：《大学课程文化：实质、属性与特征》，《内蒙古师范大学学报（教育科学版）》，2005年第11期。
③ 包景泉，金志远：《定义大学课程文化》，《语文数学与研究（综合天地）》，2005年第5期。
④ 郑金洲：《教育文化学》，人民教育出版社，2001年，第228页。

整理和提炼而形成的一种课程观念或课程活动形态。

（4）"课程文化,就其本质上讲是一种精神财富,这种精神财富不只表现为课程意识、课程思想、课程价值等内隐的意识形态,而且表现为人类在漫长的进程中所创造的课程制度、课程政策等外显的制度化形态。这样才能构成课程文化的整体内容和结构。""课程文化有三层含义,它包括课程'的'文化,又包括课程'与'文化,还包括实践的大学课程文化。"①

（5）课程和文化都是主体发展的资源,二者的共同点就是发展资源。据此认为,课程文化即主体发展的文化资源。②

从文化的角度来看,课程文化包括课程物质文化、课程制度文化和课程精神文化。课程物质文化是指在课程原理指导下研制出的课程计划、课程标准、课本、教学指南、补充材料、课件以及它们的语言特色和表达方式等。它们以课程文化物质载体的形式存在。课程制度文化主要包括课程研制的技术规范,课程开发和实施的各种规则、政策、法规和决策方式,包括对官方课程、地方课程、校本课程、教师所教课程和学生所学课程的规划、实施、评价等管理措施和管理方式。课程精神文化是大学课程文化的核心,它以课程理念的形式体现在课程目标、课程研制与开发、课程实施与管理的各种课程活动中。

从课程的角度来看,课程文化又包括课程目标文化、课程内容文化、课程实施文化与课程评价文化。课程目标文化反映了课程选择文化或建构文化的价值取向,是课程领域中最具精神意义的文化现象;课程内容文化是不同学科的差异中共同存在的标志性话语,它以显性和隐性两种方式渗透在各具特色的不同学科之中,既具有民族性,又具有多元性;课程实施文化主要反映在课程开发与情境教学之中,它最能体现课程文化的自组织特点和建构意义;课程评价文化也同样体现了在课程评价领域中的价值取向。

二、课程文化的特征

课程文化的特征可以概括为以下几点：

（一）从文化根源看，课程文化要有民族性和传承性

课程文化的民族性是指在不同的民族文化氛围中,必然产生不同特点的课程文化。文化是民族的灵魂,是维系国家统一和民族团结的精神纽带。世界上每个成熟的民族都有自己特有的文化形态和文化个性,而这种特有的文化就成为民族亲和力和凝聚力的重要源泉。而课程改革的顺利实施在一定程度上取决于其是否与本土文化相适应。课程改革必须扎根于文化传统,实现本土化,否则会成为空中楼阁。"任何课程或知识的发展和创新实际上都必须考虑本土的文化处境。"③不论是本土生长式的课程改革还是移植式的课程改革,都是一种人为事件。在进行课程改革设计时,应充分考虑整个社会的文化倾向。任何一个国家或者民族的文化都有其传承性的一面,即在其体系要素中有隶属于历史的长期稳定的东西。课程文化的传承性特征就是指课程文化传统的继承性。在课程改革过程中,不能人为地割裂课程文化的传承性,不能将文化中那些延续性的、亘古不变的要素看做历史的糟粕而弃之不用,从而使得课程改革脱离了其生存于其中的文化,使自己失去了文化的支撑。因此,课程文化,必须担负传

① 包景泉,金志远:《定义大学课程文化》,《语文教学与研究(综合天地)》,2005 年第 5 期。
② 金志远:《大学课程文化:实质、属性与特征》,《内蒙古师范大学学报(教育科学版)》,2005 年第 11 期。
③ 丁钢:《课程改革的文化处境》,《全球教育展望》,2004 年第 1 期。

承本民族文化、体现本民族文化特性的历史使命。

（二）从文化发展看，课程文化要有时代性和创新性

人类社会已从工业文明进入一个知识信息时代。文化赖以存在其间的社会环境发生了巨大变化，那么课程文化也同样必须具有不断丰富发展、开拓创新的时代性。课程文化应在民族性的价值取向与时代性的价值取向之间保持适当的张力，既要保持本土民族特色，同时又要具有国际视野，不落后于时代的脚步。同时，创新性是现代教育对人才培养的基本要求，而课程是教育的核心，所以课程文化的创新性是和现代教育的要求相一致的。

（三）从文化本质看，课程文化要有社会性和实践性

社会性是指课程文化受到社会文化的影响与制约，社会文化无时无刻不对课程文化发生重要影响。社会意识形态、价值观念、行为准则、文化心理、人际关系、道德规范等，无不影响着课程文化。而实践性是指课程文化不同于一般的文化，不单纯是为了总结或研究，也不是自然形成的，而在于指导实践、用于实践。

（四）从文化属性看，课程文化要有人本性和自觉性

人本性是指人是课程文化的主体，是课程文化的首要因素。它是文化的本质和人的本质的统一，人本性特征是课程文化的本质要求。课程文化就是一种主体文化，课程文化的最重要、最直接的功能是对人的价值观、精神、道德等的引导与控制。自觉性是指课程文化在课程主体高度自觉的努力下形成的，是主体自觉的自我意识所构成的文化体系。课程已经由单纯的文化的复制、传递、维持、辩护的工具转变为自在的、自主的、自觉的文化主体，这不仅是由教育本身的根本属性与逻辑所决定的，也是当代教育与学校课程改革的迫切需要。①

（五）从文化构成看，课程文化要有多元性、融合性和系统性

英国著名课程论专家劳顿从社会学角度对课程的界定是："课程在本质上是社会文化的一种选择。"②无论在西方还是在中国，社会文化永远不可能是一元的。课程文化的发展不应是排斥社会文化的多样性的，相反，课程文化的发展应愈来愈体现文化多元并存而相互交融的趋向。各国各民族文化的差异存在正是交流和对话的基础，并由此达到互相渗透、互补互动的可能。因此，课程文化的多元性是形成符合自身需要的课程体系所必需的。另一方面，随着世界市场的形成和发达的交通以及大众传播媒介的普及，不同地区、不同民族的文化都呈现出互相开放、互相交流、互相引进、互相吸取的发展趋势。促进各民族文化融合的手段和途径是多种多样的，如教育、战争、移民、旅游等，但教育是实现各民族文化融合的最积极、最有效的手段。课程文化的系统性是指课程文化是由相互联系、相互作用的隐形要素组成的，是一个具有特定功能的整体。课程文化作为一个系统，按其组成要素的性质可分为结构系统、载体系统、功能系统等。

三、课程文化的功能

课程文化不是一种完全被动的、承受性的社会文化的传承工具，它本身具有一种自律性的、内在性的、独特性的文化属性与品质，课程文化与社会文化不是等同的一个概念，它的持续

---

① 郝德永：《课程与文化：一个后现代的检视》，教育科学出版社，2002年，第387页。
② 刘灿：《刍议大学课程文化》，《当代教育论坛》，2007年第3期。

发展与更新的特点决定了它具有一种超越和引领的功能。[①]

（一）价值导引功能

课程改革不是一种价值无涉的纯技术的社会活动，它是一个涉及价值判断的过程。课程批判理论要求把课程改革放在更宏观的社会背景之下，通过揭示课程活动和现象背后所隐含的权力与利益的斗争，反映课程对人的控制与规约，从而旗帜鲜明地告诉人们，在课程改革过程中，绝不能漠视隐藏在课程目标与内容后面的价值导向。在课程改革过程中，必须清楚"谁要改革"、"改革什么"、"改革谁将受益"以及"改革何以可能"等问题，对这些问题的回避必将导致课程改革的"形式化"与"肤浅化"。因此在课程改革过程中，一定要注重确立相对明晰的课程价值观，那么，"什么样的课程价值是最合适的"以及"如何保证课程价值的适切性"就关涉课程文化的研究与探讨。价值作为课程文化的核心概念，其类型与取向的定位直接与文化有着密切的关系。比如，"西方文化强调个人的自我价值，反映在课程改革价值活动中就体现为对个人存在和发展权利的强调，而东方文化强调群体的和谐、人与自然关系的和谐，反映在课程改革价值活动中就体现为对社会发展和社会秩序的强调"。[②] 课程改革作为对传统课程研制体制的突破与创新，在课程文化方面必然有新的内涵与品质，它在课程价值方面要发挥引导作用，唯有如此，课程改革才可能有坚实的基点和明确的方向。

（二）文化认同功能

课程改革价值确立以后，要想真正在实施的过程中被认可与接受，必须得到各种利益群体的认同，不然导致的结果就是阳奉阴违。课程改革文化认同有多种形式，一般来讲，认同方式可分为：强制性认同，诱导性认同，自发性认同，理性的、反思性的认同。这些方式表明，为了达到文化认同的目的，可以借助外在的制度与策略，通过妥协、讨价还价和其他各种调解形式来影响和干预参与者的认知，使他们坚定改革信念，实现文化认同。但是，这里有一个前提条件就是课程文化本身具有被接受的可能性。也就是说课程文化自身的品性决定了其天然地具有文化认同的功能，课程不仅仅是文化传承的工具，其自身就是一种文化，它通过对浸染于其中的群体价值观念潜移默化的影响，使文化认同得以自觉地实现。如课程改革中将大量的西方课程理念移植过来，这些概念、术语、理论都是在西方文化与语境中产生的，一旦放在中国的社会文化环境中，必然与中国文化产生激烈碰撞，长期浸淫于中国文化中的教师和学生肯定会出现文化不适应的现象，进而对新课程改革产生认同危机。如何在中西课程文化之间形成恰当的张力，实现多种文化的有机融合，以保障课程改革的顺利进行？这就需要通过课程文化自觉，在与文化"他者"的对比中，激活自己的传统课程文化精华，合理吸收、借鉴西方的课程文化，把一种新的课程文化深深熔铸在课程改革的生命力、创造力和凝聚力之中。[③] 因此当前的课程改革有一个紧迫的任务就是展开本土行动，进行中西文化的对话与交流，在具体实践的过程中，寻求一种义化认同。

（三）革新思维功能

一种新的课程文化的诞生，首先意味着思维方式的变化，自从现代课程产生以后，课程理论研究范型就发生多次转变，从最初博比特、查斯特以及泰勒的技术理性到施瓦布、施滕豪斯

---

① 代建军：《论大学课程文化的重塑》，《山西师范大学学报（社会科学版）》，2009 年第 1 期。
② 胡定荣：《课程改革的文化研究》，教育科学出版社，2005 年，第 127 页。
③ 张晓东：《大学课程文化自觉——实现课程改革的文化转向》，《当代教育科学》，2004 年第 18 期。

的实践理性,直至最近批判理论以及后现代理论所主张的解放理性,每一次转型都在思维方式方面有了较大的革新。具体到中国的课程改革,它在文化方面突破了传统课程研制体制的保守性与封闭性,把综合、自主、探究、合作、开放等理念糅进课程文化的框架之内,因而要求改革决策者和实施者在改革的过程中,要进一步解放思想、转变思维。唯有如此,才能适应课程改革所提出的挑战和要求。

(四)转化行为功能

课程文化是一个抽象的名词,最终是由处于这种文化之中的人的外显或内隐行为来体现的。对于课程文化而言,它不是一个书面的"文本",而是由课程决策者与参与者的互动组成的一个复杂的规则系统,对课程文化的研究实质上就是对参与其中的人的行为模式的研究。课程行为研究对课程变革的开展具有深远的意义,它可以揭示课程变革动因以及演进历程,并为课程变革提供有益的借鉴与启示。如果在改革的过程中,能够明晰人们行为方式的变化规律,在不同阶段采取相应的措施引导行为转化,则可以更有效地消除冲突,加强合作,保证课程改革顺利进行。

第二节 课程与文化的关系

文化是课程的母体,课程是对文化在一定标准下选择的结果,或者说课程是对文化的一种精选,具有文化传承功能。因此,围绕揭示课程在文化传承中的运作机制,人们开展了课程与文化关系的研究,并产生了一些有影响的学术流派,其中最具代表性的是美国的功能主义、多元文化主义,英国的文化分析理论,以及有多国学者参与其中的批判理论。

一、课程与文化关系的研究

(一)功能主义

功能主义源于法国社会学家涂尔干,他认为"整个教育活动在某种程度上都应该服从国家所施加的影响"[1],学校课程必须使学生适应社会环境。受这种思想影响,美国学者帕森斯认为社会是通过学校课程来筛选学生的,学校是帮助学生进入适当的社会位置的社会机构。瑞鲁慈和斯基尔贝克认为学校应该传播其所在社会的文化,应该为"年轻人取代社会中的成年人做准备"。[2] 阿普尔提出了课程知识选择中一个价值选择的问题——"谁的知识最有价值",并认为"教育的问题从根本上来说是伦理的、经济的和政治的问题"。[3] 鲍尔斯和金蒂斯认为资本主义学校教育是再生产社会、政治、经济结构的机构,资本主义当权者对经济的操纵常常是课程的决定性因素,他们的思想和价值观在学校教育中产生实际影响。这样的资本主义学校培养的劳动力将"听命于资本主义唯利是图的雇佣的需要"。[4] 与此不同,法国社会学家布迪厄指出学校并非简单地反映社会,而是具有再生产社会关系的功能。吉鲁克斯则特别

---

① 教育大词典编纂委员会:《教育大词典》(第6卷),上海教育出版社,1992年,第477页。
② Kimball S T. Culture and the educative process. Teachers College Press,1974:257.
③ [美]阿普尔:《意识形态与课程》,黄忠敬译,华东师范大学出版社,2001年,第12页。
④ Bowles S,Gintis H. Schooling in capitalist America. Basic Books,1976:151.

重视学校教育与社会文化发展之间的作用,他称教师为"智力改造者",认为教师要有能力重新考虑"社会秩序与学校教育之间的联系"。① 与批判理论选择部分社会文化现象作为研究对象不同,英国杰出的课程论专家劳顿以整个社会文化作为背景进行系统分析,体现出高屋建瓴的理论气魄。他将课程定义为"文化选择"②,并认为这个定义扩展了课程研究的视野。他认为,"教育不可能与价值无涉,不同的价值系统或思想会产生不同的课程"。即使是纯科学课程也要接受社会文化选择,"在大多数情况下,如果价值和信仰得不到学校的传播,就根本不会再流传下去"。③ 教育关注的就是把社会认为的文化中最有价值的方面传授给下一代,而为确保对文化适应的选择,必须认真规划课程,因此必须建立一套筛选规程或筛选原则。

（二）多元文化课程理论

多元文化课程理论主张,多元文化的社会必须提供"一种动态的环境,在那里人们的信仰意味着交流、保护、辩论、转换、保留、品评、宽容等,所有人的行为都得尊重其他人的信仰"。④ 课程必须有效地代表族群的伦理文化,同时反映所有人的利益和需要。为此,沃尔钦提出了一种"转换生成"课程,通过它认识"任何一种生活的价值特点",以适应多元文化的社会。马斯格若伍设想出"第三文化",认为"无需保护也无需传递文化特征,而是超越它们。多元文化社会的任何学校的课程都将植根于无止境的多边整合的辩证过程之中"。⑤

二、课程与文化的关系

课程与文化的关系,具体地说,可以从以下两个方面来分析:

（一）从方法论的角度来讲,课程文化就是课程对文化的选择

课程是文化的载体,文化通过课程得以传承,但是,传承什么和怎样传承,就是个文化选择的问题。课程文化选择的特点,即从人的需要和社会的需要两个方面来进行课程知识的选择,这两个方面是课程文化选择的两种取向或者说是两种尺度。英国社会学家斯宾塞的课程文化选择是个人取向的,他提出为了使人的生活更完满做准备、以人的生活为尺度,其中所说的"人"指的是个人,而不是抽象的人。那么,教育该选择什么样的内容帮助个人准备生活呢?他提出,应以"生活"为尺度来设置课程。他从个人生活和发展的需要出发,认为"为我们的完满生活做准备是教育应尽的职责,而评判一门教学科目的唯一合理办法就是看它对这个职责尽到什么程度"。⑥ 他按照重要的程度把人类生活的主要活动加以分类:直接保全自己的活动,通过获得生活必需品而间接保全自己的活动,目的在抚养、教育子女的活动,与维持正常社会政治关系有关的活动,在生活的闲暇时间满足爱好和感情的各种活动。根据这5类活动他开设了一系列的课程,为以后的分科课程奠定了基础。

而当代英国课程论专家劳顿在他的《课程研究与教育规划》一书中提出的"文化分析"方法却是以社会为取向的,他通过分析社会和构划最适合于社会发展的那种知识与经验来进行文化选择,从中寻找人类的共性,然后再分析这些共同的文化特征是如何或应该如何与教育相

① Giroux H A,McLaren P. Teacher and the politics of democratic schooling. Harvard Education Review,1986,56(3).
② Lawton D. Curriculum studies and education planning. Hodder and Stoughton,1983:2,13.
③ Lawton D. Education,culture and the national curriculum. Hodder and Stoughton,1989:31.
④ Walking P H. The idea of a multicultural curriculum. Journal of Philosophy of Education,1980,14(1).
⑤ 范兆雄:《大学课程文化研究框架分析》,《教育理论与实践》,2005 年第 9 期。
⑥ ［英］斯宾塞:《教育论》,胡毅译,人民教育出版社,1962 年,第 7 页。

联系。他认为,教育关注的是把我们认为文化中最有价值的方面传授给下一代,由于学校时间和资源有限,就必须认真规划课程,以确保对文化的适当选择。要使课程规划建立在对文化的合理选择基础之上,我们就必须建立一套筛选过程或筛选原则。他把这个选择过程称之为"文化分析"。他把文化系统分成政治、经济、理性、交流、技术、道德、信仰、美学、成熟9个子系统,并提出了文化分析规划的模式:普遍具有的文化特征(包括价值观和信仰)—英国社会的文化—文化分析—文化选择—课程目标。[1]

(二)作为对象化的课程文化

1. 意识形态与课程文化

意识形态是指一种受到社会文化因素影响的观念或价值系统,它可作为人类思想的准绳、信仰的规范和实践行动的纲领。从外延上说,它包括宗教、哲学、价值观、思维方式等诸多方面。

(1)文化霸权。从知识社会学的角度来看,课程目标的决定、教材的选择及学业结果的评监的过程,都充满着价值判断,而并非是客观事实的呈现。课程不论其编制的过程还是它本身的内容,都包含着利益、权力和资源分配的冲突问题。进一步来说,课程就是政治权力的一种反映,正如阿普尔的分析:课程所表现出文化资本的分配和使用,就像经济生产方式和过程一样,可能反映既得利益者的意识形态。为了解学校课程与社会权力间的关系,阿普尔曾在《意识形态与课程》一书中提出可供思考和批判的出发点:课程是呈现谁的知识? 课程的内容是谁来选择? 课程为什么以这种方式来组织和施教,又为何只针对特殊的群体? 是谁的"文化资本"(包括外显和隐含的部分)被安排在课程之中? 以何种观点来解说经济现实,以及是以谁的原则来界定社会正义,且被安置在课程之中? 为何以及如何将特殊的群体文化理念,以所谓客观和事实的经验的形式在学校中呈现? 官方的知识如何具体地表现出社会优势阶级利益的意识形态? 学校如何将这些限定而且仅是代表部分标准的认知合理化为不可怀疑的真理? 在文化机构中施教的知识是代表谁的利益?[2] 由上述要点来看,学校如果不注意学习内容中的意识形态,以及学习过程中,知识或价值学习与社会权力结构、社会阶级的关系,那么不仅无法了解课程本质的复杂性,教学可能成为一种灌输,学校也可能成为意识形态的制造工厂,因而成为文化霸权的工具。

(2)性别歧视。这方面的研究成果颇丰,较多地集中于对教科书的分析。凯利和尼兰分析了美国学校的教科书后指出,大部分的教材忽视了女性的角色。女性极少出现在教科书上,即使有,大部分女性的角色仅限于家庭生活方面,如洗衣服、烹饪、裁缝和养育子女等。成人女性除了教师、护士、秘书外,很少扮演其他的角色。插图上也包括女性,但她们都不是主角,只是背景的形象。有些插图描述母亲在厨房做晚饭,而父亲坐在客厅的安乐椅上,口中叼着烟斗,悠闲地看报纸。英国的学校教科书对两性的职业、人格和公共生活也有不同的描述。如沙若兰的研究指出,英国学校的教科书也普遍描写"男主外、女主内"的现象。在职业方面,男性外出工作,女性在家做家务。在休闲生活方面,男性阅读书报、洗自己的轿车、油漆房子,女性则烹饪、修补衣服、购物等。由这些教科书分析的例子可知,教科书所描述的社会是父亲社会,是男权中心主义,女性的角色和活动常被略而不谈,极少数描述女性的地方,不是极端地强调"女主内"的家务角色,就是歪曲了女性的角色和形象。因此,性别差异,甚至男尊女卑的意识

---

① Lawton D. Curriculum studies and educational planning. Hodder and Stoughton,1983.

② Michael W A. Ideology and curriculum. Routledge & Kegan Paul,1979.

形态的色彩十分浓厚。这种意识形态的内涵包括对女性的省略、忽视、刻板化和歪曲。

（3）价值取向。有不同的文化背景、不同的意识形态，就会形成不同的价值取向。如美国一直有实用主义、个人主义的传统，在价值取向上倾向于追求实效与功用，强调个人独立、个人尊严、个人自由等。这种价值取向对课程的影响表现为：在选择课程知识的时候，不是崇尚古典的知识，而是崇尚现代的知识；不是崇尚贵族式的知识，而是崇尚博物学式的知识；不把知识作为终结性的真理来掌握，而是把知识当做适应新环境的工具来认识。中国向来注重伦理精神，价值取向是伦理型的，信奉中庸之道，所以在课程选择上，主要以道德课程为主，在思维方式上重视直觉与整体，不像西方人那样重视理性与分析。

2. 课程制度与课程文化

课程文化不仅包括观念层面，而且还包括制度层面。前者是内隐的、深层的，后者是外显的、表层的。文化传统的不同、价值观的差异，也就形成了不同的课程政策与制度。大体上来说，世界范围内可分为两种课程制度的类型：一种是中央集权型课程制度，课程权力集中在中央，包括概括性的指导方针，通过政府立法作为国家政策而制定的正式文件，每个学生要获得的具体规定能力等，这是一种自上而下的从中心到外围的运作方式。如法国、俄罗斯的国家本位课程。一种是地方分权型课程制度，社区和学校有较大的自主权，并没有统一的课程标准。如美国的州各自为政，英国的"学校本位课程"。这两种课程制度是在不同的历史文化背景下形成的，彰显了不同的学校课程文化观，不能随意地判断谁优谁劣，客观地讲，各有优缺点。随着时代的发展，在当前的情况下，这两种课程决策在国际范围内有趋同的趋势。[①]

第三节 课程文化模式

从产生课程思想开始直到今天，课程文化呈现出三种模式：课程即生活，课程即知识，课程即发展。[②] 每一种大学课程文化范型又都呈现出自己的特点。

一、课程即知识

随着人类认识能力的不断提高，课程的人文功能逐渐衰退。人们用分析的方法切割世界、裁剪生活，课程也随之根据性质的不同被分门别类。人们开始有意识地根据知识演进状况对已有的知识进行梳理与归类，并把它们作为设置课程的标准。

中国早在春秋时期，就有了"六艺"的提法，这可能是中国课程最早的分类方法，"六艺"把儒家经典分为《易》、《书》、《诗》、《礼》、《乐》、《春秋》，这种划分方法显然是根据先秦以前不同经典的伦理旨趣进行分类的，它们之间的联系也比较松散和简单。此后西汉末年刘歆编著《七略》，他通过梳理先秦到西汉末年的学术发展路向，把这一段时期的学术文化分为6大类，38小类。六艺略：易、书、诗、礼、乐、春秋、论语、孝经、小学；诸子略：儒家、道家、阴阳家、法家、名家、墨家、纵横家、杂家、农家、小说家；诗赋略：屈原赋之属、陆贾赋之属、荀卿赋之属、杂赋、

---

① 黄忠敬：《大学课程文化释义：一种分析框架》，《学术探索》，2002年第1期。
② 代建军：《论大学课程文化的重塑》，《山西师范大学学报（社会科学版）》，2009年第1期。

歌诗;兵书略:兵权谋、兵形谋、兵阴阳、兵技巧;数术略:天文、历谱、五行、蓍龟、杂占、形法;方技略:医经、经方、房中、神仙。这种分类方法相对于"六艺"而言,划分的维度与复杂性增加了,而且涉及的内容也更广泛了,具有了一定的内在结构。但是概而言之,二者的划分思路是一致的。从中国的知识分类来看,知识谱系构建的出发点更趋向于人文、伦理的体系,划分的标准主要依据经典、流派、技巧等,同时,从这种划分方法的特点中可以看出中国知识谱系的梳理体现出较强的主观性与经验性,而且缺乏对自然科学的关注,这种取向在很长一段时间内一直影响着中国课程内容选择与组织的范式。

西方的知识谱系整理则走了一条与此完全不同的道路,西方知识类型的划分目的就是运用理性的思维认识社会与自然,因此从一开始起,西方的分类方式便表现出较强的科学性、逻辑性和结构性。西方这种知识分类的原则与方法直接导致了西方课程的分科特征,同时对知识谱系的追求也间接弱化了课程对人的生存的关注。但是真正导致课程异化的原因,要从 17世纪开始,随着科学理性的张扬,"自然主义"逐渐占据上风,培根的"知识就是力量"成了那个时代最强有力的声音。培根在他那个时代真切地感受到知识的价值,同时,也意识到明确地进行知识分类的重要性。培根根据近代科学所具有的科学性、普遍性与客观性的品质,提出"知识树"的构想,并以此来对知识谱系进行划分。

二、课程即生活

教育的最初含义是学习,即年青一代跟随年长者在参加狩猎、采集以及祭祀的过程中自发地学会了生存所必需的经验、技能以及部落内的伦理规范。后来为了维持人类种群的生存,人们开始把教育作为一种有意识的活动,纳入到人类的行为范畴体系之中,"教授"成为一种意向性活动,而"教授"是需要载体的,在这种背景下,远古形态的"课程"产生了。必须说明的是,这时的课程形态不是文本的,它是情境性的,是生活的简约。美国教育专家布鲁巴克曾对这一现象作过表述,"假如回归到遥远的历史中,就一定会发现:课程有其职能上的起源,无论是返回到埃及人那里、巴比伦人那里,还是返回到中国人那里,情况似乎都是一样的——课程,无论正式的还是非正式的,都是起源于人们的日常生活"。[①]

三、课程即发展

教育的进步本来应该不断强化人类的主体作用,可是人们痛苦地发现,人在知识和能力不断增长的过程中,逐渐异化为自己对立面的"客体",成为一个个"单向度的人",其中的缘由与课程功能的错位应该有一定的关系。回归成了人们未来课程必然的选择。对于这一问题,许多哲学家与教育家都有比较清醒的认识,胡塞尔就曾说:"在 19 世纪后半叶,现代人让自己的整个世界观受实证科学支配,并迷惑于实证科学所造就的'繁荣'。这种独特现象意味着,现代人漫不经心地抹去那些对于真正的人来说是至关重要的问题,只见事实的科学造成了只见事实的人……实证科学正是在原则上排斥了一个在我们不幸的时代中,人面对命运攸关的根本变革必须立即做出回答的问题:探问整个人生有无意义。"[②]胡塞尔的追问重新引发了人们

---

① [美]布鲁巴克:《西方课程的历史发展》,丁证霖、赵中建译,瞿葆奎主编《教育学文集·课程与教材》(下册),人民教育出版社,1993 年,第 43 页。

② [德]胡塞尔:《欧洲科学危机和超验现象学》,张庆熊译,上海译文出版社,1988 年,第 5-6 页。

对教育使命与课程功能的思考。课程为什么会蜕变为学术名词与符号？课程还要不要关注人的生存际遇？课程的社会功能与人的发展功能真的难以调和吗？为什么课程越来越多，人们所得到的却越来越少？这一系列的问题，迫使人们必须去沉思课程到底应该做些什么。

从课程的起源来说，课程本来是维持人的整体性生存的产物。后来，随着人类理性能力的发展，人们把探究的目光转向知识探究。这种转向本无可厚非，对于任何社会来讲，知识都是促进人发展的最重要的载体。但是，在知识推动社会高速发展的过程中，知识的获取成了最终的目的，人的生存退居一隅，这是非常可悲的事情。人们创造了知识，但却为知识所奴役，更可怕的是，人们失去了智慧的标尺，当知识呈爆炸式的状态无限增长时，人们被抛进了信息的洪流中，逐渐失去了判断和选择的依据，以至于连知识的获取也变成困难的事情。如果是这样的话，课程就彻底背离了教育的真义。课程不是一个不断做加法的过程，如果只是不断增加内容，而不能促进人的发展，那么课程只能在技术化的道路上越陷越深，而离教育的本真越来越远。教育说到底是一个育人的过程，它需要关注人，关注人的主动性。教育不是一件"告诉"和被告知的事情，而是一个主动和建设性的过程。从这种视角出发，课程改革所倡导的"人本"文化理念，有其可取的地方，这种学校课程文化不能简单地说是移植于西方，更确切地说，它是当前社会文化的反映。随着社会的发展，随着对个体价值的关注，课程文化自然需要以人的自由发展为旨归。

第四节　课程文化标准

课程文化标准主要是指关于课程文化的指导思想、价值、旨趣及依据的准则或尺度。任何时代、社会的学校课程都不乏这样或那样的合理化标准与依据。在阶级社会中，学校课程的核心标准与依据无疑是社会政治理性主义的价值准则，在工业社会中，社会政治理性主义的价值标准与社会经济功利主义的价值标准共同构成了学校课程合理化、合法化依据。而课程文化的品质及其恰切性、合理性标准不能是移植而来的外在的、既定的某种东西，而应体现出内在性、自主性的特点。课程是作为教育活动的媒体或手段而存在于教育系统中，课程理论是作为一种教育理论而构成总体教育学理论的一部分。因而，课程文化的性质与标准只有建立在教育学的一般原理基础上才能获得解释。教育学原理是课程文化品质与标准的根本性的、最后的依据。

一、课程文化的客观价值

人的一切活动都是在一定的文化环境中进行的，所以其本质都是文化的活动，活动的产物是文化成果。这种文化成果不仅表现为人对外部世界的作用，而且表现为人对自身的改造——成为文化人。文化总是要求每个个体融入其中，通过潜移默化的形式影响人的思想、道德、生活和审美，塑造人的灵魂，也通过设计各种方案积极主动地进行培育文化人的活动，促使人去接受文化，把自然人训练成为文化人。因此，文化的教育价值既是文化发展的需要，是文化的本质内容，又是文化刻意强化的。发展培育人的文化、完善文化的教育价值，是人类活动的重要领域。学校课程是文化发展到一定阶段，为强化、优化文化的教育价值而产生的。课程一旦被创造出来,就成为人类自身再生产和文化活动的一项重要内容,进而获得了作为一种文化而发展的客观价值。世界上没有不包含价值的文化,也没有外在于文化的价值,因此任何一种课程文化活动都包含有客观价值。

课程传递文化的价值是有选择的。这种选择是通过社会阶级和阶层对文化的控制来实现的。课程价值往往是时代文化的主流价值,但不代表文化的全部价值,课程是一种规范文化,它反映的是社会主流文化的价值。通观人类文化发展的历史,主流文化的价值往往是不同类型的文化发展到一定阶段、一定水平的反映,代表的是文化进步到某一水平的客观价值。各种不同文化类型的课程各自拥有自己的客观价值,因而各自有一套衡量大学课程文化发展的标准,这是课程文化发展的相对性的一面。但是各种不同文化类型的课程都有满足传递人类生产知识需要的功能,因而有一个共同的价值,它是各种不同文化类型的课程文化发展的共同基础,它反映着课程文化发展的绝对性的一面。[①]

二、课程教育学性标准

课程标准乃至全部的课程观之间的冲突与分歧都是围绕社会、知识、学生这三个因素进行的。学科中心论、社会中心论、学生中心论,就是由于对课程来源或制约因素的简单化、片面化还原而赋予了课程单一化的标准。任何一种因素对课程文化性质与标准的定性与定位,虽然都是必要的,但又都是不充分的。

(一)知识、社会、学生标准

1. 知识标准

课程文化无疑是由知识和经验构成的。知识和经验构成了课程文化的本原,是课程文化最直接的制约因素。脱离知识和经验的课程是不存在的。因此,知识和经验是一个必要的、具有教育性的因素。知识中心论课程观的错误就在于将知识视为必然的、客观的真理,认为知识自身的价值就是课程的全部依据,课程就在于为学生的学习提供知识材料,教育过程就是所谓的特殊的认识过程,学生的学习不过是对知识的认知与掌握,从而否定了课程的其他价值依据与来源。

2. 社会标准

社会作为课程发展的一个重要制约因素,赋予了学校课程现实性的标准与变革的直接动力。因而,社会也是课程文化标准的一个必要的教育性指标,但不是唯一的依据。社会中心论课程观的错误就在于将学校课程完全视为社会政治、经济及文化制度的产物及附庸,否定课程的其他来源及制约因素,课程被视为社会制度化文化的辩护、维护及再生产的工具。

3. 学生标准

学生作为课程发展的一个最重要的制约因素,赋予了课程根本性的标准及依据。满足并促进学生身心健康发展的需要,是学校课程的根本性使命。学生身心的健康发展作为教育活动的直接目的,又是教育活动区别于其他一切活动的根本性依据。因而,就制约课程文化的三方面因素的性质而言,知识和经验是属于媒介性的,社会是属于外在性的、间接性的,而学生则是属于内在性的、根本性的。不过,学生这一制约因素同样不能赋予课程文化充分的合理性依据。学生中心论课程观同样是错误的。它无视社会的政治、经济、文化等因素与学校课程之间的相互影响、相互作用,把学校教育从社会情境中分离出来,将其引向"真空"地带。

---

① 范兆雄:《论大学课程文化发展的客观标准》,《教育研究》,2004 年第 6 期。

（二）教育学性标准

教育学性标准主要是立足于教育的内在价值及其应然性品质与逻辑,在整合、升华各个单质性教育性标准的基础上而形成的一体化的自在、自律与自为性的关怀尺度。这就意味着,课程文化具有与众不同的内在性与超越性的教育学性品质。

1. 课程文化由工具化向文化化转化

课程文化的内在性品质、内在性与外在性、他律性相对,是指课程文化的本体性、自主性品质。具体地说,课程文化的内在性品质意味着课程文化是一种独立存在的本体化的文化形态,它具有独特的、自律性的文化基频、关怀依据、使命、旨趣、原则及评价尺度。内在性品质决定了课程文化是自主、自觉的而不是他律的、消极被动的,是自为、自成的而不是给定、委派的。

在这个大力弘扬人的主体性、强调人的主体地位的时代,赋予培养主体手段的学校课程自主性的文化品质,几乎是件迫不及待的事。但缺乏自主性的工具化教育与课程对人的自我、自主性的培养是无能为力的。显然,只有具有内在性品质的自主性教育与课程才能承担起培养人的主体性的使命。这就使得内在性作为课程文化的根本性品质具有了现实依据与逻辑前提。

在具体的教育实践发展过程中,常常是课程的性质决定教育过程的目的、机制与方法。从这种意义上讲,有什么样的课程,就有什么样的教育运行模式。课程是外在性的、他律性的,那么,教育运行模式也必然是外在性的、他律性的,其内在性的旨趣、目的、使命就无从谈起,也无从实现。因而,教育的内在性旨趣与目的的实现是以具有内在性品质的课程文化为前提的。实现内在化转换,即由工具化向文化化转化,是当代学校课程的根本性变革。[①]

2. 课程文化的先行性、先导性、超越性

超越性与滞后性、适应性相对,是指课程文化的先行性、先导性、超越性品质。具体地说,课程文化的超越性品质意味着课程文化是一种走在社会和时代前列的、对社会起导向作用的先锋性文化,是一种不为现实的"此岸世界"的功利主义、实用主义原则所迷惑、困扰及束缚的理想性文化,是一种不盲目地、无原则地适应社会主流文化的探索性的文化。超越性品质使大学课程文化独辟一块净土、开创一片理想的文化天地。人类文化将因这种超越性的大学课程文化而变得更加神圣、深刻,更加充满生机、活力与意义。

（三）课程文化的进步性

课程所传递的文化的进步程度决定着自身的进步程度。衡量课程文化进步的标准也就是衡量文化进步的标准。课程文化进步的标准是客观的,不是人们随意确定的。从根本上说,课程文化发展就是要通过文化扩散使这些财富真正能让更多的人受益。因此,课程要尽量反映先进的文化成果,不管这些先进的文化成果来自于哪一种文化类型,都应根据文化进步的客观标准来加以选择。历史上,课程文化发展的总趋势正好与代表先进生产力的文化成果相一致。随着人类知识的进步,现代科学知识已经具有不可替代的功用,"现代教育本身应当是科学教育"[②],现代课程也呈现出以科学知识为主的态势,并以科学性作为衡量学校课程文化发展的时代标准。

（四）课程文化坚持绝对主义与相对主义知识观的统一

绝对主义的知识观倡导可测量的、精确而恰当的课程目标,主张的绝对知识是科学知识,

---

① 赵颖,郝德永:《当代课程的文化底蕴与品质》,《教育科学》,2002 年第 5 期。
② 胡德海:《教育学原理》,甘肃教育出版社,1998 年,第 243 页。

现代课程理论"都被吸引在现代主义的科学观周围"①,遵循着"技术理性规则"。绝对主义课程知识观容易导致标准化,导致某种绝对知识的文化中心主义。进入现代社会以来,在西方文艺复兴和启蒙运动中发展起来的现代科学主义作为绝对知识统治着现代社会。

相对主义知识观提倡知识的多元化,否定客观真理和理论的普适性,主张知识是"根植于一定的文化环境的",评价知识的标准是模糊不清的,人类不可能置于一个完整统一的知识图景之中。他们认为各种语言游戏之间毫无共同性,无法比较。在后现代相对主义者的眼中甚至不存在人类文化的概念,有的只是各种支离破碎的某些人的文化。他们主张对各种不同的文化平等相待,反对西方文化中心主义,也反对一切主流文化,反对一切标准,主张解构一切。这种相对主义的思维逻辑也作用于课程文化,表现为一种相对主义的课程知识观。相对主义课程知识观有利于纠正绝对主义知识观下的某些偏颇,帮助突破某种长期凝固不变的知识体系,但容易导致否定一切和怀疑主义。当其强调自我知识建构时,实际上已经陷入了一种矛盾的自我中心主义。

根据科技文化与精神文化的划分,知识也可以分为物质世界的知识和精神世界的知识。在课程文化发展过程中,物质世界的知识具有绝对性,精神世界的知识具有相对性。先进的高效的物质世界的知识比较容易获得各种不同文化类型的认同,这是处于课程文化发展不同水平的各种文化类型具有进行课程文化传播动机的重要前提。② 科技文化作为对物质世界作用的产物,并不是西方文化的独创,而是各种文化共有的。即人类文化都离不开某种作用于物质世界而取得的知识,任何一种文化都有其作用于物质世界的知识。于是,所有人类文化类型都在这一方面具有了可比的基础。

第五节　课程文化建设

课程改革要实现课程的整体跃迁,要实现从技术理性取向到文化价值取向的转变,新的课程文化的支撑不可或缺,而且应该从课程改革伊始就要着手进行课程文化的重塑,让课程文化引领并保障课程改革的顺利进行,使课程文化与课程改革实现双向互动,课程文化不断为课程改革提供原动力,课程改革在创新与探索中丰富和提升课程文化的内涵。可以从以下几个方面建设和发展课程文化:

一、课程文化自觉

课程文化自觉,简而言之是文化自觉在课程领域的能动表现。③ 信息社会世界高峰会议在布加勒斯特宣言中明确提出:"促进语种多元化及文化主体意识,尊重并欣赏文化是信息社会的根基所在。"同样,课程改革要求建设者们要有一种强烈的学校课程文化主体意识。这种主体意识是作为历史主体的人对课程本体的价值、命运生存和发展的自觉关注。不仅在于人通过课程实践活动改造课程,创造对象化的课程世界,更归结于通过这一活动提升教育中的人

---

①　[美]多尔:《后现代课程观》,王红宇译,教育科学出版社,2000年,第70页。
②　范兆雄:《论大学课程文化发展的客观标准》,《教育研究》,2004年第6期。
③　张晓东:《课程文化自觉——实现课程改革的文化转向》,《当代教育科学》,2004年第18期。

作为主体的价值和生存境界;不仅在于人的本质力量外显与对象化,更归结于人的本质力量的形成与发展。正因为课程实践的创造性功能内在地包含着人作为主体的自我创造和自我发展,课程实践才最终具有了文化的意义,人们才能够把关于课程活动积累的一切创造,概括于"课程文化"这个概念之中。课程文化主体意识服务于课程建设者作为主体的自我形成、自我批判、自我超越和自我实现。但是,当前的课程存在着文化主体意识的迷失,西方课程文化并不是理想的现代课程文化,不能成为其他民族学校课程文化的楷模。在课程实践中,一些人在有意无意夸大西方文化的长处,看不到中国传统文化的地位和价值,看不到中华民族在文化创造中的能动性和自主性,这是文化主体意识薄弱的表现。同时,还要努力实现文化主体意识的群体转向,课程文化建设需要所有课程参与者的付出,而不仅仅是一些"上层精英"的高空呼喊,基层课程实践一线的建设者是课程文化的坚固基石,要把所有课程关涉者的积极性和能动性都调动起来,从集体的无意识走向群体文化主体意识。

二、课程文化理性

寻求人类自身活动的理性规范,这不仅仅是历史事实,而且也是人类的本性,这个断言并无复杂之处。从哲学史的一般现实而言,无论是东方还是西方,构筑人类理性的尝试和追求从所谓的"文明时代"的开端就有了。课程文化理性是实现了对科学理性片面理解的扬弃,既想念科学理性,又关注人文理性,有机地实现了科学主义与人文主义的整合,是把科学理性与人文关怀化为一体的崭新的课程文化哲学的思路。正如教育文化学家费曼·内姆琴所言:"任何强调文化一致性的假定,都是站不住脚的。"[1]课程文化价值取向的多样化、复杂性,要求人们必须具备清醒的头脑,前瞻并看准课程文化的前进方向,这就必然需要课程文化理性的出场,课程文化理性表现为求真务实,能在真实的充满实践智慧的课程情境中去思考和判断;表现在不唯上、不唯外,具有冷静的辨别与选择能力;表现在拥有富于理智的激情,感动而不盲动;表现在善于反思,却又不失灵性。只有在这样的文化理性的规约下,课程的文化建设才能更多地从其内在的文化发展规律出发,而不是被人为外控因素摆布,从而走向良性循环的健康发展轨道。

三、课程文化建设的基准点

课程改革作为政府的一项大事件,不能仅仅在课程自身的框架内做文章,应该把它放在更宏观的社会背景下去进行设计与规划,其中重塑大学课程文化就是一个非常重要的工作,要找到课程文化构建的基点。课程文化的形成不是人为设定的过程,它是时代发展的必然,因此在构建新型课程文化的时候,首先应立足于对时代需要的分析与把握。"人类教育发展的历史深刻表明,一个急剧变革的社会,必然要求教育作出及时相应的变革,这不以人的意志为转移。只有自觉认识时代的要求并积极行动,才能与时代共同前进。于是,对时代精神的把握及对当代中国教育改革深化的思考,成了理论研究中首先提出,并具有统观全局意义的第一个大问题。"[2]

四、课程文化资源的本土化

课程改革的口号是"国际视野,本土行动",这是一个新潮而又有感召力的课改宣言,但是

---

[1] 张晓东:《课程文化自觉——实现课程改革的文化转向》,《当代教育科学》,2004 年第 18 期。

[2] 叶澜:《新基础教育探索性研究报告集》,上海三联书店,1999 年,第 20 页。

反观课改实践,发现"本土行动"这一方略性的改革精神存在被误读与曲解的现象。在具体的课程运作过程中,课改的理念、范畴体系与话语系统更多地是以西方的课程理论为范本,而"本土行动"被狭义化为技术层面的实施策略。而且这种实施策略并不是立足于民族文化的根基之上,在某些方面甚至存在不顾现实可能、抛弃传统精髓的现象,课程改革在某种程度上存在"削传统之履,适理念之足"的问题。这种做法有点本末倒置的倾向,事实上,现代许多新的课程理论与改革意见都有很深的历史根源,"现在的根,深扎在过去,而对于寻求理解现在之所以成为现在这样子的人们来说,过去的每一事件都不是无关的"。[①]

中国是一个有着悠久教育传统的国家,而且自从新中国成立以后经过 50 多年的积淀,形成了许多富有特色的课程思想,这些都是宝贵的精神资源,为课程改革提供了坚实的文化支撑。因此,要充分发掘本民族的文化精髓,根据时代与现实需要,在学习与借鉴外国先进理念的基础上,不断扬弃,形成富有本民族特色的改革思想与课程文化。

五、建设独特的课程文化话语系统

任何一种课程文化都应该拥有一套与之相应的话语系统,这是课程文化成熟的标志。泰勒的"目标",布鲁纳的"学科结构",施瓦布的"审议",布迪厄的"实践"、"惯习"、"场域"与"文化资本",以及多尔的"丰富性"、"严密性"、"关联性"、"回归性"都是某种课程文化的话语系统,这种话语体系深深地内嵌于课程文化范型之中,生动、形象地阐释了这种课程文化的精髓。因此从某种程度上来讲,话语更像是课程文化的一个"隐喻",它赋予玄虚的文化一个真实的"抓手",在文化与课程之间搭建了一个可感、可触的桥梁。[②] 反观中国当前的课程改革,也出现了许多新的课程话语,自主、探究、合作、创新等等,透过这些话语,隐隐感觉到新的课程文化的气息,但是这些话语仍然不够精练、不太具有民族特色,还不能完全昭示新课程的精神。在课程文化的重塑过程中,仍然需要在课程实践的基础上选择、提炼课程话语,形成一套完整的话语系统,为课程文化的转变提供鲜活的注脚。

六、学校课程文化的开放性

随着全球化的不断推进,开放已经成为一个无法回避的文化现象。课程文化必须要有一种宽阔的视野。实际上任何形态的文化都是一元与多元、共性与个性的对立统一,人类文化从相对一元走向相对多元是不可阻挡的必然趋势。课程文化的开放与民族特色课程的建构并不矛盾,要保持课程文化的民族性。封闭自守是过于消极的课程文化发展战略,越是保守越是要落后,有容乃大,一定要以宽容的心态面对课程文化的多元化。实际上,也只有在与他文化的碰撞中,课程文化才能激荡出生命的活力,才能从其他文化中吸取更多的养分。

---

① 吕达:《课程史论》,人民教育出版社,1999 年,第 4 页。
② 代建军:《论大学课程文化的重塑》,《山西师范大学学报(社会科学版)》,2009 年第 1 期。

第十三章 课程价值观

"'价值'这个普遍的概念是从人们对待满足他们需要的外界物的关系中产生的","它"是人们所利用的并表现了对人的需要的关系的属性","实际上表示物为人而存在"。① 所以,在研究价值问题时,人们大多是从讨论主客体入手,认为价值反映的是主体与客体之间的一种关系,即客体的作用或属性满足主体需要的关系。人们对课程价值的认识是与对"价值"的理解密切相关的。因此,价值就是客体的属性对主体需要的满足,其实质是主客体需要与满足之间的关系。

学校是应一定的社会需要而产生的。从宏观上讲,社会对学校的需要分为两大类:国家、地区的需要(也称社会需要)与个人的需要。国家对学校课程的需要包括政治、经济、文化的需要,因而学校课程的社会价值也可细分为政治价值、经济价值与文化价值。个人对学校课程的需要是基于自身的发展与完善,学校课程的个人价值主要是指学校课程对个人发展、完善需要的满足。

第一节 课程价值观的演变

课程价值问题是一个复杂的问题,涉及多种因素的交互作用,从每个因素、每个角度出发,都可以形成不同的价值倾向,每种课程价值观都有其各自的优势和局限性,很难判定某一种或几种课程价值取向是正确的还是错误的。课程价值取向在特定的条件下是合理的,但随着时代和条件的变化,课程价值取向也应该进行相应的改变和调整。

一、中国学校课程价值观的演变

中国的文化传统是"学而优则仕",教育被视为是实行阶级统治和实现政治理想的工具。课程学习以"明人伦"为要旨,目的是为统治阶级培养文武兼备的官吏和其他人才,社会本位

---

① 《马克思恩格斯全集》(第19卷),人民出版社,1982年,第406、139、326页。

占主导地位(有时甚至窄化到政治本位)。

（一）古代学校价值取向

先秦时期,教育是为当时的政治服务的。儒家的创始人孔子明确提出了"学而优则仕"的教育目的,主张为统治阶级培养政治统治人才。反映在课程上,以《诗》、《书》、《礼》、《乐》、《易》、《春秋》等儒家经典为基本教学内容,为统治阶级培养"德才兼备"的君子。墨家是春秋时期小生产者的代表,其教育主张具有一定的功利性,但是这种功利性本身就具有某种政治色彩。他们认为教育应培养"兼相爱、交相利"的贤士,以"兴天下之利,除天下之害"。加之墨家私学是带有宗教色彩的政治团体,有严密的组织、严格的纪律,要求成员必须绝对服从首领的命令,因此,其课程的价值选择仍以社会价值为主,以实现墨家的政治理想。以商鞅、韩非子为代表的法家,其课程的政治性是不言而喻的,其具体表现便是"以法为敬,以吏为师"。

汉代教育不仅确立了儒学在中国封建教育中的独尊地位,同时也在教育制度、设施、内容、形式等各个方面为后来整个封建时代的教育奠定了基础。太学的设立,开了封建中央政府设立最高学府的先河,以后历代中央政府依此设立,在课程内容上大同小异,只不过在不同的朝代侧重点不同而已。课程的目的是培养通晓儒家经典的政治统治人才,其课程的政治价值得到了推崇。

两宋时期,作为孔孟儒学变种的程朱理学逐渐取得了主导地位。当时学校主要讲授朱子编注的"四书":《论语》、《孟子》、《大学》、《中庸》。其政治性,仅以《大学》规定的三纲领就可窥见一斑:"大学之道,在明明德,在亲民,在止于至善。"[1]

明清时期,统治者为了加强封建统治,竭力推崇程朱理学,把其作为思想文化教育领域的统治思想。在课程上,以国子监为例,明代"凡经,以《易》、《诗》、《书》、《春秋》、《礼记》,人专一经,《大学》、《中庸》、《论语》、《孟子》兼习之"。[2] 清代主要以"四书"、"五经"、"性理"、"通鉴"等为主修课程。

（二）国民党统治时期的价值取向

国民党统治时期,大力推行三民主义教育宗旨,实行党化教育,"为党国服务"成为学校课程的首要价值选择。但蔡元培提出大学是"研究高深学问的机构",以"思想自由"、"兼容并包"改革了北京大学。他主张强调文理渗透,实行选修制,注重学生个性和自由人格的培养。这一切为保守、狭隘的大学课程带来一股清新的空气。

（三）新中国成立初期的价值取向

新中国成立后,强调教育为无产阶级政治服务。1949 年新中国成立后,毛泽东认为,新中国的教育必须以党的总路线、总任务、总政策为出发点,努力使教育工作为党的总路线、总任务、总政策服务。教育为无产阶级的政治服务,教育与生产劳动相结合的教育方针随之出台。《共同纲领》第 47 条规定了新中国各级各类教育的政策,强调"……给青年知识分子和旧知识分子以革命的政治教育,以应革命工作和国家建设工作的广泛需要"。[3] 这一政策成了中国几十年来教育的基本政策。[4] 反映在课程上,就是必修课占绝对统治地位,基本上没有选修课或很少选修课,思想政治类课程在整个课程体系中占有相当份额。课程的政治价值取向最突出,

① 孙培青:《中国教育史》,华东师范大学出版社,1992 年,第 156 页。
② 王炳照、阎国华:《中国教育思想通史》,湖南教育出版社,1994 年,第 5 页。
③ 石佩臣:《马克思主义教育思想史引论》,中国展望出版社,1990 年,第 170 - 174 页。
④ 田圣炳:《中国大学课程的价值选择》,《江苏高教》,1997 年第 5 期。

课程的价值取向是以社会本位为主导。

20世纪80年代改革开放后,学校的课程价值观也有一个较大的转向。随着改革开放的深入,中国经济的迅速发展,学校课程所呈现的经济价值、科技价值逐渐得到了社会的认可和重视。"科教兴国"基本国策的确立,更是明确了课程与社会主义经济建设之间的密切关联性,在高等教育阶段的"产学研"相结合的理念深入人心,大量实用性、应用性以及和经济建设直接相关的课程的设置和兴起充分反映了这一时期课程的基本价值取向。20世纪90年代后,特别是90年代中后期,随着哲学界主客体问题的讨论,人学研究的发展和深入,以及教育理论工作者的理性批判精神和学术意识极大程度的发展,学校的课程开始更为关注课程与人的发展之间的内在关系,并从更高、更富有人性的角度来审视现代学校课程的价值取向。

二、西方学校课程价值观的演变

在古代欧洲,伊索克拉底的修辞学校(公元前392年创办)强调教育应为职业做准备。柏拉图的"阿加德米学园"(公元前387年创办)提倡"为学习而学习"。中世纪的欧洲学校弘扬人性和反对宗教的束缚,高等教育阶段远离社会,注重学术研究和纯理性的发展,始有"象牙塔"之称。

19世纪初,德国以人本位教育价值取向为主导。德国的教育家洪堡认为学校的责任是双重的,一是对科学的探求,二是培养人的个性与提高人的道德修养。工业革命后,社会对学校提出实用型、技术型人才的培养要求。于是,科学课程、职业课程、专业课程迅速登上学校讲台且占据了大学课程体系的核心位置,古典人文课程则逐渐退隐。

课程的价值选择和课程设置一直是美国学校改革争论的焦点。有人批评学校的课程设置过于功利化。芝加哥大学校长赫钦斯因此推行了"芝加哥计划",主张对学生实行通识教育,取消所有实用性课程,打破以前的专业与课程设置,希望使学生获得融会贯通的知识。他的通识课程、名著课程对西方的课程设置影响很大。20世纪50年代后期,美国因苏联人造卫星上天引发课程改革,提出了"学术中心课程",指出课程的任务是以知识为中心,使每一个学生获得最好的智力发展。[①]但"学术中心课程"过于强调知识,忽视人的全面发展和人才的社会适应性,因矫枉过正而草草收场。

在学校与社会相结合的同时,课程的价值取向发生了变化,一些繁琐的理论性知识受到了质疑,一些与社会、科技发展联系紧密的应用性知识得到了重视。知识本位的内部调整与社会本位的张显同时出现,并在一定程度上实现了复合。随着时代的发展,强调人的全面和谐发展和全员发展的理念越来越成为影响课程选择的重要因素。

第二节　课程的三种价值观

对课程价值取向的研究基本是围绕着学校的价值取向而展开的。关于学校的价值取向,

---

① 杨军,万明钢:《从化人到人化——20世纪课程价值取向演变探析》,《宁夏大学学报(社会科学版)》,2004年第26期。

一般认为有三种,即知识本位、社会本位和人本位价值取向。这三种价值取向具有高度的概括性,几乎可以涵盖古今中外所有的学校,区别仅在于某一时期、某一国家或地域的侧重点有所不同。由此,对课程价值取向的研究又可以归结为三种基本的课程价值取向,分别是人本位、社会本位和知识本位的价值取向。

一、知识本位的课程价值观

(一)知识价值取向(或知识本位的价值取向)

知识价值取向以知识或学术活动的需要作为课程的出发点和归宿,以知识发展的需要来要求教育、设计课程,从而规定了教育的人才培养模式和培养过程。课程活动对知识结构的完整性、知识内容的逻辑性与系统性的追求,鲜明地表明了其知识价值取向。

(二)什么知识最有价值

什么知识最有价值?这在课程领域可能是个具有价值中立特点的问题。自私有概念产生以后,人类就开始分化为不同的利益群体,并为各自的群体利益而永无休止地争斗,但是人类也有一些共同关心的问题需要解决,这些问题不会因信仰、环境、时代的不同而不同。表现在学校领域,诸如人类的健康成长问题、生产力的发展问题、科学技术的发展问题等等,都是课程选择的内容。这些问题大多追求的是至真至善,体现了人性善的一面和发展的需求。这种选择的动机是人类最原始、最纯朴的生存发展需求,是人类的本能使然,也是形成学校的原动力。这种选择既有永恒主义课程思想的色彩,也有实用主义课程思想的痕迹,具有永恒性,但它并不唯一,这种价值选择并不代表课程选择的全部。或者说,课程的价值选择并非如此简单,人们还有更多的欲望需要满足,其中功利性需求就是最为强烈的一种。在人类越来越复杂的社会关系中,人们除了满足本能需求外,更多的行为是受利益驱动,所以课程价值选择更多的部分体现的是各类群体利益的需要。尽管如此,对于这些较少政治色彩,较少阶级烙印,且又长期永存的问题,学校常将其作为课程价值取向的目标之一。[①]

(三)知识对谁有价值

知识对谁有价值?这是个永远充满争议、具有相对性的问题,它与人们的政治信仰、社会地位、时代背景和教育理念等因素密切相关。但对课程的价值取向影响最为强烈的因素主要来自两方面,其一是来自政治的裹胁,根据政治的需要来确定课程的价值。古往今来,任何政治集团为了自身的利益,总是需要渗透教育、掌控教育,以期从精神上驾驭他人。如中国封建时代的教育,从维护封建统治制度的需要出发,一贯坚持废黜百家、独尊儒学的教育思想。但实际上,"百家"并非无用。英国学校早期推崇的文雅教育,多是为了为社会上层培养具有绅士品质的管理者,它将古典文学、哲学、伦理等课目列为学校的主修课目,而将其他与社会发展关系紧密的技术类课目视为旁门左道,不屑一顾;资本主义国家将私有制作为社会发展的最佳选择,选择一系列的政治理论为其支持,社会主义国家则将共产主义理论视为政治纲领,辅之一系列的政治课目为其服务。[②] 这些为了各自(集团)利益而对知识所作的选择,尽管在价值理念上充满了相对性,在价值取向上带有强烈的"集团自私性",但必须承认,它是影响课程价值取向的重要因素。

---

① 杜希民,周燕来,于东红:《大学课程的价值取向特征》,《西安电子科技大学学报(社会科学版)》,2008 年第 1 期。
② 王燕:《课程价值取向之应然》,《课程研究》,2004 年第 1 期。

二、社会本位的课程价值观

课程的社会价值是指课程对社会需要的满足。课程的社会价值又可细分为政治价值、经济价值与文化价值。

（一）课程的政治价值

课程的政治价值是指课程对政治需要的满足。教育是按照特定社会的需要来限定人的培养规格和发展方向的。因此，满足社会发展的需要是衡量课程价值的一个尺度。事实上，课程往往最能敏感地反映社会对教育的各种要求，尤其是反映代表统治阶级的利益和要求的国家意志。从政治上来讲，学校课程是国家对未来人才要求的意志体现。它应该表达和倡导主流的社会价值取向，这种共同的价值观念有利于维系社会的存在与发展。

1957 年之后，由于国际、国内政治形势的变化，中国学校课程也经历了剧烈的变化，毛泽东在《关于正确处理人民内部矛盾的问题》这篇著名报告中指出，"我们的教育方针，应该使教育者在德育、智育、体育几个方面都得到发展，成为有社会主义觉悟的有文化的劳动者"。这段重要讲话，之后成为指导中国教育发展的工作指南，在这一思想指导下，课程也经历了学习苏联模式——强调知识分类和专业结构到强调学校与生产劳动之间的整体性联系的综合模式的大转向，基本上改变了当时课程目标的价值取向，呈现出了明显的政治化、实用化和国家功利主义的倾向。[①]

（二）课程的经济价值

课程的经济价值是指课程对经济需要的满足。课程的设置还必须与社会的经济发展水平相适应，要根据经济发展的需要作出及时和必要的调整。西方近现代科学技术的飞速发展，特别是现代工业的发展，对学校提出实用型、技术型人才的培养要求。在高等教育阶段表现更为明显，如美国大学选择了一条"大学应该服务于社会"之路，开始强调大学课程要为本地区经济建设服务的理念。在中国，随着经济的迅速发展，大学课程所呈现的经济价值、科技价值逐渐得到了社会的认可和重视。"科教兴国"基本国策的确立，更是明确了学校课程与社会主义经济建设之间的密切关联性，大量与经济建设直接相关的课程的设置和兴起，充分反映了课程的经济价值取向。

（三）课程的文化价值

课程的文化价值是指课程对文化需要的满足。课程和文化有着天然的血肉联系，它是一定文化中最有意义的部分，它所包含和表达的是人类在长期的实践与认识活动中所形成的并凝结为智力劳动的知识和经验，文化是课程最基本的内核。但是，作为独立的教育活动，课程本身并不直接参与社会的政治和经济活动。课程是在继承和传递文化的过程中存在与运行的，其政治、经济等价值是作为课程文化功能的结果而发生的。课程本身就起源于文化传承的需要，传递、复制、再生产社会文化是学校课程唯一不变的使命。因此，制度化教育中的各种课程必须能够保证文化传递的系统和完整，从而保证文化延续及其进一步发展所必需的基础。

（四）课程对社会价值的适应与超越的统一

自从在 20 世纪开拓了其服务社会的功能后，学校已不可能摆脱社会对它的影响。课程设置必须充分考虑到社会发展的需要对课程的深刻影响，但这并不意味着课程设计与社会发展之间是一种亦步亦趋的关系。人类社会的演化本身就是一个不断生成、不断超越的过程，要面

---

① 陈玉琨：《课程改革与课程评价》，教育科学出版社，2001 年，第 60 页。

对发展着的未来而教育。这就内在地要求学校课程不能仅仅回应当下社会生活的需求,不能被动地接受社会的指令,而是要走在社会发展的前面,积极干预和引导社会生活,为一个行将出现的未来社会服务。如果学校只是为了适应社会而存在,那么学校将不仅丧失它的理想,更有可能从此走向没落。现代学校不仅仅是适应社会以求其发展,更应是通过引导社会来使其更好地发展。反映到学校课程设置中,"职业化"的课程虽不可少,但不能"泛职业化",能够引导社会、批判社会的人文课程才是更为重要的,因为它可以使社会在前进中少走弯路,从而加速社会的发展,并最终促进人的发展。

三、人本位的课程价值观

课程的个人价值主要是指课程对个人发展、完善需要的满足。就学生个体而言,学生是有着完整的人的生命的表现形态、处于发展中的、以学习为义务的人。他们是"具体"的而非各种观念的"抽象",是活生生的存在而非各种僵死的"目标",是具有旺盛生命力、具有多方面发展需要和发展可能的学习活动中不可替代的主体。学生是作为生活着的人接受教育的,又是孕育着可能生活和追求可能生活的人。因此,他们时刻用其独有的眼光去理解和体验课程,不是既定课程的被动接受者,而是课程的创造者和开发者。合理的课程应当指向人之为人的整体性的生成和发展,为学生开发和提供相适应的课程与教材。课程只有走入学生的生活世界,从观照生活世界中的学生出发,才会真正具有生命的活力和生活的价值与意义。

现代教育的发展中,"以人为本"的教育理念正日益成为世界教育的主流。联合国教科文组织于1989年发表的《学会关心:21世纪的教育》报告中就曾提出:"归根到底,21世纪最成功的劳动者将是最全面发展的人,是对新思想和新机遇开放的人。"1998年,该组织又发表了《教育:财富蕴藏其中》的报告,对全面发展的人作了进一步的解释,认为这样的人即"学会认知、学会生存、学会做事和学会与他人共处的人",从而响亮地提出了教育要培养全面发展的人。

世界各国也越来越重视"以人为本"的教育理念。前苏联教育部在1987年就曾提出:必须坚决地转向教育的"人本化",并为此创造条件,使教育不仅有助于提高学生的智力能力,而且有助于丰富他们的情感。美、日等国也多次在教育改革方案中提出,应考虑学校课程中的人道主义成分,加强对青少年的思想品德教育和情感陶冶。

第三节　课程三种价值观的关系

课程具有知识本位、社会本位、人本位不同的价值取向,不同时期和不同的利益主体强调了课程取向的不同侧面与维度。影响课程价值取向的因素是多元的和不断变化的,其影响的作用是综合性的,程度是非均衡性的,这就使课程的价值取向呈现出多元化和动态化的特征。随着人们对课程价值取向的深入研究,课程价值取向间的关系也逐渐清晰起来。

一、课程价值观的结构

课程的知识本位、社会本位、人本位的三种价值取向都是合理的,但它们的地位和意义不同:个人的价值取向是目的性的,社会的价值取向是前提性的,知识的价值取向是条件性的;三者之间构成一个合理的、整体的、以目的性价值取向为中心的课程价值取向结构。有了一种结构,各种价值取向就不再是无序的,而是各自有了明确的归属。①

（一）人本位价值取向是课程的目的性价值取向

学校的使命是促进人的发展,作为其核心的课程,就要有效地促进人的发展,舍此就不是学校课程了,因此,个人的价值取向无疑在课程价值取向结构中具有目的性地位,是课程的目的性价值取向。

（二）社会本位价值取向是课程的前提性价值取向

人的发展从来就不能脱离一定的社会条件和要求,个人的发展要求总要受社会的发展要求制约,因此,社会的要求是个人发展要求的前提。不过,社会的要求的"前提性"不是通过直接地向课程提出强制性"规定"的机制来表达的,而是通过引导、影响个人发展的要求表现出来。

（三）知识本位价值取向是课程的条件性价值取向

人的发展总是通过习得某些经验或知识来实现的。社会本位和人本位的课程价值取向分别站在促进社会与人的发展立场上选择和发挥知识的作用,拉动知识向自己靠拢,都会重视对知识的选择与加工,通过不同的知识组合的作用,把人类在创造文化的过程中所表现的精神和所形成的智慧(而不仅仅是知识本身)展现在学生面前,学生以自己的经验基础来学习这些知识,并理解这些知识背后的精神和智慧,从而影响人、改变人或改造社会,通过知识来实现自己的目标。

二、课程三种价值观的关系

（一）协调互补性关系

课程总是特定历史时期各种价值取向调和的产物,其兴衰也根本地系于课程的各种价值取向之间协调的程度。17世纪西方学校的衰败及其后又走向兴旺,原因即在于其后课程对社会价值取向的满足,19世纪学校的发展也是因为当时学校课程对知识价值取向的切合。

然而,在学校课程发展历史上,由于课程价值取向的无序性,在课程设计上,往往是受其中某一占主导地位的价值取向所左右而忽视另一价值取向,是通过在一个时期一种价值取向让位于另一价值取向的方式实现的。但由于课程中各种价值取向的存在都是合理的,也是必然的,被抑制或忽视的价值取向总要寻求满足,这样,课程的价值冲突就不仅不可避免,而且难以协调。

用有序的结构关系来统领课程的各种价值取向,就使它们体现出协调互补的关系。课程的各种价值取向围绕着其中的目的性价值取向即个人的价值取向展开,于是各种价值取向之间有了协调的可能。① 为了促进个人价值取向的实现,任何时代的课程都会而且必须考虑社会对课程的要求,课程的个人价值取向与社会价值取向不仅都是合理的,而且其间的关系不再以对立、冲突为主调,而是内在地具有了协调的可能;② 仍然是为了实现个人的价值取向,合适的知识总是有益的,在课程中,只要是服从于促进人的发展,追求知识的价值取向与个人的价值取向相得益彰。

---

① 刘旭:《再议大学课程的价值取向及其关系》,《大学研究》,2005年第6期。

（二）"共时性"作用关系

课程价值取向间非此即彼的矛盾,决定了不同价值取向的满足呈现此涨彼消的过程,实际上体现的是一种"继时性"作用现象,即课程的各种价值取向是先后而不是同时获得满足的。通过这种"继时性"作用,课程的各种价值取向之间在过去尚能达到一定程度的协调,也因此有了较大的发展。

但20世纪中后期以来,人们对学校在社会进步、经济发展、人性完善以及文化繁荣等各方面价值的认识逐步丰富和加深,课程所承担的价值期待越来越复杂多样,于是,各种价值取向不再满足于"继时性"作用,而是要求得到"共时性"满足,课程必须在同时着力培养社会所需要的学生的各种素质。学生个体素质的发展,同时又是符合社会需要、能满足社会的价值取向的;而且,对学生素质的培养是凭借知识的丰富和学生对知识的追求实现的,这其实也是满足知识的价值取向的过程。因此,课程可以通过"共时性"作用来同时满足各种价值取向。

社会发展的要求与人的发展要求这一关系的状态如何是课程价值取向之间关系协调水平的重要表现。课程毫无疑问地应尽量满足社会各方面的合理要求,但是必须通过教育所培养的人形成适宜于社会的素质来体现。因此,突出个人的价值取向的目的性意义时,不是忽视社会发展对课程的要求,而是以人的发展来更好地实现这一要求。这样,社会的要求与人的需要就辩证地统一起来。[①]

教育还是传承人类文化的事业。但是,人类文化并不只是希望通过教育让学生来接受,在根本上,文化的发展是要让人成为"文化人",成为比前辈更有智慧的人,并通过人的发展来实现和体现文化的发展。因此,课程必须把人类在创造文化的过程中所表现的精神和所形成的智慧传承给学生。学生在这一过程中得到了发展,在学生的发展中,人类的文化不仅得以继承,而且有了更强的活力,得到了实实在在的发展。在这一过程中,文化有了"人化"的内涵,继承与创造得到辩证的统一。

---

① 刘旭:《再议大学课程的价值取向及其关系》,《大学研究》,2005年第6期。

第四篇

第十四章 课程资源

资源是指自然界和人类社会中能创造物资与精神财富的各种客观存在或存在物。课程资源是指形成课程的因素来源以及实施课程的必要而直接的条件。前者包括知识技能、经验、活动方式及方法,情感态度与价值观以及培养目标等方面的因素,后者包括直接决定课程实施范围和水平的人力、物力和财力、时间、场地、媒介、设备、设施和环境以及社会对课程的认识与支持状况等因素。现实中的许多课程资源往往包含着课程的要素来源,也包含着课程实施的条件,如图书馆、博物馆、实验室、互联网络、人力和环境等课程资源。

第一节 课程资源及其系统

"资源"包含有两个方面的意义:一方面是指事物的来源;一方面是指一种事物对另一种事物是必不可缺的,是满足其他事物必需的条件。现在,"资源"一词的内涵已拓宽到其他领域,如"物力资源"、"人力资源"、"智力资源"、"信息资源"、"技术资源"、"课程资源"、"生态资源"等。

一、课程资源的含义

课程资源是指供给给课程活动,满足课程活动需要的一切。它包括构成课程目标、内容的来源和保障活动进行的设备与材料,即所谓"素材性课程资源和条件性课程资源"。① 课程资源不是指向课程活动本身,而是指向构成课程活动所需要的一切素材和条件。

关于课程目标、课程内容的来源问题,杜威提出了教育过程的三个基本因素:学习者、社会和有组织的学科。博比特受工业分析法的影响,认为"课程发现者首先是对人性和人类事务的分析者"。② 他利用活动分析法,把人类经验分成一些主要领域。查特斯通过对人类活动的

---

① 吴刚平:《课程资源的理论构想》,《教育研究》,2001 年第 9 期。
② [美]拉尔夫·泰勒:《课程与教学的基本原理》,施良方译,人民教育出版社,1994 年,第 8 页。

分析,来探查课程来源,把确定人类活动的基本单位作为课程编制模式。博伊德似乎更倾向于杜威的课程哲学观,他从三个来源上考察了课程目标的维度与矛盾:学科专家的视点、实践者的视点和学习者的兴趣。美国课程专家泰勒比他们前进了一大步,他提出了课程的三个来源,对学习者本身的研究,对校外当代生活的研究,学科专家对目标的建议。但他仍将重点放在了分析社会来源——"当代生活需要"上。坦纳夫妇认为泰勒在课程来源认识上有两点疏忽:一是"忽略了把它们当做有组织的相互联系的来源进行认识的必要";二是"把社会、学习者和有组织的学术知识当做资料的来源时,忽视了它们对教育目标和课程的影响"。坦纳夫妇已经察觉到了泰勒在课程来源的研究上的局限,看到了这三者对课程的制约作用,体现了从课程来源研究到课程资源研究的转向。泰勒为《简明国际教育百科全书》撰写课程资源条目,从目标、教学活动、教学活动组织、课程评价等4个方面来表述课程资源,使课程资源问题浮出水面,为进一步揭示课程资源提供了重要的启示。

从以上对课程资源的历史追踪,可以得到如下的认识:① 课程来源是课程资源的最主要的部分。但仅仅局限在课程来源的研究不能揭示问题的实质,尤其是在面临客户层改革的时候,从当地社会甚至无法分析出课程改革的来源,因而无法考虑引进课程改革所需要的课程资源。② 课程理论研究者大多追随杜威,把教师、学生当做课程资源。这样容易忽略他们所处的文化背景和经验基础,而教师、学生的经验都源自于社会生活,源自于对客观世界的反映,所以课程资源从根本上来说,是人类认识的对象,是人类认识的实践,也就是说,人类认识的资源就是课程的根本资源。③ 必须加深有关课程资源对课程的制约作用的认识,以利于更明确课程开发的各向度。④ 哲学观与课程资源观有密切的联系。有什么样的哲学观,就有什么样的课程资源观。⑤ 要把课程资源当做一个整体来研究,认识到课程资源的各要素是一个不可分割的整体,不能随意割裂为几个部分,所以在运用分析方法时应考虑综合和系统方法。①

泰勒声称:"任何单一的信息来源都不足以为明智而综合地决定学校目标提供基础。"从内涵上看,当前对课程资源的界定主要是从课程目标、教育目的、课程实施、教学活动等角度,以实现课程目标或计划的需要为出发点,去寻求满足它的资源。即课程资源是保证课程目标实现和课程实施顺利进行的基础,是课程因素的天然来源和课程实施的条件。

从外延上看,课程资源的范围是宽泛的。比如:泰勒提出课程资源包括"目标资源、教学活动资源、组织教学活动资源、制定评估方案的资源";坦纳夫妇从社会、知识世界和学习者的本质探讨了课程来源。按不同的分类标准,课程资源可划分为不同的形态:按组成要素分,有人力、物力、财力等资源;按空间范围分,有校内资源和校外资源(或者是学校资源、家庭资源和社区资源);按运动特征分,有静态资源和动态资源;以在教育发展中所起的作用分,有现实资源和隐形资源;从开发利用角度分,有原生教育资源、延生教育资源、再生教育资源、创生教育资源;按产生过程分,有保持性资源和生成性资源;按物理特性与呈现方式分,有文字资源、实物资源、活动资源、信息化资源;按功能特点分,有素材性资源和条件性资源;按存在形式分,有显形资源和隐形资源,或者是物质形态资源和精神形态资源;等等。

由此可见,课程资源界定的关键在于它是否含有课程潜能(或称之为课程可能性),即课程资源一定是能够为课程和课程实施服务的,有利于课程目标的实现。课程资源是教育资源的重要组成部分,是课程系统物质、能量和信息等结构元素的源泉,是课程实施中富含课程潜

---

① 范兆雄:《课程与资源概论》,中国社会科学出版社,2002年,第3-6页。

能的内容系统和活动支持系统,是课程实施得以高效开展的依托和保证。课程资源是富含课程潜能的、客观存在的广阔社会资源,其与课程的关系非常密切;它在课程存在及其实施中具有重要的地位和作用,是课程内部的构成要素和运作条件,为课程及课程实施提供着源源不断的必需的物质、能量和信息,是课程及其实施的坚实基础和重要保障。

二、课程资源的特点

要正确地理解课程资源,还必须对其特点有个比较清晰的认识。课程资源具有以下显著特点:

(一)隐形性

课程资源同其他一切功能性资源一样,无论其存在形态、结构,还是其功能和价值,都具有隐形性,也即它不是现实的课程要素和条件,必须经过课程实施主体自觉能动地加以赋值、开发和利用,才能转化成现实的课程成分和相关条件,发挥课程作用和教育价值。相对于现实课程和课程实施条件来说,课程资源是一种"自然"因素,必须经过主观赋予意义之后才能进一步开发和利用。需指出的是,课程资源的待开发性是以含有课程潜能为前提的,即课程资源要有开发的价值和效益,是"可以开发的"。从这种意义上看,一切可能的课程资源都具有价值隐形性的特点。①

(二)不确定性

课程资源是客观社会资源经主体意义筛选后的、具有主观与客观特点的资源,其涉及范围广,不但有物质层面,而且有制度层面和精神层面。课程资源根据主体需要而人为命定,是课程资源与一切自然资源的最大区别,同时也就决定了它的不确定性。首先,是其存在形态的不确定性。课程资源的外延不可能绝对地划分清楚,但它却始终是一个内涵清楚但外延不明晰的概念。不同的主体对课程资源的理解不同,其规定和划分也不同,即课程资源的形态是游移的,随主体的意义选择而定。其次,是其归属的不确定性。课程资源与其他社会资源往往相互整合,或者本身就是同一物,很难分清"我"与"他"的界限。正是由于课程资源的丰富性,一种课程资源的体现形式和分布可能呈现错综复杂的情况,很难用统一的标准划分其质量归属、形态边缘和规模数量。

(三)多样性

首先,课程资源的"客观状态"具有多样性。不同地域、不同时代,可供开发和利用的课程资源不同,其构成形式和表现形态也各异;在不同的文化背景下,由于人们的价值观念、道德意识、风俗习惯、宗教信仰等具有差异性,其认定的课程资源也各具特色;由于学校层次、规模、传统以及教师素质和办学水平不同,可供开发和利用的课程资源亦不同;由于学生个体的家庭背景、智力水平、生活经历不同,可供开发与利用的课程资源必然千差万别。其次,课程资源人为命定的结果是多样的。不同的主体各自存在不同的人生经历、学识水平及教育观、课程观等,势必导致对课程资源筛选和评价的不同,从而形成课程资源开发利用形态的多样性。这一方面能最大限度地发挥课程资源的现实效益,但也可能由于表现形态的复杂化而造成重复开发,增加开发利用的成本。再次,课程资源的功能具有多样性。由于课程资源是为实现广泛的课程目标服务的,因而课程资源实现的课程目标也是多样的;又由于课程资源与社会资源的同构性,课程资源作为社会资源也有社会效益,即课程资源具有的功能并非在课程领域仅有。正因

① 余文森,洪明:《课程与教学论》,福建教育出版社,2007年,第116页。

为课程资源的丰富性和相互作用的复杂性,要明确规定课程资源的作用是非常困难的。[①]

（四）动态性

区域的区位条件、自然环境、经济水平、民族文化和社会条件等,都影响着课程资源的客观存在和动态发展。在不同的历史阶段,课程资源的内涵、外延及内容不同,其本身有一个与时俱进的发展过程。课程资源是一个与社会资源系统、人的主观价值系统和开发条件等动态适应的子系统,因而不同主体在不同情景下面对和可能开发利用的课程资源是不同的。课程资源是动态的,也是开放的,同时又具有较强的情景性。[②]

（五）多质性

同一资源对于不同课程具有不同的用途和价值。例如,动植物资源,可以成为学生学习生物学知识的资源,也可以成为学习环境学、生态学知识的资源,还可以成为学生调查、统计的资源。如学校附近的山,既可以用于体育课中的体育锻炼,也可以用于劳动技术教育中的植物绿化;既可以在艺术教育中陶冶学生的情操,也可以在生物课中用来调查动植物的种类。课程资源的这一特点,要求教师独具慧眼,善于挖掘课程资源的多种利用价值。

三、课程资源的意义

在教育教学实践中引入与扩展课程资源的观念和视野,特别是引入与扩展动态生成的课程资源的观念和视野,为不断改进现实中的教育教学行为提供了新的思路,为优质教育的创造提供了前提条件。对学生来说,有了课程资源的观念和视野,特别是有了动态生成课程资源的观念和视野以后,学生学习的内容变得丰富多彩,不仅来自教材,也来自与教师和同学的交往、各种媒体及日常生活。与过去那种只关心知识教学中的重点与难点的学习过程相比,学生的经验、感受、见解、智慧、问题、困惑等都成了重要的课程资源,学生的疑问与困惑受到重视,教学由教师控制课堂的预设过程变成了师生共同建设、共同发展的过程,原来的线性模式变成了一个动态生成的过程,课堂变得富有生机和活力。

中小学课程资源的开发和利用,只有深入到课堂教学层面,认真研究课堂教学过程中动态生成的这一类素材性课程资源的时候,才能从表面走向深刻,才能真正体现出课程资源的丰富内涵。课程资源研究的意义在于进一步确立课程资源的价值基础和理论框架,澄清中小学课程资源建设中存在的认识与实践问题并提出改进策略,为中小学合理开发和有效利用课程资源提供更为有力的理论支持与技术支撑,使中小学课程资源的建设更具针对性和前瞻性。[③]

四、课程资源类型

所谓课程资源的类型,就是要把众多的课程资源,按照一定的标准、原则、特点,把它们区分开来,以便更好地认识、开发和利用它们。其分类的两个基本原则是:一是逻辑上要清晰,划分的课程资源类型不能自相矛盾和过多地交叉重叠;二是要有利于分析和解决学校实践中存在的主要问题,即要有利于看清中小学课程资源开发和利用中的主要问题,并找到相应的解决途径和办法。

按功能特点来划分,可以分为素材性课程资源与条件性课程资源;按空间分布和支配权限

---

① 余文森,洪明:《课程与教学论》,福建教育出版社,2007 年,第 116－117 页。
② 同①。
③ 吴刚平:《解析课程资源》,《理论研究》,2006 年第 9 期。

第十四章 课程资源

来划分,可以分为校内课程资源与校外课程资源。此外,由于划分角度不同,课程资源也可以划分为社会资源与自然资源,物质资源与信息资源,人力资源、物力资源与财力资源,纸质资源与电子音像资源,时间资源与空间资源等。按照课程资源的功能特点,可以把课程资源划分为素材性资源和条件性资源两大类。其中,素材性资源的特点是作用于课程,并且能够成为课程的素材或来源,它是学生学习的对象。比如:知识、技能、经验、活动方式与方法、情感态度和价值观以及培养目标等方面的因素。

按载体形态分,课程资源大致可以分为以人为载体的资源、以物为载体的资源、以活动为载体的资源三种类型。"以人为载体的资源"又称为"内生性"资源,它包括具有较高的思想道德素质、丰富的生活经验和广博的专业知识的各类人员,其最大特点是他们可以直接参与课程实施,并对其他资源进行深度加工。"以物为载体的资源"是指以历史、现实和将来存在的物为载体的资源,即物化形态的资源。这类资源较多,只要是附载信息的物,都有可能成为此类课程资源,关键是要根据需要灵活选用。"以活动为载体的资源"是指所有活动或特定的情景所蕴含的丰富资源,表现为特定的机会或情景。

从与学习者的关系而言,课程资源可按如下两个标准划分:

一个标准是看某种课程资源是否专门为学习者而设计。按这个标准,可将课程资源分为两类:一是专门设计的资源,指为课程实施专门设计的、以社会资源为内容或条件的学习资源,即从无到有创造的资源,如主题活动设计的系列学习材料、综合实践活动资源包等,包括相关文字材料、录音带、录像带、多媒体课件,以及相关活动场景和机会等多种形式。二是非专门设计的资源,指本来并非为课程实施直接设计而存在的、且具有一定课程价值的相关资源,自然界、社会中广泛存在的具有多种特性和功能的社会资源都可看成是这类资源。

另一个标准是看课程资源距离学习者的远近程度。根据这个标准,可将课程资源分为以下三类:一是直接的课程资源,泛指各种直接为学习者服务的课程资料和相关配套资料,不仅包括教材、练习册,还包括相关媒体和书籍等。二是教学环境内的课程资源,指课程实施涉及的主要社会环境资源,其功能是呈现教学信息和提供活动空间,如课程实施所涉及的课程、教具、传统游戏等。三是教育环境内的课程资源,指具有教育意义的广泛的社会环境,既包括以提供服务为主的支持系统,如乡村图书室、学习中心、电影院等,也包括科学技术、文化氛围等因素。

五、课程资源的存在状态

根据课程资源开发利用的程度,把其存在形态主要分为以下 4 种:

(一)待创生的课程资源

全面梳理课程资源,应在时间、空间和主体的三维坐标中进行。从横向上看,除了自然资源、社会资源、文化资源、信息资源外,还有经历—体验资源、契机—情景资源等。从纵向上看,则有历史、现实和未来三个时间段的课程资源,也就是说,还有未来意义上的(而现实中还没有的)须经主体赋值的课程资源,即待创生的课程资源。这类课程资源是"可能"的资源,是主体在一定的时空条件下可以创造的,如经历—体验资源和契机—情景资源。经历—体验资源是主体通过自身活动积累的大量社会经验和体验;契机—情景资源是对教育效果产生直接影响的、由特定要素构成的、有一定课程意义的氛围和环境,即具体的机会或相关的情景也是一种难得的资源。

（二）隐形的课程资源

"隐形"是指课程资源的课程功能处于隐形状态,而不是资源本身处于隐形状态。这类课程资源隐含在历史与现实的维度上和有形与无形的社会资源中,不具有直接的、显性的课程价值,需要主体在开发利用中进行合理有效的赋值、命定,即赋予并提升其课程潜能,才可进入显在课程资源领域;经开发利用,便可转化为现实的课程的组成部分和实施条件。

（三）现实存在但未开发利用的课程资源

这是指社会资源中已经具有课程潜能的那部分资源。它是课程资源的直接的存在形态,如文化馆、自然博物馆、科技馆、艺术馆、英雄纪念馆、民族文化传统等。这类资源易于开发,也是当前开发最多、效果最明显的资源。

（四）已开发待利用的课程资源

它是指社会资源已成为课程的组成部分,但还需要课程实施才能得到利用并发挥作用。这类课程资源价值的发挥必须通过课程实施、通过师生的互动和交流才能体现。当前由于教学方式和设备条件等的限制,很多课程形态未能进入课程实施阶段,造成课程资源的闲置和浪费。

六、课程资源的层面

课程资源的分层是比较困难的,主要是因为不同的视觉会产生不同的结果,这里仅从我国目前的三级课程管理的政策角度,将课程资源分为三个层面:国家课程层面的课程资源、地方课程层面的课程资源、学校课程层面的课程资源。

（一）国家课程层面的课程资源

所谓国家层面的课程资源主要是指关系到国家教育发展、国家课程开发的课程资源。它主要包括:保证国家组织安全运行和发展的政治思想以及制度化的法律法规;保证培养增强国家竞争实力的人力资源所需要的科学技术知识和创新能力的资源;保证民族文化延续和发展的民族文化的资源。

（二）地方课程层面的课程资源

地方课程资源是指国家内部的各地方具有的政治、经济、文化、风俗、组织等方面的独特资源。地方课程资源是强调地方特色和差异的部分,开发地方课程资源,保证地方文化传统的继承和发扬,是在全球化时代继续保护人类文化多元特色的重要途径。

（三）学校课程层面的课程资源

学校是课程活动的舞台,是课程资源最为集中的场所。学校层面的课程资源主要是指教师经验、学生经验、教材、学校设施、教学时间等。

（1）教师经验课程资源是指他们丰富的思想内涵、知识修养、教育教学技术等。这些既要成为课程活动的组成部分,又要成为教师自我反思和评价的对象。

（2）学生经验课程资源主要是指学生的心智发展状况、知识程度、学习习惯、个性品质等。学生是学校课程活动的主体,学生的经验资源是课程活动的重要基础,任何课程活动都不能离开学生经验资源。

（3）教材是学校重要的课程资源,是学生学习的重要依据,很明显它不应该是学生课程活动的唯一来源。

（4）学校设施包括保证课程实施的各项必要的设备与条件,如教学场所、图书、仪器等。

（5）时间资源是指教师与学生进行课程活动所可能利用的时间。它的总量极为有限,是最为宝贵的课程资源。[①]

七、课程资源系统的结果与功能

研究课程资源系统一定要研究它的结构和功能。因为,只有通过研究它的结构,才能了解课程资源的各个组成部分是如何联结的,揭示系统的本质特征;只有认识课程资源系统的功能,才能了解课程资源对于课程活动的意义。

(一)课程资源系统的结构

课程资源系统是有严密结构的复杂的巨系统。它的结构可以从以下几个方面展开:

1. 层次结构

"任何结构内部都可以存在着子结构。"[②]课程资源囊括了宇宙间物质的和非物质的一切,包括多层子结构,即宏观结构、中观结构和微观层次。

2. 联系方式

在课程资源系统中,思想处于支配地位,是课程资源中最为核心的要素。知识资源是课程资源系统中凝结着人类智慧的重要要素,它联系着物力资源和人力资源,也反过来为思想资源的发展提供指导和修正。它既具有认识对象的客观性,又渗透着认识主体的创造性。人力资源不仅是课程物力资源和知识资源联结的纽带,也是思想资源的源泉和物力资源的认识主体。物力资源作为"被认识的对象是客观存在的,关于它的知识却是认识个体构建出来的",因此,物力资源既是认识的对象,又是其他资源系统的基础和支持系统。

3. 自组织

课程资源系统可以"自己走向有序结构"[③],是一个自组织系统。课程资源要素的性质、数目、排列顺序都处在自我运动、自发形成组织结构、自发演化之中。它随人类认识能力的提高、文化的发展、知识的积累、客观物质世界的变化而涨落,并通过涨落使系统实现自身的进化,达到新的平衡状态。人类知识的每一次重大突破都会打破课程资源系统原有的平衡,或产生新的内容,更正旧有的理论,或出现新的技术,替代旧有的技术。而新理论、新技术的突破或物力资源要素的变化又使认识主体的思想观念发生变化,使系统在新的层次上达到新的平衡。

4. 整体性

整体性是系统结构最重要的表现形式。系统的结构正是"系统具有整体性的原因"。[④] 课程资源各个层次的了系统之间相互联系、相互制约,使得它具有了有机的整体结构。各个层次的子系统在整体结构中都与其他部分有着特定的联系,而且离开整体就会失去它们作为系统要素的功能。知识资源系统与其他子系统之间的联系,就是整个课程资源系统的关键性结构。[⑤]

(二)课程资源系统的功能

系统的功能是指"构成系统的要素及其内部结构与外部环境的相互作用所呈现的系统行为功效和能力"。课程资源系统的功能是对于课程活动而言的。它可以分为两大类,即储备

---

① 范兆雄:《课程与资源概论》,中国社会科学出版社,2002年,第3-6页。

② [美]J·W·福雷斯特:《系统原理》,王宏斌译,清华大学出版社,1986年,第40页。

③ 钱学森:《论系统工程》,湖南科学技术出版社,1982年,第242页。

④ 魏洪森,曾国屏:《系统论——系统科学哲学》,清华大学出版社,1995年,第289页。

⑤ 同①。

功能和支持功能。所谓储备功能，是指课程资源的物质和观念内容，是人类文化传承的中介。所谓支持功能，是指课程资源对课程活动进行具有维护、保障的功效。课程资源可以为课程活动的进行提供所需要的物质设施、组织、制度和思想观念。这两类功能不是孤立的，而是相互的。一方面，同一种课程资源可以同时具有两种功能；另一方面，它们相互交叉，相互包含。

学校和教师作为课程资源开发的主体，只了解课程资源的含义和种类是不够的，还要对课程资源开发的价值有深刻的认识，获得科学地、主动积极地开发和利用课程资源的思想动力。

第二节 课程资源的开发

一、我国课程资源的现状

长期以来，中小学课程资源的结构比较单一，除了教材成为唯一的课程资源外，在课程资源的开发主体、内容设置、基地、条件等方面都存在不足，主要表现为以下几方面：

（1）课程资源的开发主体主要依靠的是少数专家特别是学科专家，他们对于"教师开发课程"概念没有真正理解，没有看到最有潜力的课程资源就是教师自己。

（2）课程设置不当造成物力资源浪费。一方面课程缺乏先进性，内容陈旧并严重重复，造成资源的浪费，比如小学英语中学过的内容，上中学甚至大学仍要学。另一方面设置片面，没有注意学生发展的起点，理论课程多、实践课程少，学生难以学以致用。

（3）实施设备的场地、器材、设备、教具等不足，尤其体育、艺术、地理学科等场地严重不足。

（4）网络课程资源的开发和利用滞后。教育网络普及率还很低，许多学校还没有接通网络。一些已经联网的学校，网络课程资源的开发和利用也存在着严重的问题：硬件与软件投资比例不合理，管理维护不好，安全监控不力，网络专业人员知识老化，创新开发能力不强，等等。

（5）校内与校外课程资源的转换协调机制还没有能够很好建立。学校在图书馆的藏书结构、服务时间、服务方式和使用效率上，还需要进行调整和不断完善。各种校外资源，包括公共图书馆、博物馆、展览馆、科技馆、青少年活动中心、工厂、农村、部队、政府机关、企事业单位、高等院校和科研院所等资源利用不够。[①]

二、课程资源开发的价值取向

首先是学生的发展。这里有两层含义：一方面，大量丰富的、具有开放性的课程资源对学生发展的价值是不言而喻的，它给学生提供了教科书和配套教辅资料无法比拟的感官刺激、信息刺激、思维刺激；另一方面，学生也是课程资源开发的主体，学生的生活经验、感受、兴趣、爱好、知识、能力等构成课程资源的有机成分。

在以具体形象、生动活泼、亲自参与为特征的社会和自然课程面前，学生将从被动地学走向主动地探索，从而真正达到学会学习、成为有一定独立学习能力的人的发展目标。为学生提供丰富的课程资源，重在培养学生独立学习的意识、能力和习惯。面对丰富的课程资源，学生将面临怎样获取信息、如何筛选信息、如何从这些信息中归纳出对解决问题有用的东西等问

---

① 饶玲：《课程与教学论》，中国时代经济出版社，2004年，第316－318页。

题。这些问题的解决过程就是信息处理能力的形成和强化过程。丰富的课程资源表现在不仅能够满足教师教学的需要，而且能够满足学生学习的需要。只有当学生可以在任何需要的时候获取课程资源，包括教师曾经使用过的资源来解决自己学习中的困难时，课程资源的作用才能得到充分发挥。所以，丰富的课程资源不仅是指学生所处的教育教学环境中客观存在的相当数量的课程资源，同时也指学生可以方便地使用这些资源。学生最终应该成为课程资源的主体和学习的主人，应当学会主动地、有创造性地利用一切可用的资源，为自身的学习、实践、探索性活动服务。

课程资源开发的价值还在于促进教师的发展。新课程对教师开发课程资源提出了明确的要求。教师以往的专业发展主要集中于教学、教育手段和方式等方面。课程资源的开发对教师提出了新的专业能力要求，即课程开发的专业素养和能力。从这个意义上说，教师本身构成了课程实施中最有价值的课程资源。[①]

三、课程资源开发的伦理原则

课程资源开发应该遵循一定的伦理原则，它是课程资源生态性存在的内在要求，也是课程资源开发实践的深切呼唤。首先，课程资源是一种生态性存在，生态是课程资源的存在本性。形形色色的课程资源共同构成了课程资源生态系统，系统中的各个因子通过相互联系、作用，不断发生着信息与能量的转换。正是在这种转换的过程中，又不断产生许多新的资源形态，丰富和扩展了课程资源生态系统。课程资源开发应考虑课程资源的生态性存在，遵循相应的伦理原则。其次，课程资源开发作为一种教育实践活动，不是随意而行的，它将关涉一个复杂的伦理世界，在开发过程中必然会涉及一系列伦理价值、伦理道德等方面的问题。譬如，课程资源开发应以什么样的伦理价值为导向，如何处理开发主体之间的伦理思想纷争以及不同利益集团的伦理冲突，如何实现开发过程的公平、公正，等等。

原则规范着人们的行为，是正确行动的根据、尺度和准则。课程资源开发关涉一个复杂的伦理世界，涉及由人与自然、人与社会、人与自我组成的关系网络。因而，在开发时需要遵循相应的伦理原则和规范。课程资源开发作为一个全新的课题，没有既定的伦理原则可资利用，需要借鉴、吸收伦理学的相关研究成果，结合实际，不断地建构和完善。"生命伦理"、"后现代伦理"、"民族伦理"以及"生态伦理"等伦理思潮，为课程资源开发伦理原则体系的建构提供了许多有益的启示。

（一）敬畏生命，激扬生命

敬畏生命，保存并激扬生命，是课程资源开发的基本伦理价值取向、伦理原则和人文使命。阿尔贝特·史怀泽曾指出："敬畏生命绝不允许个人放弃对世界的关怀，敬畏生命始终使个人同其周围所有的生命交往，并感到对他们负有责任"，并且"要在任何方面努力实现他们的最高价值"。[②] 由此看来，促进学生全面、自由、和谐的发展以及使生命价值最大实现，是课程资源开发的根本旨趣，也是开发主体的职责所在。课程资源开发主体不仅要关爱、尊重人类生命，自觉维护人类自身的利益与价值，还应给予非人类世界应有的关怀、尊重，并热爱非人类世界固有的价值，尊重它们生存、发展以及安全权利等。由此，应反对"人类中心主义"的伦理价

---

① 张廷凯：《课程资源开发的价值取向》，《河南教育》，2004 年第 7 期。
② ［法］史怀泽：《敬畏生命》，陈泽环译，上海社会科学院出版社，1992 年，第 32 页。

值取向,摒弃二元论、还原论,树立系统整体的观念,正确处理人与自然之间的辩证关系。①

(二) 多样化

课程资源系统及所处的生态系统中的任何因子都没有先验的价值合理性和价值权威性,且各因子在价值上都是平等的,应反对课程资源开发中出现的任何形式的价值霸权、"绝对主义"和"权威主义"。不同的民族、不同的地区有着不同的民风民俗、自然风光、名胜古迹、历史文化等,不同的学校有不同的办学理念、文化资源、物质资源等,不同的学生也有不同的兴趣、爱好、情感、态度、价值观、学习方式以及能力等,课程资源的有效开发正是为了满足不同地区、不同学校、不同学生的需要。因而,在课程资源选择、开发上应提倡多样化,并充分地体现出自己的特色。由于课程资源利用主体需要的不同,课程资源开发主体应该是多元的,既有国家、地区,也有学校和社区,既有教师,也有学生。要因地、因时、因人而异,采取多元化开发模式,使课程资源最大限度地满足各种需要。

(三) 生态对话

所谓生态对话,就是开发主体与自然、社会、人组成的生态系统,在平等的基础上进行对话。它是开发主体在开发课程资源以及解决各种伦理矛盾冲突时应遵循的基本伦理原则。首先,开发主体应站在自然的角度进行对话、交流,充分尊重自然的权利,合乎人道地选取所需的自然资源,反对对自然资源进行任意的挖掘。"只有从我们在自然界中的位置出发,才能成功地与自然对话,而自然只对那些明确承认是自然一部分的人做出回答。"②其次,开发主体在选取社会生活资源以及人力资源,如学生个人的精神资源、生活阅历、自传等作为课程资源时,应充分尊重社会及他人的权利,以不得侵犯他人的隐私和利益为根本前提,反对各种形式的"个人自我中心"。此外,开发主体应通过与学生的对话,了解学生的基本需要,开发出合理的课程资源,以促进学生全面、和谐、健康的发展。最后,在课程资源开发过程中,必然会遇到开发主体之间伦理思想纷争以及各种利益集团相互冲突的问题,这就要求主体双方都不应采取"谁决定谁"的思维模式,而是在民主参与的基础上,通过对话、交流、协商,坚持少数服从多数的原则,求同存异,最终取得共识,减少和避免各种矛盾、冲突的发生。这种对话应建立在平等的基础之上,包括机会均等、条件均等、结果平等等多方面。

(四) 可持续发展

坚持可持续发展原则是课程资源开发的基本伦理要求。可持续发展是一种全新的发展思想和发展战略,它是人们对"人类中心主义"的思维方式和传统的依赖大量消耗资源、牺牲环境为代价换取经济增长方式进行反思的结果,是人类关于社会发展问题在观念和认识上的一次飞跃。可持续发展是指满足当前的需要,且不削减和牺牲子孙后代满足其需要能力的发展。它强调一种发展趋势的持久力,强调未来的发展能力和发展机会。课程资源开发应着眼于学生的终身可持续发展,对可资利用的资源进行甄别、遴选,优先选取具有较大育人价值、能使学生获得可持续发展能力的资源作为课程资源。

四、课程资源开发的途径

新课程打破了"自上而下"的传统模式,鼓励教师走进课程、开发课程。新课程的一个重

---

① [美]大卫·格里芬:《后现代科学》,马季方译,中央编译出版社,1995年,第121页。
② [德]汉斯·萨克塞:《生态哲学》,文韬,等译,东方出版社,1991年,第38页。

要理念就是要求教师参与课程改革,参与课程开发。教师可以对课程资源进行鉴别、开发、积累和使用,他们对于哪些教育资源可以成为课程资源、哪些课程资源可以进入课程并转化为现实的课程要素起决定性作用。因此,教师应该成为课程资源开发的主体之一,积极探索课程资源开发的各种途径。

（一）处理教材,让教材不再是固定不变的课程资源

教材在很大程度上决定了教师的教和学生的学,在教材的载体形式上,教师可以利用丰富的影视、音乐、美术等载体资源,将教材上的语言文字转变成直观声像。如一个历史教师在"法兰西第一帝国的兴起"这一节的教学中,把贝多芬的《英雄交响曲》和法国著名画家大卫的名画《拿破仑在阿尔卑斯山》组合在一起,在教学活动开始之际就呈现给学生,成功地创设了历史情境。其次是在教材内容上,新课程提倡"面向学生的生活",而教材内容有许多是脱离学生生活的,这就需要教师适当地挖掘与教材内容相关的现实中的素材,赋予材料生命的活力,力求贴近学生的生活。教师应该灵活地处理教材内容,可采用"加一加"、"减一减"等方法,使教材内容更加易于调动学生的兴趣,扩大学生的视野,培养学生的探究能力。

（二）引导学生,让学生成为一种课程资源

课程资源的开发离不开学生和教师的共同创造。那么教师应该如何引导学生,挖掘学生身上隐形的课程资源呢?

首先,学生的生活可以成为一种课程资源。"生活世界"才是教育的"源头活水",才是课程资源的最大宝藏。学生的生活世界离学生最近,如果教师善于引导学生挖掘生活中有效的课程资源,不仅可以丰富课程资源的多样性,还可以培养学生对生活的意义的反思。

其次,学生已有的经验可以成为一种课程资源。建构主义学习观认为,每个学生都不是单纯的知识的接收器,他们会基于自己与世界相互作用的独特经验去建构自己的知识并赋予经验以意义。教学的起点就在于学生的经验,只有与经验相结合的知识才能体现出活力。学生不再是以前所认为的"一张白纸,好画最新最美的图画",他们有着各自的经验世界和成长的经历,教师在教学过程中要依托学生的经验世界,摸索出课堂的支撑点和结合点。学生当中就可以互相为师,有的学生擅长演讲,有的学生喜欢表演,有的学生酷爱电脑,有的学生热衷歌舞艺术等,这些源于学生的经验都是取之不尽、用之不竭的课程资源。

再次,学生的兴趣也可以成为课程资源。学生的兴趣是最大的学习动力,不仅能够调动学生学习的积极性,唤起学生强烈的求知欲,而且教师也能从中归纳出符合学生兴趣的教学方式、手段、方案、问题。如一位小学教师抓住小学生爱唱歌的特点,让学生用《新年好》的曲调吟唱李白的"朝辞白帝彩云间",一时间群情振奋,记忆和理解效果出奇的好。又用"长亭外,古道边,芳草碧连天"的调子吟唱"郁孤台下清江水"(辛弃疾词),乃至收集整理了大量古诗吟唱的曲谱应用于教学,既攻克了积累古诗的难点,又让学生始终兴致盎然。

（三）教师自身也是重要的课程资源

教师自身丰富的思维方式、心理素质、价值观念、教育思想、知识修养、教育教学技术等,也都可以成为课程资源。

教师之间需要取长补短,因为每个教师的知识素养不同、教学风格不同、教学技能不同,教师也是充满个性的群体,只有充分发挥这个群体的集体效益,才能充分挖掘出教师这个重大的课程资源库。教师与教师之间应该建立一种和谐的合作氛围,经常分享思想,共享资源,交流教学心得。

另一方面,最容易受忽视的是教师自身的隐性知识。英国哲学家波兰尼认为人类大脑中有两类知识:显性知识和隐性知识。这两者之间存在着"可言传"和"不可言传"的不同。他指出人类的隐性知识远多于显性知识。近来也有不少学者提出将隐性知识显性化,促进教师的专业发展。如果教师能够发掘自身的隐性知识,并加以充分地显性化,那么有价值的可利用的课程资源将是不可限量的。

（四）开发校本课程资源,走出特色之路

校本课程开发是指学校在实施国家课程和地方课程的前提下,根据学校自身的办学理念和办学的哲学指导思想,在对本校的教育条件、教育资源、教师队伍状况、学生来源特点、社区环境等作出详细分析调查的基础上,以学校为基地,进行课程开发的民主开放的决策过程。这在客观上要求教师走一条"自力更生"的道路。《中国教育报》曾载:济南市大明湖路小学利用本地"文庙"的资源优势开设了一门新的校本课程"国学",教师们开发了这一仅次于曲阜孔庙的儒家弟子学习之地,使之成为学校开设"国学"课程得天独厚的课程资源。

（五）利用网络课程资源,带领学生走向世界

进入网络时代后,网络资源的开发和利用已成为教师必备的信息素养。网上资源具有信息量大、更新速度快的特点,教师可以充分利用网络资源的优势,通过 Internet 网络中的权威网站查看有关学科发展动态,这样可以做到紧跟形势,对学科教学作出及时的调整。同时,因为网络具有交互性,教师可以利用 e-mail 与有关专家学者进行交流,还可以参与网上的教师继续教育和一系列教育网站的教育论坛等。这都有利于教师把课程资源的开发辐射到更远更大的空间领域。[①]

课程资源开发的一个重要方面就是不同学科的课程资源的开发。这里有三点应该注意:一是既然不同的科学具有适合自身的课程资源,那么教师在课程实施过程中就要注意开发最适合各自学科特点的课程资源,不盲目仿效其他学科教师的做法,不去"依样画葫芦"弄巧成拙。二是课程资源具有多质性,也就是说,同样的课程资源可以为实现不同的课程目标服务,不同的学科可以运用同一种课程资源。因此,应提倡课程资源共享,这也是现代学校教育的重要特点。三是课程资源具有替代性。如果没有最适宜的课程资源,可以由那些特征和性能近似的其他资源代替。

第三节　课程资源的利用

一、课程资源开发利用中的机制问题

课程资源开发利用中的机制建设在有关课程资源的认识层面上,我们并不缺少先进的理念,而要把理念转化为实践,具备投入开发的积极性,就需要有一定的机制来培育,除资金支撑外,还要有需求驱动、内容创新等。

（一）以需求为出发点的课题驱动机制

课程资源的多样性,使得其所面临的开发和利用必须贯彻有主有次、有先有后、逐步展开

---

① 周俏纨:《开发课程资源的途径》,《基础教育研究》,2004 年第 4 期。

的行动策略,必须要根据具体需要来确定开发和利用的重点与步骤,将具体需求作为工作的出发点,按轻重缓急来设计,这就是课题思想:以联系实际的课题来探路,驱动课程资源的开发。

物态景观课程资源是开发和利用的一项课程资源。利用物态景观丰富的自然与人文环境资源,引导学生开展多种面向自然、面向生活、面向社会的实践体验活动,使景观担当一个自然大课堂和社会大课堂的角色,将一片新的时空奉献给学生。学生在一定的景观场所中开展实践研究活动是课堂教学的延伸与拓展。

对校外景观资源的利用,可以有三种方式。一是课内外课程资源的结合利用。读了几篇写景抒情的散文,学生从优美的描写景物的文字中领悟了作者笔下的景美、情美,但自己试写一篇写景抒情的文章就感到力不从心。通过亲自观察感受后,学生不仅对学过的文章的理解加深了,而且写作能力也有了较大提高。二是让美好的自然景观陶冶学生情操。观察感受的过程是审美过程。阅读写景抒情的优秀散文,只能透过优美的文句去感知景物之美、情感之美,而让学生亲临其境,用眼睛去发现美,用心灵去感受美,这就可能会创造美。自然景观这一学习资源的利用,有益于学生美好情感的培养和文化品位及审美情趣的提高。三是不同兴趣爱好者可获得不同的收益。如,一些学生在随行生物教师的指导下采集到了若干生物标本,摄影爱好者拍下了不少具有欣赏价值或纪念意义的照片,等等。

(二) 以激发学生自主为本的内容创新机制

创新课程资源的呈现形式如下:

(1) 问题性资源。研究学生的普遍兴趣和认知基础,唤起学生强烈的求知欲,是问题性课程资源的意义所在。一是"直接问题",将学习内容重新编排,使其以问题系列的形式出现,要求学生在对问题的探究过程中掌握学习要求;二是"引发问题",为学生提供问题情景,具体问题由学生在对情景的理解与分析中产生并由学生进行探究,这是比较高的学习要求;三是"反思问题",向学生指出学习中的差错,指导学生分析原因,可以很好地帮助学生找出课程学习中的难点。教师应该尝试收集学生学习中经常出现的错误,设计与整理成各种相关技能和知识核查表,及时提供反馈资料,帮助学生尽快掌握课程要点和学习方法,并激发其学习动力。

(2) 选择性资源。新课程确立了"以学生发展为本"的理念,要落实这一理念,就要研究不同学生的实际,确定学生的现有发展基础和差异,并以此为出发点,为不同学生提供有差异的课程资源,让学生有选择地进行学习。对各学科教学的内容与要求都应该进行科学的取舍,不但需要了解学生目前已经具备的知识、技能和素质等方面的共性基础,还应该兼顾他们的差异,为他们准备丰富材料,设计多种方案,组织多样活动,以利于因材施教。

(3) 生成性资源。新课程重视的是让学生通过学习经历来理解并掌握学习内容,这种课程变换,意味着课程实施要从以知识记忆为核心的模式,转向以学生意义生成、基本概念建构和创新能力养成为核心的模式,课程资源也必须有所响应。为此,教师应当注意设计、组织和指导学生进行自主探究,让他们自己发现、体验各种教学活动资源,更多地体现"放手让孩子自己学",通过教师与学生、学生与学生的多向互动、沟通和交往,利用和开发学生的多元智力,实现三维教学目标,使学生获得全面和谐的、可持续的发展。

二、课程资源的开发与利用需要互动机制

新课程提出,教师参与课程改革的一项任务是参与课程开发,让课程开发的权利和责任由教师分享与分担,实现资源开发者和资源利用者、开发过程与利用过程之间的互动,提高课程资源的效益。

（一）理论与实践的"互动"机制

对于课程资源界定和诠释的理论，基本是来自课程理论界，这使得对课程资源有一个比较高位的认识基础，但同时教师可以对课程资源进行鉴别、积累和使用，他们对于哪些教育资源可以成为课程资源，哪些课程资源可以进入课堂，转化为现实的课程要素，实际上是起决定性作用的。所以，在课程资源的开发和利用层面上，理论与实践之间确实存在着"互动"性，只是为了提高其实际效益，需要更加有意识地建立这种机制。

（二）使用与供给的"互动"机制

使用与供给之间建立互动机制的含义，其实是一种权利和义务的关系。作为教师，为履行岗位职责，需要课程资源来支持自己的教学，提高自己的专业素养，但同时，也需要建立这样一种制度：在使用课程资源开展教学活动中，教师还有责任对所使用的课程资源进行总结，对成功和不成功进行反思，并将这些经验与反思作为新的资源，提供给同伴和他人共享，这是一种使课程资源不断增长的机制。

学生的特长、经验、方法等本身是一种资源，可以向其他学生展示或与其他学生交流；另外，学生也可以成为课程资源开发的主体，参与课程资源开发过程，如制作学习辅助用的实物材料、成立课外活动小组、探索身边自然环境与人文环境等，但这种机制是需要在教师的指导下建立的。

三、从行为到效能需要评价机制

课程资源的开发与利用，借助评价机制予以有导向性的激励和推进，并用以规范行为和提升效能，也是当前一项十分必要的工作。

（一）注重效能评价对行为的导向机制

课程资源的开发和利用要讲究效能。依据现代教育理论，课程资源效能价值的高低，要从几个角度评估：一是教育目标，课程资源要有利于实现教育目标，体现促进学生综合素质发展的需要；二是学习理论，课程资源要符合学生的知识基础和智能水平，符合学生身心发展的特点，满足学生的兴趣爱好和发展需求；三是教师素养，课程资源的开发利用要适应教师的专业特长以及教育教学的能力和水平。所以，评价课程资源的效能，要体现国家教育目标、学生发展需要和教师专业水平的有机统一。

（二）注重行为反思，使评价产生扩大效应

在用"标准"规范课程资源开发和利用行为的同时，还需要自我评价，即对自己的行为进行反思，这种反思性的自我评价可以让评价本身增加效能。因为课程实施的主要途径是教学，所以教学活动资源是课程资源的重要组成部分，是微观层次的课程资源，是其更为细节的部分，更强调特定群体和情境的差异性与独特性。对教学行为的反思是利用课程资源的自我评价的核心，应该善于运用教学日志、研究小组和个人教学心得以及同事指导、同事建议等途径与策略，提高自我总结和反思的水平。

为了新课程的有效实施，应该不断地考虑如何充实自己教与学的知识库，聪明的教师都应该懂得如何在利用课程资源的同时进行反思，在反思的基础上进行总结，同时使自己的总结与

反思也成为一种资源,并与他人一起分享,由此来促进课程资源的不断丰富和优化。[①]

第四节　课程资源的建设

一、课程资源建设的意义

课程资源的建设是保证课程实施的基本条件,它对于师生的共同发展具有独特的价值。它可以超越狭隘的教育内容,让师生的生活和经验进入教学过程,让教学"活"起来;可以改变学生在教学中的地位,调动学生多种感官参与活动,引导学生从被动的知识接受者转变为知识的共同建构者,从而激发学生的学习积极性和主动性,使其增长知识、培养能力、陶冶情操;可以拓宽教师的教育视野,转变教师的教育教学观念,使其树立新的课程资源观,从而更好地激发教师的创造性智慧。在教育资源建设的过程中,将促进全社会提高课程资源意识,建立开发和利用机制,为终身教育体系的形成作出积极的探索,推动学习化社会的来临。[②]

二、课程资源建设的基本途径

课程资源需要教师去组织、去开发、去利用,充分挖掘各种校内资源的潜力和深层次价值,主动地、有创造性地利用一切可利用资源,为教育教学服务。主要可通过以下三条基本途径去开发和利用:

(一)实践—体验式

从课程资源的角度看,教材无疑是最重要的课程资源。教师完全可以根据课程目标,有针对性地组织学生参与一些实践活动,使学生在实践活动过程中,自觉地把间接的理论知识与直接的感受和体验结合起来,这不仅可以增强他们的主体意识,激发其学习积极性,而且可以培养其掌握与运用知识的态度和能力。采用这种方式,教师要注意分析课程目标,确定适合学生身心特点的实践活动类型;在实践活动过程中,要加强引导并给以必要的调控;活动结束后,还应及时组织学生进行个人体验总结。

(二)问题—探究式

教师可以组织学生围绕一定问题,指导学生通过观察调查、操作、实验等活动,使学生在解决问题的探究过程中,强化创新意识,提高创造能力,培养合作精神。问题既可以是学生自己提出的,也可以是通过教师设置一定情境引导学生发现的,当然也可以由教师直接提供;问题既可以来自学科,也可以源于家庭和社区;问题既可以针对某一具体学科,也可以是跨学科或交叉学科的。这样,在学生对问题的探究过程中逐步确立学生的主体地位,从而有益于扭转目前学生被动的学习状态。

(三)情境—陶冶式

促使学生认知与情感的协调发展已成为新课程改革的重要任务之一。教师可以通过开发和利用自然环境、社会环境、文化传统、场所布置以及榜样、楷模的人格魅力等课程资源,创设

---

① 赵才欣:《加强课程资源开发利用中的机制建设》,《计算机教与学》,2006 年第 21 期。
② 饶玲:《课程与教学论》,中国时代经济出版社,2004 年,第 297－298 页。

一定的教育教学情境,陶冶学生的情操,培养其良好的个性品质。利用这种方式,教师要善于启发学生领悟情境,并引导学生细心品味"境中之情、境外之音",抒发内心之真切感情。只有这样,学生才能真正成为审美的主体,通过自己的感官和心智,感受和体验情境中的美感。[1]

三、课程资源建设的主体

课程资源建设的主体是指谁来承担课程资源建设的责任。在现代教育体系中,课程带有公共产品性质,国家政府是课程资源建设的第一主体。社会也承担着重大责任,各类社会机构不断关心着学校课程,学校是最直接的课程资源建设,专家在课程资源建设中承担重要的责任。

(一)国家和政府

1. 中央政府

中央政府在教育管理上,主要是宏观控制。中央政府是国家课程资源建设的最高管理层,在各种课程资源建设中起着主导作用。它通过运用国家机器和行政决策,分配和平衡各种教育投资行为,或者将权利和责任委托给地方政府。

2. 地方政府

各级地方政府在教育管理方面的权利和责任是国家法律赋予的。各国的地方政府在教育管理方面的权利和责任的大小有所不同,这主要与该国的传统有关。我国地方各级政府在教育和课程管理方面的自主权不大,主要是代表中央政府履行贯彻和执行的职责,因此,课程资源建设方面的主体意识不强。随着教育改革的深入,尤其是教育体制改革把教育管理的部分权限下放到地方,如基础教育改革实行三级课程管理的政策,要求各地方政府和相应的部门要有更强的自主意识,积极履行课程资源建设的地方职责。

(二)社会

人们依法组织起来的企业、社会团体、家庭在社会中的地位渐渐发生着革命性的变化。它们积极地、主动地从多个角度进行着课程资源建设,并试图从中获得回报,与国家和政府对教育与课程建设的政策相呼应,共同促进现代教育的发展。

1. 企业

企业是现代社会的主角,它代表着一个国家或一个地区的经济实力。企业作为课程资源建设的主体,主要指一部分企业是课程的生产机构。出版、新闻、传播、网络企业大量生产各种知识和信息载体,如图书、报刊、杂志、电视节目、虚拟知识世界等。另外,还有一些企业或是部分生产学校教学用的各种设备,如电视机、计算机、语言实验系统以及各种教学仪器。从企业参与课程资源建设的情况来看,我国这类企业的发展水平还不高。从消费带动产业形成市场的角度来看,也反映出我国学校教育不重视学生动手能力的培养,没有形成对培养学生实践能力所需要的各种设备、材料的消费需求。所以,创新课程资源建设目前正处于一个漫无头绪的死结之中。企业看不到学校的隐形需求,学校看不到企业的产品创意,提不出自己的消费设想。企业与学校之间缺乏沟通。

2. 社会团体

各种社会团体具有不同的信仰和价值观,从事着各种不同的活动,通过各自的方式影响社

---

[1] 徐继存,车丽娜:《课程与教学论问题的时代澄明》,山东教育出版社,2008年,第57-58页。

会,作用于学校课程。它们本身就是一种课程资源,它们的形成发展本身就意味着一种社会课程资源的产生和逐步成熟。另一方面,社会团体为了保证自身的发展和壮大,不断通过各种途径向年青一代施加影响,他们会试图向学校推介自己的思想观念。如政党、宗教组织等,都会成为学校课程的内容,也主动地参与到学校课程建设中来。一些社会组织还在有意识地积极建设各种课程资源,其对学校正式课程的影响不可低估。这些课程资源对学校具有正反两方面的作用,需要进行辨别和清理。

3.家庭

家庭在现代社会的功能有所削弱,原来家庭教育的许多功能被学校剥夺。但是,家庭在年青一代的教育和成长中依然是至关重要的影响源。在学校通过课程取得了对学生的教育主导权以后,家庭教育也开始循着学校课程的思路进行,在渐渐地发生着革命性的变化。我国家庭教育大多成为学校的补习教育,如聘请家庭教师补习学校文化知识或者发展专业技术特长,购买作业材料,添置学习用具,巩固在学校学习的知识。家庭教育围绕学校主流教育转,充当着应试教育的强化剂。家庭教育的改变不能期待在很短的时间内发生,家庭教育向素质教育转变将随着学校新课程的实施而逐渐实现。

(三) 学校

学校作为课程资源建设主体,是以教师、学生和学校管理者为主构成的集体。学校是课程活动的主要场所,也是课程资源集中密度最高的地方。在学校实现着课程资源转变成现实课程活动的过程中,教师、学生和学习管理者是实现这一转变的能动主体。为了顺利达到课程标准的要求,实现学校的培养目标,学校总是积极主动地寻找各种课程资源,具有建设课程资源的强大动力。学校的这种主动性还影响到了社会各界,他们有时向学校无偿地提供各种课程资源。学校在吸纳课程资源方面具有吸引力。但是总体而言,因为需求在不断变化,学校课程资源总是处于缺乏之中。

附录:课程资源开发和利用案例

跨时空的隐性课程①

去吉林省长春市参加骨干教师国家级培训,离开学生们整整三个月,但这三个月和他们的交往,却成了让他们多角度、多渠道、全方位获得情感体验、生活体验的过程,当成了一次难得的机缘和珍贵的课程资源。

老师离我们有多远

临走前一天,我向同学们通报了将去长春学习的消息。他们一下子愣住了,一个个脸上写满了难舍的表情。当他们的泪水即将盈满眼眶的时候,我话锋一转:"同学们,王老师可是第一次出远门,不知道长春有多远,也不知该做些什么准备,你们能帮帮老师吗?""能!"学生们一下子变得兴奋起来。我随即拿出事先准备好的资料:《中国地图册》、《中国旅游大全》、《全国交通时间表》,同时打开了电脑,让同学们分组讨论:长春离我们有多远? 老师应该准备些什么用品? 长春是怎样的城市? 20分钟后汇报。

生:长春在我国东北,离我们这里有几千公里。

---

① 余文森,洪明:《课程与教学论》,福建教育出版社,2007年,第134-137页。

生:老师,我们为您去长春设计了最佳路线:从通州乘飞机到上海,再从上海乘飞机到长春。不到一天就到了。

师:哇,那么奢侈,学校的经费比较紧张,你们能不能想想别的路线?

生:您还可以先坐汽车去上海,再从上海乘火车去长春。

生:不,应该从南京上车,节省了上海到南京的时间和距离,票价也会低一些。

生:老师,您直接在通州订票就可以了。

生:老师,您别忘了多带些钱。

生:不,老师您别多带钱,您要带卡,那样才安全。

生:老师,我们知道长春是吉林省的省会,城市很大。

生:老师,长春有著名的电影制片厂,还有汽车制造厂。

……

在他们争先恐后的发言中,我发现,长春,这个学生心中遥远而陌生的城市,由于老师的这次出行而变得亲切起来,并且变成我们大家的共同向往。

老师和我们空中对话

踏上北国的土地,我和同学们便开始了各种形式的空中对话。我们开辟了各种联系的通道:电子邮件、短信息、信件等。我的信息被学生戏称为"发射场",而同学们的反馈则被我称为"回音壁"。在对话时,我们进行了倾心的交谈。交谈是平等的、透明的,我把我的许多想法和喜怒哀乐都不加掩饰地展示给他们。

——老师和你们一样,每天听课看书做作业,学习很紧张,但心里却很充实,因为学习知识的过程就是快乐的。

——我们班同学中有许多是全国著名的特级教师,在这样的群体中,老师可不敢松懈。这两天老师正在准备公开课。老师认为,不管做什么事都要尽力,用出色的行为打造最好的名片。同学们你们能理解老师的话吗?

和同学们对话,我从来都不吝啬自己的笔墨,我知道在这特殊的情景中,这些信带给学生们的感受,将会远远超过平时的一篇篇文章和一次次苦口婆心的说教。记得我在写给全班同学的一封信中提到:尽管这里的活动很丰富,但老师还是很想家,想班上的小朋友。老师常常会想:小明变得懂事了吗?小红的作业还有困难吗?新来的小蔡还哭鼻子吗?

后来得知,就是这不经意的一笔,却让这三个同学激动得手足无措,面对同学们羡慕的眼光,他们的小脸兴奋得通红,腰杆子挺得笔直。老师信中的特别问候使平时处于劣势的他们地位一下子提高了许多,也使他们的学习进入了超常状态。远在千里之外的关注却取得了出人意料的教育效果。并且随着我们的通信交流的日益频繁,同学收到回信后的那份喜悦和自豪,极大地激励了同学们的写作热情,这是我始料不及的。

老师答记者问

三个月很快就过去了,当我满带着图片、实物、音像和文字资料回到学校时,迎接我的是热烈的欢呼声和长时间的掌声。接下来就是紧张的答"记者问"。

整个过程中,学生连环炮似的提问简直令我招架不住。我给学生介绍了净月潭人工造雪雕的奇妙,工人们在哈尔滨松花江面上采冰的壮观,吉林雾凇形成的过程及未能亲眼目睹的遗憾,长白山天池的空灵神秘及温泉煮鸡蛋的神奇;为学生们讲述中国最后一个皇帝溥仪在长春修建的伪皇宫及他的爱恨情愁……从历史到现实,从社会到自然,从动物到植物,从生活到学校,洋洋洒洒,滔滔不绝。学生们兴致勃勃,求知若渴:"天池的水为什么会常年不变?""为什么可以人工造雪?""纬度与气候有什么关系?""雾凇为什么不能经常看到?"一个个问题在交流中产生,在激烈的讨论中渐渐明晰。说不尽的稀奇,道不尽的感慨,三个月长春之行所形成的师生情在交流中默默流淌。

第十五章　课程研制与课程设计

课程研制是课程改革的主要制约因素及促动手段,课程发展的现状及趋势、新课程方案的恰切性及可行性无不依赖课程研制活动的方向及效果,而学校教育的发展方向、校园的文化氛围、师生的精神面貌也在一定程度上取决于课程研制方案的性质及其遵循的原则。

第一节　课程研制与课程设计的相关概念

一、课程研制

(一)课程研制的含义

课程研制是一个内涵较为丰富的概念,它基本上囊括了课程建构过程汇总的所有内容及程序。人们对课程研制的认识并不一致,甚至相互之间相去甚远。概括起来,课程研制的界说主要有以下两种:

1. 过程说

持此种观点的研究者从过程的角度来讨论课程研制。如奥利瓦认为:"课程研制就是提供整理、知道学习经验工具的过程。"[1]斯戴勒用规划(Planning)一词阐述课程建构的问题,认为:"课程规划的操作定义也许可表述为阐明规定的教育方案的当前状况,确定应然的教育方案是什么,然后决定怎样才能实现。而在另一层面上,课程规划应为学生阐明通过学校教育获得发展的机会。"[2]黄甫全认为:"课程研制是将预期教育结果结构化、序列化和现实化的过程。"[3]

2. 活动说

持此种观点的研究者从活动的角度来讨论课程研制。如菲利普·泰勒和科林·理查兹就

---

① 郝德永:《课程研制方法论》,教育科学出版社,2000 年,第 30、31 页。
② 同①。
③ 黄甫全:《阶梯型课程引论》,贵州人民出版社,1996 年,第 227 页。

认为:"课程研制是指那些精心规划的活动,通过这些活动设计出学程及教育活动的方式,并作为活动方案提供给教育机构中的人们。"①钟启泉认为:课程研制"是指借助学校教育计划——课程的实施与评价,以改进课程功能的活动总和"。②郝德永认为:"课程研制作为课程论范畴的一个重要概念主要是指选择、组织、调整旨在使学生获得促进其身心发展的教育性经验,并使这些经验规范化的活动。"③

(二)课程研制的结构及功能

课程研制的结构主要是指课程研制过程的组成部分。

从广义上讲,课程研制主要包括课程规划、课程实施、课程评价及调整三个阶段方案的研制。课程规划主要解决的是"教什么"的问题,具体包括课程设置依据的选择,课程标准、课程目的、课程目标的确立及课程内容的选择与组织等;课程实施主要解决"怎样教"的问题,具体包括课程实施程序的设计和课程实施方式、方法的选择等;而课程评价及调整主要解决的是课程规划方案的恰切性问题,其实施是在教学过程结束后进行的,但评价及调整方案所包括的评价指标、方法、内容及调整措施、方向等却是总体课程研制过程的组成部分。

二、课程设计

(一)课程设计是课程开发中的一个环节

对于课程设计这一概念的内涵,可谓众说纷纭,至今尚无较为统一和明确的认识。施良方认为:"课程设计是课程所采用的一种特定的组织方式,它主要涉及课程目标以及课程内容的选择和组织。"丛立新认为:"所谓课程设计就是对于课程的各个方面做出规划和安排。"汪霞认为:"课程设计指课程的实质性结构、课程基本要素的性质,以及这些要素的组织形式或安排。当人们的意图是要识别一种存在实体(即课程计划等)的各种成分时,便是'课程设计'。'课程设计'主要谈及的是课程目标以及课程内容的选择和组织。"④钟启泉认为:就教材而言,课程设计系指组织的类型、学问的结构及教材的形式与安排等问题;若从学校教育的观点看,课程设计则包括了两项主要任务——"课程教材"的设计和"教学"的设计。

对此,纽南认为:"课程设计以问题的沟通为起点,以解决问题的实施计划为终点,因此,设计的历程是独立于实施的历程,两者不能混为一谈"。菲利浦·泰勒认为:"设计是思想中预料一种结果。开发则是比较开放的过程模式,在开发过程中或许会修改设计中要获得的结果。课程设计有明确的目的;开发是带着意愿的旅程,是朝向一定方向的生成,甚至在过程中多次改变一项被认同的笼统的结果。两个概念课程设计和课程开发,都是描述那些课程过程,在过程中课程内容、教育经历的形态被结构化,以备学校使用。课程设计与开发过程最终就是要回答这样的问题:'应该教些什么'?"⑤索韦尔依据人们对课程教学关系的不同理解,将课程的生产过程分成技术的方式与非技术的方式。⑥ 所谓课程产生的技术方式,就是把课程与教学看成是相分离的过程,但在本质上又通过真实目标的诠释联系在一起,这种方式是理性的、

① 郝德永:《课程研制方法论》,教育科学出版社,2000 年,第 30、31 页。
② 钟启泉:《现代课程论》,上海教育出版社,1989 年,第 319 页。
③ 同①。
④ 汪霞:《课程设计的几个基本问题》,《教育理论与实践》,2001 年第 11 期。
⑤ 吕立杰:《课程设计的范式与方法》,东北师范大学博士学位论文,2004 年。
⑥ 同⑤。

系统的,人们容易判断出什么是学生将要获得的学习结果。在课程开发中,技术的方式是传统的方式,它关注的是学科的内容和学科的标准,这种课程在修订的过程中,虽然也会吸收教师的意见,但主要依赖的不是教师,而是学科课程专家、行政管理人员、顾问等。这样开发出来的课程会用于各种教室情境,因为相对而言,这种方式不会过多考虑运用时的背景,这样的课程一经设计出来,教师便有责任在具体的教学情境中实施。那些使用非技术的方式的教育者认为,在教育过程中,课程与教学是不可分离的完整过程,这种课程开发主要依赖教师,教师是课程知识的主要来源,因为他们了解学生与学生应该学习的内容,知道课程在什么地方需要调整,这种课程开发的方式往往是基于学生兴趣、社会文化需求等方面,在这样的课程开发中,设计者不需要在开始的时候就明确阐述学习者将要获得的学习结果,因为学生将要学习的东西并不容易预测。在这种方式中教师是参与其中的关键人物。

(二)对课程设计的研究

对课程及课程设计的了解系统化是很重要的,掌握这些课程研究成果将会有力地促进课程规划制订、课程设计、课程实施、课程管理、课程评价等课程开发的全过程。

1. 课程设计的对象性元素

克莱因开列了一个课程设计的元素目录:①

内容:用事实、概念、原理呈现的知识体系。

目的、目标、计划:所有的课程开发都会有教育目的,技术的课程设计会有目标与计划,有时这三者会结合在一起呈现出来。

资源:包括器物、场地以及对学习过程有指导作用的人员,这些都是帮助学生学习的工具。教科书、电脑、游戏、网络以及人们的才能等是学校的典型资源,社区的物质和资源也应该纳入这里。

活动与教学策略:活动是学生参与课程的方法,在活动中学生可以是被动的,也可以是主动的,可以是自我指导,也可以是教师指导;教学策略是描述教师在指导学生学习中的角色。

评价:是判断学生学习程度的程序。可以通过观察、作业、表演等方式进行,并通过分析与结论阐述呈现出来。

小组、时间、场地:这些是课程在教室中非常重要的问题,小组指的是如何根据年级、经验背景、能力水平给学生分组。时间与场地的考虑对课程来说都是必要的。

除此之外,课程设计还要考虑资金、工作条件以及来自主管者的要求,最后课程设计还要基于设计者的价值观和信仰。价值观和信仰在课程设计中都会表现出来,通过各种方法遴选出的课程标准必须被价值观所包容,但关键的问题是,谁的价值观和信念会在设计过程中起主导作用。每个人都有关于学校课程的观念,而且都想表达出来,这是课程设计中政治特征的表现。

2. 课程设计的内在制约性因素

对课程设计的内在影响因素早在进步主义教育运动时期就有比较成熟的研究,坦纳夫妇曾经对泰勒之前的有关研究进行总结,认为学生、社会需求以及系统的学科体系是课程设计要考虑的核心,然而三者之间如何权衡、取舍与课程设计者、决策者的课程价值取向、课程哲学观有关。

---

① Sowell E J. Curriculum:an intuitive introduction. Prentice-Hall,Inc. ,2000:7 – 18.

3．课程设计的外在影响因素

影响课程设计的决策因素有很多，克拉克总结了 10 种因素：公众、政治领袖、课本出版商、考试中介、传媒、大专院校人员、教育专业团体、中央政府部门、教师团体、个别教师等。[①]

4．课程设计的程序性元素

课程设计中需要做什么事情？加拿大的阿瑟·斯特勒在《课程设计》一文中谈到，课程设计需要有对设计的筹划，需要选择课程设计团队，课程设计团队也需要一些共同的研究准备，要确立课程设计的假设与课程信念。一般来讲，课程设计者运用社会、学习者、教育观、学科、教学组织这些观点的假设来作为设计的基础。他还指出，有的学者把哲学、经济条件、社会因素、政治情境、技术开发以及心理因素都作为课程来源。

第二节　课程研制模式

课程研制模式是课程研制过程的架构，是课程研制"灵魂"的"物化"，是关于课程研制结构及技术的理念。课程研制模式从形式上主要表现为课程研制的一种技术性流程图式，但其实质是关于课程研制过程内在构成要素之间的组合、关联及其运作的理论。概略说来，目前较为常见的课程研制模式主要有目标模式、过程模式、实践折衷模式、批判模式、文化模式和自然模式等 6 种。

一、目标模式

目标模式一方面因一些研究者对课程目标的重视而得名，另一方面也因其基于行为主义心理学的理论基础，对课程目标进行了翔实的分析而得名。

（一）概述：泰勒模式

博比特既是"现代课程论之父"，也是目标模式的奠基者。他在 1918 年出版的《课程论》中提出了"活动分析"的方法，并用以分析人类完成特定活动所必需的能力、习惯、态度和知识等，然后从中确定目标，进而选择达到目标的一系列经验。到 1924 年他出版《怎样编制课程》一书时，进一步提出了以目标占据支配地位的课程研制三步骤：确定目标、选择经验、组织经验。这成了现代目标模式的雏形。

后来，泰勒在博比特、查特斯、拉格等人的基础上对目标模式课程概论进行了进一步的系统化和架构化，提出了课程研制目标模式的基本程序、步骤和方法，并在 1949 年出版《课程与教学的基本原理》一书，该书被公认为课程研制目标模式经典形态形成之标志的不朽巨著。泰勒围绕 4 个基本问题来阐述他的原理，认为这 4 个问题是在任何课程研制中都必须回答的。这 4 个问题是：

（1）学校应该达到什么样的教育目标？

（2）提供哪些教育经验才能实现这些目标？

（3）怎样才能有效地组织这些教育经验？

---

① 吕立杰：《课程设计的范式与方法》，东北师范大学博士学位论文，2004 年。

（4）我们怎样才能确定这些目标正在得到实现？

其后的众多研究者将这4个基本问题化约为四段渐进式的课程研制模式：目标的确定、经验的选择、经验的组织及结果的评价。但众多的对泰勒模式的讨论经常停留在对其第一部分——确定教育目标原理的探讨上，这与泰勒对行为目标在课程研制中的重要地位的认识及其围绕目标建构课程研制模式的做法是分不开的。泰勒认为："教育目标是指导课程研制者所有其他活动的最关键的准则。"于是，在泰勒模式中，经验的选样、组织及对结果的评价都放置于目标的下位程序，其运作机制无不取自于目标的依据。

泰勒主要通过两个方面的考量来确定目标：

（1）制订一般的教育目标。泰勒以三个方面的来源为依据制订目标。

① 学习者。泰勒认为教育目标的确定首先应考虑学生的兴趣和需要。课程工作者可以通过观察、谈话、问卷调查等方式收集资料，了解学生各方面包括心理、身体、教育、就业等的兴趣与需要。

② 当前社会生活。泰勒主张在教育目标的确立过程中，必须从当前的社会大背景中分析学生生活，让学生明白自己目前最重要的需要是什么，抛弃那些过去重要但现在已无意义的内容。

③ 学科。泰勒不赞同过于专业化的学科教育目标，认为学科专家应该考虑的是某一学科在普通教育中的作用与功能及其对一般公民的用处，而不仅仅是培养该领域的专家。

（2）对一般的教育目标进行筛选修正，确定明确具体的教学目标。泰勒以社会哲学和心理学为"过滤器"进行目标筛选。

① 哲学。泰勒并不要求所有学校都信奉某一种哲学，但任何一个学校的教师都必须明确其教育的和社会的哲学观念，使学校受这种哲学的制约，并用这种哲学观念修正、过滤教育目标，剔除那些与教师所赞同的不一致的目标。泰勒认为，在一个民主的社会里，教育哲学应强调民主的价值。泰勒列举了学校在确定其教育哲学观时应考虑的4种民主价值：对每一个人作为人类成员的重要性的认识；在社会的各个团体里广泛参与各方面活动的机会；对变化性的鼓励，而不是需要某一种类型的个性；相信智力是解决重要问题的方法，而不是依靠专制的或势力集团的权威。

② 心理学。泰勒强调教师必须清楚他们自己坚信正确的学习原理，他认为，心理学能帮助课程研制者有效筛选教育目标。具体表现在三个方面：区分在人的变化中，可以通过学习来完成的那一部分；区分在特定年龄阶段可实现的目标；了解达到某一目标所需要的时长，选择最佳效果的年龄阶段。

关于学校经验的选择，泰勒提出了5个基本原则：第一，为了达到所规定的目标，学生必须具有使他有机会去实践这个目标所含载的那种行为的经验；第二，学习经验必须使学生从实践目标所含载的那种行为中获得满足；第三，学习经验所期望的反应须在学生力所能及的范围内；第四，有许多特定的经验可用于达到同样的教育目标；第五，同样的学习经验往往会产生不同的几种结果。除此之外，泰勒还阐述了有效的学习经验的4种特点：第一，有助于培养思维技能；第二，有助于获得信息；第三，有助于培养社会态度；第四，有助于培养兴趣。

关于学习经验的组织，泰勒提出了连续性、顺序性和整合性三个原则，以确保学习经验的循序渐进性、相关性。在规定了这两个经验组织的技术性原则后，泰勒又着重强调课程组织中必须明确课程内容的性质，即课程要素的性质。他认为，课程要素是指具有长久影响的基本概念和技能,而不是具体的事实。

关于结果的评价,泰勒提出了从教育目标到评价情境再到评价手段的过程与程序,即首先应明确教育目标,然后确定评价情境,在此基础上确定、选择评价手段。

(二)目标模式的变形、发展及完善

泰勒是目标模式的"鼻祖",然而他的目标模式并不完美,泰勒之后,很多人试图补充修缮泰勒原理,以使目标模式更加完善。

1.塔巴模式

塔巴是泰勒的学生和助手,主张课程研制应采用归纳法,认为教师在教育过程中应以创设特定的教学单元为开端,而不是一开始就着手于一般的课程研制工作。塔巴在泰勒模式的基础上对目标模式作了补充和发展,并于1962年提出了课程研制和设计的八步模式:

诊断需要:确定学生需要,了解其不足、缺陷以及背景上的差异并将其作为单元设计的基础。

建立目标:在诊断需要之后确立有待实现的目标。

选择内容:根据目标选择所学习的题材和主题。选择内容的两个重要标准即学科内容的内在逻辑和学生的心理发展水平。

组织内容:确定内容适合什么水平的学生,以及如何循序安排。

选择学习经验:学习经验指学习活动,在范围上包括"阅读、书写、观察、研究、分析、讨论、制表、绘画、表演"等。

评价:选择评价的内容、方法、工具及确定目标的达成程度。

检查平衡与顺序:考察教学单元的各个部分之间的连贯性,保证学习经验的恰当顺序及学习类型与表达方式之间的平衡。

2.惠勒模式

惠勒在1967年出版的《课程过程》一书中将泰勒直线式的目标模式改为圆环式目标模式。在目标的确定阶段,惠勒采取的程序为,首先将一般的目标分析成终极目标,然后将每一项终极目标分析为若干个中间目标,再依据中间目标确定短期内能够达成的近期目标,最后依据近期目标设计具体的单元教学目标。

3.凯尔模式

凯尔从内部结构层面对目标模式予以更为具体化的分析和阐释。凯尔模式主要包括4个要素:目标、知识、学校学习经验和评价。对于目标,凯尔认为课程目标是学校活动的预期结果,是课程研制的逻辑起点,并有学生、社会、学科三个来源。除此之外,凯尔在目标选择和确定上还划分了目标的种类,并将布鲁姆的学习行为目标分类法引入课程目标确定过程;在知识上,凯尔强调学科的基本概念和基本原理,并将他们组成一定的知识结构以促进学校的迁移;关于学校学习经验,凯尔认为应该包括学校安排的社会机会、师生关系、教学内容以及呈现教学内容的方法等;评价则包括对目标可行性、内容及方法的恰当性和有效性的判断。

4.塔纳模式

塔纳夫妇指出"泰勒原理"对基础问题的直线式排列是错误的。虽然从分析的角度看,泰勒原理的4个步骤是符合逻辑的,但在课程的实际开发和设计中,这4个因素只有形成一种动态系统才能说明4个问题之间的相互依赖关系。为此,塔纳夫妇把泰勒原理修改成一种以某种教育哲学为基础的立体模式。

（三）对目标模式的评价

由于目标模式强调课程研制活动的效率,讲究科学程序,重视评价学生的学习进展,同时又从改革的角度适应了社会要求通过学校教育预测和控制人的行为,建立社会新秩序的愿望,因而成为当代课程研制理论和实践中最有影响力的理论模式。

当然,目标模式也存在着自身难以克服的局限性:

第一,坚持价值中立的立场,将教育活动简化为训练活动。目标模式认为学校课程研制的主要目的在于发现有效的手段,以实现预先决定的目标。因而,在课程研制中,目标模式主要关注的是控制技术问题,侧重于课程研制程序及方法的技术化处理及完善。从目标模式的产生到持续至今的变形及完善形态,无一例外地回避价值问题的探讨,使价值和事实脱节,将课程研制过程技术化。教师、学生的一切活动都只是围绕预定的行为目标进行和展开的,限制了师生的主动参与意识和自主性活动。教师以机械的刺激手段来引发学生被动的、消极的反应,这种教育活动实质上只是训练活动,并非完整意义上的教育活动。

第二,目标模式以工学原理代替科学的本质内涵及要义,以工业管理的理论及其功效指标为课程研制科学化的依据,将教育活动等同于物质产品加工活动,学生成了"教育机器"加工的材料,不但其自主性、个性随着加工过程的开始及延续而逐渐萎缩、消失,而且机械式的灌输及封闭化控制也使学生逐渐习惯于消极、被动的反应,进而养成依赖性人格特征。人性便如此因教育加工机制而被扼杀、扭曲。

第三,只关注预设的教育目标的达成度。漠视非预设的或伴随性学习成果,歪曲了课程的本质与功能。目标模式强调明确而具体的教育目标,其课程内容的标准化就是建立在这种预设的目标基础上的,教育的结果不过是这种预期教育目标的"复制"品,教育评价只关注"复制"的程度和效果,课程则充当着"复制"过程的媒介和手段。然而教育的功能及作用不只在于输出等量的经验或预设的行为目标的转换,还在于促进学生认知、情感及个性多方面的综合发展。尽管课程本身具有预设性,但学生的发展是长期的、综合性的、渐进的、累积的过程,其结果与状态均难以与预设的、某阶段具体的课程目标进行单项、对应还原。

第四,过分强调可测的教育目标,并将外显的教育目标予以原子化的分类,造成学校课程研制过程中的机械主义及课程内容组织中的支离破碎状况。目标模式的倡导者批评过去的课程与教学方案在目标阐述上过于笼统、模糊,缺乏精确性,难以提高教学效率,因而他们极力强调行为目标的具体化及可测性,并依据行为主义的小步子原则将目标细化为若干级层及学位,使其易操作、易量化。从而使目标模式的课程研制过程染上了浓郁的操作主义色彩。此外,目标模式对行为目标的分类及分层常常呈现出测验量表的特征,在其可测的目标细目中也只包括那些低层次的学习行为,而诸如理解、思维、个性特征、态度、情感、意志等高级的认知过程、情感过程和非智力因素,则因难以量化及目标类化而被排除于课程目标之外,造成教育过程中真正重要的目的与价值被掩盖和忽视。

二、过程模式

过程模式是英国著名教育学者施滕豪斯针对目标模式的局限性而提出的。过程模式旨在克服目标模式过分强调预期行为结果的缺陷,是一种通过详细分析学科结构,详细说明内容和选择内容,遵循程序原理来进行的课程研制模式。它超越了仅仅关注课程内在要素的局限,揭示并趋向于关注课程的内在过程的特性。

（一）过程模式的教育观与知识观

过程模式以认知发展心理学为基础,反对以行为主义心理学为基础的目标模式,并对目标模式一味地分解课程目标、不研究知识本质而仅仅预先规定行为的结果进行了批判,倡导一种立足于教育内在价值的、旨在培养学生智慧与自由品质的教育观以及注重理解与思维的知识价值观。在教育观上,施滕豪斯以彼得斯的教育功能观及价值观为标准和依据来阐述其教育思想。彼得斯认为:教育"意味着把有价值的东西传授给那些对其承担义务的人"[1],即教育是一种价值导向性活动。这一活动有其自己内在的完美标准,而不是作为达到某种外在目的的手段而存在。据此,施滕豪斯划分了 4 个层次的教育职能与过程,即训练、教学、社会化与归纳。训练指技能的发展;教学指信息的记忆,如化学元素周期表、历史上重要日期等;社会化指社会价值观与法规的形成和了解;归纳旨在培养学生掌握事物的本质联系及判断的能力。施滕豪斯的教育主要指后两者,他所理解的教育最终目的在于增进人的自由及提高人的创造力,而教育的重要机制在于引导人们探索知识,因而,学生的行为结果是无法预测的。

在知识观上,施滕豪斯认为,技能、信息与知识不同。技能、信息是属于次要的、工具性的东西,是在某一知识背景中学到的,对这些表面性东西的掌握可以单纯依靠讲授来完成,对此,目标模式恰好适用。而知识的重要特点在于它构成了人们进行思维的原材料,其本质在于它是一个支撑创造性思维并为判断提供框架的结构。教育上是通过作为思维系统的知识来增进人的自由、发掘人的创造力的。所以,知识在教育过程中发挥作用的重要机制在于理解,而不在于认知与回忆,知识教育中的不确定性的特点决定了教育难以以目标的形式顶定其后果。据此,施滕豪斯认为,知识的教育"在使学生的行为后果不可预测的程度上是成功的"。[2]

（二）过程模式的课程研制原理

关于课程研制的过程,过程模式并没有提出明确而具体的程序及方案。事实上,它主要论证了课程研制过程中的基本原则及方法。

1. 一般目标与程序原则

过程模式反对目标模式预设的原子化目标,但这并不意味着它绝对反对目标模式。不过,过程模式的目标与目标模式的目标具有本质的区别。过程模式只是确立总体教育过程的一般性的、广泛的教育目标。这个目标并不构成最后的评价依据。它是非行为性的,重在概述教育过程中可能出现的各种学习结果,并以此为依据确定课程研制的指导性规则,具体表现为所谓的"程序原则"。这种程序原则即课程研制的总要求,它不同于目标模式预设的、希望达到的教育结果,它只是作为课程研制的方法及指导思想而使教师明确教学过程中内在的价值标准及总体要求,而不指向对课程实施的最后结果的控制。这就是说,过程模式的目标及程序原则主要指向课程研制方式上的指导及课程实施过程方法及原则上的规范,而非着眼于具体内容及后果的预设及控制。

2. 课程设计及课程内容选择的依据

在施滕豪斯看来,合理的课程设计必须说明课堂上的现实状况,仅仅合乎逻辑是不够的,课程内容的选择必须反映教育目的及教学过程的实际。教育目的主要体现在知识的理解及智力的发展方面,而不只是外在的行为训练。知识从本质上讲并非只是某种回忆的东西,而是思

---

[1]　Stenhouse L. An introduction to curriculum research and development. Heinemamm,1975:70 - 85.

[2]　同[1]。

维与判断的原料及依据。因而,课程内容的选择必须立足于对教育教学过程中的各种原理及方法的详细分析,从几个内在价值的知识形式及学科结构中选择基本概念、原则、方法作为课程内容,即课程内容的选择应以教育及知识本身固有的标准为依据,而不是以预设的学生行为结果为准绳。过程模式的主要任务就在于这种反映教育本体功能及知识内在价值的课程内容的选择。从这种意义上讲,过程模式的逻辑起点是内容的选择而非目标预设。

3. 开放系统与形成性评价

施滕豪斯认为,课程领域应是一个开放的而不是封闭的系统,学生的学习不是直线式的、被动的反应过程,而是一个主动参与和探究的过程。在这一过程中,不存在简单的正确结果或错误结果,因而,在教学过程中,应关注学生个人的理解与判断。

过程模式反对预设行为目标,认为学生的学习兴趣及态度可能随时改变,而学生的最终学习成果也不只是预设的行为目标的达成。因而,教师在学生学习过程及结果评价中,应是一个诊断者而非打分者,评价应以教育本体的及知识内在的价值及标准为依据,而不是预设目标达成度的鉴别。

在施滕豪斯看来,教育的改进主要依赖于教师对实践活动,即教育过程的诊断而非预设目标的明确,主张教师是课程研制的主体之一,并明确提出"教师即研究者"的口号,评价应建立在教师的诊断与评析基础之上。因而过程模式更倾向于形成性评价,认为将考试作为一种目标或唯一手段必将使教和学失去其本应具有的特点。对此,施滕豪斯还明确表示,作为一名学生,如果相信教师的诊断,则希望他对自己的学习进行评析而非打分;相反,如果不相信他的诊断,则希望他对自己的学习进行打分而非评析。

(三) 对过程模式的评价

从课程研制方法论的角度来审视,过程模式阐明了目标模式的致命弱点,并对目标模式的行为主义、机械主义、工具主义、封闭化等方面的弊端予以猛烈的抨击,在对目标模式的批判方面可谓功绩不凡。而过程模式本身对教育及知识内在的、本体价值的强调,对过程、具体情境的诊断,对基本概念、原理、方法的理解与掌握,教师作为研究者,知识的教育及结果的非确定性、不可预测性,形成性评价等思想和方法也的确弥补了目标模式在教育本体价值及内存、过程、情境等方面的分析与理解的不足。而且,过程模式对学生创造性思维能力培养的关注,对理解、探究活动方式的强调,对教师与学生主体性、主动性的呼吁,使课程研制方法论更加符合现代教育思想的发展趋势。

然而,过程模式在其与目标模式相抗衡并试图取而代之的过程中,却也失之绝对、轻率,在课程研制的原则及方法探究上同样呈现出平面化、极端化的弊端。

首先,过程模式在强化课程研制过程艺术性的同时却否定了其科学性的特点。事实上,过程模式对目标模式的批判远比其自身课程研制理论的构建有成效。也可以说,它虽诊明了目标模式的"病症",但却未能开出更为理想而全面的"药方",在课程研制过程的程序设计上没有提出一个更为明确的方案,使课程研制者因缺乏具体的步骤而难以开展卓有成效的课程编制及设计工作。而且,过程模式的课程研制思想多是围绕目标模式的弊端提出来的,缺乏系统性和全面性;它完全否定预设目标、行为期望及客观性评价,也削弱了课程研制的计划性、科学性,关于这一点,就连施滕豪斯本人也不得不承认过程模式的评价方法过于主观。

其次,过程模式在强调人文理解及学习者主动性的同时,却否认了对科学知识的传承及其社会功效性指标的重要意义。过程模式主要是基于人文学科设计基础上提出来的,但这些原则并不适合客观性较强的自然科学领域的课程研制。相反,目标模式则具有典型的自然科学课程研制方法的特点。事实上,二者的纷争已孕育出了人文主义和科学主义两种不同的课程研制过程的指导思想及方法。施滕豪斯也曾认同目标模式在技能与信息领域的有效性,遗憾的是他未能将目标模式值得借鉴的方法及思想融入过程模式。

再次,过程模式在规范教师质量标准及高扬教师研究者角色的同时都对教师提出了理想化的、过高的要求,致使过程模式在具体的课程研制实践中的影响远不如目标模式那么广泛、深远、持久。在施滕豪斯看来,过程模式的实施是基于教师高素质标准的。教师首先必须是研究者,在具体的教育实践中具有较高的判断能力、责任意识、公正态度等,否则,无论是对课程研制程序、原则的理解,还是对教育过程的诊断及对学生的形成性评价,都将趋于扭曲、武断及专制。这样,过程模式基于一种理想化的教师质量观而把课程的组织、实施、结果评价的主动权全部置于教师的判断及主观性评定中,对教师质量要求过高。因而,过程模式很少被学校采用。对此,施滕豪斯不得不承认过程模式的弱点根源于对教师过高的要求,所以在实践中实行起来较为困难。

三、实践折衷模式

美国学者施瓦布敏锐地指出,人们往往一味地去寻找课程研制一般理论,而忽视回答实践中遇到的具体课程问题。为解决课程理论与课程实践之间的关系,他长期致力于对课程研制模式与方向的探讨,逐步建立起了课程研制的实践折衷模式。

(一)实践折衷模式课程探究的具体方法

实践折衷模式,以解决课程实践的具体问题为核心,强调课程研制的目的是增强在教学情境中有效行动的能力。为此,实践折衷模式并不致力于课程研制规范化程序设计,而着重解决课程探究的具体方法。因此,关于课程探究方法的思想也就构成了实践折衷模式的核心内容。实践折衷模式课程探究的方法包括实践的艺术和折衷的艺术两个方面:

1. 实践的艺术

在施瓦布看来,实践的艺术是烦琐、复杂的。为此,他试图从4个方面对之予以描述性的阐述:

一是对行为方式的规范。在此,施瓦布着重阐明了关于具体的行动指向及方式等方面的实践艺术。在课程探究中,探究的问题应来源于现存的具体情境,包括制度及惯例方面的因素。而实践的本质在于选择方案的行动过程,课程探究行动必须关注课程方案选择的整体效果以及连贯性和关联性,以保证所作的课程决定在特定情境中的适用性和实用性。

二是问题的发现及诊断。施瓦布强调课程探究行动及决定对课程中已有的问题、障碍及其功能缺陷的关注。他认为,这一行动来源将导致实践的探究与理论的探究在运作过程中的明显差异。理论的探究中,课程的变异来源于个人、团体或社会的新观念和新见解,它很少或根本不考虑现存课程的有效性,以及新的课程形态及标准对这种有效性的不良后果,即只关注新观念、新事物,忽视现存的成就或障碍,因而,最终的课程方案都是标新立异的,但因缺乏现实性依据而徒有新奇的装饰。而实践的探究所进行的课程改革意在纠正已有的冲突,注重对课程实践的诊断,力图确定一个完整有效的改革方案,并确保不有意地制造新的冲突与缺陷。

三是可供选择方案的预先生成。施瓦布认为,对现有事态的熟悉、对问题情境的提早识别以及对问题有效的系统阐述,这些对于有效的实践决定是必要的,但不是充分的,除此之外,还需要大量的、新型多样的、适用于实践审议的、可供选择的问题解决办法。

四是对方法性质的规范。施瓦布认为,实践的方法既不是演绎的,也不是归纳的,而是审议的。它不是归纳的,因为方法的目标不是概括或解释,而是关于在特定情境中行动决定的形成。它不是演绎的,因为它处理的是具体的实例,而不是抽象观念,而具体实例不可能仅通过某一原理的运用就能得以解决。几乎每一个具体的实例的解决都要运用两种或更多种原理,每一种具体实例都具有某些不能包含于任何原理之中的特征。

2. 折衷的艺术

折衷的艺术重在阐明某一种理论不能单独成为课程研制的基础,也不能直接用于课程研制方案的确定,课程理论必须在折衷的基础上才构成课程实践的依据。折衷的艺术有三种:一是将理论观点与实际问题进行比较的艺术。这种艺术主要在于揭示哪些理论观点适用于实际问题的解决。二是对各种理论观点加以剪裁、改形、重组,使其适应实际的情境及问题解决的需要。其本质在于对理论的综合加工,以便在实际问题的解决中"对症下药",而不是照搬套用。三是以理论为基础,创造适应实际情境的新的解决问题的方法,形成可供选择的行动方案。

(二)课程探究的4个基本要素

在施瓦布看来,教师、学习者、学科内容和环境是构成课堂情境中课程的4项基本要素,也是实践的课程探究的具体内容及方法的来源,无论是实践的艺术,还是折衷的艺术,都必须根植于这4个要素构成的整体性及互动性课程探究原则中。即在课程探究中,研究者必须亲临具体的实践现场,诊断情境,并以此为基点,在全面、综合审议各种因素的基础上,确定具体问题的解决方法及备选方案。

(三)对实践折衷模式的评价

在课程研制方法论的探究上,施瓦布所倡导的实践与折衷模式告别了指向于普适性程序及规则设计的理论性探究,而侧重于具体、灵活的方法的阐释,力图使课程探究的逻辑起点、内容、方向及手段彻底转型,从理论转入实践。从目标分析转入情境诊断,从规范化程序设计转入具体行动及方案的选择,从自上而下的课程决策体制转入自下而上的集体审议,从理论规范实践转入实践加工、创造理论等。施瓦布向课程探究者展示出一幅崭新的关于课程探究艺术的蓝图。与以往注重理论生成与完善的课程研制模式泾渭分明。而在这强烈的方法论反差及施瓦布的某些令人信服的批判中,的确能够鉴定出实践折衷课程研制模式中的许多辩证性、合理性因素及思想,其具体表现包括以下几方面:

其一,强调具体的实践情境及问题对课程探究方法及艺术的制约作用,关注课程探究方法的实用性,反对生搬硬套抽象的理论性规则。这些思想在具体的课程方案研制中具有重要的指导意义,不仅可以引起课程理论工作者的反思,调整课程研制理论探究中的方式、态度及理论的运用方法,而且还可以促进实践工作者掌握灵活运用课程理论的艺术。

其二,反对以单一的理论为依据确定课程目标及构建课程研制模式。这一点恰好击中现有课程研制模式的要害,揭示出20世纪初期以来课程研制方法论探究中最主要的弊端。它强调的多种理论的折衷艺术及对课程各个要素的整体性、互动性关注,对新的综合化课程研制理论的生成具有积极深远的启发性、促动性意义。

其三,强调集体审议以选择最恰切的课程方案,扩大了课程研制主体的队伍,使课程决策获得更多相关者的认同,尤其是将学生作为课程审议的一员,不仅使课程方案中真正融入了学生的需要、兴趣,而且,学生的参与又使课程研制活动具有了教育手段的职能,既可培养学生的参与意识、民主意识,又可培养其负责的精神及主体性意识。

然而,实践折衷模式是建立在对理论模式的全盘否定基础上的。尽管施瓦布对其实践探究思想所招致的漠视理论的批判进行了百般辩解,认为实践探究艺术并非不需要理论,他所反对的是通用的、抽象的理论和规则,但其整体的课程研制方法论思想却呈现出明显的排斥、贬抑理论的倾向,使实践折衷模式作为一种课程研制理论在大的前提上陷入误区及诡辩。实践折衷模式的基本方法在一定程度上弥补了以往将理论运用于实践艺术上的不足及缺陷,但欲以实践的艺术取代理论或以折衷的艺术通过实践加工理论,不但使课程探究仍然陷入极端的境地,而且更糟糕的是陷入盲目,使课程研制方法论探究滞留在经验性水平。而课程实践工作者也将因缺乏成形理论的指导或茫然、跟着感觉走,或武断、刚愎自用。

四、批判模式

(一)理论概述

批判模式是以批判教育理论为支撑,以现象学、解释学、批判理论、知识社会学、后结构主义等为理论基础而提出的课程研制模式。从总体上来说,批判模式并未形成较为完整的关于课程研制具体程序的理论,而是包括多种以"批判"为取向的课程研制思想"联合阵营"。虽然一些课程研究者同在批判课程模式的阵营,但因具体的研究焦点以及批判的指向等方面的不同而形成了一个庞杂的理论体系。

根据研究者各自的主张和发展历程,批判模式大体上可以划分为概念重建、新马克思主义和批判教育学三种相对独立的取向。

课程的概念重建取向是由派纳在20世纪70年代初发起的,可划分为两个大的阶段:第一阶段从20世纪70年代中期到80年代末,"再生产理论"和自传式研究构成了这个阶段的两个重点。前者着重分析了学校课程如何实现再生产社会的路径,后者强调学校课程中的个人经验。第二阶段自20世纪90年代开始。这一阶段也有两个重点:一是不再关注课程编制,而是把课程作为不同的"文本"来进行分析,注重对课程进行各种形式的定性研究。二是经过批判模式研究者的大力论争,其中的一些理念已在中小学的课程中有所反映。

新马克思主义取向是一种以新教育社会学等为基础,在20世纪70年代初出现的关注学校课程在社会阶层结构的再生产过程中所起作用的批判模式。这又有三种亚型:

一是经济再生产模式。这是批判模式的雏形。鲍尔斯和金蒂斯用马克思的"再生产"概念,通过考察教育与经济的"符应原则",指出学校不仅是保障资本主义社会得以继续下去的劳动力分工的再生产,而且也是资产阶级统治思想、意识形态和文化价值的再生产。

二是文化再生产模式。布尔迪厄修正了上述的"符应原则",认为教育与政治、经济之间并不存在直接的关系,而文化才是社会再生产中最为重要的社会力量。据此,他提出了"文化资本"、"符号暴力"等概念,认为"符号暴力"借着"霸权课程"的方式强加给其他阶层的儿童,使其达到预定的社会化目标。

三是国家再生产模式。自20世纪70年代以来,一些批判教育家十分注意探讨国家干预教育的复杂作用。葛兰西认为,资产阶级国家行使的霸权可以解释为"暴力和同意的结合"。阿普尔认为"意识形态"是"文化霸权"的核心。

批判教育学取向是20世纪70年代末,一些批判教育理论家开始向"再生产理论"挑战而提出来的一种批判模式。在他们看来,统治阶级通过学校一方面再生产自己的文化价值和意识形态,另一方面也再生产出与自己利益相悖的对立阶级与其他下层阶级的文化价值和意识形态。为此,必须把矛盾、冲突、斗争和阻抗等概念放在重要地位,建立和发展一种"抵抗理论"。吉鲁、弗莱雷等是这一取向的代表。前者运用边缘教育学和差别教育学两个术语分别从文化和政治两个不同的方面勾勒了批判教育学的基本特征。后者提出了以培养批判意识为目的的解放教育理论及课程研制思想。

（二）对批判模式的评价

批判模式为课程研制提供了一种新的视野。如:把教育与政治、文化联系起来考察;批判教师权威,让学生批判性地思考一切权利结构;使课程探究和人们的利益与意识形态挂钩,唤醒人们的文化批判意识,激发起人们的反省和批判意识及重建课程方法论的积极性、主动性、紧迫感和使命感;等等。可以说,批判模式对探索建构面向 21 世纪的课程研制方法论、超越非人化的机械主义课程研制程序,具有不容置疑的参考价值和促进作用。

然而,批判模式以积极的批评者姿态全面否定以往的课程研制思想,在纠偏的同时也陷入了难以自拔的偏失境遇。其不足主要表现在以下几个方面:

第一,否定文化遗产的客观性、同质性、继承性的特点,夸大了文化的意识形态属性及不同文化形态的对立性质,难免有历史虚无主义之嫌。

第二,否定课程的预设性、精确性、一致性及其功效性指标,反对传递准确的、具有中性价值取向的真理性知识和经验,陷入了反知主义的误区。

第三,将课程组织完全诉诸自我反省、解释与创造或批判与升华,否定实证性目标及操作化程序,使课程研制方法论滑入相对主义的泥潭。

第四,批判有余而重建不足。批判模式在横扫一切规范化、外塑论的课程研制程序与方法后却未能开出确切的方法论药方,使课程研制陷入深深的困惑与迷茫之中。

五、文化模式

文化模式基于课程与文化的关系,在对社会总体文化的分析中寻求一种灵活的、适应性较强的课程研制标准及方法。这是一种强调通过社会文化情境的分析,着重于进行文化选择,使课程生成于时代文化之中的一种课程研制模式。英国的劳顿和斯基尔贝克是情境模式的主要代表人物。

劳顿特别关注公共基础文化,强调达成学科间的平衡,提出了一个建立在文化分析基础上的课程研制程序或步骤,具体包括 5 个阶段:① 哲学层面分析。即通过对人类文化共同特征的哲学分析,确定具有永久性的教育目的和知识的价值及结构。② 社会学层面分析。即通过对特定社会文化的分析以及对社会现实情境(包括社会性质、思想观念及技术的变化)的判断,确定教育现实的社会职责、目的及手段。③ 文化的选择。即在对教育目的、职责及知识价值、结构的哲学与社会学分析基础上进行文化要素的选择,确定课程的文化选择背景。④ 心理学理论的运用。当课程的文化选择总体框架确定后,则需要运用诸如发展、学习、教学、动机等方面的心理学理论对课程予以编排、组织,并考虑理想的解题方法。⑤ 课程计划的形成。即按顺序和阶段具体组织课程材料,安排课程进度。

斯基尔贝克进而在对具体的学校情境进行微观层面分析的基础上,构建出了学校本位课程研制模式,其中心及焦点在于具体的、单个学校及其教师,并提出校本课程研制(school-based curriculum development）这一促进学校获得真正发展的最有效的方式。这一模式由 5 个具体阶段构成：① 分析情境。分析情境主要是指对制约学校课程的内外因素及其相互作用的分析。② 确定目标。即依据对情境中各种制约课程因素的分析、诊断结果，确定体现着意在改变某方面情境的各种决策的课程目标。③ 设计方案。即依据已确定的课程目标选择学习材料、设计教学活动方案，如教学顺序、结构、范围、活动方式、时间表、活动场所等。④ 解释与实施。对课程方案实施中可能出现的各种实际问题予以解释，并在实施中设法解决。⑤ 检查、评价、反馈与重建。对教育结果进行全面的检查、评价，不只局限于课程目标的达成程度。评价范围具体包括学生在课堂活动中的进步情况以及包括学生态度在内的各个方面的学习成果等，并以此作为反馈与重建的内容和依据。

六、自然模式

在沃克看来，目标模式从根本上来说缺乏对有关课程工作者如何实际地研制课程的描述，而仅仅只是一种"应然"的立场。如果站到实然的立场上，就必然强调根据成功的课程研制过程的实证研究而构建模式的思路。为此，沃克提出了基于对成功的课程研制自然过程摹写的自然模式。

自然模式的要素主要有三个大的方面：立场、慎思和研制。立场包括概念、理论和目的。其中，概念是关于什么是可教的、可学的和可能的信念，理论是关于什么是真实的信念，而目的则是关于什么是教育上希望达到的信念。此外立场也包含对良好教学、良好程序和好例子的"意象"。立场的作用在于给研制决策提供事实和逻辑基础，表达团体课程小组的共同信念，而课程研制者可根据立场的意念，用以形成一系列透过慎思方式解决的特殊研制问题（或挑战）。慎思是指"形成决策、设计决策点的其他途径选择，考虑不同决策点和其他途径的观点，最后便选择最可靠的其他途径"。[①] 在慎思的阶段里，过程可能会变得混乱和模糊，参与课程研制的人员在这个时候会捍卫与其一致的观点，也可能提出即时冲动而生的意念。同时，课程研制者可把积累慎思的结果作为先例，以便作为日后课程决策的依据，这些先例的聚集便成为沃克所称的"政策"，经过慎思过程后，课程规划阶段则集中注意使各种决策以特定课程或教材的形式加以实现。

自然模式也同样需要目标。但在自然模式中目标的重要性已经降低，只是其"立场"中的一个成分，而且目标本身具有弹性。因此，自然模式基本上是一个描述性模式，并不具有指定功能。

自然模式虽然具有强烈的实践指向，有助于改善课程研制实践，但由于以摹写为追求，以慎思为核心，仍具有一定的局限。

通过上面的简要介绍可以看出，一方面，尽管不同的课程研制模式主旨不同，具体要素不同，分析路径不同，但却都具有大体相类似的框架。这遵循了课程研制模式的框架要求。另一方面，这些各不相同的课程研制模式为课程研制提供了各不相同的分析视角和切入路径，既有助于课程研制的科学化，又丰富和深化了课程研制。

---

① 皇甫全：《课程与教学论》，高等教育出版社，2003 年，第 165 页。

第三节　课程设计策略

一、课程设计的内容

学校课程设计要重点建设 4 个方面的内容：

（一）教学目标

教学目标是课程目标的进一步具体化，是指导、实施和评价教学的基本依据。一般说来，课程目标应该根据教育目的和培养目标，在学科内容的基础上加以具体化。作为课程工作者，如何处理教育目的、培养目标、课程目标与教学目标的关系，是一个很复杂的问题。从教育目的、培养目标到课程目标和教学目标，是一个从概括向具体不断转化的过程，从质和量两个方面来把握这种转化，有利于实际操作。

（二）教学内容

（1）教材及配套的练习册。教材是教学内容的文字描述。教学内容的选择要考虑三个因素：一是学习者需求，二是学科发展状态，三是社会需求。教材不是教学内容的简单堆砌，而是教学内容的有机组合，它把一门学科的基本概念、基本原理和基本技能提炼出来，并形成一个具有逻辑性、系统性的知识系统，从而有利于知识的理解和迁移；练习册是选定教学内容之后，诊断与巩固教学内容测验试题的集合，它是教材的重要组成部分。

（2）实验、实验环境与实验手册。对于一些要求技能培养目标的课程来说，实验是必不可少的。设计实验时，要注意实践性和可行性，实践性是指实验在理论指导下，通过具体的操作步骤，可达到预期结果；可行性是指实验课的条件不能太高，要能在实际教学过程中实施。实验手册是对实验的说明，一般有实验目标、实验环境、预备知识、实验步骤、实验报告、思考和练习等几大部分。

（三）学习资源

一门课程应提供一系列各具特色、相互支持和相互补充的学习资源，如视听教学媒体、CAI 课件、考核与评价系统等。现代课程应提供的学习资源主要有：

（1）多媒体辅助教学软件。多媒体技术具有交互性、媒体集成性、超文本结构的信息组织等特点。其中媒体集成性可采用多种媒体形式表现教学内容，依靠多种感官刺激，提高认知深度和认知效率；交互性能够有效地激发学习兴趣，有利于学生认知主体作用的发挥；而超文本特性可实现对教学信息最有效的组织和管理。教学软件的设计要自觉运用教学设计的理论与方法。

（2）探索与发现式情景教学软件。一般来说，教学内容是对现实生活高度抽象和高度简化而得出的基础知识、基本理论和基本技能，这些内容对引导学生进入学科是非常重要的，但容易造成所学知识与现实生活脱节，学生难以完成从所学知识内容到解决现实问题的转化工作。因此，教学要回到社会生活中，让学生在解决实际问题中学习知识和发展能力。借助于计算机技术创设虚拟仿真环境，让学生在情景空间中探索、发现，这对高级学习能力的培养有很大的帮助。

应该指出，并不是所有的学科都需要设计上述所有内容，要根据具体课程的特点、具体的教学模式，有所取舍和侧重。

（四）教学模式

教学模式是指在一定的教育思想、教学理论和学习理论指导下，由教师、学生、教学内容、教学媒体4个要素相互联系、相互作用而形成的教学活动进程的稳定结构形式，它是整个教学系统在教学活动进程中的动态特征和整体综合特性的反映。在课程设计过程中，要根据课程的特点，设计多种不同的教学模式，以便在教学过程中组织实施。根据教学系统中4个基本要素之间的关系，可以将教学模式大致划分为三种：教师中心模式、学生中心模式和双主模式。他们各有自己的特点和优势，也有其局限性。课程设计的任务之一就是要根据课程的特点，将教学模式具体化。

二、课程设计的过程阶段

课程设计要经历专业培养目标的确立和表述，使培养目标向课程目标转化；要经历教学内容的选择与组织，并形成体系（教学计划、教材、教学大纲）；要经历学习资源设计、课程设计的形成性评价。课程设计的过程实际上是一个循环反复的过程。

"培养目标"是个含义比较模糊的概念，它可以指不同层次、不同类型、不同专业所要培养的人或人才的方向、规格和各种要求。它是教育目的的具体化。

（一）培养目标的表述

培养目标包含三个方面的具体内容：培养方向、使用规格、规范和要求。培养目标向课程目标或教学计划目标的转化。课程目标（或教学计划目标）与培养目标不同，它是比较具体的目标，通常必须具备两个特点：① 目标必须具体到足以依据它来选择课程和教育、教学活动。教学计划乃是教学活动赖以进行的依据，因而它的目标就应该能够具体到提示出应选择哪些课程和教育、教学活动。② 目标的表述应尽可能做到使人们能够对是否达到了目标进行评价。

（二）课程内容的选择

根据目标的层级性，课程内容的选择可分为两个主要层次：第一个层次是整个专业课程结构的构建，即各门课程的选择；第二个层次是每门课程中的内容的选择。两个层次之间有着密切的联系。

（三）课程设计的形成性评价

形成性评价是指为改进现行课程计划所从事的评价活动。它是一种过程评价，目的是要提供证据以便确定如何修订课程计划，而不是评定课程计划的优良程度。也就是说，它要求在课程设计的各个阶段不时地收集信息，以便在实施前加以修正。形成性评价在课程设计阶段提供具体而又详细的反馈信息，以便让课程设计者随时了解问题之所在。形成性评价在课程的设计中必不可少。

三、课程设计遵循的原则

课程设计理论本身的发展对课程设计产生重要的影响。课程理论发展到今天，出现了融合的趋势。在理论上相互吸收、不断完善，各种课程设计理论不再全盘否定与其对立的理论，而是吸收对方合理的思想成分，以充实和完善本身的理论体系。

（一）以学生为中心原则

课程设计要围绕着学生这一核心要素来进行，设计开发的资源和产品，要以优化学习过程、促进学生认知的获得为最终目标,而不仅仅是为了方便教师的教学活动。以学生为中心的课程设计,就是要在既定的教学目标框架内设计出学生真正需要的学习资源与学习环境,在具体的设计过程中,要充分考虑学生的原有知识水平、能力水平、认知水平、认知风格和认知特点,设计开发的学习资源,要能够充分发挥学生认知主体的作用,支持学生的自主学习和协作式探索。为此,客观上要求课程设计具体内容发生质的转变,不仅要开展传统的教材建设,还要进行学习资源的设计与开发,强调用各种信息资源来支持"学"。

（二）能力素质培养原则

现代社会的知识内容更新换代十分迅速,学校教育相对于学科的发展有一定的滞后性,这是世界范围的教育所面临的共同问题,解决的根本途径只有一条,就是培养学生独立自主的学习能力,加强学科思维品质与思维素质的培养,注重基本理论与基本方法的教学。某门具体的学科,尽管其具体的知识可能更新换代很快,但学科的基本思想、基本方法是相对稳定的,学生如果具有良好的思维素质,就能在解决实际问题的过程中,快速学习新知识,接受新思想,从而以灵活的方式解决实际问题。注重知识结构、思维品质以及学科基本方法的学习,对于一些工程技术类的课程而言尤其重要。

（三）课程的整合原则

所谓"学科为中心"的课程设计,主要是立足于学科知识的逻辑体系和专门化,强调学科的基本概念、理论、原理,重视对学生理性智慧和思维技能的训练。这一课程设计的认识论前提是:它是传递文化遗产最系统和最有效的组织形式,也是保存人类知识的理智整体性的最佳组织形式。确实,如果学生掌握了这一学科的基本概念、理论和原理,对于学生来说,既经济,又是掌握人类文化精华的捷径。因此,这一课程设计成为人们较为青睐的理论。可以说这一课程设计集中反映了科学主义课程设计理论的内核,课程综合化已经成为我国未来课程设计的重要趋势之一。

第十六章　课程的实施

在早期的课程研究中课程实施并未受到重视。20世纪五六十年代以来,许多国家花巨资设计的课程计划并没有得到很好的实施,由此引发人们对课程改革过程的深入研究和系统反思,课程实施问题逐渐成为人们关注的焦点。70年代以后,课程实施研究成为课程与教学研究中的一个重要领域。随着课程理论研究的深入,人们越来越认识到课程实施的重要性,课程实施是整个课程编制过程中一个基本阶段,是课程开发过程中一个重要的环节,课程实施是实现预期课程目标的重要手段。

第一节　课程实施的含义和价值取向

课程实施是指课程计划付诸实践的过程,它是达到预期课程目标的基本途径,是课程改革过程的一个实质性阶段。对课程实施内涵的认识,影响对课程变革过程实质的深刻理解和提高课程变革的成效性。

一、课程实施的含义

从课程变革的视角对课程实施作出界定是国外课程研究的传统。"课程实施"这一术语英文为 curriculum implementation,意思是"贯彻"、"完成"、"履行"等。实施的对象显然是一项新的课程革新措施、课程方案等。因此,在国外,对课程实施的定义一般是将课程实施看做将革新思想转变为实践的过程。加拿大教育改革专家富兰认为:"课程实施是把某项改革付诸实践的过程。它不同于采用某项改革(决定使用某种新的东西),实施的焦点是实践中发生改革的程度和影响改革程度的那些因素。"[①]富兰的这一界定已经成为"课程实施"的一个经典定义。在他看来,课程实施是课程变革过程的一个重要的阶段或环节。美国学者利思伍德对课程实施的解释也是沿着这种取向进行的。他认为:"实施涉及缩短现存实践与革新所建议的

---

① 江山野:《简明国际教育百科全书·课程》,教育科学出版社,1991年,第156页。

实践之间的差距。"①这种定义指出了课程方案与课程实施的区别。事实上,课程实施不仅包括把新课程计划付诸实践的过程,还包括课程制度化的过程。② 不管一个人采用的方法是什么,实施实质上由三个阶段组成:起始阶段、实施阶段和维护或制度化阶段。在起始阶段,计划者要提出诸如哪些人参与、所期望的支持程度是什么以及人们对革新是否准备就绪等问题;实施阶段是"做"的过程,它要求参与实施的人们在教室中或在其他适宜的教育场所试验它;而维护或制度化阶段则侧重于对革新的修改,如果制度化阶段未被计划到,被引入的革新计划将会"褪色"或停止存在,变革就会违背它的初衷。

中国课程界对课程实施含义的研究有两种倾向。一种界定是将"课程实施"归入"课程变革"的研究范畴,认为课程实施是将课程变革付诸实践的过程;将课程实施作为课程开发和编制的环节之一,认为"课程实施"就是实施课程计划的过程。③ 例如,"'课程计划'是指制定课程变革的理想及实现这种理想的具体方案。课程实施是将某项课程计划付诸实践的具体过程"。可以看出,无论国外还是国内,将"课程实施"作为课程变革过程的一个环节,认为课程实施是将革新付诸实践的过程,这已成为有关"课程实施"的主导认识。④

另一种界定是"课程实施实际上也就是教学"。⑤ 这是人们在处理课程与教学或者处理课程论与教学论关系问题时出现的观点。坚持"大课程论"的学者,趋向于课程实施就是教学。把课程看成是"'一段教育进程',课程将不仅仅是存在于'观念状态'的可以分割开的'计划'、'预期结果'或'经验'了,课程根本上是生成于'实践状态'的无法分解的、整体的'教育'活动"。"课程实质上就是实践形态的教育","课程实施实际上也就是教学"。也有学者认为,"教学过程是对课程计划的实施过程",认为凡是依照教育部颁布的课程标准进行的教学就是正常化的教学,凡是未按照课程标准施教的都是不正常的,是应该加以改变的。⑥ 这实质上是将课程实施过程与教学过程等同视之。⑦

二、课程实施的价值取向

关于课程实施的取向,课程专家富兰等人把课程实施的取向概括为得过且过(muddling through)、相互调适(mutual)和忠实(adaptation)三种取向;辛德等人则将其归纳为忠实、相互调适和缔造(enactment)三种取向。⑧

(1)得过且过取向是一种最保守的做法,它往往避开矛盾和问题,在过程中临时作出决定,因而其方向是不太明确的,难以达成预期的目标。持这种取向的教师往往是悲观主义者,对课程计划的重要性和实现预期的课程目标持怀疑态度。

(2)忠实取向把课程实施过程看成是忠实地执行课程方案的过程。根据这一取向,预期课程方案的实现程度就是衡量课程实施成功与否的基本标准。课程方案实现程度高,则课程实施成功;反之,课程方案实现程度低,则课程实施失败。显然,坚持忠实取向将课程实施的本

① Leithwood K A(ed.). Studies in curriculum decision making. Ontario Institute for Studies in Education Press,1982.
② 李臣之:《课程实施:意义与本质》,《课程·教材·教法》,2001 年第 9 期。
③ 杨明全:《课程实施的学理分析:内涵本质与取向》,《全球教育展望》,2004 年第 1 期。
④ 张华:《课程与教学论》,上海教育出版社,2000 年,第 339 - 342 页。
⑤ 黄甫全:《大课程论初探——兼论课程(论)与教学(论)的关系》,《课程·教材·教法》,2000 年第 5 期。
⑥ 黄政杰:《多元社会课程取向》,台湾师大书苑有限公司,1995 年,第 131 页。
⑦ 同②。
⑧ 靳玉乐:《课程实施:现状、问题与展望》,《山东教育科研》,2001 年第 11 期。

质理解为忠实执行,按部就班,不可能对课程方案作出变革。

（3）相互适应取向强调课程方案的使用者与学校情境之间的相互适应,主张根据学校或班级实际情境在课程目标、内容、方法组织形式诸方面对课程方案进行调整和改革。它包括两方面的内容,即课程计划为适应具体实践情境和学生特点而进行的调整、课程实际情境为适应课程计划而可能发生的改变。持这种取向的课程实施者,容易将课程实施的本质理解为"协调中的变革",人们相信,课程实施不可能只是一个事件,更重要的是个过程,在过程中实施者不可能不对课程方案进行修订甚至改变,以适合其自身的目的。

（4）创生取向（也译为缔造取向）则把课程实施过程看成是师生在具体情境中联合缔造新的教育经验的过程,在缔造过程中,已经设计好的课程方案仅仅是教师和学生进行或实现"再造"的材料或背景,是一种课程资源,借助这种资源,教师和学生不断变化和发展。随着教师和学生的发展,课程本身也在不断地进步。

应该说,以上4种取向在对课程知识的产生、课程变革的假设、研究方法以及教师角色的理解上有着很大差异,三者各有其适用的条件和优缺点。由于教育和社会情境极其复杂,教育变革的需要多种多样,在不同的情境中三种取向的价值都可以得到不同程度的体现,这也可以被视为从"过程论"角度对课程实施本质的理解。

第二节　课程实施的认识和意义

一、对课程实施的认识

中国台湾课程专家欧用生教授将课程实施的新观点归纳为落实观、再概念的改革、教学导向的改革、转型的改革和革新的社会实验5类,这些见解是很有创意的。[①]

（一）课程实施——变革的类型

麦克尼尔在《课程导论》一书中考察了5种类型的课程变革:

一是替代,如新教科书代换旧教科书。二是交替,当变革被引进到现行的材料中,并有希望成为选修科目因而容易被采纳时,交替就产生了。对教科书的修改,亦是一种交替。三是紊乱,这些变革是破坏性的。四是重建性变革,这些变革导致大学课程体系本身的修改,如新教学观的形成。五是价值变革,这类变革是指参与课程实施的人员的基本价值观念发生了转变。

课程实施——变革的类型可能因为划分角度的不同而有所差异。① 从变革的范围来看,有全部课程变革、部分课程变革和单项课程变革;② 从变革的方式来说,有采纳、改编、整合、拓展、重建等;③ 从变革的主体来讲,涉及社会（主要指国家教育行政部门）层面的变革、机构（主要指学校）层面的变革和个人（师生）层面的变革。

（二）课程采纳

课程采纳是指教师采纳新课程计划;课程改编系指对新课程进行一定的改变以适应具体的教育情境,它基本上能够反映课程设计者的意图;课程整合是指对新课程计划所涉及的各类课程从整体上加以协调,以促进跨学科学习;课程拓展是指以拓宽新课程的范围而进行的一种

---

① 靳玉乐:《课程实施:现状、问题与展望》,《山东教育科研》,2001 年第 11 期。

课程变革;课程重建是指课程实施者基于个人教育理念和课堂里的实际情景,自行发展课程,以实现课程变革。

(三)课程实施——变革的模式和策略

(1)在课程实施变革实践中,由于变革的类型、特点、内容和方式不同,于是便形成了不同的课程实施变革模式和策略。课程实施——变革的模式有三种:一是研究—发展模式(R—D模式),它主要是由政府组织有关专家,研究课程改革方案,然后通过行政措施加以实施。二是整合研制模式,该模式关注与教师直接相关的变革事务,强调形成教师的新观念和新技能,突出人与人之间的沟通和合作。这种改革是非行政性的、非权威的,它是一个自然沟通、传递、扩散、深化的过程。三是问题解决模式,它是由广大教师在教育实践中自行设计和实施的以解决实际问题为目的的课程变革。

(2)课程实施——变革的策略也有三种:一是权力—强制策略,政府利用法定的权力和自身的权威,通过法律和政策的形式,强制推行新课程,它排斥教师参与课程的决策与变革。二是经验—理性策略,改革者的主要任务是要诉诸逻辑的力量,唤醒人们的理性认识,通过摆事实、讲道理,说明变革的目标、意义、可行性和有效性,以激发变革的动力,推进变革的深入发展。三是规范—再教育策略,是通过社会文化规范的再教育来改变人的态度、价值观念等,进而促进课程变革。

二、课程实施是课程系统进一步完善的过程

研究课程实施可以从课程实施与外部关系研究,也可以从课程实施内部探讨、认识课程实施的实质。

(一)课程实施是一个过程

从外部整体上看,课程发展不是一个事件,而是一个过程,是一项包括课程计划、课程实施和课程评价三个主要环节的综合性的系统工程。在这个系统中,课程实施是一个关键的环节。从课程实施与课程计划的关系来看,二者之间是理想与现实、预期的结果与实现结果的过程的关系。课程计划制订得越完善,就越便于实施,实施的效果也就越好;但课程计划制订得再好,若不付诸实施,也不会有实际意义。从课程实施与课程评价的关系来看,课程实施过程可为课程评价提供内容,课程评价要考察课程实施的可能性、有效性及其教育价值等,而这些都只有通过课程实施阶段才能获得;同时评价又可为课程实施提供反馈信息以便及时对各种课程要素进行调整。

(二)课程实施是系统再创造过程

从课程实施内部看,包括课程采用、课程调适、课程应用三个环节。采用不等于实施的完成,调适代表一种努力,"应用"的方案才是实际运作的课程方案。这种方案与最初的课程方案相比,已经发生了根本的变化,是一种发展了的或者发展中的行动计划。

因此,课程实施是复杂的、系统的和整体的,整个实施过程有着许多不可预期性和不确定性,这与影响课程实施因素的复杂程度是明显相关的。在目标上,课程实施就是在众多复杂性中求得平衡,系统考虑影响课程实施的现实因素,最大可能地发挥每一个因素的功能,以期产生最大功效,或利用复杂性创造性地发挥。在操作上,课程实施是一种采纳、调适和应用的再创造过程。由于对复杂性把握、利用程度不同,于是就出现了不同程度、水平的课程实施。在效果上,课程实施是课程理想的落实、变革以接近区域教学文化的过程。因此,整体而论,课程

实施是在其现实性上,调和影响课程实施诸因素,平衡课程理想与实施情境的系列关系,创造教学新文化的过程。

三、课程实施的意义

从课程论的研究和当前课程实施的实践发展而言,课程实施有如下 4 个意义:

(一)利于及时发现课程实施中的问题,有效指导课程实践

有研究表明,大多数课程变革方案付诸实施后并不像方案设计者所预想的那样乐观。国外一项研究报告指出,一项变革方案被采用后,研究者将方案所要求的行为模式分解为 12 种具体行为,用测量工具对教师的行为进行观察测量,结果发现方案实施的质量非常之低,教师的行为为只有 16% 符合方案所要求的行为模式。[①] 可见,如果没有对课程实施深入细致的研究,就不可能及时发现课程实施过程中的问题,自然难以对课程实践进行适时、恰当和有效的指导。

(二)利于完善课程理论

一个完整的课程改革过程包括课程计划、课程采用、课程实施、课程评价 4 个环节,课程变革是这些环节之间动态的、复杂的交互作用过程。人们对课程变革认识的理性化水平的提高过程,就是将课程改革过程分解为不同方面,深入理解每一方面的本质与功能,进而把这些方面有机联系起来的过程。为了把课程实施与相关的其他环节区分开来,就需要把课程实施从课程变革过程中分离出来,着重进行研究。迄今为止,中国学者在课程目标、课程内容、课程设计、课程评价等领域进行了很有意义的探索,取得了显著成绩,但相比之下,对课程实施的关注较少,出现了课程理论系统研究的缺口。

(三)利于设计新的课程改革方案

课程计划与课程实施之间的关系是理想与现实、预期结果与实现结果的过程之间的关系,这种关系极其复杂、多元,甚至难以预料和控制,由此形成了制订新一轮课程方案的复杂性。采用新课程方案后,人们往往将学生成绩优秀的原因归于新课程方案本身,而对新方案的实施过程并未作出恰当的估计,实际上,采用了一项新方案并不意味着如方案计划那样进行实施。同样,一种好的教育效果,也绝非仅仅来自好的方案,即便是不太理想的方案,对于高水平的实施者,也可以取得较为理想的成效。课程设计的根本目的在于改变学生的学习状况,促进其最大限度地发展。

(四)利于课程实施方案的推广

通过课程实施研究,可以知晓影响课程实施的真实变量,明确课程方案在不同情境中运行的可能状况,确定哪些变量可能是制约课程实施的关键,哪些变量没有影响课程实施,哪些变量对课程实施产生消极影响,明确众变量对课程实施的影响程度和作用方向,可以及时正确地干预和控制无关变量,从而估测方案不同课程实施情境中的不同状况。课程实施不是任务使然,它更多地体现了一种使命,一种对学生、对社会发展负责的使命。一切从学生和社会发展出发,一切从实施主体(包括地方、学校、教师)、实施环境或情境出发,科学地处理好影响课程实施的诸因素,使课程实施更谨慎、更有效。研究课程实施,可以为采用实施方案的地区显示一个真实的过程,帮助其理解、修订、借鉴和再造。

---

① 李臣之:《课程实施:意义与本质》,《课程·教材·教法》,2001 年第 13 期。

第三节　课程实施策略

课程实施的策略包括课程实施的目标策略、课程实施的教学过程策略、课程实施的教学类型策略等。

一、课程实施的目标策略

由于课程目标的最主要的影响因素来自不同学科教师的教育信念,而不同学科领域的教师对那些共同的教育目标却有着不同的认识和态度,因此对某些目标可能比较看中,而对另一些目标可能不那么重视。这些情况必然影响到培养方案中每门课程在实现培养目标过程中的作用。

美国学者斯塔克曾就此进行了调查,他把教育共同的教育目标分为 8 类:① 掌握该领域的概念或知识;② 使个人或社会得到发展;③ 发展智力;④ 发展技能;⑤ 促进价值观的形成;⑥ 学习伟大的思想;⑦ 为将来做准备;⑧ 道德的养成。①

在调查中,斯塔克发现,虽然"掌握该领域的概念或知识"在各项目标的重要性的回答中居于首位,但对于同一个目标,不同学科的教师给予重要性的回答是不同的。

关于培养方案的实施过程中涉及的课程实施的具体目标,斯塔克对教学过程进行研究后,归纳出 15 条目标。②

(一)促进智力发展

学习依赖于知道怎样学习。要使学生从一个不成熟的学习者变成一个有能力的、独立的学习者,教师必须为每一项教学任务提出目标。最好的办法是既写出较宽泛的那些课程目标,也写出更为具体的教学目标,同时努力去理解每一种教学方法是怎样帮助学生达成这些目标的。

(二)发展学习技能和学习战略

教会学生学习技能的最有效的办法,就是将这些技能埋植于课程材料之中。在学习过程中有两种机制在起作用:一是认知战略,这是学生加工信息的方式;二是元认知战略,它帮助学生了解应使用哪种战略以及为什么。美国有学者在研究中发现,如果他们教给学生隐藏在教学战略背后的心理学原理,他们就能够成功地教会学生"学会怎样学习"。

(三)促进反思和元认知

只有当学习者对其学习过程和结果进行了反思,学习活动才算完成。所谓元认知,按照心理学家的解释,就是对自己的学习类型和战略进行反思。这种反思要比仅仅获得更多的学习技能重要。

(四)培养有效思维能力

教育的一个重要目标就是有效思维。有效思维是所有学科和学术领域教学的最终目标,

---

① Stark J S, Lattuca L R. Shaping the college curriculum: academic plans in action. Allyn & Bacon, 1997.

② 王伟廉:《大学本科课程实施中若干问题的探讨》,《大学研究》,2004 年第 1 期。

这一目标可能是在学习内容和学习技能的过程中实现的。与这一目标的表述可以相互替代的术语有:批判思维、逻辑思维、分析思维。国外有学者对有效思维进行了研究,得出有效思维的5个方面:① 对争论的问题进行分析和评价;② 作出推论和提出结论;③ 具备明确问题和分析问题的能力;④ 具备进行归纳的能力;⑤ 对各种可供选择的解释进行概括。这5个方面的重要性随学科的不同而有所不同。

有效思维或批判思维的一个具体类型是"问题解决"。一般来说,有两种类型的问题需要解决:一种是严密结构化的问题,另一种是松散结构的问题。前者具有确定的答案,而后者则没有确定答案。解决前者时,不同的学科领域的做法是不同的,解决后者时则无一定之规。所谓创造性地解决问题,主要是指解决这类松散结构的问题。一位研究批判思维的著名专家指出,所谓批判思维就是"对相信什么和做什么进行的合理反省"。

（五）鼓励学生进行研究和探索

学生有必要知道,一个学术领域是如何产生和发展知识的,以及该领域已经产生了哪些知识。

（六）促进有目的的学习

有目的的学习者在他们毕业后会继续他们的学习并改进他们的学习技能。要提高这方面技能,可以向学生提供具有挑战性的内容,并使学生理解该领域的结构。也可以利用布鲁姆的目标分类中目标水平依次排列的办法提高这方面的技能。较高级的学习技能往往是通过课堂以外的活动获得的,比如要求学生到课堂外去搜集信息。一般来讲,在很多学科领域,让学生自己到图书馆查阅资料进行研究和撰写论文,可以促进学生获得比较高级的学习技能。

（七）提高动机，鼓励参与，获得统合

学习取决于想要学习。学生是从材料中获得意义,因而必须在这一过程中成为主动的学习者。

（八）完善讲授法

原理一:在讲授中,教师控制着信息传递的速率和顺序。因此,他可以增进一致性,却难保统合性。原理二:好的讲授既清晰、有条理又富有情感,能在较短的时间内抓住学生的兴趣。原理三:任何讲授都可以通过学生对所讲内容的参与得到改善。

（九）把讨论作为积极的过程

原理一:教学应该最大限度地发掘意义,并使遗忘达到最小程度。原理二:进行讨论最要紧的是要对讨论的题目作出精心安排。

（十）个案研究和有关的变式

接触一次现实的价值不亚于一打抽象的理论。

（十一）同伴互教

教等于学了两遍。

（十二）学习共同体

学习共同体有利于促进社会的和智力的参与。

（十三）将课堂加以拓展

借助"听"的学习有时是学习,而通过经历的学习则几乎总是学习。

（十四）编制以学习者为中心的教学计划，并建设课堂环境和课程环境

如果说学习意味着去冒风险,那么教学则意味着去建立信心。当课堂和课程包含挑战但

又是一个充满信任和尊敬的地方时,学生的学习就会达到最好的效果。此外,过大或过小的压力都不利于学习。

(十五）建立和转达期望

如果学生想要表现卓越并对自己作出判别,他们就必须知道自己的表现究竟是怎样被判别的。优良的课堂有助于学生内在的学习动机的养成。

二、课程实施的教学过程策略

美国学者韦斯顿和克兰登曾于 1986 年把单门课程的教学战略归纳成 4 种,即教师中心的、相互作用的、个别化的和经验的。

（1）教师中心教学战略[①]是把教师视为教学过程的主要责任人,在这一战略中,所使用的教学方法主要是演讲,有时也运用示范教学法。

（2）相互作用教学战略主张在教师和学生之间、学生和学生之间进行交流和对话,讨论是最经常使用的教学方法。这种战略认为,讨论方法在传授像分析、综合、评价等高水平的技能时,要优于演讲法。在实践上,像小组设计或学生之间的那些教学活动,都属于这种战略。

（3）个别化教学战略主要用来适应不同学习速率的学生,在教学中向他们反馈信息,以强化学生的努力。这种战略强调将教学内容按程序分成步骤,常使用的教学方法包括程序教学法、计算机辅助教学和模块化教学。

（4）经验教学战略是一种常常在课堂以外的背景下进行的战略。这种战略可以由教师引领,也可以在学生之间相互作用,还可以是个别化的。学术方面的训练可以在教师控制下进行;实验室活动则依据学生参与设计的程度,既可以由教师控制,也可以由学生自己控制。在较高水平的学习中,经常使用的教学方法主要有角色扮演、博弈、模拟等。在这种战略的学习过程中,学生往往表现出比教师更强的积极性和责任感。

三、课程实施的教学类型策略

教学方式上的差异,会导致不同的教学结果。由于研究目的不同、方法不同,对课程的实施过程中教学方式的特点有各种不同的分类。

(一）以教学和科研、教师和学生亲疏程度分类

有学者以教学和科研以及教师和学生之间的亲疏程度为经纬,将教师分为教学—亲密型、教学—疏远型、科研—亲密型和科研—疏远型 4 种。

(二）两维分类

美国学者阿克塞尔罗德 1973 年提出了一个两维的教学方式分类,认为可以将教师分为"说教型"和"唤起型"两种。[②] 前者告诉学生"要知道什么",后者则力图使学生自己去发现这些东西。

美国学者德雷斯尔在阿克塞尔罗德的基础上于 1980 年进一步提出,唤起型的教师可能会在教学活动中偏重于以下 4 个方面中的一个方面:学科、教师自身、发展学生的心智、发展学生的人格,并据此提出相应的 4 种教学类型:学科中心的教学类型、教师中心的教学类型、学生中

---

① Weston C, Cranton P A. Selecting instructional strategies. Journal of Higher Education,1986,57(3).

② Axelrod J. The university teacher as a artist. Jossey-Bass,1973.

心的认知教学类型和学生中心的情感教学类型。[1]

（三）以教师教学对学生的影响分类

美国学者韦默在 1987 年发表研究报告，将教师分成"形成论"（shaping theory）和"转变论"（transfer theory）两种类型。[2] 形成论教师的特点在于，他们相信自己在教学过程中是在对学生产生影响并塑造着学生，使学生形成某些知识、技能、态度等；而转变论教师则把学生看成是自己在教学过程中的伙伴，与学生共同分享权利并一起承担责任。新教师往往属于形成论类型，而有经验的老教师则属于转变论类型。研究显示，随着教学年限的增长和经验的积累，教师会越来越向着学生中心的方向靠拢，或者说越来越向着转变论类型的教师变化。

四、课程实施的影响因素

辛德等人分析了影响课程实施的 4 类因素：第一类是与课程改革本身的性质有关的因素，诸如课程改革的必要性及相关性、改革方案的清晰程度、改革方案的复杂性、改革方案的质量与实践性等；第二类是校区水平上影响实施的因素，诸如地区以往在课程改革需求方面的表现、地方的适应过程、地方管理部门的支持、教职员队伍的培养和参与、时间安排与信息系统、部门与交流系统等；第三类是学校水平上影响实施的因素，诸如校长的作用、教师之间的关系、教师的特点与取向等；第四类是环境对实施的影响，诸如政府部门的重视、外部的协调等。应当说，辛德等人的分析是深刻而独到的，很有代表性。[3]

---

[1] Dressel P L. Improving degree programs: a guide to curriculum development administration and review. Jossey-Bass, 1980.

[2] Weimer M G(ed.). Teaching large classes well, new directions for teaching and learning. Jossey-Bass, 1987(32).

[3] 靳玉乐：《课程实施：现状、问题与展望》，《山东教育科研》，2001 年第 11 期。

第十七章 课程评价

从教育自身发展着眼的系统评价活动产生于 19 世纪末的美国。我国的课程评价研究始于 20 世纪 80 年代末,进入 20 世纪 90 年代,关于课程评价的研究文献相对于 80 年代而言稍有增加,其研究内容除了继续介绍国外课程评价理论以外,还出现了围绕课程改革进行的课程评价研究。自从 21 世纪以来,世纪之交的我国基础教育课程改革把课程评价改革作为课程改革的重要组成部分,使得课程评价问题日益成为人们关注的重要话题。

第一节 课程评价概述

对课程评价内涵的理解和认识不仅与人们对"课程"的理解和认识有关,而且与不同时期、不同人对"评价"的认识密切相关,即课程观或评价观的不同都会导致对课程评价内涵理解的差异,由此形成课程评价内涵的多样性和复杂性。课程评价内涵的研究和探讨成为绝大多数研究者构建课程评价理论体系的起点与核心。

一、课程评价的内涵

课程评价内涵的研究分别从"评价观"和"课程观"两个角度来探讨。[①]

(一)依据"评价观"探讨课程评价的内涵

学者们大多根据评价是"价值判断"这一内涵得出课程评价的各种大同小异的定义,其中比较有代表性的定义是:所谓课程评价就是以一定的方法和途径对课程计划、活动以及结果等有关问题的价值或特点作出判断的过程。[②] 这个定义不仅揭示了课程评价的"价值判断"功能,而且还暗含课程评价的对象应该是课程计划、活动及结果。

---

① 王鉴:《课程论热点问题研究》,广西师范大学出版社,2008 年,第 107 - 110 页。
② 钟启泉:《课程设计基础》,山东教育出版社,1998 年,第 485 页。

（二）依据"课程观"探讨课程评价的内涵

我国学者把课程评价分为狭义概念和广义概念。狭义的课程评价"特指对课程计划、课程标准、教材在改进学生学习方面的价值作出判断的活动或过程,一般包括对课程目标体系的评价、对课程计划的评价、对课程标准的评价和对教材的评价等核心内容,它的实施一般由受过专门训练的评价人员借助于专门的评价方法和技术而进行"。广义的课程评价即教育评价,是指按照一定的价值标准,通过系统地收集有关信息,对教育活动中受教育者的发展变化以及构成其变化的诸因素满足社会与个体发展需要的程度作出判断,并为被评价者的自我完善和有关部门的科学决策提供依据的活动。[1]

此外,国外学者针对课程评价内涵也进行了深入研究。《课程计划和编制》(*Curriculum Planning and Development*)给评价下的操作定义更为简练:评价是判定我们想要做的事情已经做得如何的过程。它包含三层含义:① 除非我们知道想要达到的目标,否则评价不可能发生;② 我们必须努力达到这些目的或目标,必须检查我们正在做和已经做的事情;③ 评价必须依据一些特定的评判标准做出结论。[2]

二、课程评价的对象

确定课程评价的对象是进行课程评价的前提和基础。比较有代表性的观点认为课程评价对象至少有 4 个方面:[3]

（一）课程设计

关于课程设计的评价很困难,原因在于目前还缺乏这方面的评价标准。不同的课程设计(例如以学科为本的、以能力发展为本的、以学生为本的等)不适合采用共同的标准来比较和衡量。但教师在使用课程方面的成功、学生学习课程所取得的成绩都有助于对课程设计的评价。

（二）教师使用的课程

对教师使用课程评价的最为简单的办法是看究竟有多少教师以课程为教学出发点。如果教师并不使用课程而且也不根据这些课程来研究其教学策略,课程评价就到此为止。这种形势下的任何评价都不能称为课程评价。教师不使用新课程的理由可能是:教师不能或不愿去研究新课程所要求的教学策略;教师认为他们不能或者不应该抛开目前所使用的教科书,或者他们认为这些新课程并不适合他们。

（三）学生成绩

在评价学生的学习水平时,必须注意学生学习成绩的取得哪些是通过课程实施来实现的,而哪些又是学生通过其他学习机会而获得的。因此,只把学生成绩的测定作为判断学校实施课程效果的唯一标准是错误的。

（四）课程系统

课程实施范围的选择、参与课程实施人员的选择、课程实施指导人员的选择、课程实施工作程序的安排和有关领导人员所起的作用都有待评价。从这些工作评价中所得到的反馈信息

---

① 周卫勇:《走向发展性课程评价——谈新课程的评价改革》,北京大学出版社,2002 年,第 1 - 2 页。转引自王鉴:《课程论热点问题研究》,广西师范大学出版社,2008 年,第 110 页。

② Beane J A,Toepfer C F,Alessi S J. Curriculum planning and development,1986:265. 转引自张廷凯:《关于课程评价的几个问题——从评价看课程编制的科学化》,《课程·教材·教法》,1996 年第 3 期。

③ 韩和鸣:《中小学课程导论》,河南大学出版社,2008 年,第 187 - 188 页。

有助于改进课程系统,有助于课程开发的连续性和课程的不断发展。

三、课程评价的功能

课程评价具有其特定的功能和意义。课程评价的功能归纳为需要评估、课程诊断与修订、课程比较与选择、对目标达成程度的了解以及成效的判断等。[①]

（一）需要评估

在拟订课程计划之前,课程计划制订者应当首先了解社会或学生的需要并以此作为课程开发的直接依据。这一任务便可以由评价来承担。此外,诸如教师对进修的需要、学生对某一时段和某一学科教学的需要等都可通过评价来了解。

（二）课程诊断与修订

对正在形成中的课程计划,评价可以有效地找出其优缺点及成因并为其修订提供建议。在这种反复的过程中可使课程达到尽可能完善的程度。评价还可以诊断学生学习的缺陷,从而为矫正教学提供依据。

（三）课程比较与选择

对不同的课程方案,通过评价可以比较其在目标位置、内容组织、教学实施以及实际效果等方面的优劣,从整体上判断其价值,再结合需要评估就可以对课程作出选择。

（四）对目标达成程度的了解

对一项实施过的课程计划,评价可以判定其结果并通过与预定目标的比较对照来判断其达成目标的程度。

（五）成效的判断

一项课程或教学计划在实施后究竟收到哪些成效可以通过评价全面衡量并作出判断。这种判断不同于上述对目标达成程度的了解,而是对效果的全面把握,包括对那些预定目标之外效果的把握。

四、课程评价的范围与标准

关于课程评价的范围与标准研究,国内学者分别从不同角度和层级对其进行了研究。[②]

（一）课程评价的范围

早期研究把课程看做静态的、不变的知识实体,确定的课程评价范围往往是:① 对教育目标的评价。② 对整个课程的评价。这是指对小学课程的评价、对中学课程的评价等。评价的对象就是现在的各级各类学校的"教学计划"。③ 对局部课程的评价,是相对于整体课程而言的,局部课程的评价主要是指某一级或某一类学校的某一门学科课程标准的评价,评价的对象是各门具体学科的教学大纲。④ 对教科书的评价。[③]

后期研究大多将课程评价置于课程的动态过程进行探讨,认为课程评价的核心是对课程的各个环节进行科学、客观的分析和判断,包括对课程目标、课程编订和实施、教学过程、学生学习课程后的结果等方面的评价和分析。这种观点确定的课程评价范围比较全面,基本上涵

① 李雁冰:《课程评价论》,上海教育出版社,2002 年,第 7-8 页。
② 王鉴:《课程论热点问题研究》,广西师范大学出版社,2008 年,第 119 页。
③ 陈侠:《课程论》,人民教育出版社,1989 年,第 337-342 页。转引自王鉴:《课程论热点问题研究》,广西师范大学出版社,2008 年,第 119 页。

盖了课程发展过程的各个环节。

（二）课程评价的标准

课程评价的标准在课程评价的理论和实践中占有重要地位。顾明远等人将课程评价的标准分为 4 类：① 效果标准，就是从课程实施效果的角度来确定的评价标准。② 发展的标准，指对具体课程的评价不应只局限在某一阶段上，而应随着课程自身的发展来对课程进行评价，即课程评价的标准应能反映出课程改革、发展、变化的过程。③ 科学的标准，就是不管评价什么项目都必须尽可能遵循的要求，也就是评价的效度、信度问题。④ 严肃的标准，即效率。①

美国教育评价标准联合会 1981 年公布有关教育方案、计划和材料的评价标准。这些标准分为 4 类：效用标准（7 项指标）、适当性标准（8 项指标）、可行性标准（3 项指标）和准确性标准（12 项指标）。②

刘志军对评价标准的构建提出了自己的独到见解。③ 他认为课程评价标准应是一个更具灵活性的评价标准。课程评价标准应该符合以下几个方面的要求：第一，评价标准既要考虑一般性要求，也要考虑地区间、学校间的差异，同时，评价指标还应有一定的灵活性，使评价人员可以根据不同情况对末级指标进行自我定义，使评价标准有更强的针对性；第二，评价标准强调课程评价的引导性，通过比较具体指标的价值倾向性引导课程的发展方向；第三，评价标准还应强调适度可操作性，使评级人员能够有针对性地收集资料，在有充足事实根据的基础上对课程状况作出判断；第四，评价指标应体现不同的层级要求，中央、地方、学校应根据不同层级的职责提出不同的标准，使每一个层级的评价适合该层级的工作状况。总之，课程评价标准为评价活动提供了参照和依据，避免了评价活动的随意性，同时也为建构新的课程体系提供了依据。

五、课程评价的特点

（一）课程评价的一般特性④

1. 社会性

根据社会发展的需要，评价全过程都富有社会性，属于社会活动的范畴，直接指向课程活实践。⑤

2. 包容性

课程评价包括终结性评价、个性评价、事实评价、价值评价、对学生的评价、对课程的评价、过程评价、综合评价。评价方法和评价主体呈现多元化趋势。

3. 整合性

对各方面的评价意见进行综合分析和整理，从而获得整合的结论。

4. 感情色彩

评价主体的态度、情感、需要、意志等因素不可避免地要参与进来，渗透着评价主体的需求

---

① 顾明远，等：《学校教学计划与课程管理运作全书》，开明出版社，1995 年，第 513－518 页。转引自王鉴：《课程论热点问题研究》，广西师范大学出版社，2008 年，第 120 页。

② 廖哲勋，田慧生：《课程新论》，教育科学出版社，2003 年，第 430－433 页。

③ 刘志军：《课程评价的现状、问题与展望》，《课程·教材·教法》，2007 年第 1 期。转引自王鉴：《课程论热点问题研究》，广西师范大学出版社，2008 年，第 120 页。

④ 高有华：《高等教育课程理论新探》，江苏大学出版社，2009 年，第 289－290 页。

⑤ 和学新：《课程评价若干理论问题探讨》，《天津市教科院学报》，2005 年第 3 期。转引自高有华：《高等教育课程理论新探》，江苏大学出版社，2009 年，第 289 页。

和满意度等情感关系。

5. 资料的系统性

资料的系统性是确保评价有效性和可靠性的基础。

6. 发展性

课程评价是为了改善和发展课程,而不是仅仅为了作出简单的价值判断。

(二) 新加坡中小学课程评价的特点[①]

1. 持续性评价与阶段性评价相结合

在新加坡,学校教育评价体系通常由两类组成:持续性评价(CA)与阶段性评价(SA)。持续性评价是过程性的,持续性评价可以采用多种评价方式,主要形式有课堂观察、口头交流、小组讨论、布置功课、随堂测试、社会实践以及调查任务等。

阶段性评价是总结性的,主要形式为学期末或学年末的测试。测试的目的主要在于确定学生本阶段的学业水平与课程目标的差距,以便为下一阶段的教学提供参考,因而其测试范围比较广。全国性考试是影响最大的阶段性评价。

2. 采用等级制的评价方法

对学科的评分以等级来划分优劣(如 85 分以上的学生为优秀;70 ~ 84 分的学生为良好;50 ~ 69 分为基本掌握,50 分以下的学生为未达要求)。虽然学生都希望自己考的分数越高越好,但实际上反映在成绩单上的只是字母而已,这在无形中减轻了学生一定的压力。

3. 重视对课程辅助活动的评价

新加坡课程辅助活动("课外活动")分为四大类:体育竞技、制服团体、音乐舞蹈以及俱乐部与社团。新加坡教育部规定:学校应鼓励小学生参加校园课外活动;中学生和初级学院在校生必须参加至少一项课外活动。

另外还必须具有回报社会、服务大众的意识并完成一定时限的社区服务和公益劳动。中学阶段,教育部规定学生每年至少要完成 6 个小时的公益活动。而到了初级学院,新加坡教育部规定学生每年至少要完成 40 个小时的社区服务工作。新加坡的大学招生在评分系统中,课程辅助活动及国民服役占 5%。

4. 重视实验操作能力的评价

在新加坡,实验是科学课程学习的重要内容,一般占年末总成绩的 25% ~ 30%。[②]

(三) 美国基础教育课程评价的主要特点[③]

1. 强调州级评价制度的全面推广

在美国基础教育改革的过程中,随着州级课程标准的制定,州级评价得到前所未有的重视。州级考试制度已经普遍建立,学业考核的重点是基础和核心课程。从 1990—2000 学年的情况来看,各州的评价主要可以分成以下三种类型:第一种是在小学、初中和高中阶段每个科目只在一个年级考核;第二种是用同一种评定方法对小学二年级或三年级至八年级以上的学生就同一科目逐年进行考核;第三种是用多种评定方法对小学二年级或三年级至八年级的学生就不同科目逐年进行考核。

---

① 谢东宝:《新加坡中小学课程评价特点简评》,《教育测量与评价》,2008 年第 2 期。

② 朱默君:《体验新加坡》,华东师范大学出版社,2006 年,第 87 – 140 页。

③ 刘丽群,林洁:《浅析美国基础教育课程评价的类型与特点》,《教育测量与评价》,2008 年第 3 期。

2. 重视对学生实验能力与技能的评价

美国评价改革的侧重点在于培养和发展学生各种重要的高级心智技能。为此,美国课程与教学评价通常采用口试与答辩、短文与论文、过程叙述反应题、综合分析解释题、作品与方案设计、档案历程分析、实验操作等方式加以直接评估。特别是为了发展学生更高层次的认知技能、动作技能和研究技能而进行的评价更重视评价学生的实验能力与技能。

3. 注重评价的情境化、真实化

美国基础教育一般采用活动化、游戏化、情境化的评价方法。在评价中,评价者提供合作学习和间接学习的活动情境,如学生购物、观察风向、预报天气等活动,都是真实或仿真的情境,通过学生在真实情境中的活动和行为来对学生进行动态化评价。评价重新回归学生在教育活动、课程教学中的完整而真实的生活,强调在完成实际任务的过程中来评价学生的发展。

4. 突出评价的多元化

美国《国家科学课程标准》中提供的评价方法除了纸笔测试以外,还包括平时的课堂行为记录、项目调查、书面报告、作业等开放性的方法。美国的中小学评价普遍重视对学生的日常观察记录,淡化考试分数之间的微小差异,在课业考评中大多使用等级制和评语制,给学生创造较宽松和快乐的学习环境,并且美国州考方法由各州自行决定。

(四)日本中小学课程评价特点

1. "成就度评价"相当普及

日本的"成就度评价"相当普及,它作为一种"量化评价"的方法受到特别重视。这是日本"量化评价"的一个动向,其事例就是日本京都府展开的"成就度评价"。

2. 注重多元评价

日本教育评价的第二个动向是依据多样的方法展开多元的评价。诸如撰写论文、表演实技、制作工业品等等,多侧面地把握学生的进步。

3. 注重"自我评价"与"相互评价"

第三个动向是"自我评价"与"相互评价"的推广,这是同"质性评价"密切相关的。在现代评价理论中倡导"真实评价"(authentic evaluation),把学生应用知识的活动、作品、笔记、设计等第一手资料收集在文件夹里,谓之"卷宗",借助第一手资料作出评价。不过,要得到更好的效果就得同时进行学生自身的"自我评价"与学生之间的"相互评价"。

(五)我国上海地区中小学课程评价的总体思路

课程评价不仅包括对课程方案、课程标准、教材的评价,而且包括对课程方案实施效果的评价。其中,对课程方案的评价,包括对课程结构、课程设置及课时配比、课时总量及其安排等的评价;对课程标准的评价,包括对课程标准的总纲和分科课程标准的评价。评价不仅是为了考核水平与选拔优秀学生,更是为了有利于学生的发展。评价的性质不仅重视终结性评价,更重视诊断性评价和形成性评价。评价方式主要由指标评价系统和概括性问题评价两大部分组成。概括性问题评价,主要采取问卷的形式,如课程方案评价问卷、课程标准和教材评价问卷、学生素质评价问卷等。指标评价系统包括课程方案、课程标准、各科教材及中小学生素质评价4个指标系统。

第二节　课程评价过程

对课程编制过程进行评价的困难性在于课程设计的模式多样性。课程设计的模式不同,课程评价的方式也就不同。

一、比尔·吉贝的课程评价四步骤

比尔·吉贝提出了以目标为中心的全国性课程设计的评价中采取的 4 个步骤:[1]

(1) 初步评价:这是设计一门有价值的课程的初步决策。

(2) 形成性评价:课程设计放到"实验学校"中去实验,观察实际教学中发生了些什么。

(3) 总结性评价:主要评价整个课程实施的最后结果,看学生掌握了一些什么和达到什么程度。

(4) 长期评价:主要观察当这门课程在许多学校广泛实验并重复实施时会发生什么情况。

二、黄政杰的课程评价八步骤

关于课程评价的过程,不同的模式有不同的主张。我国台湾学者黄政杰曾对各种主张进行了归纳,提出课程评价过程一般由以下 8 个步骤组成:[2]

(1) 确立评价目的。

(2) 依据评价问题,描述所需资料。

(3) 进行相关文献的探讨。

(4) 拟订评价设计。

(5) 依照设计搜集所需资料。

(6) 整理、分析及解释资料。

(7) 完成评价报告,推广、回馈。

(8) 实施评价的评价。

上述步骤组成了一个完整的评价过程,但仔细分析各个步骤不难发现,其中的每一个步骤都离不开对所需资料论据的收集与分析。

三、课程评价的六个阶段

要进行课程评价,评价者必须有行动计划。下列步骤是国外大多数评价研究者在讨论中提到的。[3]

(一) 确定所要评价的课程现象

在这个阶段,评价者决定他们将要评价什么和将要使用什么评价。他们决定评价的焦点,如评价的将是整个学校系统还是某一特定的学校(如城市学校、农村学校等),评价的将是某

---

[1] [英]丹尼斯·劳顿,等:《课程研究的理论与实践》,张渭城译,人民教育出版社,1985 年,第 162－164 页。

[2] 黄政杰:《课程评鉴》,台湾师大书苑有限公司,1990 年,第 267 页。转引自李雁冰:《课程评价论》,上海教育出版社,2002 年,第 183－184 页。

[3] 韩和鸣:《中小学课程导论》,河南大学出版社,2008 年,第 191－192 页。

一特定学科领域还是学校中的某个或几个年级所学的学科。在这一点上,评价者要阐明评价活动的目标和确定评价将在什么限制和政策下进行。他们要确定从事评价所必需的决策层级(学校、当地教育主管部门或国家教育主管部门等)以及为评价的各个方面确定目标、日期或时间表。

(二)搜集信息

在这一步评价者要确定哪些信息源是不可缺少的以及用怎样的手段和工具去搜集信息(如访谈、问卷、书面文档、学生成绩等)。

(三)组织信息

评价者组织所搜集的信息使信息便于预期的最终听众(如课程编制者、教育官员、校长等)解释和使用,其中要注意编码、组织、储存和检索信息的手段。

(四)分析信息

在这个阶段,评价者选择和运用适当的分析技术,具体选取何种分析技术(如统计分析技术)要取决于评价的焦点或重点。

(五)报告信息

评价者要根据报告的听众或用户决定怎样报告所处理的信息。他们可以进行非正式的报告,如依据一般的感性认识发表一些意见和做一些比较表层的判断。但是,评价者的评价应当注重更严格地搜集、处理和报告数据资料,最终的评价报告要有详细的统计数据作为支撑依据。

(六)再循环信息

在把信息传达给预期的听众过程中,评价者需要做的不只是告知评价结果,他们还应当传达分析阶段得出的对数据资料的解释以及具体的行动建议。如果他们一直在为那些负责全面的课程编制和评价的人工作,那么他们就可以向课程决策者提出他们的建议。有时,评价者也有责任确保他们的建议得到执行。当评价者是直接为中央教育主管部门(如教育部)工作时,他们尤其负有这个责任。

第三节 发展性课程评价

自从我国《基础教育课程改革纲要(试行)》(以下简称《纲要》)提出建立促进学生全面发展、教师不断提高、课程不断发展的课程评价体系以来,研究者们逐渐将视线集中到发展性评价及发展性课程评价上来。

一、发展性课程评价的提出

发展性课程评价的提出主要基于对我国传统课程评价方式的批判和课程评价理论研究的新进展。进入 21 世纪以来,随着基础教育课程改革的进行,对高考制度的批判和对高考改革要求的呼声更是此起彼伏。应该挖掘考试的潜能,使当前考试的导向功能中太多的抑制与伤害作用转化为激励作用,使考试在全面贯彻教育方针、促进学生全面发展方面担当重要角色,成为实施素质教育的推动力。

二、发展性课程评价的有关内容

（一）发展性课程评价的特征

发展性课程评价是在判断价值的基础上不断发现价值和提升价值的过程；发展性课程评价是立足现在、面向未来的评价；发展性课程评价是以促进课程发展和学生发展为目的的评价，是一种依据目标、重视过程、及时反馈、促进发展的评价；发展性课程评价重视提高被评价者的参与意识，充分发挥其主动参与评价的积极性；发展性课程评价是多元评价主体的评价。[①]

（二）发展性课程评价体系的内容

根据《纲要》，发展性课程评价体系的内容包括三个方面：① 建立促进学生全面发展的课程评价体系。评价不仅要关注学生的学习成绩，而且要发现、发展学生多方面的潜能，了解学生发展中的需求，帮助学生认识自我，建立自信，发挥评价的教育功能，促进学生在原有水平上不断发展。② 建立促进教师不断提高的评价体系。强调教师对自己教学行为的分析与反思，建立以教师自评为主，校长、教师、学生、家长共同参与的评价制度，使教师从多种渠道获得信息，不断提高教学水平。③ 建立促进课程不断发展的课程评价体系。周期性地对学校课程执行的情况、课程实施中的问题进行分析评估，调整课程内容，改进教学管理，形成课程不断革新的机制。[②]

（三）建立发展性课程评价体系需要注意的问题

建立发展性课程评价制度，需要注意以下几方面的问题：第一：要有广阔的课程评价视野；第二，要唤醒多元主体的课程意识，树立发展性课程观与评价观；第三，要建立相对独立的课程评价机构或组织，这种组织应是一种教育或课程评价的中介组织。[③]

（四）考试与发展性评价之间的关系

发展性评价并不是不要考试，只要端正目的，考试同样也可以用来促进学生发展。对待中考、高考等选拔性的考试，有一点应该明确，学生在基础教育阶段甚至高中阶段接受教育的目的是成为一个适应时代要求的高素质公民，而不能仅仅为了应付考试。因此，日常教学中的发展性评价的根本目的在于促进学生全面发展，不能因为选拔性考试的存在而削弱评价的发展性功能，这样会损害学生发展的长远利益。事实上，充分发挥评价的发展性功能，不仅可以促进学生的全面发展，而且对于提高他们的考试成绩也是有帮助的，发展性评价与各类考试并不是对立的。

（五）发展性课程评价的理论基础与体系建构

关于发展性课程评价的问题，刘志军的研究较多且比较系统。其博士后论文《发展性课程评价研究》从理论上探讨发展性课程评价的理论基础、体系建构以及发展性课程评价方法体系等内容。[④] 其从课程价值理论、主体性发展理论和交往实践理论论述发展性课程评价的

---

① 刘志军：《发展性课程评价研究》，华东师范大学出版社，2002 年，第 32 页。转引自王鉴：《课程论热点问题研究》，广西师范大学出版社，2008 年，第 123 页。

② 钟启泉，等：《为了中华民族的复兴，为了每位学生的发展——〈基础教育课程改革纲要（试行）〉解读》，华东师范大学出版社，2001 年，第 9－10 页。转引自王鉴：《课程论热点问题研究》，广西师范大学出版社，2008 年，第 123 页。

③ 和学新：《课程评价制度创新与基础教育课程改革》，《教育研究》，2004 年第 7 期。转引自王鉴：《课程论热点问题研究》，广西师范大学出版社，2008 年，第 124 页。

④ 刘志军：《发展性课程评价研究》，华东师范大学出版社，2002 年，第 34－71 页。

理论基础,并在此基础上提出发展性课程评价的基本理念:以学生发展为本、促进课程不断改进与提高以及面向多元等。

发展性课程评价体系中包括三个相互对立又密切关联的组成部分,分别为以目标为中心的课程设计评价、以过程为中心的课程实施评价和以结果为中心的课程效果评价。这三种不同的评价各自都呈现螺旋式上升的趋势。

发展性课程评价的三螺旋结构具有以下几方面特点:

(1)发展性课程评价具有三板块结构

这里所确立的发展性课程评价是以我国课程开发机制为基础的,在当前的条件下,无论是国家课程、地方课程还是校本课程,都需要有明确设置的课程目标和课程总体安排,需要了解多方面课程结果,更需要审视课程实施过程。发展性课程评价正是通过对这三方面内容进行评价,构建起促进课程不断改进与提高的评价系统。

目标作为泰勒课程开发模式和评价模式的基石,它既是一部分人开展课程研究与评价的出发点和归宿,也是一部分人批判与重建课程理论的起跑线。课程评价是建立在特定的课程开发模式之上,目标及课程设计对于我国开展的课程评价的作用也是显而易见的。但课程目标、课程标准等的重要性决定了它必须成为评价的对象。只有通过对课程设计的持续性评价才能使课程目标及设计不断反映那个新情况,并在此基础上进行适当的调整,使课程目标发挥其应有的作用。

课程实施的过程是过程评价的重要内容。由于课程实施过程中涉及的因素更多、更复杂,在实施过程中也有更多的变数,因此对课程实施过程的评价对于课程的调控以及拉近课程理想与现实的距离具有特殊意义,同时它对于课程改革的深入开展和顺利进行也有重要意义。

结果评价就是对课程实施效果的评价。有良好的课程效果是课程改革的目的之一,要了解课程改革实施一个阶段以后,课程是否达到了预期目的,是否出现了一些未预料到的问题,下一步课程改革如何发展等,都需要对课程效果进行评价。课程结果是每一个从事课程改革的人员以及课程改革相关人员都很关注的问题,它也是决定课程改革能否推广的关键问题。因此,全面了解课程效果是进行课程改革的关键一环,也是课程评价必须回答和解决的问题。

(2)螺旋结构相互交融

课程设计评价、课程实施评价和课程效果评价在整个评价过程中是相互交融、相互作用的,它们共同形成了独特的三螺旋结构。

在发展性课程评价中,大多数情况下要进行多次循环评价,而每次循环也不是在原地进行的重复,而是螺旋式上升的过程。在这种循环中,目标、过程与结果分别形成了三个吸引子,并以这三个吸引子为中心形成了三个循环结构。这三个循环结构在各自循环结构的基础上形成了发展性课程评价的三螺旋结构。

对课程设计、实施过程、结果的分析,虽然从表面上看是从三个不同方面对课程进行的评价,但它们在一定程度上是融为一体的,特别是各部分评价在螺旋式上升过程中,由于评价各部分信息交换的频率会进一步增加,同样的评价信息甚至可以同时为三个评价部分服务,或者从不同的角度为三个评价部分提供"佐证"或"旁证",因而三者的关系会通过即时互动变得更加密切。

(3)发展性课程评价消解了二元对立的思维框架

在过去出现的一系列课程评价模式中,从整体上看,其思维方式出现了二元对立的局面。

一部分评价模式遵循线性思维方式,他们更多地强调确定性因果关系,另一部分评价模式则遵循非线性思维方式,它们更多地强调因果关系的不确定性。这种二元对立思维框架在课程评价的理论、方法等层面都有所反映。

从发展性课程评价体系的整体结构来看,它呈现多重循环基础上的三螺旋结构,并不刻意强调评价中的因果关系,而是以促进学生与教师发展和课程不断改进为评价的目的与归宿,用理解的态度对待不同的意见、看法和价值观点等,这些则体现出发展性课程评价体系的非线性特征。正是通过在评价体系中确定性与不确定性的统一,使思维方式发生了变革。在构建发展性课程评价体系时,力图走确定性与不确定性相结合道路,以混沌理论和复杂性科学的思维方式为指导,注重体系的开放性和多元特征,避免走非此即彼的极端道路。通过不断的评价,努力使课程研究与课程改革走上健康发展的康庄大道。

(六)课程评价方法发展的回顾与分析

对课程评价的发展变化来讲,课程评价方法是最为敏感的因素之一。在一定程度上,方法的革命性变革会直接导致课程评价质的变化和跳跃性发展。[①]

从方法的角度看,课程评价可以分为三个不同的发展时期:前课程评价时期、课程评价初创与发展时期、课程评价的反思与重建时期。

前课程评价时期,主要是指20世纪30年代以前的漫长发展时期。在这一时期,主要表现为从最初的经验性考试到受科学化运动推动的教育测验运动的发展。其手段和方法已经从最初的模糊逐步走向清晰,从朴素的追求公正走向追求客观和科学,它本身又成为教育追求科学化运动中的重要力量。

课程评价的初创与发展时期(20世纪30年代至70年代中期),在课程评价方法上,仍是客观的实证主义方法占优势的时期。

课程评价的批判和重建时期(20世纪70年代开始直到现在),在这一时期,出现了一批以批判传统课程评价重建课程评价理论为标志的课程评价模式。在课程评价方法上,主观主义评价、人文化评价的呼声越来越高,它们更加重视教育自有的人性特征,强调评价方法上的人文特点,并以评价的有效性为最高追求。

课程评价经过三个时期的发展,课程评价方法也经历了从最初的模糊到精确再到追求有效性的变革。自20世纪60年代以来,就逐渐形成了两类不同的课程评价方法:以"硬"评价为标志的客观主义评价方法和以"软"评价为标志的主观主义评价方法。这两类不同方法的出现,造成了两类课程评价方法的分野,争论焦点集中在能否量化和是否有效两个问题上。

实证化课程评价方法有一个独特的发展过程,实证化课程评价方法真正得以迅速发展是在19世纪末至20世纪上半叶的这段时间里。除了社会需要之外,科学主义思潮的强大影响和实证主义的哲学基础是促使实证化课程评价方法迅速发展的内在原因。

人文化课程评价方法是从20世纪60年代开始萌芽的,而它们真正大规模的发展则是从70年代以后对传统课程评价的批判开始的。在运用这些方法的过程中,人们更多地考虑人的需要和价值,注重人的心理感受和情感体验,强调人与人之间的对话和交流,从更适合人性的角度开展课程评价,统称这一类方法为人文化课程评价方法。

---

① 刘志军:《发展性课程评价方法的探讨》,《课程·教材·教法》,2004年第1期。

（七）发展性课程评价方法的构想

发展性课程评价方法是立足于发展性课程评价的特点,总结课程评价方法发展的经验、教训,在发展性课程评价中提出的一系列选用评价方法的原则、内在机制和策略的统称。一般认为,发展性课程评价方法应包括以下几个方面的内容:[①]

1. 发展性课程评价方法选用的基本原则

发展性课程评价方法选用的基本原则是指在具体开展发展性课程评价时选择和运用评价方法的基本要求。其具体内容包括以下三个方面:

第一,理解性原则。理解作为发展性课程评价方法选用时的基本原则,它包含多个层次。理解既有对评价对象的理解,也有对评价信息的理解,还包括多种评价主体的相互理解。在具体评价中,评价者面对的是各具特色的主体以及主体参与其中的丰富复杂的活动,评价者以民主、平等以及欣赏的心态去理解他们。

在评价过程中,评价者还要以理解为目的综合把握用各种手段收集到的信息,包括数量化信息。更重要的是,在评价中评价者还要与多种评价主体交流信息,对评价参与者的目的、意义和价值进行深层的理解,并通过移情作用对特定的人的行为和情感进行理解。以理解为基础和总则的课程评价才能更切合评价对象的实际,更能把握评价对象的真实情况,深入了解评价对象背后的意义,综合平衡各评价主体的意见和建议,评价结果才会更有针对性和现实意义,也更易于为被评价者所接受和采纳。因此,理解性原则应是指导其他各项原则的基础,走向理解的课程评价将是发展性课程评价研究的努力方向和最终归宿。

第二,多元化原则。多元化原则与理解性原则是相辅相成的,多元化也是以理解为基础和指向的多元,在理解的基础上,评价者选用评价方法时,应不存偏见地面对多种不同类型和特点的评价方法,以开放的心态选择各种方法,以平等的态度运用不同的评价方法,这也是发展性课程评价多元精神的体现。多元化原则除了强调面对多种方法的平等心态外,还鼓励评价者以一种开放的态度根据评价对象不同的情况自主开发新的评价方法,它要求评价者不仅做评价方法的使用者,还要做多元评价方法家族的开发者和建设者。

第三,现实性原则。评价方法选用的现实性原则是指在课程评价中围绕评价目的,根据评价对象的实际情况与评价参与者的具体情况进行符合实际的设计和安排方法。从现实性原则来看,真正优秀的评价并不一定是从各方面看都完美无缺的评价,而是通过评价参与评价课程的各方面人员真正能够对自身以及需要改进的方面增进了解,使他们真正从评价中获益的评价。这也是发展性课程评价实现发展性功能的基本要求。

2. 发展性课程评价方法的内在机制

课程评价方法的发展有自身的内在逻辑,从发展性课程评价自身特点出发,参照当代理论与实践发展的启示,以理解为基础的网状结构模型应是发展性课程评价方法的内在机制。这里的网状结构是试图把多元化的方法放在同一结构之中,在这一结构内的各种方法是一种平等、合作、相互说明甚至相互转化的关系。评价者在选用方法时,面对的是多种备择方法,它把评价者从过去的二者必择其一的困境中解脱出来,也超越了使二者简单地、机械地结合的状况。课程评价方法的网状结构在承认并保留各种方法各自特点的基础上,赋予评价者更大的灵活变通的自主权,评价者可以根据具体情况不断调整和变通评价方法。

---

① 刘志军:《发展性课程评价方法的探讨》,《课程·教材·教法》,2004 年第 1 期。

以理解为基础的网状结构模型的内在机制,具有以下两个特点:

第一,理解是发展性课程评价方法的基本特征。网状结构模型是以理解为基础,主要在于理解较好地体现了发展性课程评价的独特性。在发展性课程评价中,课程作为学生的经验系统,需要体悟;课程评价作为特定的文化和价值系统,需要对话和交流;发展性课程评价还需要协调课程的计划性和动态生成性差异和矛盾;等等。这些都需要理解来完成和支持,理解就自然成为整合各种方法的基础。

第二,网状结构模型使发展性课程评价方法实现了由线性向非线性思维方式的转变。评价方法的网状结构模型是在超越了评价方法的二元对立及对两种方法的简单结合的基础上发展而来的,它一方面强调多种方法的现实存在,另一方面强调方法选择和运用的多元化与灵活变通,实现评价过程甚至结果的多元化,并通过过程与结果的多元化来把握纷繁复杂的课程现实。这种以多元化贯彻始终的课程评价方法体现了非线性思维方式的基本特征,从而实现了课程评价方法由线性思维方式向非线性思维方式的转变。

3. 发展性课程评价方法运用中的基本策略

发展性课程评价方法的运用主要是通过行动研究来实现的。

行动研究最早用于社会学家研究不同种群之间关系时提出来的。由于发展性课程评价与行动研究的许多理念和做法有相似与相近之处,所以把发展性课程评价方法运用的策略与行动研究直接挂起钩来。

行动研究强调实践者的参与,注重研究过程与实践者的活动相结合。在发展性课程评价中,利用行动研究的策略,可以更好地调动评价参与者的积极性,特别是评价对象的积极性,促使他们让评价者正确地认识自己,并在此基础上进行批判性反思,成为合作性参与者和反思性实践者。

行动研究的主要目的在于改进。这种改进不仅在于通过解决问题提高教育教学活动质量,还在于通过行动研究改变参与者的观念和提高参与者的水平。这一目的与发展性课程评价的基本目的更是不谋而合,发展性课程评价的特点就是不断地改进和提高。在发展性课程评价中运用行动研究的策略,可以使评价活动更好地向着改进的目的前进。

行动研究的一般过程与发展性课程评价的不断循环上升的螺旋结构也极为相似。行动研究的早期探索者勒温就形象地把行动研究比喻成一个由多个圆环组成的螺旋结构,其中的每个圆环大致包含计划、行动、对行动结果的观察三个部分。20 世纪 80 年代凯米斯在勒温的程序基础上增加了反思环节,形成了"计划—行动—观察—反思—再计划……",这成为行动研究的经典程序。发展性课程评价把行动研究作为评价的基本策略,可以充分发挥行动研究的优势,在不断地发现问题、诊断问题和解决问题的过程中持续促进学生的发展、教师的不断提高与课程的不断改进。

为了在发展性课程评价中更好地实施行动研究的策略,需要充分发挥教师的作用,而这需要进一步做好两方面的工作:一是增加教师评价的权力,进行评价"授权";二是通过校本培训提高教师的评价能力。

对教师进行评价"授权"是教师参与到课程评价过程中并成为课程评价主体的重要前提。对教师"授权",赋予了教师评价的权力,并不等于教师就已经具备评价能力。教师评价能力的提高除了应通过教师自身提高外,还应通过不断的行动研究,在评价过程中不断提高。当前在教师专业发展与教师培训中提出的校本培训就是教师通过实际参与课程评价和参加多种形式的研修提高活动,促进自身评价能力的不断发展,从而提高发展性课程评价的实效。

三、发展性课程评价制度的建设

所谓发展性课程评价制度,就是指在课程评价的理念、目的、主体、内容、方式、过程以及结果的解释与运用等方面以发展的理念和方式来展开的课程评价制度。[①] 发展性课程评价是一种评价制度。作为制度,它有一套相应的理念、方法、组织措施、程序以及规则体系,由相应的组织和机构来操作与执行。它要求参与其中的人员按照相应的理念、规则、程序来开展评价活动。

(1)在评价理念上,发展性课程评价突出强调课程评价的发展观,强调课程的发展、学生的发展和教师的发展。课程的根本价值在于促进学生的发展,评介课程是否发挥了这种价值、发挥的作用如何是课程评价要完成的根本任务。完成这种任务,就要确立课程评价的发展观,就要强调课程改革是一个不断发展、创生的过程,评价课程不只是看它的好坏与成功与否,还要看特定历史条件和文化背景下课程本身的适应性、发展性和创生性。要看学生发展的程度、速度、水平,要看学生发展得是否全面、完整,要看全体学生的发展状况,要看学生的发展是否积极、主动,是否生动、活泼,是否具有创造性,是否适应时代的要求。要看教师的发展,看教师是否适应课程的发展,看教师是否在课程的发展中发展了自身,是否积极主动参与了课程的发展与变革,是否把自身当做课程发展的主体。发展观是新的课程评价制度的首要基本理念。

(2)在评价的目的上,发展性课程评价强调课程系统的整体发展,尤其是课程的目标、内容、结构、管理等方面是否相协调,是否在机制上最大限度促进了所有学生的全面、整体、积极、主动发展。发展性课程评价制度的建立就是要革除长期以来形成的课程评价弊端,创设新的促进课程发展和人的发展的课程评价制度。

(3)在评价的主体上,发展性课程评价强调多元主体的参与,这种多元主体不只包括教育内部的主体(教师、学生、学校管理者、教育行政管理者、教育理论工作者),还应包括多方面的社会主体,如科学家、政治家、社会活动家、人文学者、家长、地方社区代表、企业雇主等。多元主体的参与有利于广泛征求意见,集思广益,保证课程的广泛代表性,这本身就是一种民主。多元主体参与可以是分别参与评价、背靠背评价,也可以是共同参与评价,这样就可以既有内部评价,又有外部评价,既有独立评价,又有共同评价,就可以保证评价的科学性、有效性和发展性。

(4)在评价内容上,要对课程活动的全程进行全面评价,具体可包括课程设计评价、课程实施评价、课程效果评价。课程设计评价包括课程目标、课程方案、课程标准、教材编制等方面的评价;课程实施评价包括教师教、学生学、师生关系、课程管理、学校教学教育制度建设、社会或社区的支持与配合等方面的评价;课程效果评价包括学生发展状况、教师的教育教学素质和课程开发水平、学校的课程管理与开发能力、学校与社区的联系、地方和社区学习性社会的状况以及非预期效果等方面的评价。通过对课程活动的全程进行全面评价,实现基础教育课程体系的自我发展和更新。

(5)在评价对象上,发展性课程评价强调既有对学生发展的评价又有对教师发展的评价,还包括对课程体系发展的评价。对学生的评价,不只是对学生知识和能力的评价,还包括对学

---

① 董建春:《论发展性课程评价制度建设》,《中国教育学刊》,2008 年第 4 期。

生过程与方法、情感、态度和价值观等多方面发展的评价。其强调的不只是结果,更关注获得结果的过程。对教师的评价,不只是对教师教学效果的评价,还包括对教师教学行为的过程、教师对课程资源的开发、教师参与课程发展的态度和能力以及实际效果等多方面的评价。

(6)在评价结果的解释和运用上,发展性课程评价强调结果解释和运用的相对性,强调课程的发展性、学生的发展性、教师的发展性,关注课程发展、学生发展、教师发展中的问题及其原因,找到解决问题的良方,改进课程,促进课程的发展、学生的发展和教师的发展,而不是把结果仅用作甄别和选拔的依据,仅作为教育教学管理的手段。

总之,建设发展性课程评价制度,要具有明确的课程意识。所谓课程意识,是人们对课程系统的基本认识,是对课程设计与实施的基本反映,这是发展性课程评价制度建设的前提。要建立相对独立的课程评价机构或组织,这是发展性课程评价制度建设的机制保障。要扩展课程评价的视域,基础教育课程改革是在发生巨大转型的社会历史背景下展开的,它不只是教育的事情,还是整个民族、整个国家的事情,只有高远广阔的评价视域,才能在指导思想、评价目的、评价标准、参与主体、评价结果的解释与使用上跳出教育的圈子,在课程的目标、结构、内容、实施、管理、评价等方面实现转型,最终建立一个符合素质教育要求的新的基础教育课程体系。

第五篇

第十八章　中小学综合理科课程

综合课程的开发和实施已经成为近些年来国内外基础教育课程改革的趋势之一。综合理科课程,作为综合课程的一个分支,打破了传统中小学课程分科设计的模式,随着课程改革的深入,逐渐受到人们的关注与追捧,并在培养学生综合实践能力、科学创造思维、科学素养精神等方面发挥出了优势,成为课程教学改革关注的核心之一。

第一节　综合理科课程及其特点

一、综合理科课程概述

20 世纪六七十年代,国际上课程设置发生的最重要的变化之一,是学科内容的范围起了巨大的变化,出现了综合理科课程。自从 1967 年第一届国际综合理科教学研讨会在瑞士洛桑举行以来,综合课程改革已经取得了令人瞩目的成绩。英国于 60 年代编出各类综合性质的理科课程,如纳菲尔德综合理科、纳菲尔德中等理科等。被马来西亚、尼日利亚、莱索托和我国香港地区等采用的苏格兰综合理科教材,也在世界范围产生了较大影响。[1] 综合理科课程发展很快,1968 年,在保加利亚的维纳召开的综合理科国际会议上,只有 30～40 个综合理科课程;到 1978 年在荷兰奈梅亨大学召开的综合理科教育国际会议上,已知道的综合理科课程有 130 个(还有很多是会上没有收集到的)。[2] 根据《世界中学课程博览》中收集到的 20 世纪 80 年代对西方发达国家中学理科课程的统计,这些国家的科学课程基本上是以综合课程的形式开设的。[3]

二、综合理科课程产生的背景

综合理科课程的产生来源于综合课程的起源和发展。综合课程(integrated curriculum) 是

---

① 汪人:《综合理科课程发展概述》,《上海教育科研》,1999 年第 7 期。

② 梁英豪:《世界中学综合理科教育发展概括》,《苏州大学学报(自然科学版)》,1988 年第 9 期。

③ 江山野:《世界中学课程设置博览》,吉林教育出版社,1989 年,第 305 页。

一种课程的组织取向,它有意识地应用两种或两种以上的知识观和方法论去考察与探究一个问题或主题。这里以综合理科课程的哲学、社会学等背景阐释其产生的环境。

（一）实用主义的崛起

自然科学教育分科课程向新综合方向发展的起因首先在于实用主义哲学的崛起。实用主义哲学的代表约翰·杜威开始怀疑自然实在论提出的知识客观实在性的论断。他指出应把人的头脑视为能动而有探讨力,而不是被动接受客观实在的东西。教师不是直接讲授传统的科目,而是当这些科目有助于解决学生当前问题时才利用它们。教育不仅仅是把别人为学生选择的、认为学生应该掌握的知识灌注给学生,还应当让学生去学习他们自己感到好奇的东西。因此非常重视学生学习的兴趣。

（二）存在主义学说的兴起

存在主义者认为全部哲学的核心必定是有思想、有感情的人。知识之所以重要,并不是由于它本身重要,而是由于它帮助我们取得个人自由。知识一定要对他本人发生影响,而不只是使他考试及格而已。存在主义学说还指出,不应把教材编纂成的知识看成目的,应当把这些教材作为自我发展和自我实现的手段。要使教材受学生的支配,让学生把所学的知识"专供"他自己之用,从而使他在学习过程中成为教材的主宰。这些都对传统的仅仅强调学科知识体系的分科课程提出了挑战。

（三）科学的综合化发展

综合理科的提出源自第二次世界大战后科学、技术和社会经济的高度发展。一是"知识爆炸",带来科学知识量的剧增。二是学科的高度分化与高度综合的发展趋势,出现大量新型的分支学科、边缘学科、横断学科和综合学科。三是社会生活中面临越来越多的综合性、多重性的复杂问题,单凭某一科的科学知识难以解决。如,环境污染的防治问题,人口膨胀的控制问题,非再生能源的最优化利用问题等等。这些问题都需要采取综合分析的方法才能解决。科学技术的革命,不断引起关于人和大自然关系的讨论,而人与自然的相互关系本质上是社会过程。过去的理科分科相对来说知识面窄,脱离社会和生活实际,难以适应不断发展的社会需要,难以解决科学、技术和社会相互作用的问题。综合理科有利于给学生打下一些必要的知识、技能和能力的基础,以利于解决科学、技术和社会的相互作用问题。单一的分科课程形态,已不能适应科学的迅猛发展,也不利于学生形成合理的知识结构,不利于培养学生创造性思维能力和综合解决问题的能力,反而因为课程门类繁多而造成学生负担过重。因此,为适应科技和社会发展的需要,英、美、日等国纷纷开始了综合理科的试验研究,并很快拓展为一个世界性的理科改革运动。

（四）科学教育的大众化

随着义务教育的普及,世界上许多国家的基础教育从精英教育向大众教育转化,科学教育的目的不再是培养科学家,而是培养有科学素养的公民。这种转化要求科学课程既能满足社会发展和国家的需要,又能满足各种层次的学生的需求,这是综合科学课程发展的一个重要因素。例如,著名的科学教育家赫德认为:"科学教育的目的是造就有见识的公民,能够利用科学的智力资源创造一种良好的环境,这种环境将促进人类的发展。""科学素养"一词描述了20世纪70至80年代广泛的进步教育目标,将科学知识作为其中一个重要方面而不是全部内容。由此,看到了科学教育目的的转变和扩展,这不是对科学知识的否定,而是反映科学、技术、社会和学生发展的需求并反思第一次科学课程改革浪潮的必然结果,这是综合科学课程发展的基础。

三、综合理科课程内涵

综合理科课程是综合课程的一个分支。综合课程被称为交叉、一体化学科课程,体现的是课程内容的综合化、一体化的趋势。综合课程试图打破原先学科之间的界限,将各门学科以去边界的方式整合在一起。根据美国学者布鲁姆把综合课程的综合强度区分为配合、融合、联合三种程度,综合课程在实际中也存在不同科目和程度的综合类型,广义上分为文科综合、理科综合、文理综合等。

综合理科(或称科学,science)课程是相对于物理、化学、生物等分科的理科课程而言的,由几门自然科学的学科合并而成的一门新的课程。联合国教科文组织在 1972 年曾对综合性理科教学做过如下界定:凡科学原理和要领的陈述,都是为了表明科学思想的基本一致,避免过早或不适当地强调各个学科领域的区别的课程,都可以认为是综合性理科课程。课程综合化是世界课程改革的一种趋势,也是我国新一轮基础教育课程改革的方向。

具体而言,综合理科是在原有的物理学、化学、生物学、自然、地理等课程的基础上综合形成的一个理科综合课程,它打破了传统分科课程的知识领域,组合了多个学科领域构成的一门学科。因为综合理科实际上是针对分科理科而言的,如果没有分科理科,也就无所谓综合理科了,而所谓分科和综合的界限又是相对的,比如,相对于近代的力学、光学、电磁学、热力学等而言,现在的中学物理学应属于综合理科,但相对于现代综合化的科学知识而言,它又是分科的课程。这样,造成了综合理科的类型较多。不同历史阶段、不同国家和地区出现的综合理科,虽然都是以综合的面目出现,但是其内涵有较大的区别。

因此,只有首先明确所谓的分科和综合间的界限,才能真正明确综合理科的含义。现行的理科分科课程是在科学主义的影响下进行的,而对这种学科分类影响最大的正是历史上为科学主义的形成起到关键作用的逻辑实证主义的代表孔德提出的"科学整理法",他把知识由低级到高级划分为物理学、化学、生物学和社会科学,这个学科的等级体系是以数学为其"自然逻辑"的基础。到目前为止,我国中学理科的课程也是基本上分为物理、化学、生物学以及地学(地理中的一部分)4 门。因此,分科理科与综合理科可以界定为:即凡跨越上述 4 科中的两科以上的理科课程就是综合理科,而只强调其中一门的理科课程就是分科理科。[1] 综合理科课程的本质不是将分科科目简单"凑合",而是要打破或超越单项学科的思维,建立起新内涵的课程形态。

四、综合理科课程的综合方式

这里主要从三个方面考察综合理科课程的综合方式:综合方法、综合范围、综合层次。

(一)综合方法

对知识统一性的认识在一定程度上决定了课程的综合方法,纵观各种综合理科课程,其方法大致包括三类:第一类是以所谓的共同概念为课程的组织方式。这些概念一般是各门学科所共同关注的。例如,美国的"概念导向的小学科学"(COPES)有 4 个主要概念,分别是:宇宙的统一性、相互作用和变化、能量的降解、统计学观念。第二类是用科学过程和科学方法作为课程内容的组织方式。典型的例子是"科学—过程方法"(ASPA)课程。在这个课程中,从幼儿园到小学三年级主要强调 7 项"基本过程":观察、测量、推理、预测、分类、收集数据、记录数

---

① 王艳华:《初等教育中开设综合理科课程理论初探》,辽宁师范大学硕士学位论文,2006 年。

据；从小学四年级到六年级主要强调 4 项"综合课程"：解释数据、控制变量、操作性定义、提出假设。第三类是以科学与社会问题作为理科课程的综合方法。这种方法在内容上通常设计健康、环境、卫生、能源等与人类生活息息相关的主题。其中以环境主题最为常见。但各门课程对同一问题的关注程度有所不同。以环境问题为例，可以从以下三个层次涉及这一问题：① 对环境问题的描述。目的是让学生理解有关知识，在情感上引起学生的反应。② 寻找环境问题的解决方案。要求学生把所学的知识运用到具体情境中，对某个环境问题提出具体的解决办法。这一层次在心智技能方面对学生有一定要求，强调较高程度的内化作用。③ 采取行动。要求学生采取实际行动来提高环境质量。这一层次超出了认知和情感的范畴，让学生自己动手解决问题。

（二）综合范围

（1）同一经典自然学科内部的综合。如生物学中的植物学与动物学的综合。

（2）两门密切联系的自然学科之间的综合。如同属自然科学的物理与化学的综合。日本 1977 年的初中《理科》（第一部分）就是由物理与化学综合而成的教材。其主要内容包括：物质和反应；力；物质和原子；电流；物质和离子；运动和能。

（3）两门以上自然学科之间的综合。例如，日本 1978 年版高中《理科Ⅰ》就是由物理、化学、生物、地学 4 门学科综合而成的。其主要内容包括：力和能（落体运动，功和热，能的转化和守恒）；物质的结构和变化（物质的结构单位，物质的成分元素，物质量，化学变化和它的数量关系）；进化（细胞和它的分裂，生殖和发生，遗传和变异，生物的进化）；自然界的平衡（地球的运动，地球的形状，地球的热收支，生态系统和物质循环）；人类和大自然（资源，太阳能，原子能的作用，自然环境的保护）。

（4）基础科学、应用科学和工艺学之间的综合。例如，法国的一所中学曾开设过一门工艺学。这门课程是由作为基础科学的物理、化学与作为应用科学的绘图及工艺学的知识综合而成的。

（5）自然科学和社会科学之间的综合。这种综合课程是综合理科课程发展的更广泛的模式，也是综合理科课程内容研究不可忽略的方面。例如，英国 1986 年出版的《社会中的科学与技术》（*Science and Technology in Society*）就属于此类型。它把自然科学的概念和内容与社会经济和技术条件相联系，课程的每个单元把一个主要的科学课题跟一个重要的日常生活方面相联系。如第二单元的内容包括：来自生物界的能量；电动车、饮用酒精；使用放射性；检查电动机的润滑油；试管婴儿；弗里茨·哈伯的故事；食物的价格；杀虫剂问题；等等。

（6）自然科学、人文科学和艺术之间的综合。如美国的"邦戈计划"（Bongo Program），综合了生物、法律、英语阅读、写作、口头交流／剧场（如导演、舞台演技、角色扮演等）这样一些自然科学、社会科学和人文科学方面的内容。①

（三）综合层次

课程内容的综合层次是指各门学科在多大程度上得以综合。一般认为，由浅入深的综合方式有调和式（coordination）、结合式（combination）、混合式（amalgamation）。② 调和式指在一个组织或机构（如学校或教育行政机关）的统一调配下，几种相对独立的理科科目同时开设，只是在内容和组织上注意不同科目间的协调和统一。结合式指在大的主题上体现学科间共同

① 徐辉：《当代国外基础教育改革》，西南师范大学出版社，2001 年，第 156 – 158 页。
② Blum A. Integrated science studies. The international encyclopedia of curriculum. Pergmon Press. 1993；163 – 168.

关注的问题,但在教材的章或单元的层次上仍是学科内容。混合式指学科间的问题或主题在教材的章或单元的层次上呈现。一般认为,第三种才是真正意义上的综合。①

五、综合理科课程的特点

（一）综合理科课程的基本特征

综合理科课程的基本特征包括:① 课程目标的综合性。在注重认知性目标的同时,十分强调非认知性的目标。② 课程内容的综合性和整体性。常常是多门学科的有机组织,内容广泛而综合,构成一个统一的整体。③ 课程结构的灵活性和开放性。比如在课外与校外活动、综合技术教学中综合运用各学科的知识的形式实施综合课程。②

（二）综合理科课程的具体特点

围绕着培养这样的科学素养而设计的综合理科课程,体现了以下的特点:① 基础性:选取最基本最重要的科学概念,不过早地使课程过分学术化、专门化,而是拓展学生的思维和视野,培养跨学科迁移的能力。基础性也是综合理科课程的立意前提。② 全面性:注重科学知识与科学方法、学生智力因素与非智力因素、书本知识与实践能力之间的关系,使学生全面均衡地发展。综合理科课程的“视野广度”决定了其综合的质量保证。③ 适切性:根据不同学生的差异性和个性,以不同的需求在课程设计时有针对性地安排分层次的内容,因材施教,以使每个学生的科学素养都能得到充分的发展。以上特点体现了综合课程的普适性。④ 实践性:综合理科课程具有很强的实践性,这不仅是所扩容的学科自身的特性所在,也是其生命力和发展性所在。综合理科课程服务于日新月异的科技发展、高端人才的竞争需求,面临日益复杂和严峻的国内外综合性社会问题,因此,着重培养学生解决社会实际问题能力的综合理科课程,其实践操作性就是必然要素了。

第二节　综合理科课程的发展

随着科学技术的进一步发展,“教材联络与教材中心”的观念被提出,学科逐渐综合起来,综合理科也应运而生。我国综合理科的起源要追溯到20世纪初,之后由于历史原因曾出现过中断、停滞和波折,近十几年的实行过程中逐渐积累了许多经验和教训。

一、综合理科课程的历史追溯

（一）四方综合理科的发展轨迹

在西方,综合课程理念可以追溯到19世纪七八十年代。当时,儿童中心论者Parker极力反对传统的学科课程,把它们称为非自然的学习。在同一时期,DeGarmo认为学校应教授学科课程以满足学生对知识的需求,但要加强各门学科的联系。在19世纪末,Herbert也提出课程应该以生活为基础,他认为分科教学只能使学校课程支离破碎,要改变这种局面,就要在学校

---

① 魏冰:《综合理科若干问题探析》,《中小学教材教学》,2004年第36期。
② 栾波,等:《综合理科课程的世界性发展与我国综合理科课程改革》,《山东教育学院学报》,2006年第4期。

课程中强调综合知识的教学。到了 20 世纪 20 年代,随着进步主义教育运动的兴起,传统分科课程因僵硬的教学模式和死记硬背的教学方法受到责难。在此背景下,课程综合取得了长足的发展。

在 20 世纪 60 年代后期,随着理科课程现代化运动的展开,其过分重视理论而忽视实际应用的做法受到了批评,由此又引起了人们对以学科为基础的课程模式的不满,在这一背景下,教育界再一次考虑了课程的综合问题。据统计,到 1969 年,在美国,已经开发了 30 种综合课程,其中有些属于理科课程。影响最广的便是设计于 1962 年的“科学—过程—方法”。这个课程把重点放在科学过程而不是课程内容上,鼓励学生进行跨学科的探究。在 1972 年,美国有 65 种综合理科课程,仅仅两年以后的 1974 年,这个数目便上升到 122。这个急剧上升的数目在一定程度上表明综合理科在 20 世纪 70 年代前期的发展速度是很快的。可是,随着 20 世纪 70 年代“回到基础”运动的兴起,综合理科的发展速度又减慢了。到了 20 世纪 80 年代,综合理科又迎来了一次发展的良机。特别是面对中小学生在数理化方面的成绩甚至不如发展中国家的同龄学生的现实,西方理科教育界开始对科学教育的目的进行理性的反思。

这一时期,具有代表性的观点是美国的“项目综合”研究小组在 1981 年提出的关于科学教育 4 项目的建议。他们认为科学教育应该在以下 4 个方面满足学生的需求,即个人生活、社会决策、职业需要和学术准备。在课程的选材和组织上,他们强调理科课程应该建立在科学与社会生活相关的主题而不是学科内容上。由此,综合理科的课程理念得到了进一步张扬。总的说来,这一时期的综合理科以科学—技术—社会(STS)课程为代表,强调加强科学、技术和社会之间的联系,促进学生的综合发展。在 20 世纪 80 年代后期和 20 世纪 90 年代,上述关于科学教育的理念在美国“2061 计划”和“国家科学教育标准”等课程改革方案中得到了落实。

（二）综合理科在我国的开展状况

（1）我国在 20 世纪二三十年代曾开设过综合课程,后因种种原因未能继续下去。新中国成立后,中小学课程就一直由学科中心课程统治着,这种局面一直延续到 20 世纪 80 年代末期。根据形势需要,我国东北师大附中于 1986 年开始“初中综合课程设置和综合教学的研究实验”,1987 年中央教科所在广东省南海县召开了中学综合理科教育研讨会,上海师大和上海师大附中进行了“初中综合理科研究和实验”。1989 年,“国际教育成就评价”对世界上 20 个国家的初中生科学方面的知识进行了评价,其中我国大陆初中学生科学测试平均正确率为 0.67,居第 15 位。

到了 20 世纪 90 年代,综合课程的研究和实验就更为繁荣,1993 年浙江省开始在全省初中阶段开设综合理科,1996 年上海市和广东省还在高中开设综合课程,1998 年北京市开始研究在基础教育阶段开设上下衔接的综合理科课程。1998 年人民教育出版社和浙江省开始合作编制初中综合理科课程。虽然在改革过程中有阻力、有争议、有停顿、有反复,但总的趋势是明朗的,发展是迅速的。

（2）10 多年来,国内在综合理科课程的研究方面,主要停留在对课程内容体系的研究上,形成了 4 套主要的教材。一套是吉林教育出版社出版的《自然科学基础》,包括宇宙地球、生物结构、多样生物、力和能、分子和原子、电流和电子、溶液和电离、人体和健康、声光电波、物质转化、能量转化和环境保护 12 个分册;一套是上海市教研室编写的《理科(试用本)》,共 6 册;一套是上海师大编写的《理科》,共 3 册;还有浙江省使用的综合理科教材《自然科学》。4 套教材体现了一定的综合编排的思想,初步构建了区别于分科理科课程的内容体系。

　　总结这 10 多年来我国对综合理科的研究取得的一些成绩,得出综合理科实施的有利条件表现为:① 积累了一些实施经验,对于探索适合我国国情的综合课程实施有重要的借鉴价值。② 随着实验的深入,各级课程管理者和相关教师对综合课程从不了解到有所认识,对其内容整合、实施方式等的理解也有了进一步的加深。③ 针对综合课程的要求,实验区的教师们积极主动地加强相互之间的交流,改进自己的教学。非实验区的部分老师也通过自学、讨论等方式完善自身知识结构。这种专业发展的主动性将是教师们推进课程实施的根本动力所在。④ 学生的自主性学习能力有所提高。⑤ 对师资进行系统培训。部分师范院校开始开设综合理科专业(本科、专科),实验区还组织了在职教师的各级培训。①

二、我国综合理科课程的实践发展

(一)浙江省综合理科课程——"自然科学"课程

　　"自然科学"课程于 1991 年 9 月开始在我国局部实验,1993 年 9 月在浙江省所有初中全面进行试用。1994 年上半年,专家对第一、第二批试教区师生进行了调查,下半年又对首批试教区毕业生进入高中(包括省首批重点高中)后的理科学习情况进行了跟踪调查。调查结果都说明"自然科学"课程的试验已取得了初步的成功,说明"自然科学"课程的编制是符合课程论原理的。

　　"自然科学"的具体内容体系如表 18-1 所示。②

表 18-1　"自然科学"课程设置

认识我们周围的世界
第一册
1. 丰富多彩的自然界 2. 观察和测量 3. 动物世界 4. 植物世界 5. 地球

认识人与自然的关系
第五册
1. 溶液和酸、碱、盐 2. 常见的金属 3. 气象气候 4. 生物和环境 5. 环境保护 6. 人类的自身保护

探索自然的奥秘		
第二册	第三册	第四册
1. 细胞和生物体 2. 植物的营养 3. 人体的运动和代谢 4. 人体生命活动的调节 5. 生命的延续 6. 生命的历史	1. 物质的特性 2. 运动和力 3. 声和光 4. 电和磁	1. 氧气、物质结构的初步知识 2. 氧和碳 3. 水和溶液 4. 机械功和机械能 5. 热能和化学能

① 李红梅:《初中综合理科课程实施的探讨》,《玉溪师范学院学报》,2006 年第 7 期。
② 张引,裴文敏:《综合理科探微——兼析浙江省〈自然科学〉综合课》,《中国教育学刊》,1996 年第 4 期。

（二）北京海淀区综合理科课程实施简介

考虑到 9 年义务教育阶段的教学目标和当前教学改革的方向,海淀区教委从 2000 年 9 月开始,在二十中、十九中等部分中学进行综合理科的课程改革试验。方案如下:

1. 采取综合分科相结合的设置方案①

北京海淀区综合理科设置方案如表 18-2 所示。

表 18-2 北京海淀区综合理科设置方案一览表

改 革 前				改 革 后			
年级	课程类别	课程名称	课时(周)	年级	课程类别	课程名称	课时(周)
一	分科	地理	2.5	一	综合	科学课(暂名)	4
	分科	生物	2.5				
二	分科	地理	2	二	综合	科学课	4
	分科	生物	2				
	分科	物理	2				
三	分科	物理	3	三	分科	物理	3
	分科	化学	3		分科	化学	2
合计			17	合计			13

2. 课程内容安排

初一、初二两个年级的课程内容是综合性的,其中涉及天文、地理、物理、化学、生物、环境等学科知识。具体内容以观察实验、定性讨论或略有定量、分类归纳等综合性较强的为主。

初三年级物理、化学仍分科设置。强调学科的系统性,突出学科的实验功能,加强与高中学科相关重点内容的联系,以提高学生的思维推理能力。

3. 初一、初二年级综合理科课程的内容框架

第一主题 科学入门

① 序言 科学概念初步 ② 观察实验 ③ 简单测量与操作技能 单位

第二主题 层次 结构 尺度

① 宇宙 银河系 太阳系 地球 ② 地球 ③ 生命的世界

第三主题 物质的形态 层次 结构和分类

① 物质三态 ② 原子分子 单质 化合物 无机物 有机物 蛋白质 生命 ③ 细胞 组织 器官 系统 结构与功能

第四主题 物质的运动和变化

① 物理运动 ② 化学运动 ③ 生物运动

第五主题 能量

第六主题 演化

（三）上海市综合理科课程实验

理科课程中有很多实验,其中有教师的演示实验和学生的分组实验,实验课可以培养学生

---

① 张山元:《浅论初中综合理科》,《教学与研究》,2001 年第 3 期。

的观察能力和动手操作能力,不同课目的实验由不同教师指导完成。实验的内容应包含验证性实验、探索性实验和设计性实验,尽量增加设计性实验内容(课内和课外)。

上海市教育局教研室于 1988 年至 1991 年在上海市的第一中学、时代中学、新场中学三所中学开展了综合理科课程的第一轮实验,于 1991 年下学期起,又进行了第二轮实验。

实验前,他们对小学自然常识和初中理、化、生现状做了调查研究,然后编写了初中实验教材《理科》(1—6 册),拟订了 9 年制义务教育初中理科课程纲要并以此进行实验。实验目标是:① 精选教学内容,减轻学生负担,以利于学生在德智体诸方面得到发展;② 加强对科学的思维方法、兴趣爱好和科学态度的培养,以全面提高学生的素质和发展学生个性;③ 面向全体学生,更好地完成义务教育阶段的双重任务。

实验的实施和管理由综合理科组分设的三个小组负责。教材组:负责编写教材、教学评估;教学组:负责授课、评价教材;理论指导组:负责审查教材、提供咨询。

试验效果主要表现在两方面:第一,进一步明确了初中综合理科的性质和内容。初中理科是继小学自然常识课后更为系统的自然科学基础教育的综合型课程。教学内容主要是:学习有关物质及其结构、物质运动及其变化,宇宙、地球、能、生命和环境科学等方面的基础知识;接受观察、实验、思维、探究的训练;接受科学的情趣、态度、方法的培养。第二,进一步认识到综合理科的特点。即:拓宽知识面,提供自然科学的整体观;减轻学生过重的课业负担;激发学生的学习兴趣。[1]

第三节　　综合理科课程的目标与价值

综合理科课程要根据科学素质的内涵,确定课程的目标。课程的目标应当至少在以下 5 个方面进行规定:① 科学知识;② 科学能力,包括科学应用能力、科学调查能力、交流能力、自我教育能力和创造能力;③ 科学精神;④ 科学意识;⑤ 科学态度。同时应重视对科学、技术和社会三者之间关系的理解。

一、综合理科课程目标的确定

(一)初等教育综合理科课程目标

科学教育的广义目的中首要的是态度,包括学生比较稳定的一套思想、兴趣和价值目的。在 2001 年 6 月《基础教育课程改革纲要(试行)》中规定了课程目标是:培养学生对科学的兴趣和求知欲,引导他们学习与周围世界有关的科学知识,帮助他们体验科学活动的过程和方法,使他们了解科学、技术和社会的关系,乐于与人合作,与环境和谐相处,为后继的科学学习、终身学习和全面发展打下基础,形成科学认知方式和科学的自然观,并丰富他们的童年生活,发展个性,开发创造潜能。

综合考虑以上方面,并参考国内外综合理科课程目标,参考制订五年制初等教育专业"综合理科"的课程目标如下:"培养学生对科学的兴趣和求知欲,使学生具有现代小学教师必须

---

① 　上海市教育局教研室综合理科研究小组:《综合理科课程的研究与试验情况简介》,《教学研究报》,1993 年第 7 期。

具备的科学素养,从教后能够适应我国基础教育特别是新一轮的基础教育课程改革的需要,适应现代生活,为后续教育和终身教育打下必要的基础。"这一课程目标可以具体化为以下的教学目标:第一,提高学生对自然界的兴趣和关心,使学生认识自然和人类的关系,形成科学的自然观;第二,帮助学生了解研究自然现象的探究过程和方法,培养学生的科学态度和能力;第三,帮助学生理解科学事实、原则和概念,利用有关知识说明自然现象;第四,帮助学生发现个人的爱好、特长,自主地选择选修课,为终身学习打下基础;第五,使学生了解科学与生活、科学与社会的关系,提高日常生活能力与社会实践的参与和决策能力,从而更好地适应现代生活。

(二)中等教育综合理科课程目标

高中综合理科课程在功能上应达到以下两方面要求:一是能够为科学技术队伍提供人才;二是使社会的全体成员具备一定的科学素养,以适应社会进步及个人生活的需要。教育部考试中心出台的"综合科目测试"的考试说明,对综合科目的试题明确指出,综合试题不是几门科目按一定比例的"拼盘",而是强调学科内容的交叉渗透和综合。命题范围依据中学教学大纲,但不拘泥于大纲,试题设置源于单科知识,强调理论联系实际,要求学生能运用所学知识分析自然现象和社会现象,正确评价人与自然、人与社会的关系。[①] 因此,综合理科课程在内容上应该尽量大众化、多样化、生活化,以满足不同兴趣、不同智力水平、不同社会背景的学生需要。

二、综合理科课程价值

综合理科课程的价值,具体体现为其社会的价值、个人的价值和科学的价值。

(一)综合理科课程的价值分析

综合理科课程的社会价值体现在:① 有助于准确把握和有效解决现实社会问题。综合课程,包括综合理科课程的使命就在于通过培养新的人才来解决社会的现实问题,如 STS 课程就是当今科学教育的重要取向之一,也是将科学教育的内容进行有机整合的一种有效方式。② 有助于加强学校和社会的联系。充分开发和利用课程资源是当今学校课程改革与发展的一项重要任务,其中,来自社会生活的各种素材是课程资源的重要组成部分,为此,加强学校与社会的密切联系是开发和利用源自社会生活的课程资源的重要前提。③ 有助于形成学校良好的竞争与合作氛围。应当说,分科教学并非只为竞争,但是"过分的分科教学的确不能鼓励合作;而过分的综合教学不见得必然排斥竞争"。[②]

综合理科课程的个人价值体现在:① 有助于学生形成解决问题的全局意识。培养学生从多学科角度,全面观察、分析、判断事物和解决问题。② 激发学生学习和探究的动机与兴趣。③ 有助于学生个性和特长的发展。④ 培养学生终身学习的能力。

综合理科课程的学科价值体现在:① 有助于真正减轻学生的课业负担。② 有助于应对课程知识系统的改革和更新。③ 有助于调整课程的合理化结构。

(二)综合理科课程的价值实现

综合理科课程的改革和发展应审时度势,要保证其价值的实现,具体可以从以下几方面着手:

1. 综合理科课程的功能定位准确

综合理科课程应该定位为引导学生进一步学习科学的基础课程。应该把传授科学知识、

---

① 任长松:《课程综合化:概念、原则与多种设计模式》,《上海师范学院学报》,2000 年第 2 期。
② [英]J·B·英格拉姆:《综合课程的作用》,吕达译,《课程·教材·教法》,1985 年第 3 期。

培养科学精神和态度、介绍科学方法放在同等重要的位置,并且注重学生学习科学的兴趣以及科学学习能给学生带来的实际收益。应该加强学生的参与,从而逐步培养他们的创新精神和实践能力。

2. 正确把握课程编制的内涵

课程编制不同于教材编制,首先要考虑课程应该给学生提供哪些经验,为学生创造怎样的学习条件,教师如何教和学生如何学,如何评价教师的教和学生的学等等。这些是编制课程时必须考虑的问题,而且都要在编写教材之前明确,编教材只是把这些想法用具体的形式实现而已。课程编制的首要问题是:针对课程编制时必须考虑的问题,提出解决这些问题的课程模式。课程也应该有利于在课堂上围绕科学知识获得的过程开展教与学,注重学生学习科学过程中的体验,并真正注重学生有质量的提问,积极加以引导。

3. 加大综合理科课程实施及保障的力度

主要体现在以下几个方面:① 加大宣传力度,为课程改革创造宽松的氛围。② 估算课程成本,逐步增加政府资金投入。《中国教育发展和改革纲要》和《教育法》都规定了教育经费与经济同步发展的方针,但仍与4%的目标值有较大差距。同为发展中国家,1998年巴西、马来西亚、泰国的财政性教育经费占GDP的比例分别是4.63%,4.49%,4.27%。[1] ③ 实行在职教师培训工程。④ 改革传统的教学方法,运用现代教学手段辅助教学,立足"课程教学"的课程与教学的整合新趋势。⑤ 继续开展比较研究。

第四节　综合理科课程的内容与组织

综合理科课程的内容是指一门综合理科课程所涉及的学科观点、原理及包含的学科领域和范围内的相关知识、技能、价值观的组织体系。综合理科课程由于涵盖了物理、化学、生物、自然地理等方面的知识,并能反映最新科技成果,联系实际,内容包罗万象。它以学生的认识规律为基础,提取自然科学各学科中概念、原理、方法的一致性,结合人类生存和生活中的实际问题,把分析和解决此类问题的自然科学知识加以整合,同时融入科学思想、科学方法、科学态度的培养,组成一个有机的知识体系。

一、国内外综合理科课程内容的比较

(一)美国综合理科课程内容选择

为了实现在科学素养培养方面的蓝图,美国"2061计划"对科学课程内容选择规定了一定的价值标准,如科学、数学和技术核心内容既要有科学性也要有教育性:首先要考虑那些对科学发展具有极为重要意义的内容,选择那些现在和数十年后仍然需要知道的知识、有重大影响的内容,特别是那些能为人生知识大厦建造永久基础的概念;其次这些选择必须满足一些与人类生活相关的重要标准,以及一些有利于普及公共科学教育的标准。

在这种课程内容选择取向指导之下,美国《国家科学教育标准》规定了三个科学课程内容

---

① 杨东平:《艰难的日出》,文汇出版社,2003年,第236页。

选择的具体标准：

（1）准确定义适用于各个年级的科学内容,内容的精确度和所使用的科学术语从 K-12 年级逐渐增加。

（2）准确代表各阶段学生发展能力和学习能力,并与学生年龄和发育阶段保持一致,从K-12年级的递升过程中越来越强调抽象思维和概念理解。

（3）科学内容领域界定要有足够的广度和深度以指导科学课程设计,内容陈述必须能够为学校人员所理解并适应小学、初中和高中各个阶段的科学教学。

根据这些内容选择标准,美国《国家科学教育标准》提供了旨在统整实现 8 个领域课程目标的内容,包括:统一的科学概念与过程,科学探究过程,物质科学,生命科学,地球和空间科学,科学与技术的关系,科学技术与个体和社会的关系,科学的历史和本质。由此可以清楚地看到,美国综合理科课程内容具有以下几个特点:一是选择反映现代科学统一性特点的核心科学知识和技能;二是全面反映现代科学的本质属性;三是反映科学的发展过程及科学、技术、社会之间的密切联系和互动影响。

（二）苏格兰综合理科的课程体系

苏格兰综合理科是现代初中科学综合课程的一个典范。它形成于 20 世纪 60 年代,至1982 年,苏格兰的综合中学数已超过中学总数的 90%。改革的重点就是将组织知识的方式由分科科学变成综合科学。苏格兰综合理科的成功,在国际上产生了广泛和深远的影响。在 20世纪 60 年代的世界科学课程改革中,它以物理、化学、生物的综合而独树一帜。

课程内容包括:（1）确定课程内容的原则:课程文件明确规定,中学教育的前两年,课程中的任何学科都应当为儿童的普通教育作贡献,而不是培养专家。选择内容的原则具体有:① 必须覆盖中学教育的前两年;② 必须适合所有儿童;③ 物理、化学、生物三门学科所占课时相等;④ 必须是完整的终结性课程,因为有些学生此后可能不再接受正规的科学教育;⑤ 必须在建议的时间内能够完成;⑥ 可以由一位教师教,也可以由一组教师分科教;⑦ 必须有相应的适当内容覆盖所有目标;⑧ 任何题目的内容必须能按学生的程度划分等级。课程的内容体系如表 18-3 所示。

表 18-3　苏格兰综合课程的内容体系①

介绍科学	1. 实验技术　2. 具有观察和某些结论的实验
观察生物	1. 研究一个活的生物　2. 类型的多样性　3. 分类的概念
能——基本的观念	1. 能的类型　2. 能的相互作用　3. 工作中的能转换器　4. 能与生物
作为粒子的物质	1. 物质无限可分的证据　2. 物质的结构　3. 原子—分子运动论　4. 应用
溶剂和溶液	1. 水的循环　2. 溶解性及其应用　3. 乳胶和胶体　4. 消化过程
细胞和繁殖	1. 细胞和生物　2. 细胞质繁殖中的作用　3. 怎样生育　4. 生长中的胚胎
电	1. 静电　2. 什么是电　3. 运动的电流　4. 对电流的阻碍　5. 电流加热　6. 电压
常见气体	1. 氧气、氮气、二氧化碳　2. 能的吸收和光合作用　3. 呼吸改变了空气　4. 空气的组成

---

① 赵彦改,曲瑞华:《综合课程的理论与实践》,地质出版社,2005 年,第 167 页。

续表

热传递	1. 热传递的方法　2. 问题情境
酸和碱	1. 氢气　2. 氢气的燃烧　3. 金属在冷水中的反应　4. 金属在稀酸中的反应
探索环境	1. 眼睛和光　2. 视觉　3. 耳和声音　4. 平衡　5. 味觉、嗅觉和其他感觉
地球	1. 地球的起源和结构　2. 自然界的游离态元素　3. 自然界的硫化物、氧化物和碳化物　4. 二氧化碳和碳酸盐　5. 煤　6. 石油　7. 土壤
支持和运动	1. 力和概念　2. 功和能　3. 植物体靠什么支持　4. 动物体靠什么支持　5. 肌肉
生物体内的运输	1. 各种良好、平衡和膳食　2. 牙齿　3. 其他的进食方式　4. 消化系统　5. 运输系统的作用　6. 运输系统的类型　7. 排除体内的废物和有毒物质　8. 植物和动物的排泄
电和磁	1. 导体和绝缘体　2. 家里的电　3. 电子学　4. 电灯　5. 电磁学　6. 供电

（三）我国目前综合理科课程内容简述

自综合理科课程研究和实施开展 10 多年来,我国综合理科课程取得的成绩和经验主要体现在 4 套教材的编写和广大中小学综合实践课程、实验课程的开展上。国内学者在对我国综合理科课程设计的构想中,提出为学生较好接受综合理科课程的结构设计,如图 18-1 所示。

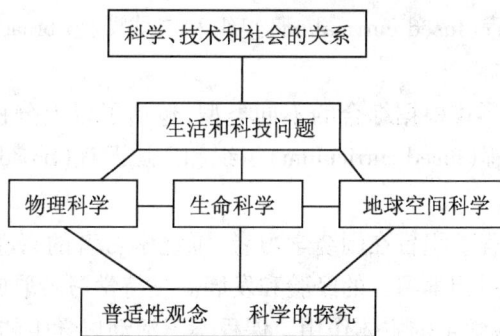

图 18-1　综合理科课程的结构设计[1]

学生、知识和社会是制约课程内容设计的三大基点。在 21 世纪,设计新的综合理科课程时,应当在学生观、知识观和社会观上有所超越,应当将学生作为综合课程开发的主体之一,以学生的经验来整合科学知识和社会实践。

综合实践活动课程的设置是此次基础教育课程改革的一大亮点,在我国综合理科课程的中的实践应用也比较多。综合理科课程的诸多实验课程的开展就是借助活动实践的形式进行。如"水质的现场简易检测"(见本章附录)这堂综合理科课程模范课的开展,就融合了学生的社会调查、取样,小组分析讨论等等实践活动。因此,综合实践活动课程的设置,不仅是基础教育课程体系的结构性突破,也是综合理科课程内容改革和设计的亮点。

二、综合理科课程的组织

（一）综合理科课程组织的含义及要求

课程组织就是在一定教育价值观的指导下,对各种课程要素进行合理的排列组合,妥善地

---

① 闫蒙钢:《中学化学课程改革概论》,安徽人民出版社,2006 年。

组织成课程结构,使之在动态运行中产生合力,增进学习效果的累积学习功能,以有效地实现课程目标。课程组织具有两种功能:一是通过课程要素的有效安排,激发学习者的学习动机;二是使学习产生最大的累积效果,达成课程目标。

自然科学本身是具有普遍联系性和系统性的;承认自然科学是一个系统并不困难,困难的是如何来确定该系统的组成要素及其内在结构。综合理科课程组织的意义和难点也在于此。综合理科课程和其他课程一样,其课程组织本质上是课程和教学创生的功能发挥。基于这样的教育理念,综合理科课程在组织方式上就要突出教师、学生及教材等各要素的相互作用。

（二）综合理科课程的组织取向①

根据起支配作用的基本价值观的差异,可以将课程组织分为学科取向的课程组织、学习者取向的课程组织、社会问题取向的课程组织以及混合取向的课程组织。

（1）学科取向的课程组织旨在围绕以人类已有的知识,按其内在的逻辑体系形成的学科组织课程。这种课程组织取向强调学科的逻辑和知识的累积。支持学科取向课程组织的学者大多强调课程的基础应以学科所包含的知识和探究方法为主,他们期望通过这样的课程组织,使学习者不仅能获得学科知识、求知方法,还能领略文化传统的精华,接受前人创造的伟大思想。

学科取向的课程组织分为单一学科（single-subject）课程组织、相关学科（correlated-subject）课程组织、融合课程（fused curriculum）组织和广域课程（broad fields curriculum）组织4种类型。

综合理科课程的组织形式根据综合的不同类型,包括了以上分析的相关学科（correlated-subject）课程组织、融合课程（fused curriculum）组织和广域课程（broad fields curriculum）组织三种类型。

（2）学习者取向的课程组织旨在围绕学习者,围绕学习者的兴趣、需要、心理逻辑等组织课程。这种课程组织取向强调学习者的经验和发展。支持学习者取向课程组织的学者大都认为,有效的课程组织需体现学生的主体作用。课程学习活动以学生的需要和兴趣为基础的,学生的学习动机是内在的,学习目的和学习任务也不是由外部强加的,学生就有可能主动地探究和获取学习内容。

学习者取向的课程组织包括活动经验取向的课程组织、人本主义取向的课程组织、持久生活情境取向的课程组织三种类型。

综合理科课程组织就其实践性和综合性的特点而言,是学习者取向的课程组织的体现。正如卢梭在《爱弥儿》中提出的观点:教师的任务在于为儿童（学生）提供学习机会,让他们自发地发现和掌握知识。综合理科课程要求教师为学生提供综合性材料和探究的环境,鼓励学生主动地构建知识结构,主动发现解决问题。

（3）社会问题取向的课程组织。社会问题取向的课程组织旨在围绕主要的社会问题（social issues）组织课程。这种课程组织取向强调对社会生活的适应或改造。支持社会问题取向课程组织的学习者大都认为,日趋成熟的工业社会已从政治、社会、精神一直到身体、健康等方面完全改变了传统的生活,课程必须使学生能够成功有效地适应这个新的世界,并让学生认清人类社会在发展的过程中同时面临的许多问题,这些问题不只是社会研究应该关心,而是每一

① 钟启泉,汪霞,王文静:《课程与教学论》,华东师范大学出版社,2008年,第378-381页。

个学科包括化学、数学、经济、艺术等都应关注。

社会问题取向的课程组织体现了社会本位取向的课程价值观,这种组织形式以社会问题为核心,具有很强的现实针对性,有助于培养学生适应社会、解决社会实际问题的能力,加快学生社会化发展,并且引发学生学习探究的兴趣。其具体包括三种组织方式:社会行为主义的课程组织、社会改造主义的课程组织和社会批判主义的课程组织。

(4)混合取向的课程组织。混合取向的课程组织旨在围绕学科逻辑、学习者的心理逻辑和社会问题几个方面组织课程。这种课程组织强调学科、学习者、社会彼此间的平衡与整合。支持混合取向课程组织的学者大都认为,学习课程的组织偏重学科知识、学习者的兴趣与需要或社会的问题与现实中的任何一个方面,都是失当的和不具有生命力的,学习者素质的全面提高乃是以多方面经验的统整为基础的,因此,从本质上来说,学习课程既不是简单地规定一些学术科目,也不是随意地积累一些个人体验,更不是零散地堆积一些社会问题,它应是学科知识、学生经验和社会需求的有机统一。

其实,从实践的角度看,几乎所有的课程组织形式都可以说成是混合取向的,综合理科课程的组织内涵更是强调其兼容并包的特性。学科取向的课程在很多时候也强调学生的兴趣和动机,只不过将学科视为课程组织的核心和立足点。学习者取向的课程组织在发展的过程中也出现过许多具体的组织方式,其中不乏公正地对待学科知识价值的做法。社会问题取向的课程组织也同样不否认学习者的动机、兴趣和积极性。就目前各国的课程组织现状而言,多采取混合取向的课程组织。①

(三)综合理科课程组织的模式

综合理科课程组织的模式有以下几类:

(1)学科合并型模式。即将相关的几门学科合并在一起,编成统一的综合课程教材,如自然科学研究、社会科学研究及它们之间合并组成的课程。主要的问题是,这类综合课程教材的编制在保证知识的系统性方面比较困难。

(2)科际联系型模式。这是综合课程的一种初级形式,是在分科情况下,使各科知识综合化的一条有效途径。这种科际联系的形式有三种:承前联系、同步联系和超前联系。我国在实施科际联系时则采用如下三种类型:分科联合型、学科渗透型和综合技术型。

(3)以活动为依托综合运用各学科知识的模式。就是把课外活动作为综合课程的重要形式。如上海市通过在课外实践活动中开设"综合实验技术"、"综合劳动技术"和"社会调查技术"等专题课来组织和实施综合课程。②

三、综合理科课程的主要类型

综合理科课程的组织方式主要有4种,即以概念为中心、以生活经验单元为中心、以主题为中心及以科学的研究方法和过程为中心组织的课程内容的综合理科。

(1)以概念为中心组织课程内容的综合理科。它把自然界看成一个整体,然后站在一个较高的层面,提炼出自然科学中的基本概念,并以这些概念构成课程的内容,从而实现对有关学科的综合学习。这样选取组成的课程,内容结构通常是板块式的,块与块之间的结合不是十

---

① 钟启泉,汪霞,王文静:《课程与教学论》,华东师范大学出版社,2008年,第138页。
② 李红梅:《初中综合理科课程实施的探讨》,《玉溪师范学院学报》,2006年第7期。

分紧密。例如,日本高中1970年版的《基础理科》就是以基本的科学概念——能、物质、生命、进化诸概念构成结构框架,围绕这些基本概念选取物理、化学、生物、地学的知识构成综合理科课程内容。也可以以人体与健康、宇宙及运动、物质与材料、能量与能源、信息及技术、生命与环境等概念为线索组织课程内容,而这也主要体现出以概念为中心的课程编制思想。

(2)以生活经验单元为中心组织课程内容的综合理科。即在学科内容加以教材化时最充分地考虑儿童的生活,以儿童的活动为中心开展教学活动,并注重生活经验的传授。例如,日本1947年制定的小学和初中理科的学习指导要领中,规定围绕下述5个单元展开教学:关于动物和人的知识;关于植物的知识;关于生物环境的知识;关于机械工具的知识;关于保健的知识。体现在教材上,就产生了诸如"空气有什么作用"、"动物在人类生活中起什么作用"、"衣服是用什么东西做的"等等单元的内容。

(3)以主题为中心组织课程内容的综合理科。这种组织方式,通常以某个主题为中心组织两门或两门以上学科的相关知识,使之系统化。英国的纳菲尔德综合理科(NCS)就是典型的以主题为中心编制的。例如,围绕"水",选取了各处的水、水中的动植物、物质与水的反应、水滴与肥皂泡、沉浮、水压、干燥、水的化学组成等主题,把物理、化学、生物和自然地理的知识统一编排在一起,供学生学习。这样,一个主题就把各门自然科学的知识涵盖在里面,实现了综合学习。

(4)以科学的研究方法和过程为中心组织课程内容的综合理科。科学知识与科学方法的关系问题一直是科学教育中的一个主要问题。偏重科学知识的传递或偏重科学方法的培养,在这两种观念的指导下,课程内容的组织也不大相同。而以科学研究方法为中心组织课程内容,通常通过教师带领学生一起进行探究,把精力主要放在获取科学知识的过程中,培养解决问题的能力。例如,美国的SAPA教材是以科学的研究方法和过程为中心,选取了如观察、分类、测量、假设、实验等为中心组织教材内容。又如,我国香港目前正在使用的综合理科教材,吸收了苏格兰综合理科的特点,也是以科学的方法为中心组织教材的。而日本高中综合理科课程同样具有这种倾向。这种编排方法强调概念掌握的过程而非概念本身。这样做往往也比较容易忽略基本的科学概念教学。①

四、综合理科课程开发的主要途径

(一)国家课程的校本化实施

(1)以选用和改编为基本方式,对国家课程标准进行校本化。在物理、化学、科学等各门课程中发现能体现地方和学校特色、能适应本校学生不同发展需要的课程题材,对其进行改造、挖掘、拓展和再创造。精选终身学习必备的基础知识和技能。在教材的校本化实施中力争反映现代化科技发展的新成果,使课程具有时代精神。不再单纯以学科为中心组织教学内容,不再刻意追求学科体系的严密性、完整性、逻辑性,注重与学生的经验结合在一起,使新知识、新概念的形成建立在学生现实生活的基础上。

(2)适当改进"知识与技能"的学习水平要求,有选择地将基础型课程、拓展型课程各主题内容分散安排在各学期中。配合"两纲"教育,进行情感态度与价值观的渗透,设计出适合本校办学目标的课程主题、课程单元、教学设计、学科学习规范,让师生的生活经验进入教学过

---

① 吕世虎,肖鸿民:《中国基础教育课程与教学研究》,中国人事出版社,2002年,第60-61页。

程,让教学活动鲜活起来,使国家课程教材校本化。

(3)通过研究心理化组织教学、问题化组织教学、操作化组织教学、结构化组织教学等内容,对各类课型进行探索;并通过"初中生命教育网络平台建设的探究和实践"课题、"在初中学生中建立家庭实验室"课题等"课、研、修"一体化的形式,加强课程内容与学生生活以及现代社会和科技发展的联系,关注学生的学习兴趣和经验,改变学生被动学习、死记硬背、机械训练的现状,改变学生在教学中的地位,内容切实反映学生生活经验,努力体现时代特点,真正使学生成为学习的主人,使学生主动参与、乐于探究、勤于动手。同时,学生在整个参与学习的过程中培养了搜集和处理信息的能力、获取新知识的能力、分析问题的能力以及交流与配合的能力,这些都大大地激发了学生学习的主动性和积极性,有效地推动了实施课程教学的校本化。

(二)学校校本课程的开发

(1)以新编和重组为基本方式,在国家课程计划给学校留出的空间内对学校课程进行自主开发。充分利用与挖掘当地社会和学校课程资源,特别是开发涉及科学与生活、科学与社会相关的课程,以培养学生的科学兴趣和科学精神;开发与学生生活相联系的相关课程,让学生在生活中体验,在快乐中学习。例如:某校综合理科组在信息技术教育《网页制作》、《VB 编程》、《Flash 教程》、《图形设计》的计算机校本教材和《Painting & Drawing》的双语教材、环境教育(居室中的污染和防治、环保自主实验)、电子制作类、AVR 编程、机器人、陶艺、无线电测向、双语科学和人文方面的微型教材等,该组的每一位老师都参与并进行创造性的设计与开发。一位老师编写的《Flash 教程》就利用 2008 年北京奥运会吉祥物"福娃"及该校举行运动会入场式及比赛中的几个场景让学生们进行"附中杯"运动会吉祥物设计,积极将其中学生参与的校园主题活动资源与课程进行整合。

(2)探索以学生为主的小组合作式探究学习模式和"多元"的课程评价。以学生为主的小组合作式探究学习一般遵循以下流程:课前资料准备→分配任务分别制作→小组协作作品合成→大组交流→改进完善作品。课程评价内容如表 18-4 所示。

表 18-4　课程评价表

语言表达	图文搭配	创意	成分分工	技术达标	超时情况	参评小组	总分

(3)让学习内容与生活相结合。如上海徐汇区某中学与市、区科技大赛、学校的一些主题活动相结合,成功举办徐汇区三届"教院附中电子杯赛",学生在上海市青少年无线电测向、定向越野、建模、船模等竞赛中获奖,在班级中进行"绿色风创意角"设计等活动。这些做法使学生们在校本课程的学习中不但拓展了知识结构,还将学习到的拓展性知识应用到班级、学校、家庭、社区中,从而创造更多的机会让学生进行情感态度与价值观的体验,拓展思维方式,真正发挥课程资源的促进作用。[①]

---

① 李文霈:《课程创生——一所基层学校课程校本化实施的实践与探索》,百家出版社,2006 年,第 142 – 143 页。

附录：综合理科课程案例

案例一　水质的现场简易检测①

一、教学背景

进入 21 世纪以来，我们不得不正视一个事实：可利用的淡水资源越来越匮乏。全面关注水资源，保护水资源，应当是摆在面前的迫切课题。结合校本课程开发的有机整合，进一步拓展此课程的空间，让学生通过实地考察、实验、感悟，理性地认识水资源基本情况，了解水质现场分析一些简单方法。

二、教学设计

（一）学生是学习的主体

在学习中，教师充分调动学生的主动性，发挥他们的能动作用，让他们在参与实验活动的过程中，收集各种资料，了解实验方案，自己动手进行实验，自己提出问题，得出结论并进行表达与交流。这样，学生能在学到知识的同时，习得开展科学研究的方法，提高科学研究的能力，培养科学的情感和态度。

（二）学习要以实验为核心

实验既是学生学习要达到的目的，又是学习的主要方式。学生的科学素养中智慧、能力、情感、态度都必须亲身经历某些实验活动，在参与的过程中产生体验、感悟，并加以内化。

三、教学目标

（1）会用自己的感官（眼、鼻、舌、手、耳）来观察和研究水质的问题。通过看、嗅、尝、量、留、试等手段，学习简易的水质识别方法。

（2）体会人体感官在认识事物上的重要性，理解用感官观察水要有方法，培养学生的安全意识。

（3）在实验活动中，培养学生留心观察、尊重他人、敢于发表意见、乐于合作与交流的学习习惯。

四、教学重点

通过观察比较认识水质的各项指标，培养学生的观察能力、比较能力、综合分析能力和语言表达能力。

五、教学准备

材料：白色碗、细口瓶、滤纸、广泛 pH 试纸。

资料：录像。

六、课堂节录

（一）课前布置

（1）让学生收集、查阅一些水资源的相关知识，知道水与人类生命息息相关。

（2）了解中国的水资源面临的严峻形势、各地水资源污染情况及造成的恶劣后果。

（3）查阅水质分析的一般方法。

（二）课堂教学

教师：水我们肯定很熟悉，生活中我们处处用到水，早上起来我们就用到水洗脸、刷牙，还

---

① 李文萱:《课程创生————所基层学校课程校本化实施的实践与探索》,百家出版社,2006 年,第 142 - 143 页。

有呢?

学生:我们还用水洗衣、做饭、浇花……那么,水资源污染是不是离我们很遥远呢?

教师:你还知道在哪些地方有水?

学生:河里有水,海里有水,植物体内有水,山间有水……

教师:水在自然界中分布很广,我们来看一组水的录像,来感受一下水给我们带来的美丽画面。(播放录像)看了以后,有什么想说的呢?

学生:美!

教师:让我们再来看一组有关水的录像,看了以后有什么想说的?

学生:水被污染了。

教师:其实水资源污染离我们并不遥远。生活中时时处处都用到水,我们的生活离不开水,保护水、防止水污染是非常必要的。要知道水体的状况,首先要对水质有一个评价。我们可以用怎样的方法对水质进行测定?

学生:用仪器精确分析。

教师:水质的好坏,除了可以用化学分析或仪器分析化验外,也可以用简易方法识别。(老师提示对没有毒的液体可以用尝的方法识别)

学生:我们可以用嘴尝一尝,用鼻子闻一闻,用眼看……

教师:用五官也可以检测水质,今天,我们就来学习水质的现场简易检测方法。

看水色:将水样盛在白色碗中,观察水色。通过颜色判断,洁净的水透明无色。如果水色呈棕黄色,可能含有多量腐殖质;如果呈黄褐色,可能含有较多的铁锰离子;如果呈黄绿色,则可能是水中有藻类生产所致。

嗅水味:闻一闻(教师对闻的方法进行辅导),用一只干净细口瓶装入半瓶水样,加盖震荡,然后打开瓶盖闻其气味,洁净的水应无任何气味。

尝水味:水味可以用舌头尝试区别。洁净的水应是无味的;水中如果含有许多有机物质,水就有味,多数略带甜味;如果含氯化钠,水有咸味;含铁离子,水有金属铁锈味;含硫化氢,则带臭鸡蛋味。

观察沉淀物:沉淀物为水中部分溶解的固体杂质。将水盛放在白色瓷碗中,静置后观察,沉淀物越少水质越好。

流水斑:将水滴在白纸上,干燥观察后留下的水斑。色泽与白纸色越接近,说明水中有色物质越少。

测试酸碱度:地面水的pH值一般在6.5~9之间,可以用pH试纸进行测试。pH试纸变蓝,说明水受到碱性物质污染;pH试纸变红,则受酸性物质污染。酸性或碱性过大的水是不适宜做生活用水的。

教师:请同学们拿着测试工具,到校园中的思源池边,对思源池的水质作一个简单测定,并且填写好实验报告。

水体简易测试对比表

编号	水色	水气味	水味道	沉淀物	水斑	酸碱度

学生取材料后,进行实验,教师巡视指导。

实验结束后,返回教室。

教师:通过实验,我们对思源池的水质情况有了进一步认识,请各小组汇报交流一下水质情况。

学生交流:(略)

教师:同学们刚才运用鼻子、舌头、眼睛、手了解了水的一些状况,你知道了更多的水质检验方法吗?

学生:是。

教师:今天我们研究了什么?我们用到了哪些方法来研究水质?其实有关水的知识还有很多,有兴趣的同学还可以上网,去了解更多水的知识。

(三)课堂延伸

第一阶段:考察、实验、采访阶段。

目的:通过开展活动让学生来认识水污染与人们生活的密切联系,激发保护环境、保护水资源的热情,同时也倡导亲身体验的学习方法。

考察医院、工厂用水及居民生活用水净化、消毒过程;再采访相关职能部门、造成主要污染源的单位,就河道近10年的变化情况采访当地居民。

第二阶段:交流、展示、汇报、总结阶段。

目的:培养学生分析问题、解决问题以及合作、交流等方面的能力。

学生活动思考:① 通过活动,你最大的收获是什么? ② 要更好地保护我们的水资源,你认为应采取哪些措施?学生交流、讨论,说出自己的感想,发出倡议——保护水资源,制定出维护水资源公约,围绕这一主题创作一些作品,如《给校长的一封信》、《给镇长的一封信》、《致全镇人民书》以及作文、诗歌、广告宣传画等。

第三阶段:社区服务和社会实践阶段。

目的:在老师的指导下,让学生走出教室,参与社区和社会实践活动,以获取直接经验,发展实践能力,增强保护环境、保护水资源的社会责任感。

宣传活动:学校广播站对活动进行宣传、发出倡议、上街宣传,把写的信送到相关人员的手中等。

实践活动:分段、分组定期对河道垃圾进行清理,对河道进行维护。

(四)教学反思

当社会上各界人士积极投身于保护环境的活动中去的时候,学校不能置身事外,环保问题应成为学校教育的一个重点。本课的开设,让学生对水质能进行一些简单检验。通过延伸活动拓宽学生的视野,使学生对水资源的现状问题以及如何保护水资源有更深入的理解。

本节课以实验为载体,培养了学生合作、交流、解决问题等能力。在培养学生科学素养的时候,重点不在于传授知识,而在于引导学生亲身经历实验的过程,激发学生的学习兴趣,培养学生科学的态度和探究的能力。

八年级学生的环保实验主要以观察和简单实验为基础,对于生活中常见的水,经过实验、观察能够了解水质检验的初步方法,这样能使学生从中获得成就感。因此本课始终以"实验、观察"为主线,让学生经历提出问题、收集资料、实验观察、整理分析、得出结论等一系列活动,使他们参与实验的过程,体验科学的乐趣,增强实验研究的能力。在教学过程中将重点放在实验观察这个环节上,活动中坚持以人为本,把学习的主动权交给学生。在教学中对于观察的方法、实验的方案由学生先行查阅资料后,教师归纳,达成一致。在宽松的环境下,学生积极参与到活动中来,在尽情的实验中,动手能力、表达能力都得到了培养。

存在问题:环保自主实验以学生实验为主,为学生创造更多的实验机会,但由于实验时间限制、器材准备、仪器使用方法等存在一些问题,实验的效果不是很理想,教师仍需不断地探索、思考。

[点评]

这是一节以"水质的现场简易检测"为主要内容的实验课。通过"美丽的水和污染的水"录像播放,为学生创设了水与人类生命息息相关、水污染离我们并不遥远的事实情景,激发了学生了解水、探究水的欲望;同时实验样本是学生亲手取自于校园思源池中的水,这能引发学生对身边问题进行探究的兴趣;实验结果通过小组交流的形式呈现,有利于培养学生相互合作的学习习惯。本次课程的主要教学目标是使学生学会用感官对水质进行简易检测,实验操作比较简单,教师应该重点引导学生设计检测方案,进行现场检测和记录,规范书写实验报告。实验报告的内容应更全面、科学,应包括检测地点、检测时间、检测温度、样本对照物的指标等等。

(点评者:上海市徐汇区青少年活动中心副主任　叶红)

案例二　"水环境保护与COD的测量"实例[①]

一、教学设计

关于环境保护是一个比较切实可行的理科综合实践问题,因为它涉及社会、化学、物理、生物等各个学科领域,这可以根据实际需要作出调整。我们用如下设计方式进行研究:实验问题→问题分析→实验思路设计→实验操作→记录分析→结果。依据问题解决的教学理论,教师提出下列问题,启发学生去探究:

(1)我们平时用的自来水是从大运河中抽取的,你知道是如何处理的吗?

(2)为什么在农村的鱼塘中要放入增氧泵? 你还看到哪里用到增氧泵? 这说明什么?

(3)水中的哪些物质和生物消耗氧?

确定课题:

在教师设置的问题面前,不同水平的学生有不同的反应。经过集体讨论,我们得出结论:水中的氧是有一定的量的,当降到过低时,水中的鱼类就会因缺氧而死亡,结合生物学知识,如果水中有机物含量较多,其耗氧速度超过补充速度,则水中溶解氧量将不断减少,当水体受到有机物的过多污染时,水中溶解氧量甚至可接近于零,这时有机物在缺氧的条件下分解就会出现腐败发酵现象,使水质恶化,厌氧微生物就会大量繁殖,如此造成水质进一步恶化,出现水体发臭的现象。

教师进一步提问:如何测定水中的含氧量? 有哪些科学指标?

学生想到了从环境保护局找资料,并决定以此作为本学期的综合问题解决活动的学习课题。

课程目标:

---

① 王和平:《综合理科中问题解决教学理论与实践》,南京师范大学硕士学位论文,2003 年。

（1）认知目标：通过学习进一步掌握氧化还原反应的概念，学习有机化学中的氧化还原在实际中的应用。

（2）能力目标：培养学生综合实践能力、问题解决能力以及试验方案的设计能力。

（3）情感目标：培养学生的环境保护意识，爱家乡、爱祖国的情感，小组合作意识和团结进取精神。

（4）科学态度：培养学生对科学的兴趣以及求真务实的学习态度。

二、教学过程

以此为课题做关于水环境保护的讲座。

简要过程：化学需氧量是水质监测的一个重要方面。对大运河水质的监测是环境保护局的一项重要工作内容。对有机化学物质的排放及检测，学生可以从整体上联系自己所学的知识，在实践中进一步运用所学的有关氧化还原的知识，理解化学知识在实际生活中的应用，对环境保护有一个比较深刻的认识。在前面的有关水环境污染方面的讲座后，学生又被带到环保局请专业人员给学生讲解我县目前的环境保护的情况。在大量知识背景的烘托下，学生就有了一个良好的问题环境。

在听了有关水污染的报告后，学生对水污染及其防治有了较深入的了解。大家经过讨论，决定从化学需氧量（COD）这一课题入手。

化学需氧量是指在一定条件下，用强氧化剂处理水样时所消耗氧化剂的量，以氧的 mg/L 来表示。化学需氧量反映了水中受还原性物质污染严重的程度。水中还原性物质包括有机物、亚硝酸盐、亚铁盐、硫化物等。水被有机物污染是很普遍的，因此，化学需氧量被作为有机物相对含量的指标之一。

实践目的：补充与复习有关有机物易被高锰酸钾氧化的知识，巩固有关化学滴定的知识、酸碱滴定的知识作为知识迁移的基础，为学生对有机物排放的原因及治理的方案提供一个调查与实践的机会，并且能达到锻炼学生综合性考虑问题的目的。同时使学生在情感、态度与价值观方面得到培养。（计划课时：3~6课时）

设计调查大运河水的有机物化学需氧量的实验思路：

（1）如何选择水样采集点？如何取样？

（2）取样后如何进行测定？数据如何处理？

（3）污染源有哪些？可以从哪里获取资料？（采集水样，设计分析实验）

（4）写出自己在这一探究过程中的体会。

（5）相互交流、总结。

生活污水与工业废水中含有大量的各类有机物。当其污染水域后，这些有机物在水体中分解时要消耗大量溶解氧，从而破坏水体中氧的平衡，使水质恶化。水体因缺氧造成鱼类及其他水生生物的死亡。通过这一实验，你有什么体会？

化学需氧量的实验：

高锰酸钾指数，是指在一定条件下，以高锰酸钾为氧化剂，处理水样时所消耗的量，以氧的 mg/L 来表示。水中的亚硝酸盐、亚铁盐、硫化物等还原性的无机物和在此条件下可被氧化的有机物，均可消耗高锰酸钾。因此，高锰酸钾指数常被作为水体受还原性有机和无机物质污染程度的综合指标。我国规定了环境水质的高锰酸盐指数的标准。

高锰酸盐指数亦被称为化学需氧量的高锰酸钾法。由于在规定条件下，水中有机物只能部分被氧化,并不是理论上的需氧量,也不是反映水体中总有机物含量的尺度。因此,用这一术语作为水质的一项指标,以有别于重铬酸钾法的化学需氧量(应用于工业废水),更符合客观实际。

水样的采集和保存:

水样采集后,应加入硫酸调节 pH 值小于 2,以抑制微生物活动。样品应尽快分析,必要时在 0℃ ~5℃ 冷藏保存,并在 48h 内测定。

具体实验准备、实验步骤此处省略。

三、教学总结

整个教学过程中,同学们通过学习水环境知识和聆听环保局专家的讲座,总体上对水环境保护知识有了较深理解。

在让学生对这一阶段的学习体会进行总结时,我们了解到学生对这一阶段的实践是满意的,他们在情感、态度、价值观方面得到了发展。学生学习实践的体会简录如下:

学生赵安民:通过这一阶段的学习,我更深刻地认识到氧化还原反应在生活中的应用,同时也了解到水污染对我们日常生活的影响。我们以前更习惯于氧化还原反应概念的学习,较少用于实际操作……在实际操作过程中,我学会了用高锰酸钾法测定 COD 的方法。虽然我们在实验中遇到了平时难料到的困难,但是,通过同学们的共同努力,我们都一一克服了。这种收获不是仅从书本上就能获得的……

学生李虎:作为一名学习委员,我积极参加老师为大家创造的综合实践课程。我相信随着综合课程的开展,没有综合实践能力是不行的,而我们中学生缺的就是综合实践能力……

教师总结:从整个教学时间过程来看,整体效果是比较令人满意的。大多数同学都比较认真,能主动地提出问题,并在试验中探究问题。同学们在整个问题解决过程中,最重要的是对涉及社会综合问题的解决有了直接的认识。同学们从问题的认识与界定,到问题的分析与解决,结果的记录和汇报,都投入了极大的热情。虽然有的同学在实验中失败了,但他们的能力得到了提高,遇到困难时能够互相合作,共同解决问题,值得肯定。

从以上社会实践课的开展中可以看出,实践课的内容包括参观、调查甚至简单的实习,增加学生对知识掌握的感性认识,培养学生解决实际问题的能力。由于综合理科课程更注重与实际的结合,适量的社会实践活动是非常必要的。

第十九章　中小学综合文科课程

综合文科课程(又称社会学科综合课程),作为综合课程的一个分支,已经越来越受到人们的关注,它对于减轻学生负担、促进学生全面和谐的发展具有十分重要的意义。

第一节　综合文科课程及其特点

设置综合文科课程,是全面贯彻实施素质教育、推进课程改革和教材建设的一项重要内容,它旨在培养与提高学生的人文素质和适应社会的综合能力。

一、综合文科课程概述

(一)综合课程的理论渊源

综合课程并非无源之水、无本之木,它的形成有着深刻而广泛的理论基础。设置综合课程不仅仅是为了弥补分科课程的不足,更多的是为了顺应社会进步的趋向与时代的要求,培养学生认识与解决实际问题的全息观念和能力。

1. 综合课程产生的哲学依据

联系是世界上一切事物的客观本性。世界上的每一个事物或现象都同其他事物或现象相互联系着,没有绝对孤立的东西。任何事物的存在和运动都在于它内部结构要素之间的某种特定的联系及其运动,都在于它同周围其他事物的特定联系、相互作用,离开了联系便没有事物的存在和运动。

在无限的宇宙中,联系不是个别事物之间暂时的、特殊的关系,而是一切事物、现象和过程所共有的、客观的、普遍的本性;任何事物都不能孤立地存在,都同其他事物发生着联系;世界是万事万物相互联系的统一整体;任何事物都是统一的联系之网上的一个部分、成分或环节,都体现着普遍的联系。作为反映世界上各种事物及其本质、规律的各门科学,相互之间的区别是绝对的,但是区别并不等于隔离与封闭。根据联系的观点,各门科学之间必定存在着共同的概念体系与探究方法。科学知识的健康发展需要的是持续的交往,这就意味着不同学科之间要相互开放、彼此关联,基于此,综合课程的产生不仅具有了可能性,而且还具有必要性。

2. 综合课程产生的科学背景

科学作为人类文明的一个极其重要的组成部分,始终与人类社会的发展保持着极其密切的互动关系,在这种互动中,科学不断地进行着自身存在形态的完善和改造,而其存在的形态完善与改造的成果,又在科学的演进历程中得到了充分的体现。[①]

纵观科学发展史,不难发现近代科学技术的发展呈现出高度分化的趋向。一方面,科学高度分化的产物之一便是越来越多的边缘学科、交叉学科和超学科,这些学科的产生反过来又对科学的综合提出了紧迫的要求。另一方面,由于科学的分化,人们对事物整体性的认识被割裂,可是人们是生活在一个彼此联系的社会环境中,这就要求人们必须要有全息的观念,使用综合的手段。基于此,科学在高度分化的同时又更加关注自身一体化、综合化的进程。

当今科学的发展是高度分化与高度综合的统一,其中高度综合是发展的主流。与此相适应,科学知识的综合化也成了现当代科学发展最突出的特征之一。课程作为反映科学知识的一个载体,必然会体现新一轮科学知识发展的趋向,因此,课程内容的综合化必然成为当今学校课程改革的重点。

3. 综合课程产生的心理学基础

发展心理学与认知心理学研究表明,当学习者与相互关联的观念发生际遇时,学习者学得最好,因为学习者的心理具有整体性。[②]

皮亚杰的认知发展理论便是最好的佐证。皮亚杰认为发展就是个体在与环境不断地相互作用中的一种建构过程,其内部的心理结构是在不断变化的,这种变化不是简单地在原有信息的基础上加上新的事实与思想,而是涉及思维过程的质的变化。他认为所有的生物有机体包括人都有适应与建构的倾向,这同时也是认知发展的两种机能。一方面,由于环境的影响,生物有机体的行为会发生适应性的变化;另一方面,这种适应性的变化不是消极被动的过程,而是一种内部结构的积极的建构过程,他用图式、同化、顺应和平衡4个概念来解释这一过程。图式是指儿童对环境进行适应的认知结构;同化是图式发生量变的过程;顺应是图式发生质变的过程,儿童通过顺应,其认知能力能够达到一个新的水平;平衡是同化和顺应之间的"均衡",个体正是在平衡与不平衡的交替中不断建构与完善其认知结构,形成新的图式,以使自己适应不同的环境。

根据皮亚杰的认知发展阶段理论,儿童心理发展的过程可以分为感知运动、前运算、具体运算和形式运算4个阶段,每个阶段都是一个统一的整体结构,而不是一些孤立行为模式的总和;与此同时,每一个整体结构都具有整合性,即前一个阶段的行为模式总是被整合到下一个阶段的行为模式中去,不能前后互置。[③]

以皮亚杰理论为基础的建构主义者认为,每一个学习者都是基于自己已有的认知结构来构建对新知识的理解,学习者先前的知识结构和其建构意义的方式是相对独立于学科知识的,应该成为课程组织的基础。学生心理发展的整体性必然要求学校向儿童呈现的学习材料应是完整的、综合的,因此,综合课程的开发正是遵循了儿童心理发展的规律,具有科学性。

---

① 有宝华:《综合课程论》,上海教育出版社,2002年,第33页。
② 张华:《课程与教学论》,上海教育出版社,2000年,第275页。
③ 同①,第40页。

（二）综合文科课程开设的背景

随着人类文明程度的提高，科学技术迅猛发展，传统的建立在分解性科学研究基础上的"百科全书"式的课程体系已经不能适应当今社会的发展，也不能满足个体个性化发展的需求。知识经济时代如何在有限的教育时间内最大限度地满足学生发展的需求，这不仅是课程研究的理论问题，而且也成为课程改革急需解决的迫切问题。

长期以来，我国中小学课程存在着一个老问题，即为什么学校不断地提出要精简课程，却从来没有真正地落实过。不仅如此，从内容上看课程与当代的社会生活剥离，尤其是中学课程是过时的，不能满足今天学生的需要，不能适应今天学生动机及能力发展的需要。学校分科设置课程，不能在学生所需要的东西与他们所体验的世界之间建立起有意义的联系，因此将学科知识与社会知识整合起来逐渐成为基础教育课程改革的一个重点。

（三）综合文科课程的内涵

1. 综合课程的含义

综合课程一词源于西方，在英文中"综合"表述为 integration。综合课程并不是单纯地将各门学科拼凑在一起，或者说是在同一个主题之下包容所有学科的知识。"综合"不等于"拼合"，它强调的是把原本具有内在联系的而又被人为割裂的内容重新整合为一体。

综合课程是相对于分科课程而言的，综合课程并不否认分科课程的存在，它只是在设置课程时，试图建立起学科之间的横向联系，使学科之间的界限更加富有弹性。因此，综合课程的内容不仅仅包含学科知识，也有学生的主体经验；它将所有的课程内容依据其自身的内在逻辑联系以统整或去边界的方式组织在一起，旨在培养学生形成全息观念，提高其综合解决实际问题的能力。

综合课程在组织过程中会有意识地运用两种或两种以上学科的知识观和方法论去考察与探究一个中心主题或问题。① 而根据主题或问题的不同，综合课程可以分成三种类型：学科本位综合课程、社会本位综合课程及经验本位综合课程。

2. 综合度的确定

综合课程又被称为交叉、一体化或跨学科课程。综合课程试图打破原先学科之间的界限，将各门学科以去边界的方式整合在一起，以"综合性"区别于分科课程。可是如何判定一门课程的"综合性"呢？这就必然涉及一个非常重要的概念，即综合度。

所谓综合度，通俗地说就是指综合的广度与强度。具体来看，综合的广度是说综合课程内容所包含的学科领域的大小范围。美国学者布鲁姆把综合的广度区分为大小不同的 6 种范围。如传统生物学包括动物学和植物学，其综合的广度、范围就较小。而美国中学开设的"地球科学"就是把天文、地理、生物、人类学等各门学科知识高度融合而形成的，其综合的广度、范围就较大。综合的强度是指综合课程中知识内容之间内在联系的强弱程度。美国学者布鲁姆把综合的强度区分为配合、融合、联合三种程度。如前面提到的美国中学的"地球科学"，其教材体系结构较严密，综合的强度较大。而一些国家和地区开设的"社会科"，包括公民、历史、地理、法律等内容，其结构体系较松散，强度较小。

综合度作为衡量综合课程的一个重要指标体系，在建设中要解决的关键问题就是以什么为依据将相关内容综合起来，核心的问题就是要科学地确定课程的综合度。由于不同课程的

① 张华：《课程与教学论》，上海教育出版社，2000 年，第 266 页。

目标是不同的,因此明确综合课程的目标是确定综合度的前提与基础。

3. 综合文科课程的含义

学科本位综合课程根据综合度的不同可以进一步分为"相关课程"、"融合课程"、"广域课程"三种。综合文科课程属于融合课程,即将地理、历史、公民等相关学科融合成一门学科,使得学科之间的界限不复存在。值得注意的是,综合文科课程并非是地理、历史等学科的简单拼盘或是混合,而是要打破或是超越这些学科的固有逻辑,从而形成一个新的课程形态。

综合文科课程是以社会生活为研究对象的整合性课程,就其课程本质而言,它是一门以培养公民的全息观念与实践能力为己任的综合课程,它在精选与整合人文科学和社会科学知识的基础上,用一种新的知识类型和活动方式进行综合学习,目的在于培养学生的整体思维能力。对综合文科课程的这种定位突破了以往历史、地理或公民等分科课程单纯强调认知功能、强调知识结构、强调详细教授的课程特点,注重学生的学习活动,注重知识的意义生成,注重社会体验与社会参与,这对于综合文科课程的研制与开发具有重要意义。

具体到各中小学,综合文科课程的开发实际上就是将以往分割开设的学习科目紧密地联系在一起,比如在小学高年级(三至六年级)开设的"品德与社会",就是将以前分开开设的思想品德课与社会课重新整合在一起而形成的一门新的综合性课程。

二、综合文科课程的特点

综合文科课程作为一种具体的综合课程形态,必然具有综合课程的课程特点,但它同时也有自身的一些独特之处。

(一)综合性

综合文科课程的内容具有高度的综合性,它是一种把本来具有内在联系而又人为地被割裂的社会科学知识重新整合为一体的课程模式,它所追求的是相关学科的最完美整合,使之一体化,因此"综合"文科课程有时也被称为是文科课程的整合。

整合有两大特点:"一是系统或核心统整部分、要素的过程;二是这种整合在形成之前就已有了某种统摄、凝聚的力量。"①可见,课程整合的过程必然会产生一种新的课程形态。综合文科课程在融合现有历史、地理知识的基础上,还增加了社会学、经济学、政治学、伦理学以及文化学等内容,意图向学生展现一个完整的、丰富的社会图景,以便学生形成一个整体的、多元的文化视野。综合文科课程的成功在于学科、师生及社会之间的整合程度,因此,综合性(整合性)是综合文科课程一个最基本的特点。

(二)整体性

综合文科课程的设置就是促使学校课程体系发挥整体性功能,它是针对传统课程分科设置的弊端而提出的。它并不是对学科课程全盘否定而另起炉灶,而是在原有社会科课程的基础上对课程因素进行重新组合,建立新的联系,以求给学生一个客观世界的完整的总体知识,以利于培养学生的综合能力。

(三)民主开放性

"所谓开放性,它是相对于封闭性而言的,主要指综合化的结构性课程体系的信息与外界的信息,以及体系内部各组成要素之间的信息能通畅地交流与传播,使学生能够不断地接受新

---

① 刘松林:《综合课程的含义及特征》,《江西教育科研》,2001年第5期。

的信息。"①

综合文科课程以社会功能或社会问题为组织核心,把系统的学问性知识和即时的现实社会问题和谐地纳入课程结构,实现知识与主题的统一、学术与生活的统一,以培养学生主动探究社会、适应社会的能力,扩大对事物的认识视野,发展个性与创造性,树立正确的价值观。综合文科课程不仅能够及时吸纳最新的科研成就,同时也能不失时机地容纳中小学生需要掌握的新知识和感兴趣的新问题。具有开放性的综合文科课程能够把分割在各学科领域的有关知识整合在一门课程之中,使其保持鲜明的时代特征与活力,贴近生活与社会,从而增强学生的社会实践能力。

(四)灵活性

灵活性是由开放性派生出来的。所谓灵活性,主要是指综合社会课程具有自我调节机制,能够对不断变化的情况随时作出反应,具有可调节性的特征。综合文科课程的灵活性首先体现在结构化课程的联系上,"由于构成结构课程体系的关键是联系,尽管各种独立的知识要素或课程是相对静止的,但联系却是活的,是随着不同方式、不同维度、不同层次的变化而变化的"。② 其次体现在课程的结构上,其结构上的"某一维度或几个维度发生了变化,无论这维度是时间上的,空间上的,还是其它方面的,联系就跟着变化,知识系统中的各要素也就会重新组合排列,形成一种新的结构"。③ 灵活性使得综合文科课程具有很强的黏合力,使得教者和学者有了很大的选择性,开放性更强。

(五)实践性

综合文科课程的内容具有很强的实践性,这正是其生命力所在。综合文科课程是适应科技、社会综合发展需要的产物,它是面对现实社会发展所提出的,以已经或可能面临的综合性社会问题为选择对象④,着重培养学生解决社会实际问题的能力。

综合文科课程的设置是师生共同建构的过程,其最终目的是通过学生的社会参与、社会体验与社会探究活动,培养学生的社会适应能力与社会认知能力,学生才是课程目标达成的关键要素,因此在学习活动中,要重视学生的实践活动能力以及主动性和创造性的发挥。

第二节　综合文科课程的发展

综合文科课程最早可以追溯到 19 世纪。20 世纪 60 年代,综合文科课程在世界范围内迅速发展起来,了解国内外综合文科课程开设的情况,对于制定相关的课程教育标准、培养中小学生的综合能力具有理论与实践的意义。

一、综合化课程的尝试

19 世纪的欧洲,在学校教育中,分科性的科目越来越多,知识体系越来越分裂。为了纠正

---

① 张扬,李孟辉,易自力:《课程综合化:内涵、特征与模式》,《高等农业教育》,2009 年第 3 期。
② 许建领:《高校课程综合化的渊源及实质》,《教育研究》,2000 年第 13 期。
③ 周川:《关于课程综合化问题的再探讨》,《教育评论》,1993 年第 1 期。
④ 李稚勇,方明生:《社会科教育展望》,华东师范大学出版社,2001 年,第 44 页。

补弊,赫尔巴特及赫尔巴特学派的齐勒创立了一种通过"教材联络与教材中心"而把各学科综合起来的计划。其基本思想是"在课程中安排各学科时要使每一门学科的教学经常地与其他学科的教学相联系。教地理时就非常容易显示出它与历史之间的联系;同样的,在教历史时联系文字而使历史教学更加丰富充实"。① 齐勒根据赫尔巴特"统觉"理论思想,创造性地提出了课程综合化的思想,依据中心学科(历史、文学和宗教)编制具体教材方案(见表 19-1)②,其中主要以历史为教材的核心内容。但是这只是课程综合化的萌芽,真正的尝试开设则是美国进步主义教育实验者的一些做法。

表 19-1 齐勒编制的教材方案

学　　年	内　　容
第一学年	叙事童话
第二学年	鲁滨孙漂流记
第三学年	酋长时代
第四学年	裁判官时代
第五学年	犹太王政时代
第六学年	耶稣传
第七学年	使徒行传
第八学年	宗教改革史(路德教义回答)

19 世纪末 20 世纪初,美国进步主义教育运动首席代言人杜威力图对传统的教育进行改革,他认为当时课程最大的弊病就是课程内容与儿童的个人生活及经验相分离,因此杜威明确提出要建立以儿童经验为中心的学科综合化的课程体系。为了把自己的理想和理念付诸实践,他在 1896 年创设了"杜威学校——芝加哥实验学校",在实验学校中"作业"是核心的范畴,在这里以 10 班(13 岁)的课程为例进行进一步说明。

该班的课程主要由历史作业、科学作业、计算作业和语言交流等组成,而所有的作业都涉及多门学科,并把态度、情意、价值观的培养结合起来。其中的历史作业,综合了历史学、社会学、政治学和经济学的知识。学生完成了历史作业,不仅在知识结构上融合了多门社会学科,而且也锻炼了体魄,操练了技能,使他们在态度、情感、价值观诸多方面都得到了较大的提升,有助于学生的全面发展。

二、综合文科课程的兴起与发展

（一）国外综合文科课程的发展

综合课程是在 20 世纪初发展起来的,70 年代以来,一些西方发达国家在综合文科课程方面进行了一些重大改革,逐渐形成了一些各具特点的课程模式。归纳起来,国外中小学综合文科课程大致有三种类型,即融合型、联合型和配合型。③

---

① 瞿宝奎:《教育学文集·课程与教材》(上册),人民教育出版社,1988 年,第 110 页。
② 钟启泉:《现代课程论》,上海教育出版社,1989 年,第 88 - 89 页。
③ 张肇丰:《中小学社会学科综合课程研究》(上),《课程·教材·教法》,1999 年第 4 期。

1. 融合型课程

融合型课程是指学校不再分科教授历史、地理、公民等学科内容,摒弃原有的学科体系,以社会学的学科体系为主导,吸收相关学科的基础知识而构建的一门新的社会学科综合课程。这类课程的设置与教学的灵活性紧密地联合在一起,以达到综合运用基础课的知识,并在实践中巩固和深化这些知识的目的。该课程模式主要以 20 世纪 70 年代的法国为代表。

法国的教育管理高度集中,全国中小学课程标准统一。1969 年,法国将小学的道德、史地、绘图、唱歌、手工等科目合并为一门"启发课",它主要是以儿童经验的整体性为基础,从学生被激发或显示的兴趣出发来组织教学活动,其目的是让小学生综合学习一些相关的基础知识,并在实践进一步掌握并加以应用。70 年代中期,法国推行了一项重大的教育改革——"哈比改革",它的基本做法是废除分科型课程,开设综合型课程,并辅之以授课时数的灵活性,以期适应学生的学力和学习进度的差异性与多样化,其目的是与小学阶段的"启发活动"连贯起来,淡化百科全书式的传统学科,培养学生的综合能力。

这项改革主要对初中文科课程进行了较大的改革,在 60 年代,法国所颁布的课程计划以及以往的计划中,中学的人文社会学科的课程都是分科设置的,这次改革明确提出要合并历史、地理、公民三门学科,并增加经济学内容,开设"人文科学"综合课程,以促进学生运用所学的知识,在实践中发展观察、联系、情报分析等能力。该课程的教学线索是以一系列的主题构成,包括农业、运输、人类与城市、人类的生存环境、宗教以及发展问题等,这些问题是从一个世纪向另一个世纪跨越的,致使以往的年代学习课程被分离了,年代界标也消失了。[1] 学生通过对不同主题内容的讨论和研究,增进了对各种社会问题的认识。融合型课程完全改变了编年史式的课程构成方式,因而学生所学的历史知识缺乏内在的逻辑性,年代概念比较模糊,历史空白点也明显增多。1982 年法国的一位历史学教授受该国教育部长之托对中小学进行调查,其结果令人震惊和担忧。调查结果表明,法国小学生中仅有 25% 的人知道法兰西第二帝国是 1870 年结束的,32% 的人知道拿破仑三世是帝国的国王,仅有 20% 的人了解第二次世界大战中意大利是法国的敌人,多数刚进中学的学生不知道法国大革命爆发的年份。[2] 历史教学质量下降的结果使许多法国教育界及社会人士深感不安,曾一度引发了人们反对综合课程改革的呼声。1985 年,法国教育部公布了新的课程改革计划,取消了综合型的小学"启发课"和中学人文社会课,恢复了分科型的历史、地理、公民课,同时增设了初中的经济学课,"哈比改革"至此告终。

2. 联合型课程

联合型课程,是指在"社会课"的总体框架中分科设置历史、地理、公民、社会等科目。课程设计注意学科间的相互联系和渗透,在某些教学阶段或内容上有一定的综合性,但仍保持了各学科原有的学科体系,形成一种"板块组合"式的综合课程。这类课程可以美国为代表。

在课程改革中出现了"新社会科"课程,该课程的核心思想是"概念方法",它一般是指包括概念的整体与各门学科的结构。如历史学提出年表、时期、革命、文明、连续性、制度、古代、现代、史实等概念;政治学提出国家、权威、法律、军权、革命、民主、官僚、政府等概念;地理学提

① 瞿宝奎:《教育学文集·法国教育改革》,人民教育出版社,1994 年,第 269–271 页。
② 李稚勇:《关于法国学校历史——人文社会科课程结构变革的思考》,于友西《素质教育与历史教育学》,首都师范大学出版社,2000 年。

出位置、比例、人口、地图、城市化、资源、地区、住处等概念；人类学提出文化、传统、风俗、社团、技术、价值观、社会组织等概念。美国的社会学科包括7门学科，除前面的4门外还有经济、心理、社会。每一门都举出本学科的重要概念，这些学科的概念经过分类组合，就形成三种类型的综合学科概念：

第一类，实体概念：君权、权力、住处、冲突、道德和选择、文化、工业化或城市化、萧条、制度、投入和产出、社会控制、节约、社会变革等等。

第二类，价值观概念：人的尊严、忠诚、自由和同情、平等、得到政府的承诺等等。

第三类，方法概念：分析综合、因果关系、客观性、政局、观察、分类、测量、怀疑主义、问题与回答、历史方法、地理方法等等。

建构"新社会课程"的目的是指导学生认识社会，具体来说表现在：① 帮助学生认识他们自己参与其中的或者细致观察到的社会现象；② 认识各种社会和社会现象的构成与分类方式，进一步了解社会稳定和变化的机制；③ 帮助学生对社会生活与社会文化的适应，并帮助他们认识社会和伦理判断的实质；④ 提高学生的社交技能。

20世纪80年代末，一个全国性的历史教育学会——布拉德利委员会提出了一系列的社会学科课程设计方案，供各州学校选用(见表19-2)。

表19-2　美国综合文科课程(综合社会学科课程)设置的集中模式①

小学阶段			
年　级	A 模式	B 模式	C 模式
一年级	其他地区与其他时期儿童	儿童心目中的世界(儿童所理解的世界)	创建美国的人们
二年级	地区的历史：邻居和社会	差异和争论	传统、丰碑与庆贺
三年级	都市的历史：城市兴起、成长	延续和变化(民间故事、传说、历史故事、人物传记)	发明家、改革家、移民
四年级	州的历史与地理：继续变化	变化中的州	英雄、民间故事、世界传说
五年级	美国历史与地理：发现新大陆—1865年	美国的历史和地理：一个新国家的诞生(建国时期，联结现代)	传记与美国史
六年级	世界历史与地理：文明的发展	世界历史和地理：古代文明(古代—公元500年，联结现代)	传记与世界史

中学阶段			
年　级	A 模式	B 模式	C 模式	D 模式
七年级	地区和附近区域的历史和地理	社会学科选修课；地区史	世界历史和地理：中世纪和早期工业化时代(500年—1450年，1450年—1789年，联结现代)	社会学科选修课；地区史

① 张肇丰：《中小学社会学科综合课程研究》(上)，《课程·教材·教法》，1999年第4期。

年　级	A 模式	B 模式	C 模式	D 模式
八年级	美国史和美国地理	美国历史和地理	美国历史和地理；成长与冲突（1783 年—1914 年,联结现代）	欧洲文明史
九年级	西方文明史	世界与西方历史（至 1789 年）	历史—社会学科选修课	非欧洲文明史
十年级	世界历史和地理	世界与西方历史（始于 1789 年）	世界历史、文化和地理：现代社会（1789 年—现今）	美国历史与地理（至 1865 年）
十一年级	美国历史和地理	美国历史和地理	美国历史与地理；继续发展和变化（1900 年—现今）	美国历史与地理（始于 1865 年）
十二年级	美国政府；其他社会学科选修课	美国政府；其他社会学科选修课	美国民主与经济原理	美国政府；其他社会学科选修课

从这几种课程设计模式中不难发现,美国的综合文科课程主要是以历史学科作为核心内容和结构线索,在保持编年史框架的前提下,充分考虑历史知识与地理、经济、政治等学科知识的横向联系和渗透。联合型课程的综合程度远低于融合型课程,因此其实施的难度也相对较低。

3. 配合型课程

所谓配合型课程,是将几门相关学科合并为一门"大学科",各学科仍保持原有的学科体系,只是在大纲或课程标准中指出各学科的联系与配合,学科界限仍十分明显。这类课程可以日本为代表。

日本的社会学科课程是根据日本的历史和现实社会的特点,设计出具有本国特色的课程模式。据日本文部省颁布的《学习指导要领》,日本学校的"社会科"课程设置如表 19-3 所示:

表 19-3　日本学校"社会科"课程设置①

	学年	学科领域					
高中	3　2	地理	日本史	世界史	政治、经济	伦理	（选修）
	1	现代社会					（必修）
初中	3	公民					
	2　1	地理			历史		
	6	历史内容：日本和世界					
小学	5　4　3　2　1	综合社会科 { 日本的食品,工业的特色 / 日本各地 / 地区的生活 / 作为职业的工作 / 学校、家庭、近邻					

由表 19-3 可见,日本中小学的社会学科课程是综合型与分科型交替安排的,是在不断的综合分化、分化综合的过程中予以完成的。但从 1993 年起,日本实行了新的教学计划,其中,高中课程以"公民"、"历史地理"科取代了以往的"社会"科,看来学科中心课程的指导思想仍占优势。

---

① 张肇丰:《中小学社会学科综合课程研究》(上),《课程·教材·教法》,1999 年第 4 期。

（二）国内综合文科课程的发展

综合课程在我国已有较长的历史，1904 年《奏定学堂章程》中规定的"格致"课，就包括了动物、植物、矿物等科目。1923 年出台的《小学社会课程纲要》明文规定："本科教材须联络一起。力避公民、卫生、历史、地理分列形式"。这一规定打破了史、地等学科体系，以身体、家庭、学校、地区、中国、世界为线索，涉及衣食住的内容以及本国大事、事物发明史等等，实现了历史学、地理学、政治学和公民等学科的知识综合。

民国时期，蒋梦麟曾设计了以文化发展史为线索、综合史地内容的课程构想。梁启超在给中华教育改进社提交的《中学国史教本改造案并目录》中，将课程内容分为 6 个组成部分：年代、地理、民族、政治、社会及经济、文化。新中国成立前，小学已开设了综合型的社会常识课。

新中国成立后，中国教育体制及课程设置深受苏联的影响，教育管理体制高度集中，全国所有的中小学都执行由中央主管部门制订、颁发的统一的教学计划，社会学科课程也都是分科设置授课，一般开设有政治、思想品德、历史、地理等课，而所谓的社会学科综合课程（社会科学基础知识、社会科学常识）仅在 1952 至 1956 年的个别学年段出现过。

1986 年，《中华人民共和国义务教育法》正式颁布，为了实施义务教育法，我国进行了课程教材改革。这一轮改革打破了长期以来全国实施统一的教学计划，使用统一教学大纲、教科书的局面，从全国统一课程转变为多套课程并存，大力提倡"一纲多本"或是"多纲多本"。于是，中小学社会学科课程出现了三套方案及教材并存的局面。一套由原国家教委委托人民教育出版社编制（人教版），供全国大多数地区学校使用；一套由上海中小学课程教材改革委员会编制（上海版），供沿海发达地区学校使用；一套由浙江省教委编制（浙江版），供农村地区学校使用。这三套课程在小学阶段都设有综合课，人教版和上海版设有综合型的"社会"课，浙江版则开设"常识"课，把一些与生活、生产关系密切的自然常识和社会常识组织在一起，设置的是综合范围更广的课程。

在初中阶段则做法不一。人教版将历史、地理分科设置，属分科型。浙江版则在"社会"课的总体框架中，分年级开设历史、地理课，初一学习社会的环境，初二学习人类的历史发展，初三学习当代社会状况，大致上可归于综合型课程中的"联合型"。上海的课程改革方案是两个版本并存，绝大多数学校施行"试行方案"，即历史、地理分科授课，少数几所学校实施"试点方案"，开展综合课程改革试验，开设综合型"社会"课，不设史、地课。这套综合文科课程的综合程度较高，近似于"融合型"（见表 19-4）。在高中阶段，三套课程计划都设置的是思想政治、历史、地理课，系分科型课程。

表 19-4　上海 9 年义务教育阶段社会科课程设置[①]

年　级	单元主题与内容	
三年级	认识周围的社会	家庭和学校、邻里和社区、公共生活、生活的基本需要、家乡建设
四年级	认识祖国和世界	伟大的祖国、社会主义建设的伟大成就、我们的世界
五年级	了解世界和中国的变化	世界的过去、近百年中国社会的变迁、中华人民共和国是社会主义国家、现代社会的生产和生活、中国应对人类有较大的贡献

---

① 张肇丰：《中小学社会学科综合课程研究》（上），《课程·教材·教法》，1999 年第 4 期。

年　级	单元主题与内容	
七年级 （初一）	我们的社会	个人、家庭与社会、农村、城市、商业、交通运输、信息传播、科学和教育、宗教和民俗
八年级 （初二）	祖国概况	中国地理、中国古代史常识、中国古代社会、中国近现代史
九年级 （初三）	世界概况	世界地理和人类文明史、世界近现代史、当代国际社会

1999年6月，《中共中央国务院关于深化教育改革全面推进素质教育的决定》提出，要"调整和改革课程体系、结构、内容，建立新的基础教育课程体系"。2001年6月，《国务院关于基础教育改革与发展的决定》进一步明确了"加快构建符合素质教育要求的基础教育课体系"的任务，于是，新一轮的课程改革在跨世纪之际启动。在这一轮课程改革中，明确指出：小学阶段以综合课程为主，其中设有"品德与社会"；初中阶段设置分科与综合相结合的课程，其中设有"历史与社会"（或历史、地理）；高中则以分科课程为主。

以上海、浙江为例，上海在这一轮课程改革过程中，不论是在小学阶段，还是在初中、高中阶段，都设有综合文科课程。

1. 小学"品德与社会"

"品德与社会"是一门以儿童社会生活为基础，促进学生良好品德形成和社会性发展的综合课程。它是在"思想品德"、"社会"课的基础上整合而成的一门综合性的、更加贴近学生生活的课程。①

需要注意的是，以往的"品德与社会"是针对小学中高年级（三至六年级）开设的，但是现在教育部规定小学低年级（一至二年级）也应开设此课程，因为"该课程是以儿童生活为基础的，以培养品德良好、乐于探究、热爱生活的儿童为目标的活动型综合课程"。② 由于"品德与社会"涵盖社会观察、社会认识、社会生活体验等内容，因此它属于综合文科课程的范畴。

2. 中学"历史与社会"及"社会"

（1）"历史与社会"

在初中阶段开设"历史与社会"课程，可以说是新一轮课程改革的一大亮点，将其冠名为"历史与社会"，旨在突出历史知识在整个内容体系中的比重，突出历史的教育功能。之所以如此设计，除了借鉴美、法等国改革的经验外，更重要的是考虑到我国的国情。我国有五千年源远流长的文明史，因此，在综合文科的设计过程中，应该体现中国的这一国情，要充分利用和挖掘丰富的历史资源，以培养学生高尚的理想和情操，使学生汲取历史智慧，增强民族认同感和社会责任感。

"历史与社会"已开始逐步替代分科设置的历史、地理课程，它既是一门综合性课程，同时又十分强调历史教育价值。作为一门综合文科课程，它涉及历史学、地理学、社会学等学科领域，具有很强的社会性、综合性、实践性、开放性。③

---

① 沈晓敏：《社会课程与教学论》，浙江教育出版社，2003年，第82页。
② 中华人民共和国教育部：《全日制义务教育品德与生活课程标准（实验稿）》，北京师范大学出版社，2002年，第1页。
③ 同①，第83页。

（2）"社会"

"社会"学科是一门综合性极强的基础学科，它打破了传统的史、地分科界限，综合程度较高。尤其是中学阶段的融合型"社会"课程，在国内尚属首例。综合型的"社会"课与分科型的史、地课相比，更有利于学生掌握基础知识、基本技能，更有利于学生更好地发展思维能力，更有利于培养学生浓厚的学习兴趣。

上海市在新一轮课程改革中，在九年级与十二年级都设置了"社会"课程，且均为必修课。不同的是九年级的"社会"，以学生社会生活为背景，以了解自己生活的社会环境为着眼点，以与学生自身发展紧密相关的专题为载体，来组织课程内容。十二年级的"社会"，则以人类文明发展为主线，以解决个体社会化的基本问题来组织课程内容。[①] 可见，上海市的"社会"是一种拼盘式的综合文科课程，即就整个课程而言，综合性强，包含了历史、地理等学科领域知识，但课程框架上仍旧缺乏整体性的综合化思考，过分强调分科型学科领域知识。

浙江的"社会"课是以人与社会的关系为主线，以古今中外的政治、经济、文化、人口、民俗、环境等方面的基础知识为主要内容，重视乡土教学和社会实践活动。据此，浙江初中"社会"课的内容分4部分：第一部分是人类生存的地理环境；第二部分是人类社会的历史发展；第三部分是当代人类社会状况；第四部分是观察社会的正确立场、观点和方法。这4部分内容对原历史、地理和现代社会生活的内容进行了初步的整合，从而构成了一个相对完整的综合文科课程体系。除此之外，还对部分课程内容进行了综合化的设计。如：在历史知识部分，采用中外历史合编的方式，节省了篇幅，提高了教学效益；在人文地理部分，加强了人地关系和人与社会的内容，突出人口、资源和环境的教育等，体现了从内容到方法的初步整合。

三、综合文科课程的经验教训

在课程实践中，综合文科课程并不普遍，原因在于设计综合文科课程遇到了许多阻碍。在认识上，一些人认为每一门学科之间通常是相互独立的，对于怎样将不同内容整合起来以形成新的理论，很难达成一致意见。

实际上，开发综合文科课程所存在的困难不仅是不同学科内容本身的关系问题，从更深层次的社会背景看，每一门学科所代表的是某一群体的利益，学科的整合会打破业已确立的不同群体间的利益平衡，导致利益的冲突，这必然会使综合文科课程的设计产生困难。

与国外相比，我国综合文科课程的研究依旧停滞于结构形态方面，即强调加强分科间的联系，注重知识内容的综合。这种现状既反映了综合文科课程研究的水平层次较低，同时也揭示了综合文科课程改革的艰难性。一方面，传统的分科课程虽然在教育实践中暴露出一些弊端，但是基本上能适应现时的科学发展水平和社会需要，所以在教育实践中仍然占据主流地位，在这种背景下，综合文科课程以结构形态出现易于被接受和理解；另一方面，我们的教育目的基本上还是倾向于"社会本位"，强调培养符合社会需要的专业型人才，这就决定了我们的课程形态是作为知识的载体而存在的，而不可能太多地顾及个体的兴趣、经验、情感，因此强调"个人本位"的功能型综合文科课程缺乏生长的土壤。

---

① 沈晓敏：《社会课程与教学论》，浙江教育出版社，2003年，第83页。

第三节　综合文科课程的目标与价值

不同的课程形态具有不同的教育价值取向和培养目标,正在开发中的综合文科课程则着眼于培养学生什么样的资质和能力、教育目的的价值取向是什么、培养目标的结构体系由哪些因素构成等等,这些都是需要探讨的。

一、综合文科课程的目标

(一)综合文科课程目标的价值取向

综合文科课程目标的价值取向有三种表征形式:知识本位价值取向、社会本位价值取向、学生本位价值取向。

1. 知识本位价值取向

知识价值取向主要是以知识或学术活动的需要作为课程开设的出发点,追求知识的完整性、知识内容的逻辑性与系统性。具体来说,综合文科课程的知识本位目标就是将实现社会学科知识的统整作为课程开发与实施的出发点,倡导通过对学科知识的重组或统整来消解原有分科课程所造成的知识之间的断裂和相互隔离,以使学生形成一个系统完整的学科知识体系,进而使学生能够运用各领域中的知识,认识和解决同一个问题。

2. 社会本位价值取向

社会本位价值取向主要是提倡充分挖掘综合文科课程所具有的改良社会、促进社会发展的作用,强调综合文科课程应有助于学生更多地关注生活和社会,增强学生与现实生活和现实社会的联系与互动,并以此来发展学生的批判意识,培养学生参与社会、改造社会的能力,从而推动社会的发展进步。

在综合文科课程的实际开发过程中,"社会问题型"课程就体现了社会本位取向,这种课程以社会问题为核心,从生活层面和社会现象两个层面来设计开发课程,将地理、历史等社会学科依据现实社会问题这一轴心加以整合,因此具有很强的现实针对性,有助于加快学生社会化进程,并且引发学生学习探究的兴趣。

3. 学生本位价值取向

综合文科课程的学生本位价值取向主要是以满足学生自身发展的需要及促进个性的发展作为课程开发实施的出发点,注重学生个性的发展,着重培养学生的主体意识,增强其主体能动性,使学生形成较强的主体探究能力,并由此获得愉悦的学习体验,形成对世界的真实理解。

综合文科课程在设置过程中充分考虑学生的实际需要和兴趣,注重学生经验的获得,不排斥学生作为主体性存在的意义,在解决知识与经验关系问题的时候,注意将知识、经验相结合,使得知识真正成为学生意义体系中的一部分。

总之,不同的价值取向对综合文科课程的开发模式提出了相同的任务,即在开发过程中应充分体现这种价值理念,尤其是体现在课程目标上。值得注意的是,综合文科课程的目标不能仅仅反映某一种价值取向,而应努力体现所有的价值取向,在目标上尽可能地反映学生与社会发展的需求,同时也体现学科发展与知识进步的需要。

（二）综合文科课程的培养目标

目标是较之于目的而言的更为狭义的概念，是为了实现目的而达成某种具体结果和方向性所使用的语言。一般说来，目标具有如下三个特点：其一，目标具有结构性、清晰性的特点，可以表明每个学习单元水准的评价，体现了具体化的特征，它可以用结构性的方法将复杂化的目标整理出来；其二，作为结构化的目标，不仅仅由教师单一方面所决定，而且要求教师与学生共同决定；其三，它可以作为教育结果评价的标准。可见，作为教育课程的培养目标，具有可操作性、结构性的特点。①

那么，目前开发的综合文科课程的培养目标是什么？它有哪些特点，又是由哪些要素组成的呢？

综观国内外综合文科课程的培养目标，可以发现以下几个特征：第一，目标的制订与社会科学研究及现实问题关系密切。社会科学的不断进步使人们越来越清楚处理、解决社会问题或矛盾的模式与方法，新兴的学科又会带来新的视野与新的思维方式，他们都会成为未来学生们解决社会问题的依据和思考的起点，这就不断丰富着教师与学生教和学的内容与方法，使综合文科呈现出不断创新、不断发展的势头。第二，目标越来越以学生的学习能力（尤其是解决问题的能力）为中心，学校制订了适合不同年龄学生学习的技能指导目标，目标既详细又明确，操作性强。第三，目标注重人际交流、理解与沟通方式。第四，制订的目标贴近学生的现实生活，讨论的问题有不少就是学生在生活中遇到的问题。

通过分析国内外综合文科课程目标，不难发现，从教育、教养与发展的三方面，即思想教育（态度、情感、价值观）、知识教学和能力（学习能力与社会能力）的培养来建构综合文科课程的培养目标已成为世界各国课程改革的趋势。

1. 知识目标

综合文科课程是在课时上取代历史、地理的社会科综合课程，应该高度重视中小学生时间观念和空间观念的培养。

人类世界的所有事物、现象的运动、发展，都是在实践范畴与空间范畴中进行的，正因为如此，时间与空间是中小学生认识人类社会、人类世界的最基本的两大范畴。所以，世界教育史上著名的教育家都十分重视历史——以纵向时间观念为主要逻辑顺序的课的教育功能，以及地理——以横向空间观念为主要逻辑顺序的课的教育功能。夸美纽斯说："熟悉历史是一个人的教育里面的最重要的因素，是他终身终世的眼目。所以这门科目六班之中（指拉丁语学校）每班必教，务使我们的学生对于从古至今所曾发生过的事项没有一件不明白。"②洛克认为应从地理的学习开始，学习地球的地貌、世界四大组成部分的位置与疆界，以及某些特殊王国与国家的位置与国界。③

现代各国的中小学教育，都把历史与地理作为核心课程、必修课程，因此在课时上占据历史、地理地位的综合文科课程，必须提供相关的知识，以培育中小学生的时间观念与空间观念。需要指出的是，综合文科课程的内容并不是历史、地理相关内容的简单相加、拼凑，而是要成为一个体系，一个适合于学生学习的知识系统。这个知识系统不是单纯由课程开发者（教育工

---

①　熊梅：《试析综合课程的教育目的观及培养目标》，《课程·教材·教法》，2000 年第 9 期。

②　［捷］夸美纽斯：《大教学论》，傅任敢译，人民教育出版社，1979 年，第 235 页。

③　［英］洛克：《教育漫话》，徐诚、杨汉麟译，河北人民出版社，1998 年，第 167 页。

作者、教师、课程编制者等)对分科知识进行整合的产物,更多的是由学生在实际学习过程中通过自己主体建构性活动对分科知识进行整合的产物,它应该围绕着某一社会问题或社会现象而展开,这样才能真正调动起学生学习的兴趣。

综合文科课程的知识系统的核心是有关人类社会问题、现象的相关概念及概念体系,包括人与人、人与自然、人与社会诸多方面的内容。综合文科课程作为一门将历史、地理等学科的内容加以整合而形成的新型学科,应该充分发挥综合性课程的特点,多视角、多维度地反映人类社会的方方面面。

2.能力目标

综合文科课程作为中小学阶段的核心课程,对于每一位学生的学习与发展都是必不可少的,它担负着培养学生基本素质的任务,同时也是学习其他的课程的基础。综合文科课程对学生能力的要求体现在:

第一,与个性的健康发展有关的能力,如学习社会学科诸领域的基本能力要求,包括学习历史、地理、政治诸领域的基本能力,培养学生综合思维能力,综合地获取、运用信息和知识并创造出新成果的意识与能力,等等。

第二,围绕学生成长过程中的人际关系,培养学生在家庭、学校、社区、国家间、民族间、国际场合等不同环境中的各种交往与合作适应能力。学生的交流与沟通方式多种多样,既包括师生的交流,也包括生生的沟通,还包括学生与家庭社会成员、各媒体信息的沟通,等等。综合文科课程具有明显的开放性特征,必然要求发展学生的交流与沟通的能力。除此之外,由于综合文科课程鼓励学生要了解社会、参与社会,因此协作精神与能力的培养也是不可或缺的。

第三,培养学生在上述环境中分析社会现象、解决实际问题的能力,在这一目标部分,各学科的知识与综合的知识成为解决问题的凭据和基础。

3.态度与情感目标

对学生态度与情感方面的要求是综合文科课程的灵魂,分科设置课程对学生态度、情感的形成造成很大的局限,它"重视演绎的过程,忽视体验性的归纳过程,教育的结果使孩子们丧失了自我精神世界的现实性,缺乏心的交流与体验"①,为了弥补这一缺陷,综合文科课程十分注重学生态度与情感的培养。

当代美国的综合文科课程非常重视美国民主传统的教育,日本的综合文科课程十分注重日本的历史与传统和全球意识教育,中国的综合文科课程则非常重视爱国主义和国情教育以及正确的世界观、人生观、价值观的培养。总之,综合文科课程强调要培养学生对他人、对家庭、对社区、对家乡、对祖国、对人类社会的正确认识与负责任的态度,使其建立合乎理性(如对国家,应从遵守宪法开始)的思维方式。

二、综合文科课程的价值

综合文科课程的价值主要表现在:

(一)公民素质教育价值

中小学教育的一个重要任务就是使受教育者学会做人,不仅仅是学生个人的发展,还要正确理解个人与他人、个人与社会、个人与民族、个人与国家的关系,使学生成长为符合社会需要

---

① 熊梅:《试析综合课程的教育目的观及其培养目标》,《课程·教材·教法》,2000年第9期。

的合格公民。综合文科课程对培养学生主动探究社会、适应社会的能力,拓宽其对事物的认识视野,发展其个性和创造性,使其树立正确的社会认识与价值观等方面,有其特殊性和不可替代性。

综合文科课程的独特性在于呈现历史、地理和其他人文社会科学的概念与方法,探讨社会生活中有意义的问题或议题,让学生掌握认识人、社会和自然之间相互关系所必需的知识、技能,形成正确的价值观,发展批判性思维和参与意识,从而为公民素质教育奠定基础。

（二）人文教育价值

提高学生的人文素养是"历史与社会"课程的理念。"历史与社会"是一门整合历史、地理、社会、政治、经济等众多人文社会科学知识的综合文科课程,致力于培育学生的历史感以及对自然、生命、祖国和人类的责任感,使学生继承和弘扬人类文明的优秀传统,汲取历史智慧,认同民族文化,具备开放的意识,养成积极向上和不断进取的人生态度。

（三）历史教育价值

我国中学的"历史与社会"课程是一门强调历史教育价值的社会科课程。"历史与社会"课程的开设,既是对其他国家社会科课程发展经验的借鉴,同时也切合了我国的历史文化传统。其一,世界范围内发达国家的社会科课程多把历史与地理作为社会科课程的两个支架性学科,历史总是社会科课程内容的主要领域,近年来的社会科课程改革越来越强调历史。其二,中华民族有着悠久的文明史,重治史、重历史教育是我们的优良传统,懂得历史"是中国发展的一个精神动力"。"以史为鉴"是历史教育的重要功能。其三,社会和历史是相互联系的两个领域,一方面现实社会是人类历史长期发展的结果,另一方面目前的社会活动也在推动着历史发展的进程。[①]

（四）创新教育价值

"历史与社会"课程不仅是人文社会学科知识的综合,还是技能与方法的综合;不仅是对历史发展过程与现实社会问题的综合,还体现在对分析、认识某个事件或现象的角度的综合。"历史与社会"课程的教学内容紧密联系社会实际与个人生活,并不局限于教科书;评价从追求唯一的、固定的结论转变为注重个性化的思维过程。"历史与社会"课程鼓励探究性学习,在教学过程中,教师不以权威的观点和观念控制课程,而是承认和尊重学生的观点与看法的多样性,鼓励学生质疑问难、求异求新,帮助学生尝试在各种观点、观念相互冲撞、融合的过程中寻求认同或理解。

"历史与社会"课程重视学生的参与和探索,着力让学生在教学活动中体验、探究、实践,注重多学科知识的综合运用,使学习过程成为获得积极、愉快、成功体验的过程,培养学生多角度观察、分析、研究、判断问题的能力,培养学生的创新精神和创造性思维能力,从而为其将来成为创新型人才奠定全面的素质基础。

（五）社会教育价值

传统的分科课程由于过于强调学习书本知识,导致学生与社会、学校与社会的割裂,综合文科课程的实施有利于改变这种人为割裂的局面。如"历史与社会"课程明确指出,该课程将以培养学生认识社会、适应社会、参与社会和改造社会的能力作为一以贯之的目标。根据这一课程要求,学校可以通过组织学生考察社会生活的现实状况和参与具体的社区活动,培养学生

---

① 　阳光宁:《综合文科课程价值探析》,《中国教育学刊》,2006 年第 7 期。

关注社会、服务社会的意识和能力,并增进学校与社会之间的相互沟通和了解。学校也可以充分利用社区的自然和文化资源作为学生开展探究性学习的有效素材,将学校与社会有机地联系起来。可见,综合文科课程的实施,不仅能有效达成学校与社会的沟通,而且能促进学生社会化程度的提高。

(六)心理教育价值

教育的目的是促进学生素质的全面发展,提高学生的生活质量。综合文科课程在提升学生身心素养方面有着其他课程模式难以比拟的价值。

综合文科课程有助于激发学生学习和探究的动机与兴趣,在课程改革中,"历史与社会"新课程为了充分体现以学生为本的课程理念,打破了长期以来传统的历史和地理课的学科逻辑体系,大胆地采用主题模式,即以"我们生活的世界"、"我们传承的文明"、"我们面临的机遇和挑战"三大主题重新构建整个课程内容的逻辑体系,这样的设计符合学生的认知特点和认知顺序,有利于激发学生的学习兴趣。此外,在课程的实施上,一方面,"历史与社会"新课程主张,在课堂教学中,要为学生创设丰富多样的学习环境,为每个学生提供足够的思维和表现的空间,以适应不同学生的兴趣,最大限度地发挥学生的主体作用;另一方面,还主张学生应该积极、主动地参与社会的各种活动,在实际生活中发现问题,并综合运用各种知识去解决问题,提高对社会的认识能力和参与社会的实践能力。[1] 可见,在这样的课程中,"学生不是被要求去学习学究气的抽象概念,而是通过一个适当的教育环境的体验和探索,来钻研和发展他们自己的思维方式。实践活动的作用,不仅对于儿童当时的学习,而且对于他们在以后年代有效的和有计划的思维的发展,都具有决定的意义"。[2]

第四节 综合文科课程的内容与组织

一、综合文科课程的内容

综合文科课程的内容是指对已分化的社会科课程内容进行整合的课程内容以及原先并未分化的社会科课程内容。由于综合文科课程在设置过程中是以"去边界"的方式进行整合的,因此,综合文科课程的内容也应具有"去边界"的特征,即内容范围是十分广泛的。综合文科课程不是历史、地理学科知识的简单拼凑,而是社会学科相关领域的综合;不仅是知识层面的综合,更是方法的整合、视角的整合;不仅包含社会学科领域的知识,更蕴含学生生活经验、社会实践的知识。

综合文科课程的学科基础是社会科学诸学科,以历史学、地理学、社会学、政治学等为主,与心理学、人类学、伦理学等关系也比较密切。这些学科领域中的有关知识构成了综合文科课程内容。在综合文科课程中,除了社会学科有关领域的知识,还蕴含学生的生活经验与相应的社会实践知识。综合文科课程是提升学生公民素质的一门课程,直接体现"学生个体社会化"的教育宗旨。学生的生活经验、社会实践是学生了解、参与社会的必不可少的基础性知识。这

---

① 陈新民:《中学综合文科课程价值探析》,《浙江教育学院学报》,2004 年第 6 期。
② [英]J·B·英格拉姆:《综合课程的作用》,吕达译,《课程·教材·教法》,1985 年第 3 期。

些社会生活、社会实践性的知识,与社会学科诸相关领域的知识有机地组合起来,构成综合文科课程的内容体系。

(一)综合文科课程内容的设计

综合文科课程必须围绕着人的发展主题,构建既与社会变化趋势相吻合,又符合人类普遍的社会理想和发展愿望的课程内容体系,这是规划综合文科课程内容的基本思考。在研究基础教育阶段的课程内容时应注意如下几点:

第一,应该是全面考察各学科(尤其是相邻社会学科)的功能与作用,并由此找准本学科的位置。过去一说课程内容,首先想到的是本学科的知识体系,编制内容的方法首先是对应学问化的知识体系做截长续短的工作,结果只是基本知识一遍遍地重复。说是要"螺旋式上升",实际上多是原地打转。因此,在设计综合文科课程内容时首先要对其他课程的学习功能有充分了解,否则会因混淆彼此的上位理念而贬损其他学科的学习价值,造成课程学习宗旨的严重偏位。

第二,确定课程实施的基本条件和原则。比如,政府的指导性意见,课程的性质定位,课时、教材、师资及学习环境的保障等等。就综合文科课程而言,最重要的条件是符合政府的政策导向和营造开放的、民主的学习环境,最重要的原则是课程的体验性、参与性、多元性和指导性。所以说,综合文科课程必须以学生的发展为中心,立足于学生的经验,尽量提供他们自我完善所必需的各种选择机会,立足于学生的民主参与,尽量从多角度、多方面提供他们确立正确的社会观、生活观、文化观所必需的认识素材。

第三,研究和确立课程的教育目标与学习标准。制订综合文科课程教育目标的操作程序与传统课程有两点不同:一是以课程上位理念定位,而不是以学科的知识体系定位;二是以学生本位定位,而不是以学科本位定位。综合文科课程的总任务是培养"公民素养",这就要求课程的标准既能够切实地指导当前学校的教育活动,也能够借助它特有的课程原理和学习理念,真实地帮助学生奠定他们在以后的社会生活中所必须具有的知识、情意和能力基础。因此,在设计目标时首先应考虑"公民应有的资格",从态度、情感、价值观入手,再依此确定应有的能力和知识。

第四,精选课程学习内容。所谓精选学习内容,就是要解决用怎样的方式和视角去选择学习内容。这些内容须具有如下的特征:最基础和基本;可以依此扩展学生认识;符合学生年龄特点且有连贯性。具体到综合文科课程,一是明确构成基本知识的内容线索——人与自然的关系、人与社会的关系、人与人的关系;二是明确构成知识内容的问题轴,有了内容轴,再根据不同学段的学生的认知特点和教育目标去选择学习内容,就容易突出重点,获得较好的学习效果了。

第五,研究教学指导标准。教育目标也好,教科书也罢,都要通过教学去实现。传统课程特别重视教授效果,有很多严格的教学原则存在,而且这些教学原则又多是些指令性的、唯一性的标准,因此,教学文件(如大纲)中虽然也有指示教师"需要做什么"、"能够做什么"的内容,但仍然以照本宣科为主要特征。综合文科课程教育不能这样。首先,无论是哪个层次上的教学指导标准,都是指导性的、建议性的。其次,教学文件只是规范和判断综合文科课程教育质量的基本标准,仅仅是向教育者提供建议和范例。所以,教学指导标准的第一宗旨,是解决教师的自主性和创造性问题,目的是让教师自己去创设教学环境,打破传统学科知识体系的封闭性、教育目标单一性、教学方式程式性、学习过程接受性的桎梏,采用主题学习、体验学习、问题解决学习等多种多样的方式,去解放自己和学生。

第六,研究评价标准。评价标准关系到整个课程的实施特点和水准,综合文科课程的评价特别重视学生与教师双方面成就动机的完成过程。所以它特别注意研究有关社会感受与理解、问题思辨与解决、社会差异与情感升华以及人格养成等方面的评价内容;它特别注意学生的社会性及个性形成、多种获得和处理信息的能力、理解不同社会文化的各种观点及解释的能力、评价社会资料、组织和表述自己的研究成果的技能与能力。它强调评价必须是一个开放系统,并能够始终持有公平、公正、多元和不唯一、重经验、尊重个性的原则。①

(二)综合文科课程内容选择的原则

选择与界定综合文科课程内容的根本原则是,使课程内容充分表现出统整性,即将分割的课程内容的要素或零散、杂乱的其他形态的内容要素依据其内在的价值联系、逻辑性或结构性联系、外在的实用价值、学生的认知特点或习惯等主线统整起来,形成一个完整的有机的内容体系。从统整性这一基本原则出发,可以演绎出选择综合文科课程内容的具体原则。

1. 充分体现人的和谐发展教育目的观

自古以来,无数的教育家与有识之士都倡导教育应努力实现人的全面发展,培养和造就"完人",即和谐发展的人,可是以往课程的分科设置使得学生素养的"完整性"被人为地切割了。综合文科课程作为综合课程的具体课程形态,它的产生正是为了克服分科课程的弊端,促进学生完整人性的形成,因此,综合文科课程的内容的选择不能背离形成学生整体素养的教育目的,这是其生命之源。

2. 充分体现课程的目标要求

由于课程内容与课程目标之间存在着必然的对应关系,因此综合文科课程的内容应当体现课程目标的具体要求。综合文科课程的目标包括三个方面,即知识、能力、态度及价值观,其内容的制订应当以这些目标为依据,选择历史、政治、人文地理、经济、哲学、社会学、心理学、信息学、伦理学等学科的核心知识。

综合文科课程内容的选择应该包括两方面:其一,依据课程目标选择课程内容,即对核心课程的知识要点、技能指标、思想观念等进行界定。其二,依据课程内容标准选择具体的课程内容,即依据课程的内容标准选择更加具体的、详细的、具有实践性特征的课程内容。②

3. 考虑学生身心发展的规律

课程的设置有三大价值取向,其中人本位价值取向是课程的目的性价值取向,所有课程的设计最终都应指向学生的发展,因此综合文科课程在内容的选择方面应该充分考虑学生身心发展的规律,为学生的发展提供"营养"。

综合文科课程内容的选择要遵循适应学生发展状况这一原则:第一,综合文科课程内容的选择应符合学生现实的发展状况及现实发展需求,克服以往片面强调知识的增长,忽视情感、态度、价值观的引导,造成学生片面发展的状况。第二,综合文科课程内容的选择要充分考虑到学生的"最近发展区",不宜过难或过易,同时还要指向学生未来发展的需要,为学生终身学习奠定基础。

---

① 赵亚夫:《试析"社会"综合课的课程理念与内容设计方法》,《首都师范大学学报(社会科学版)》,2000 年第 4 期。
② 有宝华:《综合课程论》,上海教育出版社,2002 年,第 148 页。

4. 充分反映社会文化和科技发展的新成果

综合文科课程具有开放性的特点,这就意味着它能够克服分科课程内容由于相对稳定而脱离社会科技发展的现状。综合文科课程是以社会功能或社会问题为组织核心,把系统的学问性知识和即时的现实社会问题和谐地纳入课程结构,实现知识与主题的统一、学术与生活的统一,以培养学生主动探究社会、适应社会的能力,扩大对事物的认识视野,发展个性与创造性,树立正确的价值观。因此,综合文科课程内容的选择应当充分把握住开放性的特点与优势,充分反映社会文化和科技发展的新成果。

5. 充分体现课程内容的多元化,注重学科内容的整合

长期以来,中小学社会学科课程都以分科设置为主,在内容的选择上较强调单一学科的知识逻辑结构,这就导致了文化知识各个要素间固有关系的断裂。综合文科课程将原本分科设置的社会学科按照一定的逻辑体系重新整合在一起,这就决定着综合文科课程在内容的选择上不会以单一学科内容为主,而是以一种多元化的形态出现。

除此之外,还应注重综合文科课程内容的整合,它不仅强调各学科之间知识的融合和渗透,新课程还注重各学科知识内部的融合。例如,在历史知识部分,新课程在教材的编写方式上,打破了多年来人们习惯的学习历史的方式,通过综合运用历史、地理、政治等社会科学的研究方法,跨越时间、空间的界限,将中国史与世界史有机地综合在一起,即所谓"中外混编",以达到人们所追求的"整体史"、"全球史"的要求;在人文地理部分,新课程突出了"区域生活"的内容,又使自然环境与人们的社会生活密切联系起来。

(三)综合文科课程内容的组织

1. 以概念为中心的组织方式

概念是对现象的抽象性、简约性的概括,它蕴含了事物丰富的属性和特征,把握了概念就是既把握了事物的属性和特征,也把握了类属于概念范畴的事物的个别现象。[①] 以往社会科课程都是分科设置,对某一概念总是倾向于从自己学科的视角出发进行界定,难以周全而准确地反映这一概念的整体属性与特征。以"概念"为中心进行课程组织,可以从不同学科视角对同一概念进行阐述,从而有助于学生形成一个完整的科学知识体系。

除此之外,以概念为中心组织综合文科课程各课程要素,还可以由某一核心概念引发诸多相关概念,围绕这一核心概念,整合相关概念,形成完整的概念体系,这是一种发散式的组织方式。比如,之前提到的"新社会课程",这是一种十分明显的以概念为中心进行组织形成的综合文科课程,又称为"科学知识性课程",它的核心思想是"概念方法",将每一门学科的重要概念都一一进行列举,然后再经过分类组合,形成三种类型的综合学科概念:

第一类,实体概念:君权、权力、住处、冲突、道德和选择、文化、工业化或城市化、萧条、制度、投入和产出、社会控制、节约、社会变革等等。

第二类,价值观概念:人的尊严、忠诚、自由和同情、平等、得到政府的承诺等等。

第三类,方法概念:分析综合、因果关系、客观性、观察、分类、测量、怀疑主义、问题与回答、历史方法、地理方法等等。

2. 以问题为中心的组织方式

这里所说的问题,是指与学生相关或能够引发学生兴趣的现实问题和现象。以问题为中

---

① 有宝华:《综合课程论》,上海教育出版社,2002年,第151页。

心组织课程,就是要确定一个与学生相关,或是能够引发学生兴趣的社会、生活问题,以此来组织课程要素,这种课程又称为"社会问题性课程"。① 以问题为中心,可以充分调动学生学习的积极性,培养学生解决实际问题的能力。

如日本教育机构就将学科性知识与现实问题相结合,围绕现实社会问题选择了四大内容为核心设置综合文科课程:① 自立教育。包括金钱教育、消费者教育、人权教育、民族种族团结教育、性教育、志愿者教育等等。② 国际理解教育。包括国际化教育、不同民族与国家的文化理解教育、外语教育、和平教育、乡土教育等等。③ 环境教育。包括生态环境教育、公害教育、能源教育、人口教育等等。④ 情报教育。包括计算机与网络教育、信息教育、信息情报伦理教育等等。在教学方式上,日本强调中小学应当设立综合学习的时间,要尽可能让学生去亲身体验与参与问题解决的过程,为此,还设立了自然观察体验、社会问题研究、志愿者活动、动手制作等学习活动课程加以辅助。

3. 以主题为中心的组织方式

主题主要是指不同学科课程要素共同指向的核心问题。② 以主题为中心就是要选取一个主题,并将与该主题相关的社会科学各领域知识围绕主题加以整合。以主题为中心与以问题为中心之间既有联系又有区别,以主题为中心遵循的是由抽象到具体、由演绎到归纳的逻辑,而以问题为中心则相反,因此以主题为中心要求教育工作者必须要精选课程的内容并加以整合,而不是提供一个知识"大杂烩"。上述提到的日本高中综合文科课程"现代社会——关注未来"就是以主题为中心的课程组织形式,综合性较强,自由度也较大,给学生提供了较为广泛的参与机会。

(四)中小学综合文科课程内容的发展趋势

综合文科课程的内容既包括社会学科诸多领域的知识,也包括学生的生活经验与相应的社会实践知识。在中小学,教科书(教材)是综合文科课程内容的主要存在形式,因此在这里,主要通过比较国内外中小学综合文科教材来探讨中小学综合文科课程内容的趋势。

1. 中、美两国小学"社会"课本的比较(见表19-5、19-6)

表19-5 中国与美国小学"社会"教材内容

中国的"社会"课本(人教版)③	
第一册	家庭生活、学校生活、周围的社会生活环境、商业与生活、工业与生活
第二册	农业与生活、交通运输与生活、通信与生活、储蓄与保险、节日文化生活
第三册	中国在世界中、我们的行政区域、祖国的壮丽山河、中华民族的祖先和早期文明、统一的多民族国家、我国灿烂的古代文化
第四册	近代中国(一)、近代中国(二)、中华人民共和国的国家机构、社会主义建设的辉煌成就
第五册	不同环境下人们的生活、我国的交通运输事业、我国的旅游胜地、我国的基本国情
第六册	我们的世界、人类文明的脚步、变化着的世界、世界不同地区人们的生活、爱护我们共有的家园——地球

---

① 有宝华:《综合课程论》,上海教育出版社,2002年,第153页。

② 同①,第152页。

③ 人民教育出版社地理社会室:《社会(小学教科书)》,人民教育出版社,1992年。

续表

美国的"社会"课本①	
第一册	你是谁、你想做什么、你与你的文化、相互帮助、生活的差异、权力、变化的世界
第二册	我们需要互相帮助,不同的居住方式,人们作出选择,作为一个人,我们学习什么、怎样学习,政府的权力,我们世界的变化
第三册	一个国家、众多民族、移民北美、美国革命、国家的成长、新国家的开始、好时代与坏时代、美国的变化

表 19-6　中国与美国小学"社会"各领域知识所占比例②

中国"社会"(人教版)(基本单位:单元)							
领　域	第一册	第二册	第三册	第四册	第五册	第六册	共计
社会常识为主	3	2					5(16.7%)
历史常识为主			3	2		2	7(23.3%)
地理常识为主			3		4	3	10(33.3%)
政治常识为主				1			1(3.3%)
经济常识为主	2	2	1				5(16.7%)
民俗常识为主		2					2(6.7%)
法学常识为主							
其他内容							
共　计	5	6	6	4	4	5	30(100%)

美国"社会"(基本单位:章)			
领　域	第一册	第二册	第三册	共计
社会常识为主	12	14	2	28(29.2%)
历史常识为主	5	5	28	38(39.6%)
地理常识为主	2	11	1	14(14.6%)
政治常识为主	4	2	1	7(7.3%)
经济常识为主	3			3(3.1%)
民俗常识为主				
法学常识为主	1			1(1.0%)
其他内容	5			5(5.2%)
共　计	32	32	32	96(100%)

　　从表 19-5、19-6 中不难发现,小学综合文科课程有一些共同点:第一,小学"社会"课程内容大多集中于"社会常识"、"历史常识"、"地理常识"三大领域。小学综合文科课程"社会",不是简单地将历史、地理等相关学科知识进行拼凑,而是要把相关知识加以整合,融会贯通起来,形成一个整体,其中又遵循"时间"、"空间"维度,以使学生对社会有个比较全面的认识。除此之外,小学综合文科课程的内容主要是侧重于常识性的知识,这也体现了小学综合文科课

① Scott. Social studies. Foresman and Company,1982.
② 李稚勇,方明生:《社会科教育展望》,华东师范大学出版社,2001 年,第 233 页。

程的实质。第二,低年级课本中"社会常识"内容占较大比例,而较高年级则以"历史常识"内容为主,这是因为对于刚入学的小学生来说,历史常识对于他们较为遥远,而当他们的社会性常识积累到一定程度后,再来呈现"历史常识"内容也许更易理解。

2. 中、美、日三国中学综合文科课程内容的比较(见表19-7)

表19-7　中、美、日三国中学综合文科课程内容比较

中国初中《社会》(上海版)		
七年级	第一册	我们是社会的一员、家庭是社会的基本单位、乡村及其产业、城市及其工业、商业与物资交换流通、交通运输和信息传播、科学与教育、宗教与民俗
七年级	第二册	祖国鸟瞰、祖国的民族与人口、祖国的自然环境(上、下)、祖国的悠久历史(上、中、下)
八年级	第三册	古代农业和小农经济、古代工商业和城市、古代交通、古代政治制度、古代军事、古代知识分子和妇女、社会矛盾和斗争、古代文化(上、下)
八年级	第四册	民族的危机、道路的选择、近代经济变动和新阶级的产生、近代化装备的军队和近代外交的开端、近代城市的出现和近代新文化的生长、新民主主义革命的开端、没有共产党就没有新中国(上、下)、社会主义新中国
九年级	第五册	放眼人类居住的星球——地球、巡游人类生活的区域(上、中、下)、开发辽阔浩瀚的海洋、世界文明古国、中世纪欧亚诸国、近代文明的崛起
九年级	第六册	资本主义的确立及其社会矛盾、两次世界大战和十月革命、当代世界的政治、当代世界的经济和科技革命、当代世界中的国际组织、全球问题和对未来的世界的展望
美国的《世界——在时间与空间中的探索》		
第一单元		认识世界(世界行政区、历史回眸、早期文化)
第二单元		大河文明(古埃及、古代两河流域、古印度、古代中国)
第三单元		新思想与新帝国(古希腊、古罗马、古代阿拉伯、古代美洲)
第四单元		变迁中的世界区域(欧洲中世纪文化、非洲帝国与文化、亚洲帝国与文化、美洲帝国与文化)
第五单元		现代世界的开端(欧洲的扩张、革命改变了世界)
第六单元		冲突的世纪(世界大战、新的国家、变化中的世界)
日本高中《现代社会——关注未来》①		
第一章		环境与人类(社会中的人、自然中的人)
第二章		人类与文化(风土与文化、日本的文化与传统)
第三章		现代社会与青年(我们所生存的社会、青年人的人生哲学、追求人生价值、追求更佳的人生)
第四章		现代政治、经济与人类(区域社会的变化与居民的福利、现代经济社会、富有是什么、政府的经济活动、日本国宪法与民主政治、变化中的世界政治、民主社会的伦理)
第五章		国际社会与人类的课题(变小的地球、战争与和平、超越国境、地球的居住环境、作为地球人)

中国初中"社会"各领域知识、不同时间范畴内容、不同空间范畴内容所占比例分别见表19-8、19-9、19-10。

---

① ［日]宇尺弘文,等:《现代社会——关注未来》,东京书籍株式会社,1995 年。

表 19-8　中国初中"社会"各领域知识所占比例①

基本单位：章

社会学科	第一册	第二册	第三册	第四册	第五册	第六册	合　计
历史领域		3	9	9	3	2	26(55.3%)
地理领域		4			5		9(19.2%)
社会领域	2						2(4.3%)
政治领域						2	2(4.3%)
经济领域							
文化领域							
民俗领域	1						1(2.1%)
综　合	5					2	7(14.8%)
其　他							
共　计	8	7	9	9	8	6	47(100%)

表 19-9　中国初中"社会"不同时间范畴内容所占比例

基本单位：章

时间范畴	第一册	第二册	第三册	第四册	第五册	第六册	合　计
以往时期为主		3	9	8	3	2	25(53.2%)
现代为主	8	4		1		4	17(36.2%)
跨越以往与现代					5		5(10.6%)
合　计	8	7	9	9	8	6	47(100%)

表 19-10　中国初中"社会"不同空间范畴内容所占比例

基本单位：章

空间范畴	第一册	第二册	第三册	第四册	第五册	第六册	合　计
本国为主	8	7	9	9			33(70.2%)
外国为主					5	2	7(14.9%)
世界性					3	4	7(14.9%)
合　计	8	7	9	9	8	6	47(100%)

　　可见,在中国的中学,综合文科课程"社会"历史领域的知识所占比例最大,是全部内容的55.3%,接下来是地理领域,综合性的内容所占的比例较小,仅有14.9%;从时间领域上看,以往时期的内容占据首位;从空间领域上看,绝大多数的内容是以本国为主,外国与世界性的内容加起来才占全部内容的29.8%。中学的综合文科课程内容主要是以历史领域知识为主干,加上地理领域的知识,再来综合其他领域的知识,而且真正综合性的知识内容仍占少数,绝大多数的知识还是"分科性的内容",综合化程度不是特别理想。

　　美国中学的综合文科课程的基本线索是以人类文明的进程为主线,同时强调地理领域的知识,是以时间为经,以空间为纬,向学生展现人类文明发展状况;日本主要是按主题来编制综合文科课程,综合性较强,自由度大,可以从学生发展的需要出发来构建整个教材体系。

　　3．中小学综合文科课程内容的发展趋势

　　首先,尽可能拓宽综合课程内容的范围,不仅融入历史、地理、社会等社会科学领域的知

---

① 李稚勇,方明生:《社会科教育展望》,华东师范大学出版社,2001年,第243页。

识,而且从帮助学生了解社会的角度出发,把相关的政治学、民俗学、经济学等领域的知识也综合进来。如上海初中的"社会"在叙述中国成为世界东方大国的优越地理条件时,不仅包含行政区划的现状,而且还积极引导学生理解祖国统一的重大意义;在介绍世界区域地理时,也紧密联系社会历史内容。可见当前中小学的综合文科课程的内容所包含的学科领域知识大大突破了传统的历史、地理学科。

其次,综合文科课程的内容在选择与编排上顺应并促进学生身心发展的规律。综合文科课程内容在选择编排过程中考虑了两方面的因素:其一,社会学科本身的逻辑或顺序。组织综合文科课程的内容必须要以相关的社会科学体系固有的逻辑结构为基础,保证其内容的科学性;其二,在组织过程中要考虑学生的年龄阶段特点,如在小学组织综合文科课程内容时,低年级主要是以"社会常识"为主,到了较高年级,学生已有一定的社会知识储备,开始接触离现实较远的"历史常识"知识。不难发现小学阶段接触的综合知识以"常识"为主,到了中学才逐步以"问题"、"科学知识"等为主,充分考虑了学生身心发展的规律。

最后,综合文科课程的内容不仅体现了相关社会科学诸领域知识层面上的整合,而且也逐步实现知识、能力、方法等层面上的融合。如,小学的综合文科课程"社会"便设有专门的"活动课",美国的《世界——在时间与空间中的探索》也编写有"技能课"、"公民素养课",等等,目的是培养学生的基本学习方法与能力。可见,知识、能力、方法的整合已经成为当前中小学综合文科课程内容发展的一大趋势。

二、综合文科课程的组织

在综合文科课程设置的过程中,"组织"是一个非常重要的问题,形象地说,经过选择的课程内容如果不加以组织,将是支离破碎、凌乱不堪的,这必然会影响教学的效率,因此,将各课程要素加以组织对教学的成败具有极其重要的意义。

（一）综合文科课程的组织方式

所谓综合文科课程的组织,就是在一定教育价值取向的基础上,将社会科学诸多领域的知识合理地进行排列、组合,组织成一个完整的课程结构,使其能在实际的运行过程中发挥合力,以有效地实现课程目标。由于社会科课程有比较强的地区差异性,因此它并没有某一固定的组织模式,而是具有明显的多元性特征。综观国内外综合文科课程的设置,其组织方式主要有:

1. 以历史与空间为经纬,以社会生活为主轴

依据《历史与社会课程标准(二)》,认为历史与社会科应该围绕着"是什么—为什么—怎么办"这样一条逻辑线索来构建,由此搭建了综合性较强的"工"字形课程结构,形成七至九年级循序渐进的三个主题:"我们生活的世界"、"我们传承的文明"和"我们面对的机遇与挑战",其中七年级和九年级的内容为共时性展开,而八年级则为历时性展开。要求学生首先知道我们生活的时间、空间以及在此过程中展开的社会生活,然后通过历时性的叙述知道我们今天生活中所面对事物的来龙去脉,最后通过对当今世界的重大问题的梳理,明确我们的努力方向和奋斗目标。

"以时间为纬,以空间为经",完全打破了学科课程的藩篱,以主题的形式综合了历史、地理和其他人文学科的内容,能够"逐步把学生的视野从个人生活的狭小范围扩展到人类生活的广阔世界,将个人的生存、发展和精神追求融入社会发展的历程,激发学生关注人类命运、探

究社会发展奥秘的愿望"。^① 这种方式对于培养学生的历史意识和社会探究能力确实有很大的作用。但如何根据课程目标,有机地实现历史知识与历史意识的统一,实现历史意识与社会问题解决的统一,是需要迫切解决的一个问题。

2. 历史与社会并列

依据《历史与社会课程标准(一)》所构建的历史与社会科以"我们的社会生活"(社会)和"人类文明的进程"(历史)为两个内容板块,在社会生活板块下面设了三个学习主题"我们在社会中成长"、"我们身边的经济、政治和文化"、"我们生活的区域与环境",在人类文明进程这个板块下面设了两个主题"中国历史与文化"、"世界历史与文化"。这5个专题的内容从不同的侧面,阐释了作为一个现代公民应该掌握的社会知识、技能,应该具备的社会意识、责任、态度、情感以及价值观。将历史与社会并列的目的是实现"历史"与"社会"的整合。相对于以往分科形态的历史、地理而言,在拓宽学生视野、养成社会探究能力方面有其独特的价值和功能。但"历史"与"社会"是并列还是整合关系,如是整合关系,我们的策略又是什么,这些问题仍值得我们深思。

3. 历史与地理并重

以美国的社会科课程为例。在美国人的观念中,历史和地理通常被认为是社会课的基础,他们认为"历史知识是政治能力的准备","地理是人类戏剧表演的舞台",如果能够把它们有机地组合在一起来处理与时间和空间相关的事物,那将对公民素质的养成大有裨益。因此在美国的社会科中,历史和地理的整合问题就成了人们关注的焦点。在这种背景下,美国的社会科整合的方式之一就是历史与地理并重。这种组织方式给学生提供了一个完整的生活场景,让他们明白自己的职责,从而有效地处理人与自然、人与社会、人与人的关系,而这一点又恰恰是我们社会科教育的目标。可是,这种方式也有不适合我国国情的方面:一方面,我国历史悠久,所涉及的问题较多,需解决历史知识质与量的问题;另一方面,我国公民教育是较薄弱的环节,而在这种方式中没有刻意地展现社会问题,可能对公民素养的养成有一定影响。

4. 以社会为中心,整合政治、经济、文化等相关内容

这种组织方式以广东省社会科为代表,它以社会为中心,把社会分解为若干相关的子系统。从9个角度对社会这个问题进行了细致的解读,这9个子系统的内容是:走向现代社会,社会主义市场经济体制,社会主义法制和民主,科技进步,文化嬗变,社会生活,当代中国的国际环境,中国的可持续发展,未来的社会。对这9个问题的探讨,几乎囊括了我国当前社会中的政治、经济、文化、科技等各领域的相关内容。以社会为中心,其目的是让学生了解当代社会发展中的问题,养成学生的社会参与意识;值得注意的是它是在高中开设的,与此同时还有分科的历史、地理学科课程,所以它并没有进行历史、地理的大综合。因此,我们在强调社会科综合的同时,未必一定要强求社会、历史、地理的整合,毕竟我们有自己的国情。我们可以运用相关课程的一些思路,在开设社会科的同时,配套设置相应的历史与地理课,这样既有助于相关学科的完整性,也可以达到养成学生历史意识、拓宽学生视野的目的。

5. 历史、地理、社会联合型

如浙江初中"社会"科课程,它以人与社会的关系为主线,以古今中外的政治、经济、文化、人口、民俗、环境等方面的基础知识为主要内容,将内容分成4部分。第一部分:人类生存的地理环境,以地理领域知识为主线;第二部分:人类社会的历史发展,以历史领域知识为主线;第

---

① 中华人民共和国教育部:《历史与社会课程标准(二)(实验稿)解读》,北京师范大学出版社,2002年。

三、第四部分：当代人类社会状况,观察社会的正确立场、观点和方法,是以历史为主线,综合了若干社会主题。可见,这4部分内容对原历史、地理和现代社会生活的内容进行了初步的整合,从而构成了一个相对完整的综合文科课程体系。由于这种课程类型没有将历史、地理、社会内容强制地一统在"社会"课的名称下,历史与地理的分界线仍很明显,学科痕迹很重,因此限制了其功能的发挥。①

(二)综合文科课程的组织要求

1. 注重综合文科课程与其他学科课程的联系

综合文科课程与其他分科课程在中小学课程中各有其不可取代的地位。我国源远流长的文化积淀所形成的重视知识和基础的科学主义传统,不容我们取消学科课程。对知识和基础的重视要求我们必须重视学科课程,综合文科课程的内容必定会涉及社会学科课程的某些内容的整合、扩展及深化。当然,综合文科课程也可以以某些社会热点问题为核心对内容加以整合,当前科学的发展趋势趋向于分化与综合的统一。因此,课程的组织必须注重与其他学科课程与综合文科课程的有机统一,要以一体化的理念指导课程体系的改革和构建,从而促进其他学科课程内在的一体化和学科课程之间的一体化。

2. 注重课程的结构化

事物的若干要素按照某种方式进行排列和组合,就形成了一定的结构。综合文科课程的组织当然要以"课程结构化"的理念指导对新信息、新动态、新进展的处理。未来的知识经济社会,信息、知识、技术会加速更新,社会变化日新月异,教育和课程的改革发展会不断地面临新课题。围绕主题或社会问题组织综合文科课程,应注重基本问题的探索,以更新学生的知识结构为目的,以培养学生分析和解决问题的能力为重点,而不必过分拘泥于具体知识细节。

3. 注重联系现实社会生活

综合文科课程的许多主题性问题来源于现实社会生活,其内容呈现出变化着的社会的剖面。因此,注重联系现实生活应成为综合文科课程组织的一条原则要求。

4. 注重加强课程教材的交互性

综合文科课程具有开放性、灵活性的特点,是将以往分科设置的历史、地理等社会学科加以整合而形成的一种新的课程形态。它改变了以往课程对学生单向作用的特点,增强了课程教材的开放性,使课程教材向学生开放,激发学生的社会探究兴趣,让学生能够真正参与课程教材的设计,利用自己采集到的材料作为教材,充分发挥学生的主体性作用。

5. 注重课程组织形式的灵活性和多样性

改变课程组织形式单一化倾向,让学生根据自己的兴趣而自由选择,这就为学生的发展提供了多种可能,也为教师创造性地组织教学提供了条件。

6. 注重学生的主动性和教师指导性的综合

即在注重学生自主学习,注重发展学生自我学习能力和创造能力的同时,注重对学生的学习指导,以便为学生一生的自主发展打下扎实的基础。

7. 注重课程综合评估的研究

推动发展和完善与综合文科课程相适应的跨学科、综合性的评估形式。②

---

① 代建军:《社会科课程结构类型述评》,《现代中小学教育》,2005年第1期。
② 顾书明:《谈中小学综合课程的发展及其组织实施》,《教育评论》,2001年第4期。

第二十章 中小学综合实践活动课程

20世纪90年代以来,世界课程改革呈现出回归儿童生活、追求课程综合化的趋势。21世纪伊始,日本、美国和法国等发达国家将活动课程提到一个新高度,这些国家基础教育课程改革课程标准对活动课程的开设给予了新的定义,只是有关名称和表现不同而已。多年来,我国基础教育课程改革一直致力于打破沉闷的学科中心课程和接受式教学,倡导学生的自主活动,其中综合实践活动课程"基于学生的直接经验、密切联系学生自身生活和社会生活、体现对知识的综合运用的课程形态,是一种以学生的经验与生活为核心的实践性课程",因而成为我国基础教育课程改革的亮点。

第一节 综合实践活动课程概述

一、综合实践活动的历史

在人类社会早期,教育课程是融于活动之中的,通过在劳动过程中经验的仿效和传习进行学习。随着文字和学校的出现,教育模式变为以传授系统知识为主要形式。如公元前2 500年的埃及宫廷学校,大多采用灌输、机械训练及重复练习的方式教授学生知识。在雅典和斯巴达,尽管竞争和角力等活动还是很受重视,但是已经作为课程以外的活动进行学习。这种状态一直持续到14世纪下半叶的文艺复兴时期,由于社会生产力和科技等得到巨大发展,人们解放了思想,拓宽了思维空间,开始反对压制儿童个性、死记硬背的教学方法,强调在现实的活动中去学习。如:法国杰出的人文主义作家拉伯雷在《巨人传》中抨击了中世纪的教育实践,主张通过活动进行教育教学,这些活动包括:观察活动、考察活动、体育锻炼活动、文娱活动和交谈活动。① 但是活动课程的思想真正引起关注是在启蒙运动时期,卢梭提出学生应接受大自然的教育,通过观察和体验学习,他在《爱弥儿》中论述了自然教育思想,提出教育的宗旨是依

---

① 徐芹艳:《民族中学综合实践课有效实施的策略研究——以黔江区某中学为个案》,西南大学硕士学位论文,2010年。

照儿童内在的自然发展秩序,通过适当的教育,使儿童身心得到顺利发展。德国教育家巴西多在实验学校中努力实施卢梭的教育思想,在他 1774 年创办的"泛爱学校"中开设了多种实践活动课程。许多教育家也在自己的教育机构和学校中进行了尝试,瑞士教育家裴斯泰洛齐创办"贫儿之家"等教育机构,主张让儿童在劳动和生活实际中获得知识。福禄倍尔 1837 年创办了"儿童活动学校",强调教育要以儿童的活动为基础。这些思想对欧美各国的学校教育有着普遍的影响。[①] 杜威从系统的理论高度对活动课程进行了理论阐述,在对卢梭的自然教育进行认真分析的基础上,指出了其中的真理性因素,如教育要注重儿童的个性发展,不要从外界硬加给学生,还强调教育与社会的密切联系。

二、综合实践活动课程的特征

(1) 从课程目标看,综合实践活动课程的主旨是:"强调学生通过实践,增强探究和创新意识,学习科学研究的方法,发展综合运用知识的能力";"增进学校与社会的密切联系,培养学生的社会责任感"。综合实践活动课强调发展学生的探究能力和实践能力,从而使学生具有高度的自主性、独立性和创造性,充分体现了这门课程的总体目标。

(2) 从课程内容看,规定从小学至高中设置综合实践活动课程,框定其内容主要包括信息技术教育、研究性学习、社区服务与社会实践以及劳动与技术教育,并进一步强调了以必修课的形式开设综合实践活动。注重学生的生活经验和生活情趣,立足于学生的生活经验,融汇学生学习到的相关知识、综合经验与知识,进行探究性学习。

(3) 从课程结构上看,综合实践活动课程中师生自由度大、课程空间广、实施方式灵活。综合实践课强调根据不同内容选择不同的实践活动方式,一般可以是个人活动、小组活动和集体活动,能够灵活运用本地的资源和教学条件。

(4) 从课程的教学方法看,由于综合实践活动课程是开放式的,教学方法的选择也比较灵活,教师的教学方式是开放式的,学生也可以选择适合自己的学习方法,自主地去探究,充分提高自身的学习能力。

(5) 从功能方面看,综合实践活动课程具有以下几方面功能:① 能够培养学生的个性,具有个性养成功能;② 能整合各门学科的知识,具有知识整合功能;③ 学生一定的能力需要通过一定形式的活动培养,因此具有能力的转移功能;④ 学生能在接触社会生活的过程中培养自己的分析和处理问题的能力,因而综合实践活动课程具有培养世界观和价值观的功能;⑤ 这门课程还为学生提供了更多的社会适应机会,使学生更快地实现社会化,因此具有社会统合功能。

第二节　综合实践活动课程实施

下面结合某小学综合实践活动方案的计划和具体实施的状况,来了解关于综合实践活动课程的具体实施状况。[②]

---

① 胡红梅:《综合实践活动课开发模式研究》,重庆师范大学硕士学位论文,2005 年。
② 董佩燕:《综合实践活动课程生活取向的实践研究》,河南师范大学硕士学位论文,2009 年。

一、小学综合实践活动方案

某小学 2008—2009 学年的综合实践活动计划方案见表 20-1。

表 20-1　某小学 2008—2009 学年综合实践活动计划方案

年　级	信息技术教育	研究性学习	社区服务与社会实践	劳动技术教育
三年级	能根据研究主题应用信息技术进行资源搜集	在教师的指导下，能选择合适的研究主题，并进行小课题调查，写调查日记	能在家长和老师的陪同下，围绕主题开展社区活动	在教师指导下，能完成一些力所能及的手工和家务劳动
四年级	能根据研究主题应用信息技术进行资源搜集，并进行整理、分类	能系统地开展研究性学习，在指导教师的帮助下，进行开题论证，进行研究	参加假日小队活动，能在家长组织下参加社会实践	完成一些手工制作及家务劳动，并能在家中帮助父母完成家务
五年级	能上网浏览，使用网络工具进行资料搜集、整理、分类，并综合性地加以应用	能独立思考研究课题，自主选择、确定研究内容，设计调查问卷，开展研究性学习，撰写报告	能组建假日小队，独立参与社会实践活动，例如参观、访问参加公益活动等	能独立完成或与他人合作完成，完整地表达自己作品设计的目的
六年级	能搜集有用的信息，并进行处理分类。熟练地利用网络工具制作网页来介绍和宣传自己的研究成果	组建研究性学习小组，根据需要聘请指导老师，完成研究性学习的开题、实地调查资料搜索等一系列工作撰写课题报告并进行论文答辩	以研究小组的形式开展社会实践活动，进行参观、访问、考察，在活动过程中主动地参与社会事务，尽小公民的责任	在研究主题的背景下，以多种形式展现研究成果，开展成果展示会，供他人学习和参观

从该小学的综合实践活动课程学年计划方案来看，综合性体现得尤为突出，以"主题"为纲，将信息技术教育、研究性学习、社区服务与社会实践、劳动与技术教育四大指定领域或部分、或全部地整合了起来，并将班队活动、学校少先队活动等非指定领域也纳入了设计之中，与指定领域相结合。从综合实践活动课程总体目标出发，结合学校课题研究，站在课程层面的高度，结合学校综合实践活动课程的总体推进要求，对综合实践活动课程目标按年级段进行分解，并在综合实践活动课程的 4 个指定领域分别对各年级段作了相应的要求和规定，有利于教师在实施综合实践活动过程中，进行重点把握和指导，并完成相应的目标要求；在课时安排上采用集中与分散相结合的方法，也符合课程进展的规律。

在课时安排上，三至六年级本学期开设"综合实践活动"课，每周开设两节，学校将这两课时集中安排在每个年级每周五下午进行。课时列入课表，主要由班主任负责，配备兼职老师。在具体教学过程中，可根据各年段教学需要和师资情况采用弹性课时制，做到课时集中使用与分散使用相结合。

对于如此好的设计，落实状况如何？有研究者调查后指出，计划课表与实施课表相去甚远。课时不落实是目前小学综合实践活动课程实施中普遍存在的问题，有的学校缺乏对综合实践活动课程价值的正确认识。

一是四大指定领域人为地分化实施。综合实践活动课程分为指定领域（包括研究性学习、社区服务与社会实践、信息技术教育、劳动与技术教育四大部分）和非指定领域（包括：班团队活动；校传统活动，如科技节、体育节、艺术节；学生同伴间的交往活动；学生个人或群体的心理健康活动；等等），二者互为补充，共同构成内容丰富、形式多样的综合实践活动。然而在很多学校，实际情况并非如此，而是被人为地"分科设置"并分化实施。比如，信息技术教育每周两个课时,劳动与技术教育往往集中在某几天进行,一次性全部搞完或者每周安排一课时,而社区服务和社会实践往往被安排在寒暑假并由学生自行操作,研究性学习在初中阶段则基本没有开设,或者仅被作为一种学习方式与学科课程结合使用。

二是活动内容窄化甚至"悬空"。具体表现在两个方面:一方面,部分学校以学科内的综合性实践活动取代综合实践活动课程。部分学校存在着以物理、化学等学科内的综合性实践活动替代综合实践活动课程的现象。另一方面,部分学校存在着以传统的班团队活动、科技活动、文体活动等活动课或校本课程代替或等同综合实践活动的现象。

三是综合实践活动与学科课程割裂,缺乏探究的深度。虽然综合实践活动以学生的心理逻辑作为课程组织的线索,学科课程以学科的逻辑体系作为课程组织的线索,二者在性质上有所差别,但却并不是截然对立的课程形态。作为统整各科目内容的途径,综合实践活动有助于提升科目学习的品质。虽然综合实践活动倡导"深度探究",但没有学科课程所提供的知识基础和认知背景是很难做到的。实践中,许多学校一旦离开传统学科的据点,便告别了固有的知识储备,踏上"天花乱坠"的务虚之路。活动仅有形式,没有内容,表面轰轰烈烈、丰富多彩,但却缺乏对知识的统整和综合运用。学生没有机会对具体的现场经验和抽象的知识进行重组与建构,学习无以发生,探究成为浮泛和缺乏深度的行为,综合实践活动的课程价值因此衰减。

二、综合实践活动课形同虚设现象普遍存在的原因分析

(一)教师面临多重两难困境

综合实践活动课的教师几乎都是由班主任(语文老师)或数学老师担任。绝大部分任课教师接受的是普通师范教育,掌握的是系统的学科知识、教学理论以及一些教育学、心理学知识等。这种在师范教育模式下培养出来的教师能够胜任学科教学工作,而在综合实践活动课程的教学工作中就显得非常吃力。

正是由于新课改中综合实践活动课程的高要求与现实条件之间的差距过大,相当数量的教师感觉到新课程提出了太多不合理或超出承受力的要求。这些要求仅靠教师自己是很难达到的,这就是那么多的教师在课改中、在实施新课程时会感到无助和无力的主要原因之一。

(二)学校综合实践活动课程管理机制尚未健全

1. 课程的组织管理机构责任不明确

综合实践活动课程作为一门国家规定的必修课程,学校的教学部门理应成立专门的组织或指定专人负责,全面参与课程的规划和管理。但是有些学校把综合实践活动课程当做其他课程的辅助或附庸,或把它等同于传统的活动课程、兴趣小组、班队会活动等,如某小学在课程管理上沿用了课外活动的管理方式,仅由学校的中队部、学生处负责组织和安排,而教学处不参与课程的规划和管理,缺乏对综合实践活动的有效指导。

2. 课程的保障制度和措施不健全①

由于综合实践活动课程具有很强的开发性和生成性,需要学校为它的实施与管理制定专门的规章制度和保障措施。然而,不少学校对此项工作重视不够,并未制定相关的制度,致使教师指导学生开展活动时无法获得时间、资源等各方面的必要保障。目前,存在的问题一方面是在没有制定相关的安全保障措施的情况下,就让学生走出学校展开活动,容易出现各种安全

---

① 董佩燕:《综合实践活动课程生活取向的实践研究》,河南师范大学硕士学位论文,2009年。

问题;另一方面是由于考虑到学生外出活动可能带来的不安全因素,往往要求教师将学生的实践活动范围限制在学校甚至课堂之内,致使很多实践性的活动根本无法深入开展。

3. 教师评价公正性体系不完善

传统的评价制度是上级行政部门通过各种方式控制着评价,决定着评价的范围和任务,决定着评价对象。这种具有管理主义倾向的评价范式使管理者处于整个评价体系的保护范围之内,教师无法在评价中维护自己的利益,阐述自己的见解,也无法按评价建议采取有效的改进行动。[①] 对学生的评价指标也过于单一,未实行良好的激励制度,在校方与教师普遍无积极性的前提下,学生的参与热情更无法提高。

4. 与课程专家良好沟通的平台未建立

听专家的报告是教师了解课程改革理论的主要途径。但是,由于专家水准不一,有些专家对于问题的表达过于深奥,大部分教师并不认可这一方式。为了促进综合实践活动的实施,有的学校开展了校本教研、综合实践活动课程沙龙等活动。开始时,发言人很多,讨论教法与学法,收获很大,后来,慢慢大家话就少了,有些老师不讲,也有些老师觉得没东西讲,热情就慢慢消失了。[②]

课程专家往往过于理论化和理想化,未能体察一线教学的现实困境和需要,以至于得出不符合实际及不能解决问题的论断;一线教师往往理论水平比较低,实施课程根据自己的经验判断,难以创新和提高效率。学校应该看到这两方面的问题,为教师和课程专家搭建一个良好的沟通平台,而不仅仅是培训这一种形式。《上海教育科研》2010 年 5 月记述:"专家与小学生一起上综合实践活动课。"来自全国各地的 200 多名专家、学者参观了位于通途小学的江东区小学生综合实践活动基地。现场观摩了北京教育科学研究院于润发老师与通途小学三年级学生一起动手制作小鱼,体验动手实践的乐趣。

三、综合实践活动课程的改革

(一)综合实践活动课程的生活取向

新课程改革方案确立了一以贯之的基本理念:转变学习方式,崇尚创造,让学生在学习中获得个性解放。在这一基本理念的指导下设置两类课程:学科课程与综合实践活动课程。

综合实践活动课程生活取向是要用学生的生活体验在文本、科学世界和学生的生活世界之间搭建一座桥梁,以降低学习难度,让学生登堂入室,顺利进入文本与科学世界。课程生活性是要用丰富多彩的生活事例为学生营造一个趣味盎然的学习情境,以激发学生的学习兴趣,让课堂充满欢乐与愉悦;要用鲜活的生活情境为教学注入活力,使文本能对接时代,克服滞后的缺陷;要用充满疑惑的问题情境促使学生转变学习方式,使其由被动接受转向体验感悟、思考探究、合作交流;要用内容丰富的生活情境促使学生全面发展,使学生既获得知识,也涵养品性素质,提升人文品位;要用贴近社会现实的生活情境让学生直面社会,真实感悟和全面认识生活,培养学生的承受与适应能力;要用真实的现场情境让学生学以致用,既获取知识,也掌握终身学习所需要的基本技能和实践能力。

以生活为取向的综合实践活动课程内容可以确定为以下 4 个领域:

---

① 董佩燕:《综合实践活动课程生活取向的实践研究》,河南师范大学硕士学位论文,2009 年。

② 同①。

1. 人与自然关系领域

人离不开自然,与自然息息相关。研究性学习人与自然关系领域的问题是与学生生活的社区直接相关的自然现象或问题,特别是与人的生活、生产密不可分的自然环境。如深圳市某中学制定了如下活动探究的主题:深圳市用水现状及供水状况的研究;深圳空气质量现状的调查研究;植物杀手——薇甘菊的调查研究;等等。

2. 人与社会关系领域

人离不开社会,社会研究领域是围绕社会现实生活来展开的。如深圳市某中学根据深圳市的社会特点提出了一系列的主题内容:深圳移民城市移民人口的状况;城市交通问题;民工潮与民工荒对深圳经济发展的影响研究;旅游业发展与旅游资源问题的研究;等等。

3. 人与文化关系领域

主要是开展有关文化现象或文化问题的人文科学领域问题,不能局限于书本或某一学科领域的研究,要把研究内容引向社会,引向生活,引向学生和社区实际。如:深圳中西文化交融地的文化特色研究;移民与深圳文化底蕴的研究;饮食文化研究;潮州茶文化。

4. 人与自我关系领域

主要来自学生在家庭生活、学习生活、社会生活中亲身感受到的问题。如:中学生视力与用眼习惯的调查与研究;中小学生消费行为与消费理念的调查研究;中小学生交友观念与发展对象的研究;网络对中小学生影响;当代中小学生通讯方式的调查;学生心目中的朋友、教师、家长、英雄、偶像。[1]

自然界本身就是一本神秘而又生动的"活"教材,只有让学生走出课堂,更多地到广袤的大自然中去开展活动,才能使学生得到更多的锻炼,获得更丰富的知识。开展综合实践活动,教师也要引导学生从学校生活、家庭生活、社会生活出发,以贴近学生的生活经验为切入点,组织学生开展丰富多彩的实践活动,让学生在完全自主的探索体验和生动活泼的学习气氛中,提高创新精神和实践能力。

(二) 综合实践活动课程的生本取向

1. 生本教育:综合实践活动课程的题中应有之义

综合实践活动课程与其他学科课程不同,有明显的生本特征,具体表现为以下5个方面:

第一,以生为本的综合性。以生为本是指综合实践活动课程的目标设置、内容选择、学习方式、课程管理及评价要素要从学生的内在需要、兴趣出发;以生为本是指提倡自主学习、合作学习、探究学习体验学习、社会参与性学习等学习方式。学生是社会人,本身的素质具有综合性,综合实践活动必须立足于个性的整体性,立足于学生的健全、完善、持续的发展。

第二,以生为本的实践性。综合实践活动课程的主题就是以学生的活动为主要形式,强调学生的亲身经历,亲自参与,通过做、动手、实验、探索、考察、服务等手段发现、解决实际问题。

第三,以生为本的过程性。综合实践活动课程的实施强调学生的亲身经历,并在实践过程中获得体验,学生在参与活动过程中获得自身的发展,并在过程中不断地反思,强化自我意识的形成。正如著名教育家杜威所说:除了过程,知识没有任何意义;除了探究,知识也没有别的意义。

第四,以生为本的开放性。综合实践活动课程的领域面对的是学生的生活世界,现实的生

---

① 刘惠裕:《论综合实践活动课程实施的生本取向》,西南大学硕士学位论文,2006年。

活世界就是一个开放的系统,所以综合实践活动课程从课程目标、课程内容和活动方式几个角度看都具有开放性。

第五,以生为本的主体性。综合实践活动课程在实施过程中,本身要发挥学生的主体性才能实现目标:一是学生能够在实施过程中必须根据自己的需要和兴趣,参与活动过程,确立活动目标,展现活动才能。二是学生在活动中必须具有独立的教育主体。三是学生必须发挥创造性,认识旧事物的缺陷以及克服其缺陷的方法,学生必须亲自探究,这是一种创新。所有这些方面,都是综合实践活动课程的题中应有之义。

2. 研究性学习——综合实践活动课程实施的主线

一般来说,研究性学习包括两层含义:一是可以把研究性学习理解为一种学习方式;二是可以把研究性学习理解为一门独立的综合活动课程。这里将研究性学习作为后者来探讨,即研究性活动课程。这样的课程,关注学生在探究中的体验和表现,旨在使学生"保持独立的持续探究的兴趣;获得亲身参与研究探索的体验;发展提出问题和分析问题的能力;学会分享、尊重与合作;养成实事求是的科学态度;具有关注社会的责任心和使命"。[1]

研究性学习可分为三个阶段:开始阶段(即准备阶段)、进行阶段、总结阶段。

(1) 研究性学习的开始阶段,教师必须要在了解学生已有经验的基础之上,评估研究性学习主题的有效性和可行性,其中包括对主题、计划、资源、专家、调查场地等各种因素的全面评估。在这个阶段,有以下基本的步骤:[2]

① 根据学生的兴趣和课程目标分析问题或主题;

② 了解学生的已有知识和经验;

③ 设计和提供可能的学习资源和调查场所;

④ 建立学生能够进行研究性学习的共同经验;

⑤ 就选择的研究主题是否恰当作出判断和决策。

(2) 研究性学习的进行阶段,是最为重要的指导阶段。在这个阶段,教师不仅要指导学生对研究性学习的主题进行调查,还要指导他们对搜集的信息进行分析和讨论,让学生学会证明与陈述自己的观点和想法。这个阶段也是学生运用知识和技能解决问题的最重要的阶段和最好的机会。在这个阶段,有以下步骤:[3]

① 重新了解学生的已有经验和相关知识与技能;

② 准备实地调查和专家访问;

③ 开展调查;

④ 分析提出观点进行讨论;

⑤ 呈现调查结果,进行观点辩论。

(3) 研究性学习的总结阶段。在这个阶段,学生不仅要完成已制定的研究性学习任务,而且要在教师的指导下对学习成果进行评估和总结。这个阶段是学生和教师对研究性学习过程进行反思的重要阶段:

① 总结调查结果,共享结论,报告研究性学习的成果;

---

① 崔允漷,王中男:《研究性学习活动课程:意义与性质、问题及澄清》,《教育理论与实践》,2009 年第 12 期。

② 钟启泉:《研究性学习案例解析》,上海教育出版社,2003 年,第 16 页。

③ 同②,第 17 页。

② 完成该研究性学习项目；

③ 回顾研究性学习的过程，并对照课程目标进行自我评估、团队评估以及全班的成果评估。

研究性学习重在"问题探究"，旨在激发学生的求知欲，引导学生自主思考、自主创新，体现"以学生为本"的教学理念。"研究"的灵魂在于"运用与创造"。研究性"教"与"学"的实践既是教学改革的关键，也是教学改革的难点。其根本目的在于培养学生的学习能力，提高学生的学习质量和学习效率，让学生"学会学习"。这就要求解决两个基本问题：一是各学科课程（包括各类学科、各种教学模块和平台、各种教学环节和教学形式）标准及实施应把"问题探究"置于核心地位，引导学生进行研究性学习。二是通过参与科研课题（Sit 计划等）学习如何进行研究。①

"问题探究"是实施研究性"教"与"学"的核心，而引导学生参与科研课题正是实践"问题探究"的重要途径。因此，学生参与科研与创新活动是研究性"教"与"学"的重要组成部分。

---

① 龙慧灵：《论研究性教学与研究性学习》，《社会科学家》，2010 年第 8 期。

第二十一章 中小学隐形课程

隐形课程是现代课程论的重要研究课题。了解隐形课程研究的渊源与流变,把握隐形课程的含义、结构与特点,知道隐形课程的分类,理解隐形课程与显形课程的关系,认识设计隐形课程的重要性,这对课程改革具有重大的意义。

第一节 隐形课程研究的渊源与流变

一、隐形课程研究的渊源

英国课程论专家巴罗曾指出,隐形课程"从柏拉图时期开始就有记载"。[①] 其实,孔子的教育思想中也有丰富的隐形课程思想。人类与教育共生共存,教育与课程共生共在,有了课程,隐形课程也就同时诞生了。

早在 20 世纪初,杜威就曾深刻指出,学生学习的不只是正规课程,还学到了与正规课程不同的东西。杜威写道:"有一种意见认为,一个人所学习的仅是他当时正在学习的特定的东西,这也许是所有教育学中最大的错误了。"[②]杜威因而提出"附带学习"(collateral learning)的概念。所谓"附带学习",就是伴随具体内容的学习而形成的对所学习的内容以及学习过程本身的情感、态度,如忍耐的态度、喜欢或不喜欢的情感等。杜威认为这种"附带学习"可能是更为重要的,因为所形成的情感、态度对于未来的价值是更为根本的。

克伯屈进一步发展了杜威的思想。克伯屈认为,整体性学习应包括三个部分:"主学习"(primary learning)(即直接学习)、"副学习"(associate learning)(即相关学习)和"附学习"(concomitant learning)(即间接学习)。"主学习"是指一种对事物的直接学习,直接获得知识与技能。"副学习"是指由"主学习"而联想到的有关知识与技能。"附学习"则指比较概括的理想、态度及道德习惯,它是逐步为学生获得的,一经获得,就将持久地保持下去,影响人的一

---

① Portelli J P. Exposing the hidden curriculum. Journal of Curriculum Studies,1993,25(4).
② [美]约翰·杜威:《我们怎样思维:经验与教育》,姜文闵译,人民教育出版社,1991 年,第 271 页。

生。克伯屈的"附学习"实际上已经涉及隐形课程问题。

可以说,杜威的"附带学习"与克伯屈的"附学习"已经提出了后来隐形课程研究所涉及的许多重要问题,这为隐形课程的深入研究打下了最初的基础。

二、隐形课程的研究

20 世纪 60 年代以来,"隐形课程"的概念被正式提出,课程社会学者对隐形课程的研究主要是从两个维度进行的:其一是揭示班级生活或学校生活的社会关系结构中的隐形信息;其二是揭示学校知识的内容和形式中隐含的意识形态方面的信息。第一个维度的研究主要是由传统结构功能主义教育社会学者进行的,第二个维度的研究则主要由批判课程论者进行。

从结构功能主义立场比较系统地研究隐形课程的,当属美国著名教育学家、课程论专家杰克逊。杰克逊于 1968 年出版了《班级生活》(*Life in Classroom*)一书,他在这本书中首次提出"隐形课程"(hidden curriculum)这一概念。该书是杰克逊深入美国芝加哥市一所小学,历时两年实地研究的结果。杰克逊认为,隐形课程是每一位教师和学生在学校内取得成功的关键,它根源于班级生活的结构特性。正规课程与学术性要求联系在一起,而隐形课程则与非学术性要求相关联,两者构成学校课程的整体。杰克逊认为,构成班级生活的稳固要素有三个,即"群体"(crowd)、"表扬"(praise)和"权力"(power)。第一,"群体"。班级首先是一个由几十名学生组成的群体,其中充满了各种规则(rules)、规定(regulations)与常规(routines)(简称3R's)。学生要成为井然有序的群体的一员,就必须学会理解、适应,学会自我克制。第二,"表扬"。班级又是一个评价性的情境,学生既要学会被别人评价、接受别人的评价,又要学会评价别人。学生的互相评价只是偶尔的,表扬和责难主要来自教师。因此,学生会尽力迎合教师的要求。第三,"权力"。班级是一种权力、地位高低分明的情境。班级情境中权力的差异,是班级生活中最显著的社会结构特征,它教导学生在一个有等级存在的社会中生活,将自己和其他同辈分化开来。这种有分化的、有规则的生活是隐形课程的一个极为显著的成果。在杰克逊看来,"群体"、"表扬"、"权力"形成了学校隐形课程的基本结构。杰克逊指出,尽管班级就像一个鸟笼,学生要在班级中获得生存的权利,就得花大量的时间和精力来寻找应对的策略,但是,班级中的隐形课程有助于学生适应现代社会的要求与秩序,使学生养成社会所要求的态度、倾向、忍耐和纪律,从而胜任未来的成人角色。[①]

总之,结构功能主义教育社会学者把隐形课程视为蕴含在学校、班级生活中的促进学生社会化的非学术性经验(班级生活结构、各种社会规范和行为准则等)。结构功能主义的隐形课程观为深入研究隐形课程奠定了基础。

20 世纪 70 年代后期崛起的批判课程理论与传统结构功能主义教育社会学持对立的观点。批判课程论者的隐形课程观可概括为两个方面,即"再生产性的隐形课程"(reproductive hidden curriculum)与"抵制性的隐形课程"(resistant hidden curriculum)。[②]

第一,"再生产性的隐形课程"。针对传统结构功能主义者对教育功能的近乎盲目乐观的看法——教育是社会的一种"万应灵丹",教育在成为自我发展和社会统合作用的有力工具时,是"伟大的平等化者"——美国著名的激进主义教育学者鲍尔斯和金蒂斯[他们又被称为

---

① Jackson P. Life in classrooms. Holt, Rinehart & Winston, Inc., 1968.
② 张华:《美国当代批判课程理论初探》(上、下),《外国教育资料》,1988 年第 2、3 期。

"新左派"(the New Left)]在其名著《资本主义美国的学校教育》中得出了相反的结论。鲍尔斯和金蒂斯建立了著名的"经济再生产理论"。① 该理论认为,学校不仅"再生产"了劳动的社会分工,而且"再生产"了更广泛的社会阶层结构。阐明学校和工作场所之间结构的和意识形态的联系的关键理论便是隐形课程的理念。鲍尔斯和金蒂斯认为,隐形课程是指那些包含着特殊信息的班级社会关系,这些特殊信息使维持资本主义逻辑和合理性的特殊的价值观、社会规则观、权威观和劳动观得以合法化。构成隐形课程的社会关系所包含的特殊的隐蔽的信息表现在以下方面:"高层次"的知识与"低层次"的知识的对峙(智力知识与体力知识的对峙);"高层次"的社会组织形式与"低层次"的社会组织形式的对峙(等级制的社会组织形式与民主的社会组织形式的对峙);"高层次"的个体相互作用形式与"低层次"的个体相互作用形式的对峙(建立在个体竞争基础上的相互作用于建立在集体共享基础上的相互作用的对峙)。很显然,这些形形色色的渗透于学校教育中的"对峙"反映了社会意识形态和经济、阶级的统治力量。这些力量通过有意识和无意识的经验渗透于学生的行为之中,从而影响着学生主体性的建构。

总之,通过隐形课程研究,鲍尔斯和金蒂斯打破了弥漫于班级和学校所有层面的关系之中的、维护资本主义逻辑和合理性的"结构性沉默"(structured silences),并为理解学校中学生和教师行为的实质提供了一种新的思维角度。

第二,"抵制性的隐形课程"。美国著名教育学家、课程论专家、批判课程理论的主要代表阿普尔、吉鲁、威利斯等人确立了"抵制性的隐形课程"理论。其中,阿普尔的研究非常引人注目。阿普尔首先把隐形课程界定为学校默许地、高效地灌输给学生的"被合法化了的"(legitimized)文化、价值和规范,是发挥着"霸权"功能的日常意义体系。阿普尔认为,学校之所以能够不依赖于(或不经常依赖于)强制性的外部统治机器就能发挥社会控制的功能,实现特定的意识形态的"再生产",关键在于学校生活和教育过程中存在着这种以"霸权"形式存在的隐形课程。

阿普尔认为,隐形课程研究的目的在于分析"霸权",揭示学校常识观念中所隐含的意识形态信息以及课程开发中的"选择传统"。阿普尔指出:"我们生活在一个教育体系被日益政治化的时代。"②就课程而言,斯宾塞的老问题"什么知识最有价值"已经被一个更为尖锐的问题"谁的知识最有价值"所代替。课程变成了各派政治势力竞相袭击的"政治足球",教育因而成为制造差异和不平等的工具。隐形课程的研究旨在揭示隐含于学校教育和课程中的阶级、性别和种族不平等的产生机制。在漫长的研究过程中,阿普尔致力于探究如下问题:③

(1)知识是如何在学校中"再生产"出来的?

(2)学生在学校中获取知识的来源何在?

(3)学生和教师是如何对通过学校生活经验而获得的内容提出质疑并进行抵制的?

(4)学生和教师从其学校经验中体认到什么? 换言之,学校对教师和学生的世界观产生了什么影响?

(5)学校教育所鼓励的观点和技能是为谁的利益服务的?

---

① Bowels S, Gintis H. Schooling in capitalist America: educational reform and the contradictions of economic life. Basic Books,1976.

② Apple M W. Ideology, equality, and the new right. The challenge of pluralism. University of Notre Dame Press,1992:39.

③ 同②。

（6）学校教育所鼓励的观点和技能是促进解放、平等和社会公正的呢，还是相反？

（7）学生怎样才能通过学校教育而获得更大的解放、平等和社会公正？

阿普尔认为，学校教育中的矛盾、对立和冲突是人的"能动作用"的集中体现，也反映了学生和教师对学校中的"意识形态霸权"的"抵制"。课程与教学中隐含的"非事件"性质正是对人的"能动作用"和主体性的压制，是"意识形态霸权"的集中体现。以此为突破口对课程与教学进行"激进的变革"，是达成社会公正和人的解放的关键。

由此看来，从"结构功能主义的隐形课程"到"再生产性的隐形课程"再到"抵制性的隐形课程"，基本上反映了20世纪60年代以来西方隐形课程研究的发展线索。①

中国学者施良方认为，西方研究隐形课程已经形成了多种视角：

（1）隐形课程的社会化研究。

（2）隐形课程的社会知识学研究。

（3）对隐形课程的其他看法。

中国有意识地研究隐形课程是从20世纪80年代中期开始的，至今隐形课程不仅成了课程理论探讨的一个重要课题，而且在教育实践中也引起了广泛的关注。但直到现在，关于隐形课程观念、构成、设计等的认识远未达成一致。②

第二节　隐形课程的含义、结构、特点

一、隐形课程的含义

关于隐形课程的含义有很多说法，由隐形课程研究的渊源和流变可知，人们对隐形课程的认识存在颇多歧义。晚近的研究拓展了隐形课程的范围。人们把有些预期的课程也归为隐形课程。比如，加拿大课程学者波利特从"预期—非预期"和"识别—非识别"两个维度对隐形课程进行了逻辑分类；范兰丝则注重隐形课程的"意图性"和"隐蔽性"。这意味着隐形课程的研究已由注重不知不觉的潜移默化，变为强调有意图的安排。这种概念的扩大对于研究隐形课程具有重大意义。③

关于隐形课程含义的探讨，结论大致可归纳为以下7种：

（一）实践、结果说

美国堪萨斯州立大学教授范兰丝说："隐形课程是指那些在课程指导和学校政策中并不明确的学校教育实践和结果，即使如此，它仍然是学校经验中经常而有效的一部分。"范兰丝又说："隐形课程也许被认为是公开的、非预期性的、隐含的或未被认识的……但一般来说，这个名词描述了那些形成学生非认识和无法测量的学习影响力量，这个名词仍然是不精确的。"④范兰丝从实践和结果两个方面分析了隐形课程，并特别强调了"是学校经验中经常而有

---

① 张华：《课程与教学论》，上海教育出版社，2001年，第304－310页。

② 施良方：《课程理论：课程的基础、原理与问题》，教育科学出版社，1996年，第266－267页。

③ 钟启泉：《现代课程论》，上海教育出版社，1989年，第182－183页。

④ 范兰丝：《隐形课程》，《国际课程百科全书》，帕加门出版公司，1991年，第40页。

效的部分",这就从一个侧面反映了隐形课程的本质。

（二）学习状态说

美国马塞诸塞州立大学教授马丁说:"隐形课程是学校或学校以外的教育环境中产生的某些结果或副产品,特别是那些学生已经学习到,但未公开宣称为有意产生的学习状态。"[1]后来,他进一步说:"隐形课程由某情境中有意或无意产生的学习状态所组成,这些状态并未公开告诉学习者,而他们也不知道。"马丁的论说不仅指出了隐形课程空间的广延性即学校或学校以外的教育环境都有隐形课程,而且切中了隐形课程的核心,很有见地。

（三）知识、观念说

我国台湾学者陈伯璋在《隐形课程的概念分析》一文中说:"隐形课程是指学生在学习环境(包括物质、社会和文化体系)中,所学习到的非预期或计划性的知识、价值观念、规范或态度。"[2]知识是人类实践经验的概括和总结,可见陈氏关于隐形课程的概念中,也涉及教育经验的一定内容。

（四）校园文化说

刘佛年说:隐形课程既不是课内学科,也不是课外活动,而是"第三类课程",即校园文化建设。它是"通过整个学校的环境、气氛和风气施加给学生的影响,起到教育的作用"。[3] 校园文化建设包括校园物质文化建设、校园精神文化建设和校园制度文化建设,可见,刘佛年述及的隐形课程的内容是相当广泛的。

（五）教育影响说

吴以显说:"隐形课程是指非计划的学习活动","是儿童青少年现实生活中的直接经验,是学生在学校、班级生活中时时、事事、处处都接触到的一种有形、无形的影响"。[4] 吴以显不仅阐明了隐形课程是一种"直接经验",而且还突出了它在时空上的特点——是学生"时时、事事、处处都接触到"的影响。这对我们认识隐形课程的概念是很有启发的。

（六）教育影响因素说

班华说:隐形课程"是课内外间接的、内隐的,通过受教育者无意识、非特定心理反应发生作用的教育影响因素"。[5] 班华在阐述隐形课程的概念时,不仅述及了课外有隐形课程的教育影响因素,而且课内也有隐形课程的教育影响因素,这种观点也是有一定见地的。

（七）教育经验说

靳玉乐说:"隐形课程是学校通过教育环境(包括物质的、文化的和社会关系结构)有意或无意地传递给学生的非公开性教育经验(包括学术的与非学术的)。"[6]他认为:"隐形课程首先是一种课程,而课程又是指学生通过学校教育环境获得旨在促进其身心全面发展的教育性经验。"[7]因此,教育性经验就是隐形课程的本质特征。

根据对以上观点的分析可以把隐形课程定义归纳为:所谓隐形课程,是指教育者通过环境

---

① 马丁:《当我们认识隐形课程后如何运用它》,《隐形课程与道德教育》,麦克库产出版公司,1983 年。

② 陈伯璋:《隐形课程的概念分析》,《课程研究与教育革新》,台湾师大书苑有限公司,1987 年。

③ 刘佛年:《关于当前教育改革中的几个问题》,《中学教育》,1987 年第 3 期。

④ 吴以显:《隐形课程初探》,《教育研究》,1987 年第 11 期。

⑤ 班华:《隐形课程与个性品德形成》,《教育研究》,1989 年第 12 期。

⑥ 靳玉乐:《潜在课程论》,江西教育出版社,1996 年,第 33－34 页。

⑦ 同⑥。

影响,以非计划或非公开的、有意或无意的方式传递给学生以教育经验的总和。

这些中外研究者虽然对隐形课程的界说各不相同,但却也有着明显的共性。这主要表现在:① 隐形课程对于学生的成长具有非常重要的影响。② 隐形课程是一个非常值得关注的课程研究领域。③ 隐形课程具有多种多样的表现形式和结构形态。④ 对隐形课程的把握往往是通过显性的、有意识的方式进行的。

如果对这些定义稍加检视,就可以发现,人们对下列问题的认识是不一致的:第一,学生在隐形课程的活动中是有意识的还是无意识的;第二,隐形课程属计划的还是属非计划的课程;第三,校外机构中是否存在隐形课程;第四,隐形课程是一种教育活动还是一种学生自发的学习活动。

这些问题涉及对隐形课程的基本理解,直接关涉隐形课程研究的进展和发展道路。在此简要地提示一下对这 4 个问题的基本认识。

第一,学生在隐形课程的活动中既可能是有意识的,也可能是无意识的。

第二,隐形课程既可能是计划的课程,也可能是非计划的课程。

第三,校外教育机构中存在的类似现象不能称之为隐形课程。

第四,隐形课程既可能是一种教育活动,也可能是一种学生自发的学习活动。

二、隐形课程的结构

杰克逊认为,隐形课程由三个要素构成:一是群体,其中充满着各种规则(rules)、规定(regulations)、常规(routines);二是表扬,班级是一个评价性的情境,学生之间有相互评价,但主要是接受教师的评价,要获得教师的评价(主要是表扬),学生就要尽力与教师的价值取向保持一致;三是权力,班级是一个权力差异显著的情境,这是班级社会结构最显著的特征。杰克逊认为,这些要素的性质与正规课程不同,它们是与学生非学术性要求相联系的非正规课程,学生要适应未来的社会生活,就首先必须学习这些隐形课程(非正规课程)。德里本则认为,4 种社会规范决定了学校隐形课程的结构,它们是独立(independence)、成就(achievement)、普遍性(universalism)、特殊性(specificity)。这些规范"与工业社会的经济和政治参与特别有关",是"美国成人社会中居统治地位的非家庭活动的核心"。所谓独立,就是在不同环境中独立完成任务,并对自己的行为及其后果承担个人的义务与责任;成就是指按照优秀的标准,主动地完成任务并对自己所处的环境加以操纵;普遍性是指群体的整体特征,强调每个人都有平等的地位,都是群体的一员;特殊性是指个人的个别特征,根据个人自身的特点予以个人的对待。① 德里本认为,学校不仅为学生提供正规课程的教学,还为学生提供成为一名社会成员所必需的规范。这些规范的学习是隐形的、隐蔽的,它蕴含于学校年级分班、课程表、奖励方式、角色结构、教师活动等"生态特征"中,学生在不知不觉中掌握了这些规范,也就获得了现代工业社会所必需的社会化经验。

我国台湾学者陈伯璋认为,隐形课程包括"常数"和"变数"两部分。前者主要有两种:一是"社会的意识形态",它散播于学校教育的各个层面;二是"教育工作者分析合理知识以及界定其运作概念的方式",如教师的期待、教学内容本身未含有的预期意义、教室内移动的方式、教室内谈话的流程等。后者主要有组织的变数(如协同教学、升留级政策、能力分

---

① Dreeben R. The contribution of schooling to the learning of norms. Harvard Educational Review, Vol. 37, No. 2 ,1967.

组、课程分轨等）、社会系统变数（如学校气氛，包括学校领导的工作作风、行政人员与教师的关系、教师团队的关系、师生关系等）、文化变数（指与信念系统、价值、认知结构、意义等有关的社会向度）。①

看来，对隐形课程的结构的认识是仁智互见的。课堂中的隐形课程主要包括物质层面、制度层面、文化层面以及互动层面所蕴含的各种经验。物质层面主要有教室内的设置、装饰、座位排列等硬件部分；制度层面则包含教室中各种规则、规定、法规、制度等，如中小学生守则、课程计划等；文化层面的有教科书隐含的信息、教学内容的增删所表明的意义、语言的运用等等；互动层面则指教学法（组织形式、方式）、师生关系、课堂气氛等。如果我们把文化规限为精神意义的文化，"其组成要素有四种：规范、价值、信仰和表意象征符号"②，那么，制度层面可归并在文化层面中。这样，课堂教学中隐形课程主要分物质、文化、互动三个层面，学生通过三个层面能获得非预期性的社会经验。③

三、隐形课程的特点

（一）内隐性

隐形课程是通过间接、无意的方式使有关道德方面、审美方面等通过具体的人、事、物作用于受教育者，使他们在不知不觉中获取有关教益，因此，具有内隐性。

（二）非预期性

一般来说，非预期性是指人们在主观意识中没有虑及而却真实发生的结果，即"无心插柳柳成荫"之谓。但就隐形课程非预期性的突然来说，应该从两个层面来分析：一是人们真的没有预料到或者根本没有想到会出现的行为或结果；二是由于人们已经认识到隐形课程的非预期性，通过一些非预期的方式来实现预期的效果。也许后者由于加上了人们的主观意愿，尽管是通过非预期的方式来进行的，但事实上，在此过程中，除了收获所谓预期的结果外，还会收获一些非预期范围内的结果。因此，无论哪种情况下都表现出了隐形课程的非预期性。

（三）非公开性

隐形课程的非预期性，使得人们在对受教育者进行教育的过程中无法提出一些明显的要求，从而呈现出非公开性的特点。另外，这种非公开性还表现为在课程中存在着一些彼此"心照不宣"的方面所导致的非公开性。这种"心照不宣"的方面虽然大家都知道，但却无法或者不屑于公开论述。而且，这也实实在在地对受教育者产生影响，因此，也可以看做是具有非公开性的特点。

（四）整体性

虽然隐形课程确实对受教育者产生影响，但这种影响往往是以整体的方式共同作用于受教育者的。在具体的课程实践中，往往表现为物质的自然环境、精神的文化环境和心理的意识状态等共同影响受教育者的发展。

另外，隐形课程的效果也往往是整体性的。不仅影响着学生的情感、意志、态度等非认知性心理发展，而且还影响着学生的思维方式、思维风格等认知性心理的发展。

---

①　陈伯璋：《隐形课程研究》，台湾五南图书出版公司，1985 年，第 330 - 339 页。

②　庄锡昌，等：《多维视野中的文化理论》，浙江人民出版社，1987 年，第 334 页。

③　吴永军：《课程社会学》，南京师范大学出版社，1999 年，第 252 - 254 页。

（五）弥散性

相对于显形课程由于课程目标的约束而带有明显的指向性、集中性而言,隐形课程无论在实施过程中,还是在效果表现中,都呈现出非明确指向性、非集中性的性向。这也即隐形课程的弥散性。

（六）广泛性

隐形课程的广泛性可以从以下两个方面来分析:一是隐形课程对受教育者影响的广泛性。如上所述,这不仅影响其非认知层面,而且还影响其认知层面;不仅表现为对他们当前发展的影响,而且还表现为对他们以后发展的影响。二是隐形课程作用方式的广泛性。隐形课程可以附着于显形课程,伴随着显形课程的实施而获致超越具体的显形课程的内容。这或许也正是引起杜威、克伯屈开始关注隐形课程的原因之一。另外,隐形课程还可依附于特定的载体,如物质载体、文化载体、组织载体等呈现出对教育者的影响。

（七）长效性

隐形课程一般是通过心理的无意识层面对人产生潜移默化的影响。而这种影响一旦确立,就会持久地影响人的心理与行为,并在一定时期内一直持续下去,难以改变。

（八）两分性

隐形课程对受教育者的影响既可能是积极的,也可能是消极的。因此,必须通过创造条件来尽可能地克服其消极影响,最大限度地发挥其积极影响。[1]

第三节　隐形课程的分类

隐形课程可以根据不同的标准作不同的划分,这里仅列举部分分类方式。

一、隐形课程的分类

（一）根据显隐程度来进行划分

根据显隐程度可将隐形课程划分为显性的隐形课程和隐性的隐形课程。前者又有两种形态:一是依附于显性课程,在显性课程中表现出来的内蕴于显形课程之中的以隐性方式呈现的对受教育者的影响;二是为利用隐形课程的作用而有意图地创设出来的隐形课程。这种课程虽然以隐性的方式呈现,但却是有意图地开设出来的,从某种意义上来说,已经不再是传统意义上的隐形课程,实际上是显性课程的一种形态了。而后者则是指独立于显性的隐形课程之外的以隐性的方式对受教育者起着影响作用,由有教育作用的载体而生成的课程。

（二）根据作用渠道来进行划分

根据作用渠道可以把隐形课程划分为"物质—空间"、"组织—制度"和"文化—心理"三类。

"物质—空间"主要表现为学校的校园建筑、活动场所、绿化美化情况、教室布置、人均面积、桌椅摆放方式、实验设备等。

---

① 林德全,徐秀华:《课程概论》,河南大学出版社,2009 年,第 150 – 152 页。

"组织—制度"主要表现为学校的管理制度、生活制度、评价制度、奖惩制度等。

"文化—心理"主要表现为在显形课程中隐性的文化价值观、师生关系、教师的态度、教师的期望等。[①]

二、隐形课程和显形课程的关系

隐形课程和显形课程的相互关系总体来说错综复杂,呈现出多种多样的形态。

(一)隐形课程和显形课程相互关系的多种形态

有研究者将之划分为并列形态、递进形态、转换形态、互补形态和逆反形态。

1. 并列形态

这种形态是指隐形课程与显形课程并非主从关系,而是相互对应和相互独立的,各有自己的研究内容、设计模式等等,是两个独立的学术研究领域。

2. 递进形态

这是指隐形课程与显形课程在相互促进、相互依赖中共同进步。一般来说,显形课程在其自身的运动过程当中,通过普遍性的经验积淀,逐渐形成新的隐形课程,推进隐形课程的发展。反过来,隐形课程又会为显形课程提供直接经验或社会政治、价值体系等支柱,在隐形课程布下的"天罗地网"中不断向学生传授形式化的知识体系,从而使其不断地进行扩大再生产、更新和创造。

3. 转换形态

隐形课程与显形课程的关系不是静态的,而是一种辩证的过程。换言之,隐形课程并非永远是隐形的,而显形课程并非总是可预期或可见的,二者的分界是不断调整的,是可以相互转换的。美国学者范兰丝从历史的角度考察了隐形课程的形成与发展。她指出,现在被称作是隐形课程的东西在过去未必是隐形的。她考察了美国学校教育史之后,认为在学校刚刚兴起之时,非常强调社会控制规则、规律,如守时、服从等。但随着学校教育的发展,这些规则、规律就成为理所当然的,没有必要总是纳入正规的教学计划,以显形课程的方式呈现出来,而是把它们渗透到学校日常生活之中,也就变成了隐形课程。阿普尔和金等人同意范兰丝的观点。他们指出:"在有关美国 19 世纪正规教育的作用的许多争论背后,隐约地提到许多涉及教育环境的标准,关于通过日常交往进行道德的、规范的和意志的价值以及经济功利主义的教学。今天,这些问题已经被命名为'隐形课程'……"显然,范兰丝、阿普尔和金是从隐形课程的社会控制角度或意识形态层面来分析显形课程如何转换为隐形课程的,有其合理性的一面。

4. 互补形态

学生在学校里的生活是丰富多彩的,获得的教育性经验也应该是多方面的。如果只把学生局限于狭隘的课堂里,仅学习有限的学科,那就不利于学生的身心发展。因此,今天的学校教育已经使学生摆脱了课堂教学的局限,使他们从学校生活的气氛、人际交往和关系以及各种文化活动中接受教育,以弥补显形课程之不足。显然,隐形课程和显形课程有着内在的互补关系,共同促进学生的个性发展。所以说,只有显形课程和隐形课程彼此支持、相互补充、辩证地联系起来,学生的学习才会有成效。

---

① 林德全,徐秀华:《课程概论》,河南大学出版社,2009 年,第 152－153 页。

5. 逆反形态

当隐形课程提供的经验不是作为一种积极性的补充因素,而是作为一种与显形课程及其动态趋势正好相反的逆反因素,或显形课程的建设出现异常现象时,两者间便会产生尖锐的冲突,相互遏制,破坏原有的互补关系,进而导致教育质量的严重下降。因此,两者间逆反关系又有两种具体情形,前者如学校中各种不良的行为因素所带来的负面效应对显形课程的影响或削弱。后者如文化大革命时期出现的课程极端政治化和极端功利化所带来的深刻的对显形课程的忽视或遗弃。[①]

(二)隐形课程与显形课程之间的界限

第一,从学生学习的结果来看,学生通过隐形课程获得的主要是非正式的期望,是隐喻的价值观和规范,而学生通过显形课程获得的主要是正式、规范的学术性知识,这种通过隐形课程获得的规范和价值观有可能与学校的主流价值观相同,也有可能与学校的主流文化相悖。

第二,从学习过程来看,隐形课程与显形课程在传递知识的方式上有着明显的不同,隐形课程是无计划的学习活动,学生所获得的经验是在无意识之中获得的,显形课程是有组织的学习活动,学生所获得的经验是在明确的目标驱使之下获得的。如从学校文化对学生的影响来看,很多时候,在学生无意识的时候,它就已经内化为他们的一种生活方式,支配着他们的日常生活。

第三,从学习环境来看,可以把学生的学习环境分为课堂教学、学校的自然环境和社会环境。隐形课程主要是在后者之中进行的,而显形课程则主要是通过课堂教学来进行的。[②]

第四节　隐形课程的作用

隐形课程的提出实际上就是人们对课程实践中一些以潜隐的、非预期的、非公开方式存在着的但却又实实在在对受教育者产生影响作用的因素的认识。因此,隐形课程的提出实际上就是对隐形课程作用的认识,并且随着对隐形课程认识的逐渐深入,对隐形课程作用的认识也逐渐深入。

一、隐形课程的一般作用

(一)有助于受教育者的成长

隐形课程之被提出,很大层面上取决于隐形课程研究的先导者们对其在受教育者身上发生影响的关注。在最初,只是简单地将之概括为与显形课程相伴而生的对受教育者产生的影响。后来,人们甚至认为,隐形课程对受教育者的影响并非仅停留在这种伴随的层面上,有些时候,隐形课程甚至起着更为根本的影响作用。

隐形课程对受教育者的影响可以从不同的视角来进行探讨。如可以从受教育者的德、智、体等方面来探讨隐形课程的影响,也可以从认知与非认知的视角来探讨隐形课程的影响。如此等等,不一而足。

---

① 林德全,徐秀华:《课程概论》,河南大学出版社,2009年,第153-154页。
② 杨全印,赵中建:《学校文化·课程开发》,安徽教育出版社,2007年,第123页。

（二）有助于显形课程的实施

虽然隐形课程是与显形课程相对的课程形态，但并不意味着两者截然对立。已有研究指出，隐形课程和显形课程存在着多种可能的形态，除了逆反关系以外，其他关系形态诸如并列、递进、转换、互补等都表明隐形课程对显形课程具有重要的促进作用。这表明隐形课程一方面有利于显形课程的实施，另一方面还能对显形课程起到巩固作用。

（三）有助于教育活动的丰富

隐形课程扩展了人们对于课程的观念，也拓展了进行教育的素材，把一些物质情境、文化情境、人际情境，如校貌、校舍、设备、校园文化、教室布置、各种仪式、校训、校风、学风以及师生关系、同学关系等都纳入到教育活动中来，通过无处不在、无时不有的隐形课程对学生的身心发展产生潜移默化的影响。

因此，对于隐形课程，不仅要充分认识其之实然存在，更重要的是在保持其隐蔽性的前提下，使其对受教育者的影响由无意性向有意性转化，与显形课程一道共同构建学生发展的大厦。例如，加拿大的课程学者波利特从"预期—非预期"和"识别—非识别"两个维度对隐形课程进行了逻辑分类[1]，范兰丝则注重隐形课程的"意图性"和"隐蔽性"。这些都意味着对隐形课程的研究已由注重不知不觉的潜移默化，转向强调有意图的安排。[2]

二、隐形课程作用的特性

（一）隐形的教育性

由于隐形课程是教育者通过环境影响，以非计划或非公开的、有意或无意的方式传递给学生以知识、价值观念、规范或态度等教育经验，因此，这些经验的传递是耳濡目染的——诸如学校校舍、场地合理整洁的布局，校园的绿化、净化和美化，恰当的名言和名人肖像的张挂，通知和布告字体的工整严肃，教师的良好师表风范等环境影响，都会对学生产生潜移默化的教育作用。

（二）群体的导向性

隐形课程的教育者，不应该停留于一般意义的"人"，而应该是一个组织良好的教育者集体。教育的成功在很大程度上要依靠教育集体的共同教育信念、共同的教育价值观、共同的传统作风以至共同的思想感情所形成的教育合力，从而对学生产生群体的导向作用。

（三）一定的控制性

隐形课程能释放出一定的心理制约力量，使学生接受必要的约束，使个体行为符合共同的准则。隐形课程对学生行为的控制，是沿着三条途径进行的：一是氛围控制，即通过环境、人际关系、风气等控制；二是制度控制，即通过规章、纪律、守则等控制；三是观念控制，即通过理念、道德、舆论等控制。这些控制，规范着学生的行为，使之始终朝着学校既定的培养目标去努力，去实现。[3]

三、隐形课程作用的独特功能

人的精神世界是由理性因素与非理性因素构成的统一整体，因此，人的精神的全面和谐发

---

[1] 钟启泉，张华：《课程与教学论》，广东高等教育出版社，1999年，第253页。
[2] 林德全，徐秀华：《课程概论》，河南大学出版社，2009年，第148页。
[3] 赵正铭：《隐形课程论析》，《西南民族学院学报（哲学社会科学版）》，2000年第8期。

展就体现为理性因素与非理性因素的全面和谐发展。隐形课程对于人的理性因素的发展和非理性因素的发展具有显形课程所不具有的独特功能。

（一）理性因素发展功能

所谓理性因素发展功能，是指隐形课程对学生理形知识的获得、逻辑认识能力与逻辑实践能力的发展所具有的积极作用。我国有些学者认为，隐形课程的兴起是对传统的理性化课程模式的反动，因此，隐形课程与显形课程的区别，就在于前者主要在人的情、意等非理性因素的发展中起作用，而后者则主要在人的理性因素的发展中起作用。[①] 其实，国外的隐形课程研究者们虽然十分强调隐形课程在人的非理性因素发展过程中的作用，但他们并不否认隐形课程之于学习者理性因素发展的积极意义。例如，"社会批判论"者就极为强调通过隐形课程发展学生的批判思维和反省等能力。隐形课程的理性因素发展功能是通过下述两种方式实现的：

1. 直接作用

隐形课程对学生理性因素发展的直接作用，是指隐形课程本身就是学生理性认识的对象和内容，直接使学生获得理性认识，发展理性精神。例如：学校中的非学科内容的实体性精神文化，特别是其中的科学、哲学著作与报刊上的理论文章，会直接给学生提供丰富的理性知识，并直接使学生的形成概念、依据概念进行判断、依据判断进行推理的逻辑认识能力得到发展与提高。再如，教师的理论修养会直接丰富学生理性的内容，教师的逻辑实践能力的高低会直接影响学生的逻辑实践能力的高低。还有，学校中的制度文化，特别是学校的规章制度，会直接使学生养成规范化的行为技能和程式化的思维方式。

2. 间接作用

隐形课程主要通过影响和促进学生非理性因素的发展来影响和促进学生理性的发展。研究表明，隐形课程对理性因素发展的这种间接影响力，主要体现为给理性因素的发展提供动力和感性经验。学生的理性因素的发展离不开一定的动力系统，这一动力系统是由人的情感、意志、兴趣等构成的。它们对理性因素的发展起着"共振"、"感染"和促进作用。隐形课程对学生的情感、意志、兴趣等非理性因素的发展来说，是一种极为有效的手段。学生的理性因素的发展也离不开一定的感性经验的积累，隐形课程正好能提供这种积累的途径。

（二）非理性因素发展功能

从隐形课程的研究中可以看出，大多数学者都承认隐形课程的主要功能即在于引起、促进学生情感、意志方面的发展。这种看法无疑是有道理的。不过，隐形课程不仅对学生情感、意志的发展，而且对学生的兴趣、想象、直觉等非理性因素的发展，也具有不可忽视的重要作用。

1. 丰富感性功能

学校从某种意义说就是一个微型的社会，隐形课程涉及社会文化的多个侧面。在其中既反映着社会的管理体制、社会人际关系、风俗习惯、典章礼仪，也反映社会意识形态、知识经验、价值规范、情感态度、行为方式。因此，学生置身于学校中，沐浴着经过规范、设计的学校文化，会获得对社会和生活丰富的感性认识，积累社会生活的感性经验。

2. 情感陶冶功能

隐形课程作为一种经过净化的学校文化，应该是符合真、善、美的法则的。首先，学校环境的美能陶冶学生的情感。协调的校园布局给学生以对称美，优美的校园绿化能陶冶学生热爱

---

① 庞学光：《唯理性教育及其超越》，天津社会科学院出版社，1992年，第136页。

生命、热爱生活的情怀。蔡元培先生论及美育的实施时指出："每个学校的建筑式、陈列品都要合乎美的条件"，并认为，"建筑者，集众材而成者也。凡材品质之精粗，形式之曲直，皆有影响吾人之感情"。前苏联著名教育家苏霍姆林斯基曾提醒教师别忘记在教室里养几盆花，他确信教室环境的美可以陶冶学生的情感。其次，教师艺术化的教学风格、教学方式，整齐大方的衣着，能使学生获得美的欣赏，而"欣赏是情感的操练，可以增加情感的高度、深度"，"要培养情感，欣赏的机会越多越好"。[①] 再次，学校中各种各样的精美的艺术作品、优美的音乐，也会给学生提供欣赏的机会，从而使学生的情感得到陶冶和操练。

3. 兴趣激发功能

学生课外接受实体性精神文化的影响，会对某一学科产生兴趣。如广泛地阅读哲学著作，会对哲学这门学科产生深入学习和研究的兴趣，教师的艺术化的教学方式、方法，民主的领导作风，不仅能增强教学效果，而且还会激发学生对教师所授学科的兴趣。

4. 意志磨炼功能

隐形课程从实质上看就是由各种文化要素构成的文化环境，而任何一种文化环境对人都有一种强制性。学校的制度文化会约束学生，使之努力调整自己的思想和行为。学生置身于清洁、整齐、优雅、宁静的学校物质文化环境中，会努力规范自己的言谈举止，收敛自己的一些不良习惯；学生沐浴在一个勤奋求实、积极进取的校风中，就会更加奋发向上；当学生唱着校歌、举着校旗的时候，会感受到一种集体向心力，从而控制自己的言行，以免损害学校的荣誉……所有这一切，都会使学生的意志品质得到磨炼。

5. 发展想象力功能

想象是建立在表象的基础上的，想象的水平与人们所具有的表象的数量、质量密切相关。表象越丰富，其想象就越开拓和深刻。而隐形课程中的物质文化具有直观性，各种非制度文化具有情境性，学生课外阅读的图书、报刊中的文艺作品和其他通俗、科普读物所描述的对象具有形象性；它们是扩大学生生活经验、丰富学生表象的有效手段。另外，隐形课程对学生的影响不是粗暴地介入，也不是刻意地教化，学生具有充分的自由度，这对于学生想象力的发展来说，无疑是一种不可多得的有利条件。[②]

第五节　隐形课程的设计策略

一、隐形课程的设计原则

（一）隐形课程设计要求

隐形课程是与正规课程相并列的一种课程形式。隐形课程如同学科课程和活动课程等正规课程一样，是一种客观存在，它所具有的隐形的教育性、群体的导向性和一定的控制性等功能作用是不能低估的。而过去对隐形课程的实施还是一个薄弱环节，现在应该改变这种状况。因此，应强化对隐形课程的实施意识，像对待学科课程和活动课程一样摆正位置，充分发挥它

---

①　朱自清：《朱自清古典文学论文集》，上海古籍出版社，1980 年，第 27－28 页。

②　庞学光：《试析隐性课程的特点及其功能》，《江西教育科研》，1994 年第 4 期。

的功能作用。加强隐形课程的建设,要做到一个提高、两个结合和一个统一。

1. 一个提高

就是要提高教育者对隐形课程的功能作用和实施意义的认识,就是要提高教育者自身的素质,形成良好的教师集体,为有效发挥隐形课程群体导向性的功能创造必要的条件。

2. 两个结合

一是校内外相结合。学校内存在隐形课程,学校外也存在隐形课程。因此,应该调动校内外的各种教育力量——对各种环境因素进行有效的调控,扬长避短,使之构成最佳结合,创造优势教育环境,使学生时时、事事、处处都受到隐形课程潜移默化的良好影响。二是预期与非预期的有机结合。隐形课程既是非预期的,又是预期的。所谓非预期,是指隐形课程有的教育影响预先不能料到,完全是自然自发的,是一种自然的隐形,即事先我们不能了解它究竟会对学生产生多大的影响,是产生好的影响还是坏的影响。说它是预期性的,是指对隐形课程可以进行一定的设计和评价,比如,对学校某种规范的制定就是一种设计,而对班风优劣的认定就是一种评价。因此,要强化预期性这一方面,做到非预期性与预期性的有机结合。这样,对隐形课程的建设才不至于陷入无为的境地。

3. 一个统一

即有意识与无意识的辩证统一。隐形课程对学生的影响,既是无意的,又是有意的。隐形课程对学生的影响有无意识的一面,诸如学校物质文化环境对学生的影响、教师人格和行为对学生的感染等,都可能在不知不觉中对学生产生无意识的影响。但是,隐形课程对学生的影响也有有意识的一面,诸如学校教育制度、管理行为等都会对学生的人生观、政治观、价值观产生有意识的影响。因此,不能把隐形课程的无意识性绝对化,应该强化有意识这一方面,做到有意识与无意识的辩证统一,这才有利于对隐形课程的建设发挥主动积极的作用,建设好隐形课程。事物是发展的,课程也是发展的。正如活动课程一样,过去长期将活动课程称为课外活动或第二课堂,随着时间的推移和教育实践与改革的深化,它的建设得到加强,位置也得以摆正——现今已列入课程计划而成为正规课程。而隐形课程也如同过去的课外活动一样,随着时间的推移和教育实践与改革的深化,特别是素质教育的实施,它将逐渐受到人们的重视,它的建设也将会逐渐得到加强,其隐蔽性、非预期性和无意识性将会弱化,而某些公开性、预期性和有意识性将会逐渐强化。届时的隐形课程将如同刘佛年教授所论说的那样,隐形课程既不是课内学科,也不是课外活动,而是"第三类课程",而且成为素质教育中不可忽视的教育教学内容。①

(二)隐形课程设计原则

隐形课程设计的主要途径有如下几种:首先,物质形态科学化。加强物质形态隐形课程的科学合理化建设,用环境进行教育,是教育过程最微妙的领域之一。科学合理的物质环境往往会产生奇妙的效果。学校的建筑道路布局、文化设施、校园绿化、教室美化等,这些物质载体,按照教育规律和特定的教育价值取向进行学科设计、合理构造,并在实用基础上力求艺术化、个性化和策略化,就能承载具有隐形教育意义的内涵,成为影响学生思想情感和道德行为的重要外部力量。其次,制度形态规范化。应加强制度形态隐形课程的健全规范化建设。领导管理行为、教师教学行为、学生学习行为都需要建立一套健全完善的学校规章制度来进行规范和

---

① 赵正铭:《潜在课程论析》,《西南民族学院学报(哲学社会科学版)》,2000 年第 8 期。

约束,使学校管理、教学、学习、生活有章可循,有法可依,运转有序,这样势必有利于良好校风、班风、学风、教风的形成,其蕴含的教育意义是不言而喻的。最后,精神形态健康化。应加强精神形态隐形课程健康和谐化建设。即加强良好校风、教风、学风、班风的建设,营造出一个健康向上、民主和谐的校园文化氛围,在潜移默化中实现对学生的教育。此外,加强对学生的闲暇教育也是实现隐形课程教学的重要形式。

在落实隐形课程教学过程中,必须遵循以下几个原则:

1. 言传身教,坚持示范性

身正为师,学高为范,教师必须做学生的表率,用自己独有的人格魅力、渊博的学识、精湛的教学艺术来感染教育学生。一方面,教师在学校是社会要求的代言人,要把社会的要求加以内化,进而用自己的思想言行去影响学生。另一方面,青少年学生极具模仿性,教师是学生心中的权威,学生总是在各方面有意无意地模仿教师。学生文明习惯、道德风貌、人生观、世界观的形成都有赖于教师言传身教。

2. 以德为先,坚持教育性

教育理论家认为:隐形课程是道德教育最重要的手段之一,比正规课程都更为有效(柯尔伯格语)。日本学者岩桥文吉也认为:"道德教育如果不关心隐形课程,期望得到满意效果是不可能的。"这些都是给予隐形课程对德育的作用和意义的充分肯定,因此在落实隐形课程教学中,要始终坚持教学育人的原则。

3. 民主和谐,坚持平等性

要建立良好的师生关系,营造和谐民主的教学氛围,尊师爱生。首先,在师生关系上树立真正平等、民主的观念。注重情感投资,把握学生心理。其次,以真诚的态度对待学生,以真为先,以诚为要,对待每一个学生。再次,师生感情多沟通,多交流,"亲其师而信其道",建立这种尊重、信任的师生关系。这是隐形课程实现其价值的重要保证。

4. 以学定教,坚持主体性

要以学生为主体,以学生的发展为宗旨。隐形课程内容建设和教学过程实施都应坚持以学生为中心,整个过程,教师角色为创设、引导、示范,学生是学习的主体,全面发展,自我教育,不断地完善自我。[①]

二、隐形课程的设计策略

(一)隐形课程的设计应注意的几个因素

基于学校文化的隐形课程开发层面,从学校文化的视角来看,学校隐形课程的开发则要着重于以下几个方面的工作:

1. 学校精神

学校精神是学校在长期的教育实践过程中,为谋求发展而精心培育并与学校个性相结合而形成的一种学校主导意识。它不仅是学校文化的核心,同时也是学校隐形课程所要着力传达的信息。

2. 学校形象

学校形象指的是社会、家长等对学校的总体印象,是学校整体素质与文明程度的综合表

[①] 谢一彰,裴以杰:《中学潜在课程浅探》,《中小学图书情报世界》,2003年第3期。

现,也是学校文化最直接的外在体现方式。

3. 学校物质文化

学校文化总是通过外在的表现形式来体现的。建立与学校精神相吻合的学校物质文化,则是学校文化和学校隐形课程的共同要求。①

（二）隐形课程的设计方法

隐形课程存在于学校、家庭、社会诸种教育情境中,因而对它的设计应充分考虑到全面性。但同时,隐形课程的教育设计不可能是绝对的全面设计,只能是相对的,家庭、社会中的隐形课程的功能发挥是以学校控制并充分发挥正规课程的功能为前提的。家庭、社会中的教育设计也自觉或不自觉地通过某种形式渗透在学校的隐形课程的教育设计中。

1. 校园文化的教育设计

校园文化属于文化范畴,是学校教职员工与学生在教育教学活动中所创造和形成的精神财富、文化氛围以及承载这些精神财富的活动形式和物质形态,包括观念文化、制度文化和物质文化。校园文化的建设必须从构成校园文化的要素出发,分别进行设计或控制,加以积极地引导,这样才能建设良好的校园文化环境。

（1）形成积极的观念文化氛围,创造良好的校风

一所学校的精神面貌无疑会影响学生的人格与品质的形成,优良的校风必定会形成一种积极的文化氛围。良好的校风必须是一所学校的教育行政人员、教师和学生在一定的社会条件和环境下,为实现共同的目标,经过集体的长期奋斗逐步形成的。一般来说,校风包括三个方面的要素:学校领导的作风、学校教师的教风和学生的学风。因此,为了形成良好的校风,必须从以下三个方面着手。

第一,改进学校领导的领导方式和工作作风。一所学校有成百上千乃至上万的教师和学生,有各种各样的教育教学活动和围绕这些教学活动展开的其他行政事务,因此为了保证学校这些生活能够得以正常快速运行,客观上就要求有一批具有先进的领导思想和良好工作作风的领导。也就是说,学校领导的领导方式和工作作风在校风的形成过程中起了"指挥棒"的作用。所以,良好校风的形成就要求学校领导要懂得教学规律,懂得不断更新自己,能够严于律己,治学严谨,并且要求学校领导思想活跃、作风民主、善于团结。另外,学校领导具有良好的工作作风,就会受到在校师生的尊重,会在师生中产生一种向心力,这也为良好的教风、学风打下了基础。既然学校领导的领导方式和工作作风在校风建设中如此重要,那么应如何改进领导方式和工作作风呢? 首先学校领导应加强思想政治修养,提高马克思主义水平,树立大公无私的品德。其次学校领导应提高管理水平,力争做学术带头人。最后应完善相应的监督制度。

第二,加强教师队伍建设,形成良好教风。教师在整个教育教学过程中始终起着主导作用,要经常和学生直接交流,所谓"身教重于言传"。因此在整个校风建设中有必要加强教师队伍建设,提高教师队伍的整体水平,切实做好教书育人的工作,发挥其在校风形成中的决定作用。具体来说,加强教师队伍建设要注意以下几点:① 要形成团结合作的教师集体,创造积极向上的精神氛围。马卡连柯说过:"应该有这样的教师集体,有共同的见解,有共同的信念,

① 杨全印,赵中建:《学校文化·课程开发》,安徽教育出版社,2007 年,第 45 页。

彼此间相互帮助,彼此间没有猜忌,不追求学生对个人的爱戴。"①只有这样的集体,才能彼此合作,变分力为合力。同时积极团结的集体,也有利于教学工作的开展,并且教师之间的这种团结合作的人格魅力无疑也会给学生带来积极的影响,为学生树立良好的榜样。②应改进教风,切实做好教书育人工作。教风主要是指教师在教学中的一种普遍的态度。教师应该具有正确的世界观、高尚的品行,然后在教学中潜移默化地影响他的学生。

第三,积极引导学生文化建设,形成良好的学风。学风是评价一所学校教育氛围的主要指标。一所积极向上的学校,肯定会有良好的学风;相反,如果一所学校有良好的学风,那么它也将促进学校教育教学质量的提高。学风的形成要注意以下几点:一要坚持正面引导。这就对教师提出了很高的要求,它要求教师要懂得教育教学规律,懂得科学的班级管理方法,并且要求教师要深入了解学生,把握学生的文化取向,有针对性地加以引导,善于用榜样形象来激发学生的崇高人生理想,使学生群体产生巨大的内聚力,共同追求美好未来。二要积极开展各种形式的课外活动,丰富学生的文化生活。健康的学风是在校内各种娱乐活动文化中形成的。这些积极的课外文化娱乐活动不仅可以使学生树立新思想,接受新观念,而且也可以调节校园生活的节奏和校园的精神氛围。因此使学生在课外能够放松课堂上的那种紧张气氛,为下一次紧张的学习做好准备。

(2)创设合理的学校物质文化环境

学校师生的生活、学习、工作都离不开具体的物质环境。学校的建筑设备、园林绿化、整体规划以及各种装饰,不仅具有实际的使用价值,而且具有象征意义和陶冶功能。正如一位名人所说:人类创造了建筑,建筑也创造了人类。这是因为人类创造的建筑可以透过心理的影响,改变人的气质、态度和价值观念。在校园里,规矩整齐的操场、错落有致的建筑,会使师生的心理产生严谨庄重和奋发向上的效应;挺拔苍翠的松柏、亭亭玉立的杨柳、别致的花坛、碧绿的草坪、洁净的通道,也会使师生的心理产生崇高、正直和纯洁的感受;校园内各种富于象征意义的雕像和壁画、逼真的名人肖像、规范的警句格言,也会给师生以美的享受和智慧的启迪,激发学生的进取心和事业心,等等。具体来说,合理设计学校物质环境,应做好以下几点:①搞好校园整体规划。校园整体规划是学校建设与改造的蓝图,也是决定校园环境优劣的关键因素。首先,校园物质环境的整体布局应当合理。整体布局应当合理就要求各校要根据自己的地理条件,合理安排校园中的建筑、道路、花草和树木等,使之达到一种平衡、和谐、富有韵律等审美效果。其次,学校建筑的设计要合理、方便、实用。最后,要高度重视并切实搞好校园美化绿化和环境卫生。②搞好教室物质环境的美化。教室不单是学生学习文化知识的场所,更是重要的育人阵地,因此搞好教室环境的美化也至关重要。那么,作为班主任应该怎样为学生创造一个优美的教室环境呢?首先,应对教室墙壁的颜色、天花板的色调以及窗户的颜色进行搭配,对标语、挂图的内容应精心安排,对座位、活动角应合理摆设。其次,应根据学生的年龄特点和知识水平,让学生自己动手定期创办学习园地,使教室中的文化氛围更浓。最后,在整体上,要求教室内色彩明快、布置优雅、空气清新,这样就会使学生身心舒畅,激发学习热情。

(3)完善制度文化

制度文化主要指学校的各种规章制度、学生守则,它为学生提供了一条评判行为对错的标准,同时,也约束了学生不良行为的发生,有利于学生良好行为习惯的形成。

---

① [苏]马卡连柯:《论共产主义教育》,刘长松、杨慕之译,人民教育出版社,1962年。

2. 班级体中隐形课程的教育设计

班级体是全班学生的第二家庭，是一个微观具体的生活世界，其状况如何对学生的身心发展有着至关重要的影响。集体的规范、心理气氛作为一种强有力的隐形课程，直接或间接地发挥着教育的作用。所以说班级体中和谐的人际关系、民主的师生关系、积极的课堂心理气氛，无疑将会对学生整个身心产生重要影响，具体来说有如下几点：①建立和谐的人际关系，优化教学过程中的交往环境和社会关系结构。班级体中的人际关系包括师生之间的关系，是社会关系的一种特殊的表现形式，是在长期教育教学、生活过程中形成并发展起来的。首先，要在班级体中建立和谐的人际关系，必须形成良好的师生关系。这里的师生关系不只是指教育教学中的那种主客体之间的关系，而是把范围延伸，扩大到整个教育教学及生活中。良好师生关系的形成，要注意以下几点：第一，教师应加强自身修养，以自身的人格力量去感染学生，从而引起学生的尊重。第二，教师应注意自己的领导方式，努力建立一种民主合作的师生关系。其次，在班级体中要建立和谐的人际关系，也必须协调好学生之间的关系。在一个班级体中，每个学生都是这个集体中的一分子，因而每个学生不可能孤立于集体之外。处理好与其他同学的关系，是学生在班级学习生活中不可少的一部分。学生之间的关系应该是既能相互尊重、相互理解，又能相互体谅，既能认真进行批评与自我批评，又能以爱护对方为目的进行相互批评，坦率直言，力争上游，共同进步。②努力创造一种积极的课堂心理气氛，提高班级体的内聚力。课堂心理气氛是校园文化气氛的特殊形式。课堂心理气氛的状况制约着班级体的内聚力的大小。良好的课堂气氛，有助于师生之间的认知与情感交流，强化学生之间的合作精神，提高集体内聚力。反之，消极的课堂气氛会阻碍师生之间的交往，使师生之间、同学之间的合作变得更加困难，从而破坏班级体的建设。因此教师应采取有效措施调控课堂气氛。①

附录：南城县盱江小学隐形课程建设案例

一、设计精心，建设优美的校园文化环境

优美的校园文化环境，会对学生身心健康、智能发展等产生重大影响。为使学校的墙壁说话，让校园生活洒满七色阳光，我们对每一处布置都独具匠心，充分展示创办一流窗口示范学校的教育思想。精心设计了我们自己的校旗、校徽、校歌、校服，创办了全区小学唯一的一份校刊——《盱林》，使我校师生的风采得到了充分的展现，深受省、地、县各级领导的好评。同时，我们还认真办好墙报、专刊、广播、书报阅览室、少先队活动室、文化长廊，仅名人画像、名人题词就有一百多幅。校内绿树成荫、鸟语花香、窗明几净，绿化、美化、香化、净化，使师生在赏心悦目的文化环境中受到陶冶。

二、倾注关心，建立和谐的人际关系

学校师生之间的小环境建设，对学生的健康成长具有举足轻重的作用。我们要求教师要有浓厚的民主意识和待人宽厚的思想作风，要改变居高临下的习惯性姿态。与学生建立民主平等的师生关系，让学生真正成为学习的主人；充分尊重学生的人格和权益，坚信"天生其人必有才，天生其才必有用"，多给学生关怀和鼓励、引导和支持；要与"学生""互换角色"，以心换心，充分发挥学生的潜能，帮助他们成人成才。通过一系列的教育活动，我校初步建立了良好和谐的师生关系：学生亲其师、信其道，教师爱其生，胜似母，创造了良好的育人氛围，形成了

---

① 张宏喜：《论潜在课程的设计》，《安徽农业大学学报（社会科学版）》，2004 年第 4 期。

尊师爱生、勤奋好学的风气。在教师中,我们既分工又合作,新老教师结对子,新教师的成功是老教师的荣誉,新教师的业绩也记上老教师的一份功劳。在学生中,我们开展"手拉手、结友谊"活动,培养学生"心中装着集体,心里装着他人"的高尚情操。在学习中开展"一帮一、一对红"活动。通过这些活动,使全校上下人人心系学校,个个魂铸学习,懂得"我们今天的努力就是学校明天的辉煌"。有了友爱的思想就有团结的力量,校内助人为乐蔚然成风,文明礼貌处处可见。学校少先队也因此被评为"全省手拉手活动先进大队"。

三、奉献爱心,注重学生的个性化教育

个性化教育是素质教育的突破口。要实现素质教育的目标,要培养合格并富有特长的人才,就要注重个性化教育。我们要求在课内外教学活动中,承认学生的差异,尊重学生的个性,发展学生的特长;要创造机会,使有特长的学生有表现的机会,满足他们求知欲望和获得成就的需要。如让观察能力强的学生,在看图学文、看图说话和各种观察活动中多发言;让理解能力强的学生,在读讲教学中多发言;让口头表达能力强的学生参加朗读、讲故事、演讲比赛等。这样,既培养和发展了他们的能力,又为其他同学树立了榜样。对后进生,要给予更多的爱护、关怀和鼓励,从心理素质教育入手,培养和发展他们的个性、特长,为他们创造成功的机会,使他们发现自我价值,把在某一特长方面树立起来的信心、能力用在其他方面,实现自身优势的转移,促进他们全面发展,提高他们的整体素质。

四、充满热心,营造多彩的活动氛围

开展丰富多彩的活动,引导少年儿童健康成长,是学校义不容辞的责任。为此我们在校内外开展了一系列的活动。为了抵制"黄毒",我们组织学生参加"读好书"活动,鼓励学生积极投身系列读书比赛的"雏鹰行动",和好书交朋友,培养学生好的读书习惯。每学期,我们要组织学生观看4部宣传爱国主义的影片,演唱革命歌曲。办好学校图书馆,办起班级图书角。组织学生写读书心得,参加读书演讲比赛,出版《盱林》学生习作专刊。这样,既扩大了学生的视野,丰富了学生的知识,又陶冶了学生的情操。为了创造良好的育人氛围,每月开展"文明班级循环红旗"评比,每学期定期评选"三好学生、优秀班干、优秀队员",每年举办一次校运会,遇重大节日举办庆祝活动,组织大家为灾区捐款捐物,为贫困学生献爱心等。另外,各种兴趣小组如雨后春笋般涌现,充满生机。电脑、美术、书法、舞蹈、武术、健美、乐队、小发明、小创造、小制作等10多个兴趣小组办得有声有色。同时,充分发挥少先队的作用,与敬老院、烈士陵园共建德育基地,使学生的思想、文化、心理素质进一步提高,为学生成才奠定了基础。学校少先队被评为"全国红旗大队"、"全国雏鹰行动优秀假日小队"。

五、满怀信心,研究课堂教学的隐蔽课程

在把握教材的同时,注意隐蔽性教育的教学设计,把"考试"变成一种合理的手段,而不再是目标;注意教师仪表、教态,鼓励教师用亲切诚恳的态度、庄重理智的行为、安详温和的话语来授课;教室的环境布置既要幽雅又要体现教育宗旨,形成良好、统一、协调的氛围,使素质教育得到全面真正的落实。

参 考 文 献

一、中文类

[1] 廖哲勋,田慧生:《课程新论》,教育科学出版社,2003 年。

[2] 赵红洲,等:《试论科学结构》,中国社会科学出版社,1980 年。

[3] 陈侠:《课程论》,人民教育出版社,1989 年。

[4] 丛立新:《课程论问题》,教育科学出版社,2000 年。

[5] 王文科:《课程论》,台湾五南图书出版公司,1990 年。

[6] 李子建,黄显华:《课程:范式、取向和设计》,香港中文大学出版社,1994 年。

[7] 霍葆奎:《教育学文集·课程与教材》(上册),人民教育出版社,1988 年。

[8] 上海师范大学《教育学》编写组:《教育学》,人民教育出版社,1979 年。

[9] 王策三:《教学论稿》,人民教育出版社,1985 年。

[10] 廖哲勋:《课程学》,华中师范大学出版社,1991 年。

[11] 冯建军:《现代教育原理》,南京师范大学出版社,2001 年。

[12] 王本陆:《课程与教学论》,高等教育出版社,2004 年。

[13] 叶澜:《课程改革与课程评价》,教育科学出版社,2001 年。

[14] 王天一,夏之莲,朱美玉:《外国教育史》(上),北京师范大学出版社,1984 年。

[15] 季银泉:《课程与教学论》,南京大学出版社,2009 年。

[16] 吴刚平:《校本课程开发》,四川教育出版社,2002 年。

[17] 教育发展与政策研究中心:《发达国家教育改革的动向和趋势》,人民教育出版社,1986 年。

[18] 汪霞:《国外中小学课程演进》,山东教育出版社,2000 年。

[19] 国家教育发展研究中心:《发达国家教育改革的动向和趋势》(第 5 集),人民教育出版社,1994 年。

[20] 钟启泉:《现代课程论》,上海教育出版社,1989 年。

[21] 吴永军:《课程社会学》,南京师范大学出版社,1999 年。

[22] 郝德永:《课程文化——一个后现代的检视》,教育科学出版社,2002 年。

[23] 靳玉乐:《新课程改革的理念与创新》,人民教育出版社,2003 年。

［24］靳玉乐:《现代课程论》,西南师范大学出版社,1995 年。

［25］靳玉乐,等:《中国新时期教学论的进展》,重庆出版社,2001 年。

［26］靳玉乐:《隐形课程论》,江西教育出版社,1996 年。

［27］靳玉乐,黄清:《课程研究方法论》,西南师范大学出版社,2000 年。

［28］郝德永:《课程研制方法论》,科学出版社,2000 年。

［29］鲁洁:《教育社会学》,人民教育出版社,1990 年。

［30］施良方:《课程理论——课程的基础、原理与问题》,教育科学出版社,1996 年。

［31］黄炳煌:《课程理论之基础》,台湾文景出版社,1991 年。

［32］华东师范大学教育系,杭州大学教育系:《现代西方资产阶级教育思想流派论著选》,人民教育出版社,1980 年。

［33］李方:《课程与教学论》,南京大学出版社,2005 年。

［34］赵祥麟:《外国教育家评传》,上海教育出版社,1992 年。

［35］陈琦,刘儒德:《当代教育心理学》,北京师范大学出版社,1997 年。

［36］鲍宗豪:《论知识:一个新的认识域》,上海人民出版社,1991 年。

［37］董纯才:《中国大百科全书》(教育卷),中国大百科全书出版社,1985 年。

［38］顾明远:《教育大辞典》(第 6 卷),上海人民出版社,1992 年。

［39］石中英:《教育学的文化性格》,山西教育出版社,1999 年。

［40］郑金洲:《教育文化学》,人民教育出版社,2001 年。

［41］胡定荣:《课程改革的文化研究》,教育科学出版社,2005 年。

［42］教育大词典编纂委员会:《教育大词典》(第 6 卷),上海教育出版社,1992 年。

［43］孙培青:《中国教育史》,华东师范大学出版社,1992 年。

［44］胡德海:《教育学原理》,甘肃教育出版社,1998 年。

［45］吕达:《课程史论》,人民教育出版社,1999 年。

［46］叶澜:《新基础教育探索性研究报告集》,上海三联书店,1999 年。

［47］王炳照,阎国华:《中国教育思想通史》,湖南教育出版社,1994 年。

［48］石佩臣:《马克思主义教育思想史引论》,中国展望出版社,1990 年。

［49］陈玉琨:《课程改革与课程评价》,教育科学出版社,2001 年。

［50］王策三:《教学论稿》,人民教育出版社,1985 年。

［51］李秉德:《教学论》,人民教育出版社,1991 年。

［52］吴文侃:《比较教学论》,人民教育出版社,1996 年。

［53］朱作仁:《教育辞典》,江西教育出版社,1988 年。

［54］赫冀成,张喜梅:《课程体系与人才培养比较》,东北大学出版社,1994 年。

［55］杨志坚:《中国本科教育培养目标研究》,高等教育出版社,2005 年。

［56］朱穆菊:《走进新课程》,北京师范大学出版社,2002 年。

［57］饶玲:《课程与教学论》,中国时代经济出版社,2004 年。

［58］范兆雄:《课程与资源概论》,中国社会科学出版社,2002 年。

［59］余文森,洪明:《课程与教学论》,福建教育出版社,2007 年。

［60］魏洪森,曾国屏:《系统论——系统科学哲学》,清华大学出版社,1995 年。

［61］钱学森:《论系统工程》,湖南科学技术出版社,1982 年。

［62］ 钟启泉,李雁冰:《课程设计基础》,山东教育出版社,2000 年。

［63］ 黄甫全:《阶梯型课程引论》,贵州人民出版社,1996 年。

［64］ 赫克明:《面向 21 世纪的教育观》,广东教育出版社,1999 年。

［65］ 钟启泉:《基础教育课程纲要(试行)解读》,华东师范大学出版社,2001 年。

［66］ 徐仲林,徐辉:《基础教育课程改革理论与实践》,四川教育出版社,2005 年。

［67］ 陈伯璋:《隐形课程研究》,台湾五南图书出版公司,1985 年。

［68］ 张华:《课程与教学论》,上海教育出版社,2001 年。

［69］ 杨全印,赵中建:《学校文化·课程开发》,安徽教育出版社,2007 年。

［70］ 江山野:《简明国际教育百科全书·课程》,教育科学出版社,1991 年。

［71］ 庄锡昌,等:《多维视野中的文化理论》,浙江人民出版社,1987 年。

［72］ 林德全,徐秀华:《课程概论》,河南大学出版社,2009 年。

［73］ 庞学光:《唯理性教育及其超越》,天津社会科学院出版社,1992 年。

［74］ 黄政杰:《多元社会课程取向》,台湾师大书苑有限公司,1995 年。

［75］ 江山野:《世界中学课程设置博览》,吉林教育出版社,1989 年。

［76］ 徐辉:《当代国外基础教育改革》,西南师范大学出版社,2001 年。

［77］ 杨东平:《艰难的日出》,文汇出版社,2003 年。

［78］ 闫蒙钢:《中学化学课程改革概论》,安徽人民出版社,2006 年。

［79］ 钟启泉,汪霞,王文静:《课程与教学论》,华东师范大学出版社,2008 年。

［80］ 吕世虎,肖鸿民:《中国基础教育课程与教学研究》,中国人事出版社,2002 年。

［81］ 李文萱:《课程创生——一所基层学校课程校本化实施的实践与探索》,百家出版社,
2006 年。

［82］ 瞿宝奎:《教育学文集·法国教育改革》,人民教育出版社,1994 年。

［83］ 于友西:《素质教育与历史教学》,首都师范大学出版社,2000 年。

［84］ 沈晓敏:《社会课程与教学论》,浙江教育出版社,2003 年。

［85］ 中华人民共和国教育部:《全日制义务教育品德与生活课程标准(实验稿)》,北京师范大
学出版社,2002 年。

［86］ 中华人民共和国教育部:《历史与社会课程标准(二)(实验稿)》,北京师范大学出版社,
2002 年。

［87］ 陶行知:《陶行知全集》(第 1 卷),四川教育出版社,1991 年。

［88］ 钟启泉:《研究性学习案例解析》,上海教育出版社,2003 年。

［89］ 王鉴:《课程论热点问题研究》,广西师范大学出版社,2008 年。

［90］ 钟启泉:《课程设计基础》,山东教育出版社,1998 年。

［91］ 李雁冰:《质性课程评价研究》,华东师范大学出版社,2000 年。

［92］ 周卫勇:《走向发展性课程评价——谈新课程的评价改革》,北京大学出版社,2002 年。

［93］ 顾明远,等:《学校教学计划与课程管理运作全书》,开明出版社,1995 年。

［94］ 黄政杰:《课程评鉴》,台湾师大书苑有限公司,1990 年。

［95］ 李雁冰:《课程评价论》,上海教育出版社,2002 年。

［96］ 韩和鸣:《中小学课程导论》,河南大学出版社,2008 年。

［97］ 钟启泉,等:《为了中华民族的复兴,为了每位学生的发展——〈基础教育课程改革纲要

（试行）〉解读》,华东师范大学出版社,2001年。

[98] [法]史怀泽:《敬畏生命》,陈泽环译,上海社会科学院出版社,1992年。

[99] [法]埃德加·莫兰:《复杂思想:自觉的科学》,陈一壮译,北京大学出版社,2001年。

[100] [以]列维:《国际课程百科全书》,帕加门出版公司,1991年。

[101] [美]乔治·比彻姆:《课程理论》,黄明皖译,人民教育出版社,1989年。

[102] [日]大河内一男,[日]海后宗臣:《教育学的理论问题》,曲程、迟凤年译,教育科学出版社,1984年。

[103] [美]奥恩斯坦,等:《课程:基础、原理和问题》,柯森,等译,江苏教育出版社,2002年。

[104] [英]菲利浦·泰勒,[英]理查兹:《课程研究导论》,王伟廉,等译,春秋出版社,1989年。

[105] [美]米德:《代沟》,曾胡译,光明日报出版社,1998年。

[106] [美]布鲁纳:《布鲁纳教育论著选》,邵瑞珍,等译,人民教育出版社,1989年。

[107] [美]拉尔夫·泰勒:《课程与教学的基本原理》,施良方译,人民教育出版社,1994年。

[108] [美]约翰·杜威:《学校与社会:明日之学校》,赵祥麟,等译,人民教育出版社,1994年。

[109] [英]理查德·D·范科斯德,等:《美国教育基础》,北京师范大学外国教育研究所译,教育科学出版社,1984年。

[110] [美]奥恩斯坦:《美国教育学基础》,刘付忱译,人民教育出版社,1984年。

[111] [美]布鲁纳:《教育过程》,上海师范大学外国教育研究室译,上海人民出版社,1973年。

[112] [美]夏洛特·布勒,等:《人本主义心理学导论》,陈宝铠译,华夏出版社,1990年。

[113] [美]多尔:《后现代课程观》,王红宇译,教育科学出版社,2000年。

[114] [英]罗素:《西方哲学史》(下卷),马元德译,商务印书馆,1976年。

[115] [美]阿普尔:《意识形态与课程》,黄忠敬译,华东师范大学出版社,2001年。

[116] [美]罗素:《人类的知识》,张金言译,商务印书馆,1985年。

[117] 《马克思恩格斯全集》,人民出版社,1982年。

[118] [英]斯宾塞:《教育论》,胡毅译,人民教育出版社,1962年。

[119] [德]胡塞尔:《欧洲科学危机和超验现象学》,张庆熊译,上海译文出版社,1988年。

[120] [美]J·W·福雷斯特:《系统原理》,王宏斌译,清华大学出版社,1986年。

[121] 瞿葆奎:《教育学文集·课程与教材》(下册),人民教育出版社,1993年。

[122] [英]J·B·英格拉姆:《综合课程的作用》,吕达译,《课程·教材·教法》,1985年第3期。

[123] 任长松:《课程综合化:概念、原则与多种设计模式》,《上海师范学院学报》,2000年第2期。

[124] 许建领:《高校课程综合化的渊源及实质》,《教育研究》,2000年第13期。

[125] 周川:《关于课程综合化问题的再探讨》,《教育评论》,1993年第1期。

[126] 张肇丰:《中小学社会学科综合课程研究》(上),《课程·教材·教法》,1999年第4期。

[127] 熊梅:《试析综合课程的教育目的观及培养目标》,《课程·教材·教法》,2000年第9期。

[128] 阳光宁:《综合文科课程价值探析》,《中国教育学刊》,2006年第7期。

[129] 陈新民:《中学综合文科课程价值探析》,《浙江教育学院学报》,2004年第6期。

[130] 赵亚夫:《试析"社会"综合课的课程理念与内容设计方法》,《首都师范大学学报(社会

科学版)》,2000 年第 4 期。

[131] 顾书明:《谈中小学综合课程的发展及其组织实施》,《教育评论》,2001 年第 4 期。

[132] 钟启泉,安桂清:《综合实践活动课程:实质、潜力与问题》,《北京大学教育评论》,2003 年第 3 期。

[133] 崔允漷,王中男:《研究性学习活动课程:意义与性质、问题及澄清》,《教育理论与实践》,2009 年第 12 期。

[134] 龙慧灵:《论研究性教学与研究性学习》,《社会科学家》,2010 年第 8 期。

[135] 付黎黎:《对普通高中研究性学习活动的另一种解读》,《当代教育科学》,2009 年第 22 期。

[136] 王应红:《构建网络课程的观念和原则》,《成都教育学院学报》,2003 年第 7 期。

[137] 李丽萍:《网络课程的设计和实施》,《现代教育技术》,2002 年第 3 期。

[138] 范纯善,李海北:《基于网络课程的中学教学研究》,《福建教育学院学报》,2002 年第 3 期。

[139] 刘志波,禹淑芳:《网络课程的开发》,《现代教育技术》,2002 年第 2 期。

[140] 李青,刘洪沛:《网络课程的设计模式》,《北京邮电大学学报(社会科学版)》,2009 年第 1 期。

[141] 张廷凯:《关于课程评价的几个问题——从评价看课程编制的科学化》,《课程·教材·教法》,1996 年第 3 期。

[142] 刘志军:《课程评价的现状、问题与展望》,《课程·教材·教法》,2007 年第 1 期。

[143] 和学新:《课程评价若干理论问题探讨》,《天津市教科院学报》,2005 年第 3 期。

[144] 谢东宝:《新加坡中小学课程评价特点简评》,《教育测量与评价》,2008 年第 2 期。

[145] 王兄:《TIMSS 影射下的新加坡数学教育评价》,《外国中小学教育》,2006 年第 8 期。

[146] 刘丽群,林洁:《浅析美国基础教育课程评价的类型与特点》,《教育测量与评价》,2008 年第 3 期。

[147] 钟启泉:《课程评价:从量化评价到质性评价——与日本课程学者浅沼茂教授的对话》,《全球教育展望》,2002 年第 3 期。

[148] 于洪卿:《关于上海中小学课程评价的实证化倾向》,《上海教育科研》,1999 年第 3 期。

[149] 和学新:《课程评价制度创新与基础教育课程改革》,《教育研究》,2004 年第 7 期。

[150] 刘志军:《发展性课程评价方法的探讨》,《课程·教材·教法》,2004 年第 1 期。

[151] 董建春:《论发展性课程评价制度建设》,《中国教育学刊》,2008 年第 4 期。

[152] 王和平:《综合理科中问题解决教学理论与实践》,南京师范大学硕士学位论文,2003 年。

[153] 徐芹艳:《民族中学综合实践课有效实施的策略研究——以黔江区某中学为个案》,西南大学硕士学位论文,2010 年。

[154] 胡红梅:《综合实践活动课开发模式研究》,重庆师范大学硕士学位论文,2005 年。

[155] 董佩燕:《综合实践活动课程生活取向的实践研究》,河南师范大学硕士学位论文,2009 年。

[156] 曹俊军:《反思与构想:我国基础教育新课程改革研究》,湖南师范大学硕士学位论文,2008 年。

[157] 刘惠裕:《综合实践活动课程实施的生本取向》,西南大学硕士学位论文,2006 年。

[158] 于丽:《网络教学系统的设计与实现》,天津大学硕士学位论文,2006 年。

［159］尚广海:《基于 Web 的网络课程研究与实践》,合肥工业大学硕士学位论文,2003 年。

［160］吴鹏宇:《网络课程开发——如何更易于学生自主学习》,陕西师范大学硕士学位论文,2007 年。

［161］王冲:《网络课程资源整合研究》,广西师范大学硕士学位论文,2005 年。

［162］赵剑:《网络课程研究》,西南大学博士学位论文,2007 年。

［163］赵媛媛:《基于 Web 的远程网络课程的设计与研究》,天津大学软件学院,2008 年。

二、外文类

［1］ Kimball S T. Culture and the educative process. Teachers College Press,1974.

［2］ Giroux A,McLaren P. Teacher and the politics of democratic schooling. Harvard Education Review,1986,56(3).

［3］ Lawton D. Curriculum studies and education planning. Hodder and Stoughton,1983.

［4］ Lawton D. Education,culture and the national curriculum. Hodder and Stoughton,1989.

［5］ Walking P H. The idea of a multicultural curriculum. Journal of Philosophy of Education,1980,14(1).

［6］ Apple M W. Ideology and curriculum. Routledge & Kegan Paul,1979.

［7］ Pratt D. Curriculum:design and development. Houghton Mifflin Harcourt Press,1980.

［8］ Lawton D. Class, culture and the curriculum. Routledge & Kegan Paul, 1975.

［9］ Schwab J J. The practice:a language for curriculum. School Review,1969.

［10］ Goodlad J I. Curriculum inquiry:the study of curriculum practice. McGraw-Hill Inc. ,1979.

［11］ Goodlad J I. Curriculum as a field of study. The international encyclopedia of curriculum. Pergamon Press,1991.

［12］ Hlebowitsh P S. Generational ideas in curriculum:a historical triangulation. Curriculum Inquiry,2005,35(1).

［13］ Zais R S. Curriculum:principles and foundations, 1961,31(1).

［14］ Thomas L T. Interaction:the democratic process. Health,1941.

［15］ Magendzo A. The application of a cultural analysis model to the process of curriculum planning in latin America. Curriculum Studies,1988(1).

［16］ Bruner. The act of discovery. Harvard Educational Review,1961,31(1).

［17］ Oliva P F. Developing the curriculum. Harpercollins Publishers Inc. ,1992.

［18］ Jackson P W. Handbook of research on curriculum. Macmillan Publishing Company, 1992.

［19］ Weade R. Curriculum'n'instruction:the construction of meaning. Theory into Practice,1987,26(1).

［20］ Saylor J G,Alexander W M. Planning curriculum for school. Holt,Rinhart and Winston, Inc. , 1974.

［21］ Sowell E J. Curriculum:an intuitive introduction. Prentice-Hall,Inc. ,2000.

［22］ Stenhouse L. An introduction to curriculum research and development. Heinemamm,1975.

［23］ Portelli J P. Exposing the hidden curriculum. Journal of Curriculum Studies,1993.

［24］ Jackson P. Life in classrooms. Holt,Rinehart & Winston,Inc. ,1968.

［25］ Bowels S, Gintis G. Schooling in capitalist America:educational reform and the contradictions of economic life. Basic Books,1976.

[26] Apple M W. Ideology,equality,and the new right. Power F C & Lapsley,1992.

[27] Gordon D. Rules and effectiveness of the hidden curriculum. Journal of Philosophy of Education,1983,17(2).

[28] Dreeben R. The contribution of schooling to the learning of norms. Harvard Educational Review,Vol 37,No. 2,1967.

[29] Leithwood K A (ed.). Studies in curriculum decision making. Ontario Institute for Studies in Education Press,1982.

[30] Stark J S ,Lattuca L R. Shaping the college curriculum: academic plans in action. Allyn & Bacon,1997.

[31] Weston C , Cranton P A. Selecting instructional strategies. Journal of Higher Education,1986.

[32] Axelrod J. The university teacher as a artist. Jossey-Bass,1973.

[33] Dressel P L. Improving degree programs:a guide to curriculum development administration and review. Jossey-Bass,1980.

[34] Blum A. Integrated science studies. The international encyclopedia of curriculum. Pergmon Press,1991.

[35] Beane J A, Toepfer C F, Alessr S J. Curriculum planning and development. Allyn & Bacon, 1986.

后 记

关于开展课程理论研究问题,我国教育界课程论领域的学者王伟廉在《关于我国高校课程理论建设现状的反思》中指出:"要把握课程发展方向和基本结构或模式,没有课程思想作指导是不行的。"廖哲勋在《论我国课程理论学科群的建设》中深情期望:课程理论研究的局面不能不激起我们的危机感、紧迫感和责任感,应采取一系列战略措施来加速我国课程理论的建设步伐。汪霞在《怎样理解课程理论的作用》中指出,课程研究始终是一个动态的过程和探究的过程,需要课程理论工作者和实践工作者的研究,进一步推动课程理论的改善和发展;她在《课程理论之分析》一文中呼吁,厘清课程理论,明晰其应有地位,发挥课程理论的应有作用,不仅是还课程理论以本来面目的需要,也是重塑课程理论家形象、确立其合法地位的需要,更是进一步正确处理课程理论与课程实践关系的需要。西方的课程论专家奥恩斯坦甚至认为,"课程理论始终是我们教育思想的一部分","学校中课程活动要富有成效地进行,就需要认识到课程理论是课程的不可或缺的基础"。本书就是笔者在这种紧迫感驱使下写就的。关于课程理论,克利巴德对课程理论的理解是把熟悉、综合的意义隐喻式地转化为抽象的、始终是复杂的问题的活动。麦克唐纳认为,课程理论是一种寻求理解和反省性思考的理论。里德、麦卡琴则从微观实践的层面解读课程理论,里德旗帜鲜明地提出课程理论是有关如何解决课程问题的理论。本书的研究和努力是否达到了这个要求,笔者实在不敢作出全面、肯定的回答。由于笔者学力、水平和能力有限,书中的缺憾和不足在所难免,恳请同行、专家、读者批评指正。

本书是在前人研究成果基础上完成的,笔者参考、借鉴和采用了国内外有关的著作、期刊等他人的研究信息资料成果,特在此向原作者致以诚挚的谢意! 向前人的创造性劳动表示敬意! 写作中所引用的文献,均已通过脚注或文末参考文献予以标注,若注释中尚存有不妥和遗漏,在此深表歉意!

本书是江苏大学教师教育学院教育学科建设成果,江苏大学教务处对课题的研究给予了大力帮助和支持,在此表示衷心的感谢! 同时还要感谢江苏大学出版社给予的大力支持,尤其是总编和责任编辑,他们非常认真地阅读书稿、修改错漏,并就书稿的体系、结构提出了修改建议,就书稿的内容提出了许多宝贵建议,在此对他们的智慧表示敬意!

　　在研究过程中,笔者得到了江苏大学教师教育学院的关心、激励和支持,在此一并表示感谢!

高有华

2011 年 6 月 9 日